2,000+ ESSENTIAL ITALIAN VERBS

The Easiest Way to Master Verbs and Speak Fluently!

LIVING LANGUAGE®

2,000+ ESSENTIAL ITALIAN VERBS

The Easiest Way to Master Verbs and Speak Fluently!

VERB LIST, GLOSSARY, AND APPENDIXES BY
Giuseppe Manca
New School University

VERB CONJUGATION CHARTS BY
Vieri Samek-Lodovici, PhD
Universität Konstanz

Giuseppe Manca
New School University

ITALIAN VERBS IN ACTION BY
Renata Rosso

LIVING LANGUAGE, A RANDOM HOUSE COMPANY • NEW YORK

Living Language is a member of the Random House Information Group

Living Language and colophon are registered trademarks of Random House, Inc.

Published in the United States by Living Language, A Random House Company

www.livinglanguage.com

Editor: Suzanne McQuade
Production Editor: John Whitman
Production Manager: Helen Kilcullen and Heather Lanigan
Interior Design: Sophie Ye Chin

First Edition

ISBN 1-4000-2097-2

Library of Congress Cataloging-in-Publication Data available upon request.

PRINTED IN THE UNITED STATES OF AMERICA

10 9 8 7 6 5 4 3 2

ACKNOWLEDGMENTS

Thanks to the Living Language Team: Tom Russell, Sanam Zubli, Christopher Warnasch, Zviezdana Verzich, Suzanne McQuade, Suzanne Podhurst, Denise De Gennaro, Linda K. Schmidt, Alison Skrabek, John Whitman, Helen Kilcullen, Heather Lanigan, and Sophie Ye Chin. Without their dedication and hard work, this book would not have been possible.

CONTENTS

Part I: All About Italian Verbs

Introduction 2

List of Abbreviations 4

Index of 2000+ Essential Italian Verbs 5

Tense Formation Charts 33

250 Verb Conjugation Charts 37

Part II: Italian Verbs in Action

Introduction 290

Talking About Present Actions 291

Talking About the Past 334

Talking About the Future 356

The Subjunctive, Conditional, and Imperative 361

Appendixes

Common Verbs Taking the Preposition *a* or *di* 388

Common Verbs Followed by the Infinitive 390

Verbs Requiring the Subjunctive 391

Verbs Taking *essere* in the Compound Tenses 393

Grammar Summary 395

English—Italian Glossary of 2,000+ Verbs

Part I
ALL ABOUT ITALIAN VERBS

INTRODUCTION

Welcome to *2000+ Essential Italian Verbs: The Easiest Way to Master Verbs and Speak Fluently*. Whether you're more-or-less fluent in Italian, have already mastered the basics of Italian grammar and usage, or are just embarking on an Italian learning adventure, *2000+ Essential Italian Verbs* is the right book for you. It is an essential reference manual about Italian verbs, developed by native speakers and experts in language teaching. Keep this simple and practical guide on your desk, and consult it whenever you're not sure about a form of an Italian verb or are wondering about when and how to use a Italian tense! With repeated use, you'll quickly reach full expertise in Italian verbs—their forms and tenses, and current, everyday usage in conversation.

2000+ Essential Italian Verbs consists of an elaborate reference section, followed by a large practice section. The reference part of the book, All About Italian Verbs, contains an alphabetical index of more than 2000 Italian verbs, with their translation and detailed description; a guide to forming tenses; and alphabetically ordered conjugation charts of 250 Italian verbs. The second part of the book, Italian Verbs in Action, lays out the nitty-gritty details of formation and usage for all major Italian tenses and more than 80 essential Italian verbs, using numerous examples and sample dialogues. And so you can put your knowledge to use (and to the test!) right away, we've also included more than 80 exercises.

The appendices offer more useful information on Italian verbs: the most commonly used verbs that take the prepositions *a* or *di*, the most commonly used verbs followed by the infinitive with no preposition, verbs requiring the subjunctive, impersonal expressions requiring the subjunctive, and verbs that take the auxiliary *essere* in the compound tenses. We also added a glossary of commonly used grammar terms and a short summary of the Italian grammar. At the end of the book, you'll also find an English-Italian glossary with Italian equivalents for more than 2000 English verbs. As a special bonus, we've included a Transparent Language® CD-ROM to help you study the meanings of verbs and other vocabulary. The CD-ROM includes over 500 Italian words in 51 categories, as well as English translations for each word. The program uses flash cards, audio clips with adjustable playback speed, and progress reports detailing the areas that need improvement, to help you quickly acquire and retain new verbs and vocabulary.

This versatile book can be used in many different ways. For example: Look up an Italian verb you have a question about in the Index. Find its meaning, see its different properties, including the prepositions that come with it, and then go to the verb chart indicated in the Index to find the full conjugation of the verb itself (all verbs in the Index that are fully conjugated in the Verb Charts are in boldface) or its model. At the bottom of each verb chart, you'll also find examples of usage and common related words. If you're wondering about how the different verb forms and tenses are put together, take a look at the explanations in the Guide to Tense Formation. Or go to a section in the Italian Verbs in Action part of the book if you'd like to concentrate further on a particular tense and verb, and get more examples of usage, including in everyday dialogues. Do the exercises that follow the explanations and examples to reinforce what you've learned. And if you're wondering what the Italian equivalent of an English verb is, find it in the English—Italian glossary, then look up the given Italian verb in the Index, the Verb Charts, or one of the practice sections to get more details on it.

Remember that whichever way you decide to proceed, your fluency in Italian will grow with each use! Have fun!

List of Abbreviations

affirm.	affirmative
e.o.	each other
fml.	formal
inf.	infinitive
infml.	informal
neg.	negative
o.s.	oneself
pl.	plural
sg.	singular
so.	someone
sth.	something

INDEX OF 2000+ ESSENTIAL ITALIAN VERBS

A

CHART NUMBER

abbagliare (to dazzle, to blind) 204
abbaiare (to bark) 34
abbandonare (to abandon, to give up, to leave) 1
abbassare (to lower, to pull down) 12
abbattere (to demolish, to knock down) .61
abbellire (to embellish, to beautify) 37
abbinare (to link together, to match) 12
abbindolare (to cheat, to outwit) 12
abbonarsi (to subscribe) *essere* 8
abbottonare (to button up) 12
abbracciare (to hug, to embrace) 2
abbreviare (to shorten) 34
abbronzarsi (to get tanned) *essere* 8
abbrustolire (to toast) 37
abilitare (to qualify, to entitle) 12
abitare (to live in, to reside) 3
abituarsi (to accustom o.s. to, to get used to) *essere* 4
abolire (to abolish) 37
abortire (to abort) 37
abusare (to abuse, to misuse, to take advantage of) 12
accadere (to happen, to occur) *essere* 61
accamparsi (to camp) *essere* 8
accantonare (to set aside) 12
accapigliarsi (to scuffle, to come to blows) *essere* 204
accarezzare (to caress, to pet, to entertain) 5
accartocciare (to crumple up) 28
accatastare (to pile up) 12
accattare (to beg) 12
accavallare (to overlap) 12
accecare (to blind) 50
accedere (to have access) 61
accelerare (to speed up) 12
accendere—pp. acceso (to light, to turn on) 160
accennare (to nod, to beckon, to mention) 12
accentare (to accent, to stress) 12
accentuare (to accentuate) 12
accertare (to ascertain, to verify) 12

CHART NUMBER

accettare (to accept) 6
acchiappare (to catch) 12
accigliarsi (to frown) *essere* (r.v.)* 204
acclamare (to acclaim) 12
acclimatarsi (to get acclimatized) *essere* ..8
accludere—pp. accluso (to enclose) 160
accoccolarsi (to squat) *essere* 8
accodarsi (to go in line) *essere* 8
accogliere (to welcome, to grant) 44
accoltellare (to stab) 12
accomiatarsi (to take leave) *essere* 8
accomodare (to repair, to settle) 12
accomodarsi (to take a seat, to make o.s. at home) *essere* 8
accompagnare (to accompany, to escort) .7
acconsentire (to consent, to agree) 26
accontentare (to please, to content) 12
accoppiare (to pair, to couple) 34
accorciare (to shorten) 28
accordare (to tune [up]) 12
accordarsi (to come to an agreement) *essere* 8
accovacciarsi (to crouch down) *essere* (r.v.) 28
accreditare (to credit) 12
accrescere (to increase) 62
accudire (to attend, to look after) 37
accumulare (to amass, to heap up) 12
accusare (to accuse, to charge) 12
acquisire (to acquire) 37
acquistare (to buy, to purchase) 12
acutizzarsi (to grow acute) *essere* 8
adagiarsi (to lay down, to subside) *essere* (r.v.) 121
adattare (to adapt) 12
addebitare (to debit) 12
addentare (to bite, to snap at) 12
addentrarsi (to go into sth.) *essere* 8
addestrare (to train) 12
additare (to point at) 12
addizionare (to add up, to sum up) 12
addobbare (to decorate) 12
addolcire (to sweeten) 37

KEY: **abbandonare** = verb in boldface is fully conjugated in a verb chart; 12 = number after the verb indicates the chart number in which the verb itself or a model verb is fully conjugated; *essere* = verb used with *essere*; *essere/avere* = verb used with either *essere* or *avere*. (r.v.) = reflexive version of the verb chart referenced; (n.r.v.) = nonreflexive version of the verb chart referenced; pp. = past participle.

verb	CHART NUMBER
addolorare (to pain, to distress)	12
addomesticare (to domesticate)	50
addormentarsi (to fall asleep) *essere*	8
adeguarsi (to conform o.s.) *essere*	8
aderire (to adhere)	37
adescare (to lure)	50
adibire (to adapt)	37
adirarsi (to get enraged) *essere*	8
adocchiare (to eye, to glance at)	126
adombrarsi (to feel hurt) *essere*	8
adoperare (to use)	12
adoperarsi (to strive, to endeavor) *essere*	8
adorare (to adore)	12
adornare (to adorn)	12
adottare (to adopt)	12
adulare (to adulate)	12
adulterare (to adulterate)	12
adunarsi (to gather, to meet) *essere*	8
aerare (to air, to ventilate)	12
affaccendarsi (to bustle about) *essere*	8
affacciarsi (to lean out) *essere* (r.v.)	28
affannarsi (to busy o.s.) *essere*	8
affascinare (to fascinate, to charm)	12
affaticarsi (to get strained) *essere*	8
affermare (to affirm, to declare)	12
afferrare (to grasp, to clutch)	12
affettare (to slice)	12
affezionarsi (to become fond of) *essere*	8
affiancare (to place side by side)	50
affibbiare (to burden)	34
affidare (to entrust)	12
affievolire (to enfeeble)	37
affilare (sharpen)	12
affinare (to refine)	12
affiorare (to surface) *essere*	12
affittare (to rent, to lease)	12
affliggere—pp. afflitto (to afflict)	61
affogare (to drown)	159
affollare (to crowd)	12
affondare (to sink)	12
affrettarsi (to hurry up) *essere*	8
affrontare (to face, to confront)	12
affumicare (to smoke, to cure)	50
agevolare (to facilitate, to make easy)	12
agganciare (to hook)	28
agghiacciare (to freeze)	28
agghindarsi (to dress up) *essere*	8
aggiornare (to bring up to date)	12
aggirare (to go round, to avoid)	12
aggirarsi (to wander about) *essere*	8
aggiudicare (to award)	50
aggiungere—pp. aggiunto (to add)	70
aggiustare (to fix, to adjust, to repair)	12
aggrappare (to seize, to grapple)	12
aggravare (to make worse)	12
aggredire (to assault, to attack)	37
aggrottare (to knit, to wrinkle)	12
aggrovigliare (to entangle)	204
agire (to act, to operate)	37
agitare (to shake, to agitate)	12
agonizzare (to agonize)	12
aguzzare (to sharpen)	12
aiutare (to help, to aid)	9
albeggiare (to dawn)	121
alienare (to alienate)	12
alimentare (to supply with food, to feed)	12
allacciare (to lace, to tie)	28
allagare (to flood)	159
allargare (to widen, to extend, to broaden)	159
allarmare (to alarm)	10
allattare (to nurse)	12
allegare (to enclose)	159
alleggerire (to lighten)	37
allenare (to train)	12
allentare (to loosen)	12
allestire (to prepare)	37
allettare (to allure, to attract)	12
allevare (to bring up, to rear, to breed)	12
allibire (to be dismayed)	37
allietare (to gladden)	12
allineare (to line up, to align)	12
alloggiare (to lodge, to house)	121
allontanare (to move away, to remove)	12

Verb List

KEY: **abbandonare** = verb in boldface is fully conjugated in a verb chart; 12 = number after the verb indicates the chart number in which the verb itself or a model verb is fully conjugated; *essere* = verb used with *essere*; *essere/avere* = verb used with either *essere* or *avere*. (r.v.) = reflexive version of the verb chart referenced; (n.r.v.) = nonreflexive version of the verb chart referenced; pp. = past participle.

Verb	CHART NUMBER
alludere—pp. alluso (to refer to)	160
allungare (to lengthen)	59
alterare (to alter)	12
alternare (to alternate)	12
alzare (to lift)	12
alzarsi (to get up, to rise) *essere*	11
amare (to love)	12
ambientarsi (to get used to a place) *essere*	8
ambire (to aim at, to desire)	37
ammaccare (to dent)	50
ammaestrare (to tame, to train)	12
ammalarsi (to get sick) *essere*	8
ammassare (to amass)	12
ammattire (to go mad) *essere*	37
ammazzare (to kill)	12
ammettere—pp. ammesso (to admit, to let in, to acknowledge)	125
amministrare (to direct, to administer)	12
ammirare (to admire)	12
ammobiliare (to furnish)	34
ammonire (to admonish, to warn)	37
ammontare (to amount)	12
ammorbidire (to soften)	37
ammucchiare (to pile up)	126
ammuffire (to get moldy) *essere*	37
ammutinarsi (to mutiny) *essere*	8
ammutolire (to hush, to be struck dumb) *essere/avere*	37
amoreggiare (to flirt)	121
ampliare (to enlarge)	34
amplificare (to amplify)	50
analizzare (to analyze)	12
ancheggiare (to waddle)	121
ancorare (to anchor)	12
andare (to go) *essere*	13
anelare (to yearn, to long)	12
anestetizzare (to anesthetize)	12
angosciare (to afflict, to anguish)	28
animarsi (to become animated) *essere*	8
annaffiare (to sprinkle, to water)	34
annebbiare (to fog)	34
annegare (to drown) *essere*	159
annerire (to blacken) *essere/avere*	37
annoiarsi (to get bored) *essere* (r.v.)	34
annotare (to make a note of)	12
annuire (to nod)	37
annullare (to cancel, to repeal)	12
annunciare (to announce)	28
anteporre (to place before)	48
anticipare (to anticipate)	12
appagare (to satisfy)	159
appaiare (to couple, to pair up)	34
appannare (to cloud)	12
apparecchiare (to prepare, to set up)	34
apparire (to appear, to seem, to look) *essere*	47
appartarsi (to seclude o.s.) *essere*	8
appartenere (to belong to) *essere*	14
appassionarsi (to conceive a passion for) *essere*	8
appassire (to wither, to dry up) *essere/avere*	37
appendere—pp. appeso (to hang)	160
appesantire (to make heavy, to weigh down)	37
appiattire (to flatten)	37
appiccicare (to stick, to glue)	50
appigliarsi (to get hold, to cling) *essere* (r.v.)	204
appioppare (to give unkindly, to palm off)	12
applicare (to apply)	50
appoggiare (to lean, to rest) *essere/avere*	121
apprendere—pp. appreso (to learn, to come to know of)	160
apprezzare (to appreciate, to estimate)	12
approdare (to get ashore)	12
approfittare (to take advantage)	12
approfondire (to deepen)	37
appropriarsi (to take possession of) *essere* (r.v.)	34
approssimare (to approximate, to come near)	12
approvare (to approve of)	12
aprire (to open, to unlock)	15
arare (to plough)	12

KEY: **abbandonare** = verb in boldface is fully conjugated in a verb chart; 12 = number after the verb indicates the chart number in which the verb itself or a model verb is fully conjugated; *essere* = verb used with *essere*; *essere/avere* = verb used with either *essere* or *avere*. (r.v.) = reflexive version of the verb chart referenced; (n.r.v.) = nonreflexive version of the verb chart referenced; pp. = past participle.

	CHART NUMBER
arbitrare (to umpire, to arbitrate)	12
architettare (to plot, to devise, to draw up plans for)	12
archiviare (to file, to place in the archives)	34
ardere—pp. arso (to burn, to be on fire) *essere*	160
arieggiare (to air, to ventilate)	121
armare (to arm)	12
armonizzare (to harmonize)	12
aromatizzare (to aromatize)	12
arrabbiarsi (to get angry) *essere*	8
arrampicarsi (to climb, to clamber) *essere* (r.v.)	50
arrancare (to plod along, to trudge)	50
arrangiare (to arrange, to settle)	121
arrangiarsi (to do the best one can) *essere* (r.v.)	121
arredare (to furnish)	12
arrendersi—arreso (to surrender) *essere* (r.v.)	160
arrestare (to arrest, to stop)	12
arretrare (to pull back) *essere*	12
arricchire (to enrich)	37
arricciare (to curl)	28
arrivare (to arrive) *essere*	16
arrossire (to blush) *essere*	37
arrostire (to roast)	37
arrotolare (to roll up)	12
arrotondare (to round)	12
arruffare (to ruffle)	12
arrugginire (to rust)	37
articolare (to articulate, to pronounce distinctly)	12
asciugare (to dry)	159
ascoltare (to listen)	17
asfaltare (to asphalt)	12
aspettare (to wait for)	18
aspettarsi (to expect) *essere*	8
aspirare (to breathe in, to inhale, to aspire)	12
asportare (to remove, to take away)	12
assaggiare (to taste, to try)	19
assalire (to assail)	37
assaporare (to savor)	12
assassinare (to murder)	12
assediare (to besiege)	12
assegnare (to assign)	12
asserire (to affirm)	37
assicurare (to assure, to insure)	12
assiderare (to numb with cold, to benumb) *essere*	12
assillare (to worry, to harass)	12
assimilare (to assimilate)	12
assistere (to assist, to help, to witness)	20
associare (to associate)	21
assoldare (to recruit, to enlist)	12
assolvere—pp. assolto (to absolve, to acquit)	61
assomigliare (to resemble)	204
assopirsi (to doze off, to grow sleepy) *essere* (r.v.)	37
assorbire (to absorb, to soak)	26, 37
assordare (to deafen)	12
assottigliare (to make thin)	204
assumere—pp. assunto (to assume, to employ)	61
astenersi (to abstain, to refrain) *essere*	22
atrofizzare (to atrophy)	12
attaccare (to attack, to attach, to begin)	23
atteggiarsi (to assume an attitude) *essere* (r.v.)	121
attendere—pp. atteso (to wait for)	160
attenersi (to conform) *essere* (r.v.)	233
attenuare (to attenuate, to tone down)	12
atterrare (to land) *essere*	12
atterrire (to terrify)	37
attirare (to attract)	12
attivare (to activate)	12
attizzare (to poke, to stir up)	12
attorcigliare (to twist, to twine)	204
attraccare (to dock)	50
attrarre (to attract)	24
attraversare (to cross)	12
attrezzare (to equip)	12
attribuire (to attribute)	37
attutire (to mitigate, to moderate)	37
augurare (to wish)	12

KEY: **abbandonare** = verb in boldface is fully conjugated in a verb chart; 12 = number after the verb indicates the chart number in which the verb itself or a model verb is fully conjugated; *essere* = verb used with *essere*; *essere/avere* = verb used with either *essere* or *avere*. (r.v.) = reflexive version of the verb chart referenced; (n.r.v.) = nonreflexive version of the verb chart referenced; pp. = past participle.

CHART NUMBER

aumentare (to increase) 12
autenticare (to authenticate) 50
autorizzare (to authorize) 12
avanzare (to advance, to move forward, to be left) *essere* 12
avere (to have) 25
avvantaggiare (to advantage, to benefit) 121
avvelenare (to poison) 12
avvenire (to happen) *essere* 244
avventarsi (to throw o.s.) *essere* 8
avventurarsi (to venture) *essere* 8
avverarsi (to come true) *essere* 8
avvertire (to inform, to warn, to notice) 26
avviare (to start, to begin) 27
avviarsi (to set off, to go, to draw toward) *essere* (r.v.) 8, 27
avvicinare (to bring near) 12
avvicinarsi (to approach, to get near) *essere* 8
avvilire (to humiliate) 37
avvincere—pp. avvinto (to enthrall) 247
avvisare (to inform, to warn) 12
avvitare (to screw) 12
avvolgere—pp. avvolto (to wrap) 61
azionare (to set in action, to operate) 12
azzardare (to hazard, to risk) 12

B

baciare (to kiss) 28
badare (to look after) 12
bagnare (to wet, to soak) 12
balbettare (to stutter) 12
ballare (to dance) 29
balzare (to jump, to spring) 12
bandire (to banish) 37
barare (to cheat) 12
barattare (to barter) 12
barcollare (to stagger) 12
basarsi (to base o.s.) *essere* 8
bastare (to be enough, to suffice) *essere* 30
bastonare (to beat, to cane) 12

CHART NUMBER

battere (to hit, to beat) 61
battezzare (to baptize, to christen) 12
bazzicare (to frequent) 50
beccare (to peck, to catch) 50
bendare (to bandage) 12
benedire (to bless) 71
bere (to drink) 31
bestemmiare (to curse) 34
bilanciare (to balance) 28
bisbigliare (to whisper) 204
bisognare (to be necessary) *essere* 12
bloccare (to block) 50
boccheggiare (to gasp) 121
bocciare (to reject, to fail) 28
boicottare (to boycott) 12
bollire (to boil) 37
bombardare (to bomb) 12
borbottare (to mutter) 12
borseggiare (to pick-pocket) 121
brevettare (to patent) 12
brillare (to shine) 12
brindare (to toast) 12
bruciare (to burn) 32
brulicare (to swarm) 50
bucare (to perforate, to pierce) 50
burlare (to prank, to make a fool of) 12
bussare (to knock) 12
buttare (to throw away, to fling) 12

C

cacciare (to hunt, to expel, to thrust) 28
cadere (to fall, to drop) *essere* 33
calare (to lower, to descend) *essere/avere* 12
calcare (to press down) 50
calcolare (to calculate) 12
calibrare (to calibrate) 12
calmare (to calm) 12
calpestare (to trample on) 12
cambiare (to change, to exchange) *essere/avere* 34
camminare (to walk) 35
campeggiare (to camp, to stand out) 121

KEY: **abbandonare** = verb in boldface is fully conjugated in a verb chart; 12 = number after the verb indicates the chart number in which the verb itself or a model verb is fully conjugated; *essere* = verb used with *essere*; *essere/avere* = verb used with either *essere* or *avere*. (r.v.) = reflexive version of the verb chart referenced; (n.r.v.) = nonreflexive version of the verb chart referenced; pp. = past participle.

CHART NUMBER

camuffare (to disguise, to camouflage) . . 12
cancellare (to erase, to cancel) 12
cantare (to sing) 36
canzonare (to make fun of) 12
capire (to understand) 37
capitalizzare (to capitalize) 12
capitare (to happen) *essere* 12
capovolgere—pp. capovolto (to turn over, to turn upside down) . . . 61
caratterizzare (to characterize) 12
carbonizzare (to carbonize) 12
caricare (to load, to charge) 50
castigare (to chastise) 159
castrare (to castrate) 12
catalizzare (to catalyze) 12
catalogare (to catalogue, to list) 159
cattivarsi (to earn—psychologically) *essere* 8
catturare (to capture) 12
causare (to cause) 12
cautelarsi (to take precautions) *essere* 8
cavalcare (to ride on horseback) 50
cavare (to take off, to extract, to draw out) 12
cazzottare (to punch) 12
cedere (to surrender, to give) 61
celare (to conceal) 12
celebrare (to celebrate) 12
cenare (to have dinner) 38
censurare (to censor) 12
centralizzare (to centralize) 12
centrare (to hit the center, to center) 12
cercare (to look for, to seek) *di* 39
certificare (to certify) 50
cessare (to stop, to cease doing sth.) 12
cesellare (to chisel) 12
chetarsi (to quiet down) *essere* 8
chiacchierare (to chat, to chatter) 12
chiamare (to name, to call) 40
chiarire (to make clear, to clarify) 41
chiedere (to ask) 42
chinarsi (to bend down) *essere* 8
chiudere (to close) 43

CHART NUMBER

cianciare (to talk idly) 28
cibarsi (to feed on sth.) *essere* 8
cicatrizzarsi (to heal—a wound) *essere* . . . 8
cimentarsi (to attempt, to venture) *essere* 8
cincischiare (to dawdle) 12
ciondolare (to dangle) 12
circolare (to circulate) *essere* 12
circoncidere—pp. circonciso (to circumcise) 66
circondare (to surround) 12
circuire (to entrap) 37
circumnavigare (to circumnavigate) 159
citare (to cite, to mention) 12
civettare (to flirt, to coquet) 12
civilizzare (to civilize) 12
classificare (to classify) 50
coabitare (to cohabit, to live together) . . 12
coalizzarsi (to form a coalition) *essere* 8
coccolare (to fondle) 12
cogliere (to gather, to pluck, to pick) . . . 44
coincidere—pp. coinciso (to coincide) *essere* 66
collaborare (to collaborate) 12
collaudare (to test) 12
collegare (to connect, to link, to join) . . 159
collezionare (to collect) 12
collocare (to place) 50
colmare (to fill up) 12
colonizzare (to colonize) 12
colorare (to color) 12
colpire (to hit, to strike) 45
coltivare (to cultivate, to farm) 12
comandare (to command, to order) 12
combattere (to fight, to combat) 61
combinare (to combine) 12
cominciare (to begin, to start) *a* 46
commemorare (to commemorate) 12
commentare (to comment) 12
commerciare (to trade, to deal) 28
commettere—pp. commesso (to commit) 125
commuovere—pp. commosso (to move emotionally, to touch) 61

Verb List

KEY: **abbandonare** = verb in boldface is fully conjugated in a verb chart; 12 = number after the verb indicates the chart number in which the verb itself or a model verb is fully conjugated; *essere* = verb used with *essere*; *essere/avere* = verb used with either *essere* or *avere*. (r.v.) = reflexive version of the verb chart referenced; (n.r.v.) = nonreflexive version of the verb chart referenced; pp. = past participle.

CHART NUMBER

comparire (to appear) *essere* 47
compartire (to divide up) 26, 37
compatire (to pity) 37
compensare (to compensate) 12
competere (to compete) 61
compiacersi (to be pleased with sth.) *essere* (r.v.) 151
compilare (to compile, to fill up—a form) 12
compire (to complete, to achieve) 26
completare (to complete) 12
complicare (to complicate) 50
complimentare (to compliment) 12
complottare (to pot, to conspire) 12
comporre (to compose) 48
comportarsi (to behave) *essere* 8
comprare (to buy, to purchase) 49
comprendere—pp. compreso (to include, to comprise, to understand) 160
compromettere—pp. compromesso (to compromise) 125
comunicare (to communicate) 50
concedere (to grant, to concede) 61
concentrare (to concentrate) 12
concentrarsi (to focus) *essere* 8
concepire (to conceive) 37
concertare (to harmonize, to plan) 12
conciliare (to reconcile) 34
concludere—pp. concluso (to conclude, to end, to settle) 160
concordare (to agree upon, to arrange) . .12
concorrere—pp. concorso (to compete, to apply) 61
concretizzare (to give concrete form, to make real) 12
condannare (to condemn, to sentence) . .12
condensare (to condense) 12
condire (to season, to dress) 51
condizionare (to condition) 12
condurre (to conduct, to lead) 52
conferire (to confer, to award) 37
confermare (to confirm) 12
confessare (to confess) 12
confidare (to confide) 12

CHART NUMBER

confidarsi (to open one's heart) *essere* 8
confinare (to confine, to border) 12
confiscare (to confiscate) 50
confondere (to confuse, to mistake so. for so. else) 53
confortare (to confort, to solace) 12
congelare (to freeze) 12
congratularsi (to congratulate) *essere* 8
coniugare (to conjugate) 159
connettere—pp. connesso (to link, to associate) 61
conoscere (to know, to meet, to get acquainted with) 54
conquistare (to conquer) 12
consacrare (to consecrate) 12
consegnare (to deliver, to hand over) 12
conservare (to preserve, to keep) 12
considerare (to consider, to contemplate) 12
consigliare (to advise, to recommend) . .204
consolare (to console) 12
consolidare (to consolidate) 12
consultare (to consult) 12
consumare (to consume) 12
contagiare (to infect) 121
contaminare (to contaminate) 12
contare (to count) 55
contemplare (to contemplate) 12
contenere (to contain) 233
contestare (to contest, to question) 12
continuare (to continue) *a* 56
contraccambiare (to reciprocate) 34
contraddire (to contradict) 71
contrariare (to withstand) 34
contrarre (to contract) 24
contrastare (to contrast, to oppose, to resist) 12
contribuire (to contribute) 37
controllare (to control) 12
convalidare (to validate, to confirm) 12
convenire (to suit, to be convenient) *essere* 57
convincere—pp. convinto (to convince) .247

KEY: **abbandonare** = verb in boldface is fully conjugated in a verb chart; 12 = number after the verb indicates the chart number in which the verb itself or a model verb is fully conjugated; *essere* = verb used with *essere*; *essere/avere* = verb used with either *essere* or *avere*. (r.v.) = reflexive version of the verb chart referenced; (n.r.v.) = nonreflexive version of the verb chart referenced; pp. = past participle.

CHART NUMBER

convivere—pp. convissuto (to live together) *essere/avere* 249
coordinare (to coordinate) 12
copiare (to copy) .58
coprire—pp. coperto (to cover) 26
coreografare (to choreograph) 12
coricarsi (to lie down, to go to bed) *essere* (r.v.) 50
correggere—pp. corretto (to correct) 61
correre—pp. corso (to run) *essere/avere* . .61
corrispondere—pp. corrisposto (to correspond) 160
corrompere—pp. corrotto (to corrupt) . .199
corteggiare (to court) 121
costare (to cost) *essere* 59
costringere—pp. costretto (to compel, to force) 70
costruire (to construct, to build) 60
creare (to create) 12
credere (to believe) 61
crescere (to grow) *essere* 62
cristallizzare (to crystallize) 12
criticare (to criticize) 50
crollare (to collapse, to tumble down) *essere* 12
crucciarsi (to get irritated) *essere* (r.v.) . . .28
cucinare (to cook) 63
cucire (to sew) 37
curare (to cure, to take care of, to treat) 64
curiosare (to be curious) 12
curvare (to bend) 12
custodire (to guard) 37

D

dannare (to damn) 12
danneggiare (to damage) 121
danzare (to dance) 12
dare (to give) 65
dattilografare (to typewrite) 12
debilitare (to weaken) 12
debuttare (to make one's debut) 12
decadere (to decay) *essere* 33
decidere (to decide) *di* 66
decimare (to decimate) 12
declamare (to recite, to declaim) 12
declinare (to decline) 12
decollare (to take off) *essere/avere* 12
decorare (to decorate) 12
decrescere (to decrease) *essere* 62
dedicare (to dedicate) *a* 50
dedicarsi (to devote o.s.) *essere* (r.v.) 50
dedurre (to deduce) 52
definire (to define) 37
deflettere—pp. deflesso (to deflect) 61, 125
deformare (to deform) 12
defraudare (to defraud) 12
degenerare (to degenerate) 12
degnarsi (to condescend) *essere* 8
degradare (to degrade) 12
degustare (to taste) 12
delegare (to delegate) *a* 159
delimitare (to delimitate) 12
delineare (to outline) 12
delirare (to rave) .12
deludere (to disappoint) 67
demolire (to demolish) 37
denigrare (to denigrate) 12
denudarsi (to strip, to undress) *essere* 8
denunciare (to denounce, to sue) 68
deportare (to deport) 12
depositare (to deposit) 12
deprimere—pp. depresso (to depress) . . .61
derivare (to derive) *essere* 12
derogare (to derogate) 159
derubare (to rob) .12
descrivere—pp. descritto (to describe) . .210
desiderare (to wish) 12
designare (to designate) 12
desistere—pp. desistito (to cease) 61
destare (to awaken) 12
destinare (to destine) 12
destreggiarsi (to manage, to maneuver) *essere* (r.v.) 121
detergere—pp. deterso (to cleanse) 70

KEY: **abbandonare** = verb in boldface is fully conjugated in a verb chart; 12 = number after the verb indicates the chart number in which the verb itself or a model verb is fully conjugated; *essere* = verb used with *essere*; *essere/avere* = verb used with either *essere* or *avere*. (r.v.) = reflexive version of the verb chart referenced; (n.r.v.) = nonreflexive version of the verb chart referenced; pp. = past participle.

	CHART NUMBER
deteriorare (to deteriorate) *essere*	12
determinare (to determine)	12
detestare (to detest)	12
detrarre—pp. detratto (to deduct)	24
dettare (to dictate)	12
deturpare (to disfigure)	12
devastare (to devastate)	12
deviare (to deviate)	27
diagnosticare (to diagnose)	50
dialogare (to converse, to talk together)	159
dichiarare (to declare)	12
difendere—pp. difeso (to defend)	160
diffondere—pp. diffuso (to divulge, to diffuse)	61
digerire (to digest)	37
digiunare (to fast)	12
digradare (to slope down)	12
dileguarsi (to vanish) *essere*	8
diluire (to dilute)	37
dimagrire (to lose weight) *essere*	37
dimenare (to wag)	12
dimenarsi (to fidget) *essere*	8
dimenticare (to forget)	69
dimettersi—pp. dimesso (to resign) *essere* (r.v.)	125
diminuire (to diminish, to reduce) *essere/avere*	37
dimostrare (to demonstrate)	12
dipendere (to depend) *essere, da*	160
dipingere (to paint)	70
diplomarsi (to get a degree) *essere*	8
dire (to say, to tell)	71
dirigere—pp. diretto (to direct)	61
disabituarsi (to get out of the habit of—doing) *essere*	8
disapprovare (to disapprove)	12
disarmare (to disarm)	12
discriminare (to discriminate)	12
discendere (to descend, to go down) *essere*	72
discutere (to discuss, to debate)	73
disdire—pp. disdetto (to cancel)	71
disegnare (to draw, to design)	12
disfare—pp. disfatto (to undo)	84
disgustare (to disgust)	12
disinfettare (to disinfect)	12
dislocare (to dislocate)	50
disordinare (to mess up)	12
disorientare (to disorient)	12
disossare (to bone)	12
dispiacere (to be sorry) *essere*	151
disprezzare (to despise)	12
dissetare (to quench)	12
dissipare (to dissipate)	12
dissociare (to dissociate)	28
dissolvere—pp. dissolto (to dissolve)	61
dissuadere—pp. dissuaso (to dissuade)	160
distare (to be distant)	12
distendersi—pp. disteso (to stretch out, to relax) *essere* (r.v.)	160
distinguere—pp. distinto (to differentiate)	61
distinguersi—pp. distinto (to distinguish o.s.) *essere* (r.v.)	61
distorcere—pp. distorto (to distort)	61
distrarre (to distract)	74
distribuire (to distribute)	37
distruggere—pp. distrutto (to destroy)	117
disturbare (to disturb)	12
disubbidire (to disobey) *a*	37
divagare (to digress, to wander)	159
diventare (to become) *essere*	75
divertire (to amuse)	26
divertirsi (to enjoy o.s., to have fun) *essere*	76
dividere—pp. diviso (to divide)	160
divorare (to devour)	12
divorziare (to divorce)	34
domandare (to ask, to ask for, to inquire)	77
domare (to tame, to break in)	12
dominare (to dominate)	12
doppiare (to dub)	34
dormire (to sleep)	78
dosare (to dose)	12
dovere (to have to, must, to owe) *essere/avere*	79

KEY: **abbandonare** = verb in boldface is fully conjugated in a verb chart; 12 = number after the verb indicates the chart number in which the verb itself or a model verb is fully conjugated; *essere* = verb used with *essere*; *essere/avere* = verb used with either *essere* or *avere*. (r.v.) = reflexive version of the verb chart referenced; (n.r.v.) = nonreflexive version of the verb chart referenced; pp. = past participle.

CHART NUMBER

dribblare (to dribble) 12
drogare (to drug) 159
dubitare (to doubt) 12
durare (to last) *essere* 12

E

eccedere (to exceed) 61
eccellere—pp. eccelso (to excel) *essere/avere* 61
eccitare (to excite, to rouse) 12
economizzare (to economize) 12
educare (to educate) 50
elaborare (to elaborate) 12
eleggere—pp. eletto (to elect) 117
eliminare (to eliminate) 12
elogiare (to praise) 121
emanare (to issue, to give off, to exhale) *essere* 12
emancipare (to emancipate) 12
emozionarsi (to get excited) *essere* 80
entrare (to enter, to go in[to]) *essere* 81
entusiasmare (to raise enthusiasm) 12
equilibrare (to balance) 12
ereditare (to inherit) 12
eruttare (to erupt) 12
esacerbare (to exacerbate) 12
esagerare (to exaggerate) 12
esaminare (to examine) 12
esasperare (to exasperate) 12
esaudire (to fulfil) 37
esclamare (to exclaim) 12
escludere—pp. escluso (to exclude) 160
eseguire (to execute, to carry out) 37
esercitarsi (to practise) *essere* 8
esibire (to exibit) 37
esigere—pp. esatto (to demand) 61
esiliare (to exile) 12
esistere—pp. esistito (to exist) *essere* 61
esitare (to hesitate) 12
esorcizzare (to exorcize) 12
espandere—pp. espanso (to expand) 61
espellere—pp. espulso (to eject) 61
espiare (to expiate) 27

CHART NUMBER

esplodere—pp. esploso (to explode) *essere/avere* 61
esplorare (to explore) 12
esporre (to show) 48
esportare (to export) 12
esprimere—pp. espresso (to express) 61
espugnare (to conquer) 12
essere (to be) *essere* 82
essudare (to exude) 12
estrarre (to extract) 24
esultare (to exult) 12
evitare (to avoid) 83
evocare (to evoke) 50
evolvere—pp. evoluto (to evolve) 61

F

fabbricare (to manufacture) 50
facilitare (to facilitate) 12
falciare (to mow) 28
fallire (to fail) 37
falsare (to alter) 12
fantasticare (to daydream) 50
fare (to do, to make) 84
fasciare (to bandage) 28
faticare (to work hard) 50
fatturare (to invoice) 12
favorire (to favor) 85
felicitarsi (to congratulate) *essere* 8
ferire (to wound) 37
fermare (to stop, to hold) 86
fermarsi (to stop) (r.v.) 86
festeggiare (to celebrate) 121
fiancheggiare (to flank) 121
ficcare (to thrust) 50
fidanzarsi (to get engaged) *essere* 8
fidarsi (to trust) *esser, di* 8
figurarsi (to imagine) *essere* 8
filmare (to film) 12
filtrare (to filter) 12
finalizzare (to finalize) 12
finanziare (to finance) 34
fingere—pp. finto (to pretend) 70
finire (to finish, to end) *di* 87

KEY: **abbandonare** = verb in boldface is fully conjugated in a verb chart; 12 = number after the verb indicates the chart number in which the verb itself or a model verb is fully conjugated; *essere* = verb used with *essere*; *essere/avere* = verb used with either *essere* or *avere*. (r.v.) = reflexive version of the verb chart referenced; (n.r.v.) = nonreflexive version of the verb chart referenced; pp. = past participle.

Verb List

	CHART NUMBER
fiocinare (to harpoon)	12
fiorire (to flower, to bloom) *essere*	37
fiottare (to gush)	12
firmare (to sign)	88
fischiare (to whistle)	126
fissare (to fix, to make firm)	12
fiutare (to sniff, to smell)	12
flettere—pp. flesso (to flex)	61
fluire (to flow) *essere*	37
fluttuare (to fluctuate)	12
fondare (to found)	12
fondere—pp. fuso (to fuse)	61
formare (to form, to create)	12
fornire (to supply, to provide)	89
forzare (to force)	12
fotografare (to photograph)	12
fraintendere—pp. frainteso (to misunderstand)	160
fratturare (to fracture)	12
fregare (to rub, to cheat)	159
fremere (to quiver)	61
frenare (to brake)	12
frequentare (to attend, to associate with)	90
friggere—pp. fritto (to fry)	117
frugare (to rummage)	159
frustrare (to frustrate)	12
fuggire (to flee) *essere*	26
fumare (to smoke)	91
funzionare (to function, to work)	92
fuorviare (to mislead)	27

G

galleggiare (to float)	121
garantire (to guarantee)	37
gattonare (to crawl)	12
gelare (to freeze)	12
gemere (to moan)	61
generalizzare (to generalize)	12
generare (to generate)	12
gestire (to manage)	37
gesticolare (to gesture)	12
gettare (to cast, to throw)	93

	CHART NUMBER
giocare (to play) *a*	94
gioire (to rejoice)	37
giovare (to be of use)	12
girare (to turn)	12
giudicare (to judge)	50
giungere—pp. giunto (to arrive) *essere*	70
giurare (to swear)	12
giustificare (to justify)	50
gocciolare (to drip)	12
godersi (to enjoy, to get pleasure from) *essere* (r.v.)	61
gonfiare (to inflate)	34
gonfiarsi (to swell) *essere* (r.v.)	8, 34
governare (to govern)	12
gradire (to accept with pleasure)	37
graffiare (to scratch hurtfully)	34
grandinare (to hail)	12
gratificare (to gratify)	50
grattare (to scratch, to grate)	12
gridare (to shout)	95
grondare (to stream, to drip)	12
guadagnare (to earn)	12
guardare (to look at, to watch)	96
guarire (to heal, to recover)	97
guastare (to spoil, to damage)	12
guidare (to guide, to lead, to drive)	98
gustare (to taste, to enjoy)	99

I

ideare (to imagine, to conceive)	12
identificare (to identify)	50
idoleggiare (to idolize)	121
ignorare (to ignore)	12
illudere—pp. illuso (to deceive)	160
illuminare (to light up)	12
illustrare (to illustrate)	12
imballare (to box)	12
imbalsamare (to embalm)	12
imbambolarsi (to get bewildered) *essere*	8
imbandire (to lay)	37
imbarazzare (to embarrass)	12
imbarcare (to take on board)	50

KEY: **abbandonare** = verb in boldface is fully conjugated in a verb chart; 12 = number after the verb indicates the chart number in which the verb itself or a model verb is fully conjugated; *essere* = verb used with *essere*; *essere/avere* = verb used with either *essere* or *avere*. (r.v.) = reflexive version of the verb chart referenced; (n.r.v.) = nonreflexive version of the verb chart referenced; pp. = past participle.

	CHART NUMBER
imbiancare (to whitewash)	50
imboccare (to hand feed)	50
imbonire (to allure)	37
imbottigliare (to bottle)	204
imbottire (to stuff)	37
imbrattare (to soil)	12
imbroccare (to hit, to guess)	50
imbrogliare (to cheat)	204
imbrunire (to get dark) *essere*	37
imbucare (to post)	50
imitare (to imitate)	12
immaginare (to imagine)	100
immedesimarsi (to identify o.s. with so.) *essere*	8
immergere—pp. immerso (to immerse)	70
immigrare (to immigrate) *essere*	12
immischiarsi (to meddle, to interfere) *essere* (r.v.)	8, 34
immobilizzare (to immobilize)	12
immolarsi (to sacrifice o.s.) *essere*	8
immunizzare (to immunize)	12
impadronirsi (to take possession) *essere*	76
impallidire (to turn pale) *essere*	37
impanare (to cover with bread crumbs)	12
imparare (to learn)	101
impastare (to knead)	12
impaurire (to frighten)	37
impazzire (to go mad) *essere*	37
impedire (to prevent) *a*	37
impegnarsi (to commit, to engage, to pledge o.s.) *essere*	8
impensierire (to cause anxiety)	37
impermeabilizzare (to waterproof)	12
impiegare (to employ)	159
impigliarsi (to get caught) *essere* (r.v.)	204
imporre (to impose)	48
impostare (to start, to set up)	12
importare (to import)	12
imprecare (to curse)	50
impressionare (to impress, to affect)	12
imprigionare (to imprison)	12
improvvisare (to improvise)	12

	CHART NUMBER
inaugurare (to inaugurate)	12
incamminarsi (to get going) *essere*	8
incantare (to charm)	12
incappare (to run into so. or sth.) *essere*	12
incaricare (to entrust)	50
incarnare (to embody)	12
incassare (to cash, to box, to take in)	102
incenerire (to incinerate)	37
inchinarsi (to bow) *essere*	8
inciampare (to trip) *essere/avere*	12
incidere—pp. inciso (to engrave, to record)	66
includere—pp. incluso (to include)	67
incollare (to paste, to glue)	12
incolpare (to accuse)	12
incominciare (to begin) *a*	28
incontrare (to meet)	103
incoraggiare (to encourage)	121
incorniciare (to frame)	28
incrementare (to increase)	12
incriminare (to incriminate)	12
incuriosire (to get curious)	37
indagare (to investigate, to inquire)	104
indebolire (to weaken)	37
indicare (to indicate)	50
indietreggiare (to draw back) *essere/avere*	121
indirizzare (to address)	12
indispettire (to spite)	37
indossare (to wear)	12
indovinare (to guess)	12
indulgere—pp. indulto (to indulge)	70
indurre (to induce)	52
infarinare (to flour)	12
infastidire (to annoy)	37
infettare (to infect)	12
infilare (to slip in, to thread)	12
infilzare (to stick)	12
influenzare (to influence)	12
informare (to inform)	105
infortunarsi (to get injured) *essere*	8

KEY: **abbandonare** = verb in boldface is fully conjugated in a verb chart; 12 = number after the verb indicates the chart number in which the verb itself or a model verb is fully conjugated; *essere* = verb used with *essere*; *essere/avere* = verb used with either *essere* or *avere*. (r.v.) = reflexive version of the verb chart referenced; (n.r.v.) = nonreflexive version of the verb chart referenced; pp. = past participle.

CHART NUMBER

infuriarsi (to lose one's temper) *essere* 8
ingannare (to deceive) 12
ingerire (to ingest) 37
inghiottire (to swallow) 37
inginocchiarsi (to kneel) *essere* 8
ingrandire (to enlarge) 37
ingrassare (to gain weight) *essere* 12
inibire (to inhibit) 37
iniettare (to inject) 12
iniziare (to begin) 34
innamorarsi (to fall in love) *essere* 8
innervosire (to get on so.'s nerves) 37
innervosirsi (to get nervous) *essere* (r.v.) 37
innovare (to innovate) 12
inoltrare (to forward) 12
inorgoglirsi (to become proud) *essere* (r.v.) 37
inorridire (to horrify) *essere/avere* 37
inquietarsi (to become restless) *essere* 8
inquinare (to pollute) 12
insabbiare (to hinder) 34
insaponare (to soap) 12
insegnare (to teach) 106
inseguire (to run after, to pursue) 26
inserire (to insert) 37
insistere (to insist) 107
installare (to install) 12
insultare (to insult) 108
intascare (to pocket) 50
integrare (to integrate) 12
intendere (to intend, to mean, to understand) 109
intensificare (to intensify) 50
interagire (to interact) 37
interessare (to interest) 12
interpretare (to interpret) 12
interrogare (to interrogate) 159
interrompere—pp. interrotto (to interrupt) 199
intervenire (to intervene) *essere* 244
intervistare (to interview) 12
intimorire (to intimidate) 37

CHART NUMBER

intraprendere (to undertake) 160
intrattenere (to entertain) 233
introdurre (to introduce) 52
intrudersi—pp. intruso (to intrude) *essere* (r.v.) 67
intuire (to know by intuition) 37
invadere—pp. invaso (to invade) 66
invecchiare (to grow old) *essere* 126
inventare (to invent) 12
investire (to collide with, to invest) 26
inviare (to send) 110
invidiare (to envy) 111
invitare (to invite) 112
involgere—pp. involto (to wrap up) 70
inzuppare (to soak, to drench) 12
ipnotizzare (to hypnotize) 12
irritare (to irritate) 12
iscrivere—pp. iscritto (to enroll, to register) 210
isolare (to isolate) 12
ispirare (to inspire) 12
istituire (to institute) 37
istruire (to instruct) 37

L

lacerare (to tear) 12
lacrimare (to shed tears) 12
lamentarsi (to complain) *essere* 8
lampeggiare (to lighten, to flash the lights) 121
lanciare (to launch) 28
lasciare (to leave, to abandon) 113
laurearsi (to graduate, to get a master's degree) *essere* 114
lavare (to wash) 12
lavarsi (to wash o.s.) *essere* 115
lavorare (to work) 116
leccare (to lick) 50
legare (to tie up) 159
leggere (to read) 117
legittimare (to legitimize) 12
lenire (to soothe, to calm) 37
levare (to take off) 12
liberare (to free) 12

KEY: **abbandonare** = verb in boldface is fully conjugated in a verb chart; 12 = number after the verb indicates the chart number in which the verb itself or a model verb is fully conjugated; *essere* = verb used with *essere*; *essere/avere* = verb used with either *essere* or *avere*. (r.v.) = reflexive version of the verb chart referenced; (n.r.v.) = nonreflexive version of the verb chart referenced; pp. = past participle.

	CHART NUMBER
licenziare (to dismiss, to fire)	34
limitare (to limit)	118
lisciare (to smooth)	126
litigare (to quarrel)	159
localizzare (to locate)	12
lodare (to praise)	12
logorare (to wear off)	12
lottare (to wrestle)	12
lubrificare (to lubricate)	50
luccicare (to glitter)	50
lucidare (to polish)	12
lusingare (to flatter)	159

M

macchiare (to stain)	126
macellare (to butcher)	12
macinare (to grind)	12
maledire (to curse)	71
maltrattare (to ill-treat)	12
mancare (to miss, to be lacking) *essere*	119
mandare (to send)	120
maneggiare (to handle)	121
mangiare (to eat)	121
manifestare (to manifest)	12
manovrare (to maneuver)	12
mantenere (to keep, to maintain, to support economically)	122
marcare (to mark)	50
marciare (to march)	28
marcire (to rot, to spoil) *essere*	37
mascherare (to mask)	12
massacrare (to massacre)	12
massaggiare (to massage)	121
masticare (to chew)	50
maturare (to ripen, to mature) *essere*	12
meditare (to meditate, to ponder)	123
memorizzare (to memorize)	12
mendicare (to beg)	50
mentire (to lie) *a*	26, 37
menzionare (to mention)	12
meravigliare (to astonish) *essere*	124
meritare (to deserve)	12
mescolare (to mix)	12
mettere (to put, to place)	125
mettersi (to put on, to start) *essere* (r.v.)	125
migliorare (to improve, to make better) *essere/avere*	12
mimare (to mime)	12
minacciare (to threaten)	28
minare (to mine)	12
minimizzare (to minimize)	12
mirare (to aim)	12
mischiare (to mix)	126
mistificare (to mistify)	50
misurare (to measure)	12
misurarsi (to try on) *essere*	8
mobilitare (to mobilize)	12
modellare (to model)	12
moderare (to moderate)	12
modernizzare (to modernize)	12
modificare (to modify)	50
molestare (to molest)	12
mollare (to let go)	12
moltiplicare (to multiply)	50
montare (to mount, to assemble)	12
morire (to die) *essere*	127
morsicare (to bite)	50
mostrare (to show)	128
motivare (to motivate)	12
multare (to fine)	12
munirsi (to supply o.s.) *essere* (r.v.)	37
muovere—pp. mosso (to move)	61
musicare (to set to music)	50
mutare (to change)	12
mutilare (to mutilate)	12

N

narrare (to narrate)	12
nascere (to be born, to originate) *essere*	129
nascondere (to hide)	130
naufragare (to wreck) *essere/avere*	159
navigare (to sail, to navigate, to browse—Internet)	159

KEY: **abbandonare** = verb in boldface is fully conjugated in a verb chart; 12 = number after the verb indicates the chart number in which the verb itself or a model verb is fully conjugated; *essere* = verb used with *essere*; *essere/avere* = verb used with either *essere* or *avere*. (r.v.) = reflexive version of the verb chart referenced; (n.r.v.) = nonreflexive version of the verb chart referenced; pp. = past participle.

	CHART NUMBER
negare (to deny)	159
negoziare (to negotiate)	34
nettare (to clean)	12
neutralizzare (to neutralize)	12
nevicare (to snow) *essere/avere*	131
noleggiare (to hire, to rent)	132
notare (to notice)	12
numerare (to number)	12
nuotare (to swim)	133

O

obbligare (to oblige)	159
obiettare (to object)	12
occorrere (to be necessary) *essere*	134
occupare (to occupy)	12
odiare (to hate)	34
odorare (to smell)	12
offendere—pp. offeso (to offend)	160
officiare (to officiate)	28
offrire (to offer)	135
oliare (to oil)	34
oltrepassare (to go beyond)	12
ombreggiare (to shade)	121
omettere (to omit)	125
onorare (to honour)	12
operare (to operate)	12
opporre (to oppose)	48
orchestrare (to orchestrate)	12
ordinare (to order, to tidy up)	136
organizzare (to organize)	137
orientare (to orient)	12
ormeggiare (to moor)	121
ornare (to decorate)	12
osare (to dare)	12
ospitare (to give hospitality to, to lodge, to accommodate)	138
osservare (to observe)	12
ossessionare (to obsess)	12
ossequiare (to pay one's respect)	126
ostacolare (to hamper)	12
ostruire (to obstruct)	37
ottenere (to obtain)	233
oziare (to idle)	34

P

	CHART NUMBER
pacificare (to reconcile)	50
pagare (to pay)	139
palpare (to touch, to finger)	12
paragonare (to compare)	12
paralizzare (to paralyze)	12
parare (to shield)	12
parcheggiare (to park)	140
pareggiare (to draw, to tie)	121
parlare (to speak, to talk)	141
parlottare (to mutter)	12
parodiare (to parody)	34
partecipare (to participate)	142
partire (to leave, to depart, to go away) *essere*	143
partorire (to give birth to a child)	37
passare (to pass, to elapse, to spend [time])	144
passeggiare (to stroll)	121
pasticciare (to mess up, to make a mess)	28
patrocinare (to sponsor, to support)	12
patteggiare (to come to terms)	121
pattinare (to skate)	12
pedalare (to pedal)	12
peggiorare (to make worse, to get worse) *essere/avere*	12
pelare (to peel)	12
pendere (to hang down)	61
pennellare (to brush)	12
pensare (to think)	145
pentirsi (to repent) *essere*	76
percepire (to perceive)	37
percorrere—pp. percorso (to go along, to cover—distance)	61
perdere (to lose)	146
perdonare (to forgive)	12
perfezionare (to make perfect, to improve)	12
perforare (to perforate)	12
perire (to perish) *essere*	37
perlustrare (to patrol)	12
permanere—pp. permaso (to remain) *essere*	191
permeare (to permeate)	12

KEY: **abbandonare** = verb in boldface is fully conjugated in a verb chart; 12 = number after the verb indicates the chart number in which the verb itself or a model verb is fully conjugated; *essere* = verb used with *essere*; *essere/avere* = verb used with either *essere* or *avere*. (r.v.) = reflexive version of the verb chart referenced; (n.r.v.) = nonreflexive version of the verb chart referenced; pp. = past participle.

Verb List

Verb	CHART NUMBER
permettere (to allow, to let, to permit)	147
pernottare (to stay overnight)	12
perpetuare (to perpetuate)	12
perquisire (to search)	37
perseverare (to persevere)	148
persistere—pp. persistito (to persist)	61
persuadere—pp. persuaso (to persuade)	149
pesare (to weigh)	12
pescare (to fish)	50
pestare (to pound, to crash)	12
pettegolare (to gossip)	12
pettinarsi (to comb o.s.) *essere*	150
piacere (to like) *essere*	151
piagare (to ulcerate)	159
piagnucolare (to whine)	12
piangere—pp. pianto (to cry, to weep)	152
piantare (to plant, to thrust)	12
piazzare (to place)	12
picchiare (to hit, to beat)	126
piegare (to bend, to fold)	159
pigiare (to press)	121
pigliare (to take)	204
pilotare (to pilot)	12
piombare (to plumb, to fall heavily) *essere*	12
piovere (to rain) *essere/avere*	153
piovigginare (to drizzle) *essere/avere*	12
pisciare (to piss)	126
pitturare (to paint)	12
pizzicare (to pinch)	50
plagiare (to plagiarize)	121
plasmare (to mould)	12
poetizzare (poeticize)	12
poggiare (to place, to put)	121
poltrire (to idle)	154
polverizzare (to pulverize)	12
pompare (to pump)	12
ponderare (to ponder, to consider)	12
popolare (to populate)	12
porgere—pp. porto (to hand, to give)	70
portare (to wear, to bring, to carry)	155
posare (to put down, to place, to pose)	12
posporre (to postpone, to defer)	48
possedere (to own, to possess) (n.r.v.)	212
posteggiare (to park)	121
posticipare (to postpone)	12
potenziare (to strengthen, to make powerful)	34
potere (to be able to, can, may) *essere/avere*	156
pranzare (to dine, to have dinner, to have lunch)	157
praticare (to practice)	50
precedere (to precede)	61
precipitare (to precipitate)	12
precipitarsi (to rush) *essere*	8
precisare (to specify, to state precisely)	12
predestinare (to predestinate, to destine)	12
predicare (to preach)	50
predire—pp. predetto (to foretell, to predict)	71
predisporre (to predispose, to prearrange)	48
predominare (to predominate)	12
preferire (to prefer)	158
pregare (to pray)	159
pregiudicare (to jeopardize, to undermine)	50
pregustare (to foretaste, to anticipate)	12
prelevare (to draw)	12
premeditare (to premeditate)	12
premere (to press)	61
premiare (to give a prize, to award a prize)	34
prendere (to take, to fetch, to catch)	160
preoccuparsi (to worry) *essere*	161
preparare (to prepare)	162
prepararsi (to get ready) *essere*	8
prescindere—pp. prescisso (to leave out of consideration)	160
prescrivere—pp. prescritto (to prescribe)	210

KEY: **abbandonare** = verb in boldface is fully conjugated in a verb chart; 12 = number after the verb indicates the chart number in which the verb itself or a model verb is fully conjugated; *essere* = verb used with *essere*; *essere/avere* = verb used with either *essere* or *avere*. (r.v.) = reflexive version of the verb chart referenced; (n.r.v.) = nonreflexive version of the verb chart referenced; pp. = past participle.

presentare (to present, to introduce) *a*	CHART NUMBER
presentare (to present, to introduce) *a*	163
preservare (to preserve)	12
presiedere (to preside)	61
pressare (to press)	12
prestare (to lend, to loan)	164
presumere—pp. presunto (to presume)	61
pretendere—pp. preteso (to claim, to demand)	160
prevedere—pp. previsto (to forecast, to expect)	242
prevenire (to precede, to anticipate)	244
privare (to deprive)	12
privilegiare (to privilege)	121
procedere (to proceed) *essere*	61
procrastinare (to procrastinate)	12
procurare (to procure, to get)	12
prodigarsi (to do all one can) *essere* (r.v.)	159
produrre (to produce)	165
profanare (to profane)	12
professare (to profess)	12
profumare (to perfume, to scent)	12
progettare (to plan)	166
programmare (to program)	167
progredire (to advance, to improve) *essere/avere*	37
proibire (to forbid)	37
proiettare (to project)	12
promettere—pp. promesso (to promise)	125
promuovere—pp. promosso (to promote, to pass)	61
pronunciare (to pronounce)	28
propiziare (to propitiate)	34
proporre (to propose, to suggest)	168
prorogare (to postpone, to extend)	159
proseguire (to continue, to carry on)	26
prosperare (to prosper, to thrive)	12
proteggere—pp. protetto (to protect)	117
protestare (to protest, to complain)	169
provare (to prove, to try, to rehearse)	170
provenire (to come, to originate) *essere*	244
provocare (to provoke, to cause)	50
provvedere—pp. provvisto (to provide, to supply)	242
pubblicare (to publish)	50
pugnalare (to stab)	12
pulire (to clean)	171
pungere—pp. punto (to sting, to prick)	70
punire (to punish)	37
puntare (to aim, to bet)	12
purificare (to purify, to cleanse)	50
puzzare (to stink)	12

Q

	CHART NUMBER
quagliare (to curdle) *essere*	204
qualificare (to qualify)	50
quietarsi (to quiet down) *essere*	8

R

	CHART NUMBER
rabbrividire (to shiver, to shudder) *essere*	37
raccapricciarsi (to horrify) *essere* (r.v.)	28
raccogliere—pp. raccolto (to pick up, to gather)	44
raccomandare (to recommend)	12
raccontare (to tell, to narrate)	172
raddoppiare (to double)	34
raddrizzare (to straighten)	12
radere—pp. raso (to shave)	66
raffigurare (to represent)	12
rafforzare (to reinforce)	12
raffreddare (to cool, to make cold)	12
raffreddarsi (to catch a cold) *essere*	8
raggiungere—pp. raggiunto (to reach, to join, to attain)	70
raggruppare (to group, to assemble)	12
ragionare (to reason, to discuss)	12
rallegrarsi (to cheer up, to congratulate) *essere*	8
rallentare (to slow down)	173
rammentare (to remember, to recall)	12
rannicchiarsi (to crouch, to cuddle up) *essere* (r.v.)	126
rannuvolarsi (to become cloudy) *essere*	8
rapinare (to rob)	12

KEY: **abbandonare** = verb in boldface is fully conjugated in a verb chart; 12 = number after the verb indicates the chart number in which the verb itself or a model verb is fully conjugated; *essere* = verb used with *essere*; *essere/avere* = verb used with either *essere* or *avere*. (r.v.) = reflexive version of the verb chart referenced; (n.r.v.) = nonreflexive version of the verb chart referenced; pp. = past participle.

Verb List

CHART NUMBER

rapire (to abduct, to kidnap) .37
rappacificare (to reconcile, to pacify) .50
rappresentare (to represent, to symbolize, to perform) .174
raschiare (to scrape) .126
rassegnarsi (to resign o.s.) *essere* .8
rasserenarsi (to clear up, to cheer up) *essere* .8
rassicurare (to reassure, to encourage) .175
rastrellare (to rack) .12
rattoppare (to patch up, to mend) .12
rattristare (to sadden) .12
rattristarsi (to become sad) *essere* .8
ravvivare (to revive) .12
razionare (to ration) .12
reagire (to react) .176
realizzare (to realize) .12
recapitare (to deliver) .12
recarsi (to go) *essere* (r.v.) .50
reciprocare (to reciprocate) .50
recitare (to act, to recite, to perform) .177
reclamare (to complain, to protest) .12
recriminare (to recriminate) .12
recuperare (to recover, to salvage) .12
redimere—pp. redento (to redeem) .61
refrigerare (to refrigerate) .12
regalare (to make a present of, to give [as a present]) .178
reggere—pp. retto (to bear, to hold) .117
registrare (to record, to register) .12
regnare (to reign) .12
regolare (to regulate) .12
remare (to row, to paddle) .12
remunerare (to remunerate) .12
rendere (to render, to yield, to give back) .179
repellere—pp. repulso (to repulse) .61
replicare (to reply, to repeat) .50
reprimere—pp. represso (to repress) .61
resistere—pp. resistito (to resist) .61
respingere—pp. respinto (to refuse, to bounce back) .70

CHART NUMBER

respirare (to breathe) .180
restare (to stay, to remain) *essere* .181
restaurare (to restore) .12
restituire (to return, to give back) .182
restringere—pp. ristretto (to narrow, to tighten) .70
retribuire (to remunerate) .37
retrocedere (to recede, to withdraw) *essere* .61
revisionare (to overhaul) .12
revocare (to revoke, to recall) .50
rialzare (to heighten) .12
rianimare (to revive, to enliven) .12
riassumere—pp. riassunto (to summarize, to rehire) .61
riattaccare (to hang up—telephone) .50
ribaltarsi (to overturn) *essere* .8
ribattere (to confute) .61
ribellarsi (to rebel) *essere* .8
ricacciare (to push back) .28
ricamare (to embroider) .12
ricambiare (to reciprocate) .34
ricavare (to make a profit, to obtain) .12
ricercare (to research) .50
ricevere (to receive) .183
richiamare (to call back, to rebuke) .12
richiedere—pp. richiesto (to require) .42
ricominciare (to start again) .184
ricompensare (to reward, to recompense) .185
riconciliarsi (to reconcile) *essere* (r.v.) .34
riconoscere (to recognize, to acknowledge) .186
ricordarsi (to remember) *essere* .187
ricorrere—pp. ricorso (to recur) .61
ricoverare (to shelter, to hospitalize) .12
ridere (to laugh) .188
ridondare (to be redundant) .12
ridurre (to reduce, to cut down) .52
riempire (to fill) .189
rientrare (to return) *essere* .12
riepilogare (to recapitulate) .159
rifare—pp. rifatto (to do again) .84
riferire (to refer, to report) .37

KEY: **abbandonare** = verb in boldface is fully conjugated in a verb chart; 12 = number after the verb indicates the chart number in which the verb itself or a model verb is fully conjugated; *essere* = verb used with *essere*; *essere/avere* = verb used with either *essere* or *avere*. (r.v.) = reflexive version of the verb chart referenced; (n.r.v.) = nonreflexive version of the verb chart referenced; pp. = past participle.

rifinire (to finish, to give the finishing touch to)	CHART NUMBER
rifinire (to finish, to give the finishing touch to)	37
rifiutare (to refuse)	12
riflettere (to reflect, to ponder)	61
rifornire (to supply)	37
rifugiarsi (to take shelter) *essere* (r.v.)	121
rigenerare (to regenerate) *essere/avere*	12
riguardarsi (to take care of oneself) *essere*	8
rilassarsi (to relax) *essere*	190
rilegare (to bind)	159
rimandare (to postpone, to send back)	12
rimanere (to remain, to stay) *essere*	191
rimare (to rhyme)	12
rimbalzare (to rebound, to bounce)	12
rimboccare (to tuck)	50
rimbombare (to roar, to resound)	12
rimborsare (to reimburse)	12
rimediare (to remedy)	34
rimettersi—pp. rimesso (to recover) *essere* (r.v.)	125
rimirare (to gaze at)	12
rimodernare (to modernize)	12
rimorchiare (to tow)	126
rimpatriare (to repatriate) *essere*	34
rimpiangere—pp. rimpianto (to mourn, to regret)	152
rimpiazzare (to replace)	12
rimpinzarsi (to stuff o.s.) *essere*	8
rimproverare (to reproach, to scold)	12
rimuginare (to turn over in one's mind)	12
rincarare (to raise the price)	12
rincasare (to go back home) *essere*	12
rincorrere—pp. rincorso (to run after)	61
rinforzare (to strengthen, to intensify)	12
rinfrescare (to refresh)	50
ringiovanire (to rejuvenate, to grow young again) *essere*	37
ringraziare (to thank)	192
rinnegare (to repudiate)	159
rinnovare (to renew)	12
rintracciare (to track)	28
rinunziare (to renounce) *a*	12

	CHART NUMBER
rinviare (to put off, to adjourn)	27
rinvigorire (to reinvigorate)	37
riordinare (to tidy up, to rearrange)	12
riparare (to repair, to fix)	193
ripararsi (to protect o.s., to shelter o.s.) *essere*	8
ripartire (to parcel out, to distribute)	26
ripassare (to review, to go through again)	12
ripetere (to repeat)	194
ripiegare (to fold up)	159
riposare (to rest)	195
riprendere—pp. ripreso (to retake, to start again, to resume)	160
riprendersi (to recover) *essere* (r.v.)	160
ripristinare (to restore, to reestablish)	12
riprodurre (to reproduce)	52
ripudiare (to repudiate)	34
risaltare (to catch the eye, to jut out) *essere/avere*	12
risarcire (to indemnify, to pay compensation)	37
riscaldare (to warm, to heat)	12
riscattare (to ransom)	12
rischiarare (to illuminate, to light up)	12
rischiare (to risk)	126
riscuotere—pp. riscosso (to cash, to collect)	61
risentirsi (to resent)	76
riservare (to reserve)	12
risiedere (to reside)	61
risolvere—pp. risolto (to solve)	61
risuonare (to resound, to echo)	12
risparmiare (to save)	34
rispettare (to respect, to honour)	12
rispondere (to answer, to respond)	196
ristabilire (to reestablish, to restore)	37
risultare (to result) *essere*	12
risvegliare (to awaken, to rouse)	204
ritagliare (to cut out)	204
ritardare (to delay)	12
ritenere (to hold, to retain, to believe)	233
ritirare (to withdraw, to take back, to pick up)	12

KEY: **abbandonare** = verb in boldface is fully conjugated in a verb chart; 12 = number after the verb indicates the chart number in which the verb itself or a model verb is fully conjugated; *essere* = verb used with *essere*; *essere/avere* = verb used with either *essere* or *avere*. (r.v.) = reflexive version of the verb chart referenced; (n.r.v.) = nonreflexive version of the verb chart referenced; pp. = past participle.

CHART NUMBER

ritoccare (to touch up) 50
ritornare (to return, to give back, to become again) *essere* 197
riunire (to put together, to reunite, to gather) 37
rivedere—pp. rivisto (to see again, to revise, to meet again) 242
rivelare (to reveal, to disclose) 12
rivendicare (to claim, to vindicate) 50
riverire (to revere, to respect) 37
riversare (to pour out) 12
rivestire (to cover, to line) 26
rivolgere—pp. rivolto (to turn, to address) 70
rivoltare (to turn inside out, to upset) . .198
rivoltarsi (to revolt, to rebel) *essere* 8
rivoluzionare (to revolutionize) 12
rizzare (to raise, to erect) 12
rompere (to break) 199
ronzare (to buzz) .12
rosolare (to brown, to sauté) 12
rotare (to rotate) .12
rotolare (to roll) *essere* 12
rovesciare (to turn upside down, to spill, to overturn) 126
rovinare (to ruin) .12
rubare (to steal) 200
ruotare (to rotate) 12

S

sabotare (to sabotage) 12
saccheggiare (to sack, to loot) 159
sacrificare (to sacrifice) 50
salare (to salt) 12
salpare (to sail, to set out) *essere* 12
saltare (to jump, to leap) *essere/avere* 12
saltellare (to hop) *essere/avere* 12
salutare (to greet, to say hello/good-bye) 201
salvare (to save) 202
sanguinare (to bleed) 12
sapere (to know) 203
saturare (to saturate) 12
saziare (to satiate) 34

CHART NUMBER

sbadigliare (to yawn) 204
sbafare (to gobble up) 12
sbagliare (to do wrong, to make a mistake) 204
sbalordire (to amaze, to astonish) 37
sbancare (to leave broke, to bankrupt) . .50
sbandare (to skid, to sideslip) 12
sbarcare (to land—passengers) *essere/avere* 50
sbarrare (to bar, to block, to obstruct) . . .12
sbattere (to slam) 61
sbellicarsi (to split one's sides with laughter) *essere* (r.v.) 50
sbiadire (to fade) *essere/avere* 37
sbilanciare (to unbalance) 28
sbloccare (to unblock) 50
sboccare (to flow into) *essere* 50
sbocciare (to blossom, to bloom) *essere* . .28
sbollire (to cool down) *essere* 37
sborsare (to disburse, to pay out) 12
sbottonare (to unbutton) 12
sbriciolare (to crumble) 12
sbrigare (to finish off) 159
sbrigarsi (to hurry up) *essere* (r.v.) 159
sbrodolare (to spill, to soil) 12
sbucare (to come out) *essere* 50
sbucciare (to peel) 28
sbuffare (to pant, to puff) 12
scacciare (to expel, to dispel) 28
scadere (to expire) *essere* 61
scalare (to climb) 12
scaldare (to heat) 12
scalmanarsi (to get worked up) *essere* 8
scambiare (to exchange) 34
scampare (to escape) 12
scandalizzare (to scandalize) 12
scansare (to avoid) 12
scappare (to escape, to flee) *essere* 12
scarabocchiare (to scribble) 126
scarcerare (to set free—from prison) . . .12
scaricare (to unload, to download) 50
scarseggiare (to be lacking) *essere* 121
scassare (to break, to smash) 12

KEY: **abbandonare** = verb in boldface is fully conjugated in a verb chart; 12 = number after the verb indicates the chart number in which the verb itself or a model verb is fully conjugated; *essere* = verb used with *essere*; *essere/avere* = verb used with either *essere* or *avere*. (r.v.) = reflexive version of the verb chart referenced; (n.r.v.) = nonreflexive version of the verb chart referenced; pp. = past participle.

Verb List

	CHART NUMBER
scassinare (to force open)	12
scatenarsi (to break loose, to burst forth) *essere*	8
scattare (to spring, to sprint , to lose one's temper) *essere*	12
scaturire (to spring, to originate, to gush) *essere*	37
scavalcare (to step over, to climb over)	50
scavare (to dig, to excavate)	12
scegliere (to choose, to pick)	205
scendere (to go down, to come down) *essere/avere*	206
scervellarsi (to rack one's brain) *essere*	8
scheggiare (to chip)	121
schermare (to fence)	12
scherzare (to mock, to joke)	207
schiacciare (to crush, to squash)	28
schivare (to avoid, to dodge)	12
schizzare (to splash, to spatter)	12
sciacquare (to rinse)	12
scialacquare (to squander, to dissipate)	12
scialarsi (to relax, to have fun) *essere*	8
sciare (to ski)	208
scintillare (to twinkle, to sparkle)	12
sciogliere—pp. sciolto (to melt, to dissolve, to untie)	44
scioperare (to strike)	12
sciupare (to spoil, to waste, to ruin)	12
scivolare (to slide, to slip) *essere*	12
scocciare (to bother, to annoy)	28
scolare (to drain, to strain)	12
scolorire (to discolor) *essere/avere*	37
scolpire (to sculpture, to carve)	37
scombussolare (to upset, to confuse)	12
scommettere—pp. scommesso (to bet)	125
scomparire (to disappear) *essere*	37
scomunicare (to excommunicate)	50
sconfiggere—pp. sconfitto (to defeat)	117
sconfinare (to exceed the limits, to trespass)	12
scongiurare (to implore, to avert)	12
sconsigliare (to advise against)	204
scontare (to discount)	12
scontrarsi (to collide, to clash) *essere*	8

	CHART NUMBER
sconvolgere—pp. sconvolto (to upset, to throw into confusion)	70
scopare (to sweep)	12
scoppiare (to explode, to burst) *essere*	34
scoprire (to discover, to uncover, to find out)	209
scoraggiare (to discourage)	121
scorrazzare (to run about)	12
scorrere—pp. scorso (to flow, to run, to roll by) *essere*	61
scortare (to escort)	12
scottare (to burn)	12
screditare (to discredit)	12
screpolare (to chap)	12
scrivere (to write)	210
scroccare (to scrounge)	50
scrutare (to pry, to search)	12
sculacciare (to spank)	28
scuotere—pp. scosso (to shake)	61
scusare (to excuse, to forgive)	211
sdegnarsi (to get irritated, to get angry) *essere*	8
sdraiarsi (to lie down) *essere* (r.v.)	8, 34
seccare (to dry up, to annoy)	50
sedersi (to sit) *essere*	212
sedurre (to seduce)	52
segare (to saw)	159
segnalare (to signal)	12
segnare (to mark)	12
seguire (to follow)	26
selezionare (to select)	12
sembrare (to seem, to appear, to look like) *essere*	213
seminare (to sow)	12
semplificare (to simplify)	50
sentire (to feel, to hear)	214
sentirsi (to feel, to feel up to) *essere* (r.v.)	214
separare (to separate, to part)	215
seppellire (to bury)	37
sequestrare (to sequestrate, to confiscate)	12
servire (to serve, to be of use to)	216
sfamare (to appease one's hunger)	12

KEY: **abbandonare** = verb in boldface is fully conjugated in a verb chart; 12 = number after the verb indicates the chart number in which the verb itself or a model verb is fully conjugated; *essere* = verb used with *essere*; *essere/avere* = verb used with either *essere* or *avere*. (r.v.) = reflexive version of the verb chart referenced; (n.r.v.) = nonreflexive version of the verb chart referenced; pp. = past participle.

CHART NUMBER

sfasciare (to shatter) 126
sfidare (to challenge) 12
sfilare (to slip off, to parade) 12
sfiorare (to gaze, to skim) 12
sfiorire (to wither, to fade) *essere* 37
sfoderare (to unsheathe, to show off) . . .12
sfogarsi (to relieve/vent one's feelings) *essere* (r.v.) 159
sfoggiare (to flaunt) 121
sfogliare (to turn over/glance through the pages of) 204
sfondare (to break the bottom, to break through) 12
sfornare (to take out of the oven) 12
sforzarsi (to strive, to try hard) *essere* 8
sfrattare (to evict) 12
sfruttare (to exploit) 12
sfuggire (to escape, to slip out of) *essere* 26
sfumare (to shade, to diminish gradually, to vanish) *essere* 12
sganciare (to unhook, to drop) 28
sghignazzare (to laugh scornfully) 12
sgobbare (to work hard) 12
sgombrare (to clear) 12
sgonfiare (to deflate) 34
sgretolare (to crumble, to pound) 12
sgridare (to scold, to rebuke) 217
sguazzare (to wallow) 12
sigillare (to seal) 12
significare (to mean, to signify) 218
simboleggiare (to symbolize) 121
simpatizzare (to sympathize) 12
simulare (to simulate) 12
sincerarsi (to make sure) *essere* 8
sincronizzare (synchronize) 12
singhiozzare (to hiccup) 12
sintetizzare (to synthesize) 12
sistemare (to arrange, to systematize) . . .12
sistemarsi (to settle down) *essere* 8
slacciare (to unlace) 28
slegare (to untie) 159
slittare (to skid, to slide) 12
slogarsi (to dislocate) *essere* (r.v.) 159

CHART NUMBER

sloggiare (to dislodge, to clear out) 121
smacchiare (to remove stains) 126
smaltare (to enamel, to glaze) 12
smaltire (to digest, to get over) 37
smaniare (to yearn, to be restless) 34
smarrire (to lose) 37
smascherare (to unmask) 12
smentire (to deny) 26, 37
smettere—pp. smesso (to quit, to stop, to give up) 125
smezzare (to cut in half) 12
smontare (to disassemble, to unhorse) . .12
smorzare (to dim, to tone down) 12
smuovere—pp. smosso (to displace, to move) 61
smussare (to round off, to soften) 12
snodare (to untie, to loosen) 12
sobbalzare (to jerk, to jolt) 12
sobbarcarsi (to take upon o.s.) *essere* (r.v.) 50
socchiudere—pp. socchiuso (to half-close) .43
soccorrere—pp. soccorso (to help) 61
soddisfare (to satisfy) 84
soffiare (to blow) 34
soffocare (to suffocate, to choke) 50
soffrire (to suffer) 219
soffriggere—pp. soffritto (to sauté, to brown) 61
sognare (to dream) 220
solcare (to plough) 50
sollecitare (to urge, to solicit) 12
solleticare (to tickle) 50
sollevare (to lift, to raise) 12
somigliare (to resemble, to be like) 204
sommare (to add, to sum up) 12
sommergere—pp. sommerso (to submerge) .61
somministrare (to administer) 12
sopportare (to tolerate, to bear) 12
sopprimere—pp. soppresso (to suppress) 61
sopraffare—pp. sopraffatto (to overwhelm) 84

Verb List

KEY: **abbandonare** = verb in boldface is fully conjugated in a verb chart; 12 = number after the verb indicates the chart number in which the verb itself or a model verb is fully conjugated; *essere* = verb used with *essere*; *essere/avere* = verb used with either *essere* or *avere*. (r.v.) = reflexive version of the verb chart referenced; (n.r.v.) = nonreflexive version of the verb chart referenced; pp. = past participle.

CHART NUMBER

sopraggiungere—pp. sopraggiunto (to arrive) *essere* .70
soprassedere (to wait, to put something off) (n.r.v.) .212
sopravanzare (to remain over, to exceed) *essere/avere* .12
sopravvalutare (to overrate) .12
sopravvivere—pp. sopravvissuto (to survive) *essere* .249
sormontare (to surmount) .12
sorpassare (to overtake, to pass) .12
sorprendere—pp. sorpreso (to surprise, to catch) .160
sorridere—pp. sorriso (to smile) .66
sorseggiare (to sip) .121
sorteggiare (to draw, to cast) .121
sorvegliare (to oversee, to supervise, to look after) .204
sospendere—pp. sospeso (to suspend, to defer) .160
sospettare (to suspect) .12
sospirare (to sigh) .12
sostenere (to support, to sustain) .233
sostituire (to substitute, to replace) .37
sotterrare (to bury) .12
sottilizzare (to split hairs, to quibble) .12
sottolineare (to underline, to emphasize) .12
sottomettere—pp. sottomesso (to subdue, to submit) .125
sottoscrivere—pp. sottoscritto (to underwrite) .210
sottostare (to be below, to submit) *essere* .225
sottrarre (to subtract, to take away) .24
soverchiare (to overflow) .126
sovrabbondare (to over-abound) .12
sovraccaricare (to overload) .50
sovraffollare (to overcrowd) .12
sovrapporre (to lay on, to superimpose) .48
sovrastare (to dominate, to impend) .12
sovvenire—pp. sovvenuto (to remember, to occur) *essere* .244
sovvenzionare (to subsidize) .12
sovvertire (to overthrow) .26

CHART NUMBER

spaccare (to split, to break) .50
spacciare (to sell, to circulate) .28
spadroneggiare (to domineer) .121
spalancare (to open wide) .50
spalare (to shovel away) .12
spalmare (to spread, to smear) .12
spappolare (to mash, to crush) .12
sparare (to shoot, to fire) .12
sparecchiare (to clear the table) .126
spargere—pp. sparso (to scatter, to spread) .70
sparire (to disappear) *essere* .37
sparlare (to speak badly) .12
spartire (to share out) .37
spasimare (to suffer agonies, to long) .12
spaventare (to frighten, to scare) .12
spazzare (to sweep away) .12
spazzolare (to brush) .12
specchiarsi (to look at o.s. in the mirror, to be reflected) *essere* (r.v.) .8, 126
specializzarsi (to specialize) *essere* .8
specificare (to specify) .50
speculare (to speculate) .12
spedire (to send, to mail, to ship) .37
spegnere (to extinguish, to turn off) .221
spellare (to skin) .12
spendere—pp. speso (to spend) .160
spennare (to pluck) .12
sperare (to hope) .12
spergiurare (to swear falsely) .12
sperimentare (to experiment) .12
sperperare (to squander) .12
spettare (to be up, to be one's turn) *essere* .12
spettegolare (to gossip) .12
spettinare (to ruffle so.'s hair) .12
spezzare (to break, to snap) .12
spezzettare (to break/cut in small pieces) .12
spiaccicare (to squash) .50
spianare (to level) .12
spiare (to spy) .27
spicciarsi (to hurry up) *essere* (r.v.) .28
spiegare (to explain, to unfold) .159

KEY: **abbandonare** = verb in boldface is fully conjugated in a verb chart; 12 = number after the verb indicates the chart number in which the verb itself or a model verb is fully conjugated; *essere* = verb used with *essere*; *essere/avere* = verb used with either *essere* or *avere*. (r.v.) = reflexive version of the verb chart referenced; (n.r.v.) = nonreflexive version of the verb chart referenced; pp. = past participle.

CHART NUMBER

spiegazzare (to crumple) .12
spifferare (to blurt out) .12
spingere—pp. spinto (to push) .70
spiovere (to stop raining) *essere/avere* .61
spirare (to blow, to pass away) *essere/avere* .12
splendere (to shine) .61
spoetizzare (to disenchant) .12
spogliarsi (to undress) *essere* (r.v.) .204
spolmonarsi (to talk o.s. hoarse) *essere* .8
spolpare (to take the flesh off) .12
spolverare (to dust) .12
sporcare (to dirty, to soil) .222
sporgere—pp. sporto (to stick out, to lean out) .70
sposarsi (to get married) *essere* .223
spostare (to move sth., to shift) .224
sprecare (to waste) .50
spremere (to sqeeze) .61
sprigionare (to emit, to burst out) .12
sprizzare (to spurt) *essere* .12
sprofondare (to sink) *essere* .12
spruzzare (to sprinkle, to spray) .12
spuntare (to blunt, to appear, to come out) .12
sputare (to spit) .12
squagliare (to melt, to liquefy) .204
squalificare (to disqualify) .50
squarciare (to tear, to rip up) .28
squilibrare (to throw out of balance) .12
squillare (to ring) .12
sradicare (to uproot) .50
sragionare (to talk nonsense) .12
stabilire (to establish) .37
staccare (to detach, to pull off) .50
stagionare (to season, to age) .12
stagnare (to stagnate) .12
stampare (to print, to stamp) .12
stanare (to drive out, to rouse) .12
stancare (to tire, to fatigue) .50
stappare (to uncork) .12
stare (to stay, to remain, to be) *essere* .225
starnutire (to sneeze) .37

CHART NUMBER

stemperare (to spin out, to blunt) .12
stendere—pp. steso (to lay out, to hang out) .160
stentare (to have difficulty, to find it difficult) .12
sterilizzare (to sterilize) .12
sterminare (to exterminate, to destroy) .12
sterrare (to dig up) .12
stimare (to estimate, to esteem) .12
stimolare (to stimulate) .12
stipulare (to stipulate) .12
stirare (to stretch, to press) .12
stizzirsi (to get angry) *essere* (r.v.) .37
stonare (to be out of tune) .12
storcere—pp. storto (to twist, to wrench) .247
stordire (to stun, to daze) .37
storpiare (to cripple, to mangle) .34
strabiliare (to be amazed) .34
straboccare (to overflow) *essere/avere* .50
stracciare (to tear) .28
strafare—pp. strafatto (to overdo) .84
stramazzare (to collapse) .12
strangolare (to strangle) .12
strapazzare (to ill-treat) .12
strappare (to tear up, to pull away) .12
strascicare (to trail, to drag) .50
stravedere—pp. stravisto (to be crazy about so.) .242
straziare (to lacerate, to torment) .34
stregare (to bewitch) .159
stremare (to tire out) .12
strepitare (to rave) .12
stridere (to screech, to clash) .61
strigliare (to curry) .204
strillare (to scream, to shriek) .12
strimpellare (to strum) .12
stringere—pp. stretto (to squeeze, to clasp, to tighten) .70
strisciare (to drag, to creep, to rub) .28
stritolare (to crush) .12
strizzare (to squash, to squeeze) .12
strofinare (to rub) .12
stroncare (to break off) .50

KEY: **abbandonare** = verb in boldface is fully conjugated in a verb chart; 12 = number after the verb indicates the chart number in which the verb itself or a model verb is fully conjugated; *essere* = verb used with *essere*; *essere/avere* = verb used with either *essere* or *avere*. (r.v.) = reflexive version of the verb chart referenced; (n.r.v.) = nonreflexive version of the verb chart referenced; pp. = past participle.

CHART NUMBER

stropicciare (to shuffle) 28
strozzare (to strangle, to choke) 12
stuccare (to plaster) 50
studiare (to study) 226
stufare (to bore, to stew) 12
stupefare—pp. stupefatto (to astonish) . .84
stupire (to amaze) 37
stuzzicare (to poke, to tease) 50
subafittare (to sublet) 12
subire (to undergo, to suffer) 37
succedere (to happen) *essere* 227
succhiare (to suck) 12
sudare (to sweat) 12
suggerire (to suggest, to prompt) 37
suggestionare (to influence) 12
suicidarsi (to commit suicide) *essere* 8
suonare (to play [music], to sound) 228
superare (to exceed, to be over, to surpass) 12
supplicare (to implore, to beg) 50
supporre (to suppose) 48
surgelare (to freeze) 12
surriscaldare (to overheat) 12
suscitare (to provoke, to give rise to) 12
sussultare (to startle) 12
sussurrare (to whisper) 12
svagarsi (to divert, to amuse oneself) *essere* (r.v.) 159
svaligiare (to rob) 121
svalutare (to devalue) 12
svanire (to disappear) *essere* 37
svegliarsi (to wake up) *essere* 229
sveltire (to make quicker) 37
svendere (to undersell) 61
svenire—pp. svenuto (to faint) *essere* . . .244
sventare (to baffle) 12
svergognare (to shame) 12
svezzare (to wean) 12
sviare (to divert, to distract) 27
sviluppare (to develop) 12
svincolare (to release, to free) 12
svitare (to unscrew) 12
svolazzare (to fly about) 12

CHART NUMBER

svolgere—pp. svolto (to unwrap, to unroll) 70
svolgersi—pp. svolto (to occur, to take place) *essere* (r.v.) 70
svoltare (to turn) 12

T

tacere (to be silent) 62
tagliare (to cut) 230
tamponare (to pad) 12
tappare (to plug, to cork) 12
tappezzare (to upholster, to cover) 12
tardare (to be late, to delay, to take long) 12
tarpare (to clip) 12
tartagliare (to stutter) 204
tassare (to tax) 12
tastare (to touch, to feel by touch) 12
tatuare (to tattoo) 12
tediare (to bore, to weary) 34
telecomandare (to radio-control) 12
telefonare (to telephone, to call) 231
telegrafare (to telegraph) 12
teletrasmettere—pp. trasmesso (to televise) 125
temere (to be afraid of) 232
temperare (to sharpen, to temper) 12
tempestare (to storm, to harass) 12
temprare (to harden, to strengthen) 12
tendere—pp. teso (to tend, to strain) . . .160
tenere (to hold, to keep) 233
tentare (to try, to attempt, to tempt) 12
tentennare (to hesitate, to waver) 12
teorizzare (to theorize) 12
tergiversare (to beat about the bush) . . .12
terminare (to end, to finish) *essere/avere* 12
terrorizzare (to terrorize) 12
tesserare (to give a membership card) . .12
tessere (to weave) 61
testimoniare (to witness, to testify) 34
ticchettare (to tick) 12
timbrare (to stamp, to postmark) 12
tirare (to pull, to draw, to throw) 234

KEY: **abbandonare** = verb in boldface is fully conjugated in a verb chart; 12 = number after the verb indicates the chart number in which the verb itself or a model verb is fully conjugated; *essere* = verb used with *essere*; *essere/avere* = verb used with either *essere* or *avere*. (r.v.) = reflexive version of the verb chart referenced; (n.r.v.) = nonreflexive version of the verb chart referenced; pp. = past participle.

	CHART NUMBER
toccare (to touch)	50
togliere—pp. tolto (to take off, to remove)	44
tollerare (to tolerate, to bear)	12
tonificare (to tone up, to invigorate)	50
torcere—pp. torto (to wring, to twist)	247
tormentare (to torment)	12
tornare (to return, to go back) *essere*	235
torturare (to torture)	12
tossire (to cough)	37
tostare (to toast)	12
traballare (to stagger)	12
traboccare (to overflow, to brim over) *essere/avere*	50
tracannare (to gulp down)	12
tracciare (to mark out, to draw)	28
tradire (to betray, to be unfaithful)	37
tradurre (to translate)	236
trafficare (to trade, to deal)	50
trafiggere—pp. trafitto (to pierce through)	117
traforare (to perforate)	12
traghettare (to ferry)	12
trainare (to drag, to haul)	12
tralasciare (to leave out, to omit)	208
tramandare (to hand on)	12
tramare (to plot)	12
tramontare (to set, to fade)	12
tramortire (to stun)	37
tramutare (to change, to transform)	12
trangugiare (to gulp down)	121
tranquillizzare (to calm down, to tranquillize)	12
transitare (to transit) *essere*	12
trapanare (to drill)	12
trapelare (to come to be known, to leak out) *essere*	12
trapiantare (to transplant)	12
trarre (to draw, to get)	24
trasalire (to startle) *essere/avere*	37
trascendere—pp. trasceso (to transcend)	160
trascinare (to drag)	12

	CHART NUMBER
trascorrere—pp. trascorso (to spend time)	61
trascrivere—pp. trascritto (to transcribe)	210
trascurare (to neglect)	12
trasferire (to transfer)	37
trasformare (to transform)	12
trasgredire (to transgress, to infringe)	37
traslocare (to move from one place to another)	50
trasmettere—pp. trasmesso (to transmit, to broadcast)	125
trasparire (to shine through) *essere*	37
traspirare (to perspire) *essere*	12
trasportare (to transport, to carry)	12
trastullare (to amuse)	12
trasudare (to ooze, to transude) *essere*	12
trattare (to treat, to deal with, to cure)	12
trattenere—pp. trattenuto (to keep, to retain, to hold back)	233
travagliare (to afflict)	204
travasare (to pour off)	12
travestire (to disguise)	26
traviare (to mislead, to corrupt)	34
travisare (to misinterpret)	12
travolgere—pp. travolto (to sweep away)	70
tremare (to tremble, to shake)	237
trepidare (to be anxious, to be aflutter)	12
tribolare (to toil, to suffer)	12
trillare (to trill)	12
trincerarsi (to entrench o.s.) *essere*	8
trionfare (to triumph)	12
triplicare (to triplicate)	50
tritare (to mince)	12
trottare (to trot)	12
trovare (to find)	238
truccarsi (to put make-up on) *essere* (r.v.)	50
truffare (to cheat, to swindle)	12
tuffarsi (to dive) *essere*	8
tuonare (to thunder) *essere/avere*	12
turbare (to upset)	12

Verb List

KEY: **abbandonare** = verb in boldface is fully conjugated in a verb chart; 12 = number after the verb indicates the chart number in which the verb itself or a model verb is fully conjugated; *essere* = verb used with *essere*; *essere/avere* = verb used with either *essere* or *avere*. (r.v.) = reflexive version of the verb chart referenced; (n.r.v.) = nonreflexive version of the verb chart referenced; pp. = past participle.

	CHART NUMBER
turbinare (to whirl)	12
tutelare (to protect)	12

U

ubbidire (to obey)	37
ubriacarsi (to get drunk) *essere* (r.v.)	50
uccidere—pp. ucciso (to kill)	66
udire (to hear)	37
uguagliare (to equal)	204
ultimare (to complete, to conclude)	12
ululare (to howl)	12
umiliare (to humiliate)	34
ungere—pp. unto (to grease, to oil)	70
unificare (to unify)	50
unire (to unite, to join, to blend)	37
universalizzare (to universalize)	12
urlare (to shout, to yell)	12
urtare (to bump, to irritate)	12
usare (to use)	239
uscire (to go out, to leave) *essere*	240
usufruire (to benefit)	37
usurpare (to usurp)	12
utilizzare (to utilize)	12

V

vacillare (to wobble)	12
vagabondare (to wander)	12
vagare (to roam)	159
vagheggiare (to yearn for)	121
vagliare (to consider thoroughly)	204
valorizzare (to turn to account)	12
valutare (to estimate)	12
vaneggiare (to rave)	121
vantarsi (to brag, to boast) *essere*	241
varare (to launch)	12
variare (to vary)	34
vedere—pp. visto (to see, to visit)	242
vegetare (to vegetate)	12
vegliare (to keep vigil)	204
velare (to veil, to dim)	12
veleggiare (to sail)	121
vellicare (to titillate)	50
vendemmiare (to gather grapes)	34
vendere (to sell)	243
vendicare (to revenge)	50
venerare (to worship, to venerate)	12
venire (to come, to turn out) *essere*	244
ventilare (to ventilate)	12
verbalizzare (to verbalize)	12
vergognarsi (to be ashamed) *essere*	8
verificare (to verify)	50
verniciare (to paint, to varnish, to lacquer)	28
versare (to pour, to spill)	12
verseggiare (to turn into verse)	121
vessare (to vex)	12
vestirsi (to dress oneself) *essere* (r.v.)	245
viaggiare (to travel)	246
vibrare (to vibrate)	12
vidimare (to authenticate, to stamp)	12
vietare (to forbid, to prohibit)	12
vigilare (to watch over)	12
vincere (to win)	247
vincolare (to bind)	12
violare (to violate)	12
violentare (to rape, to do violence)	12
virare (to veer)	12
visitare (to visit)	248
vivere (to live)	249
vivificare (to enliven)	50
viziare (to spoil)	34
volare (to fly)	12
volere (to want to, to wish) *essere/avere*	250
voltare (to turn)	12
vomitare (to vomit)	12
votare (to vote)	12
vuotare (to empty, to drain)	12

Z

zampillare (to gush, to spout) *essere/avere*	12
zappare (to hoe, to dig)	12
zittire (to silence, to boo)	37
zoppicare (to limp)	50
zuccherare (to sugar, to sweeten)	12

KEY: **abbandonare** = verb in boldface is fully conjugated in a verb chart; 12 = number after the verb indicates the chart number in which the verb itself or a model verb is fully conjugated; *essere* = verb used with *essere*; *essere/avere* = verb used with either *essere* or *avere*. (r.v.) = reflexive version of the verb chart referenced; (n.r.v.) = nonreflexive version of the verb chart referenced; pp. = past participle.

Tense Formation Charts

The following charts provide the endings for regular verbs ending in *-are, -ere,* and *-ire.* The endings for each tense are by person and number, according to the following schema:

io	*noi*
tu	*voi*
lui/lei (Lei)	*loro (Loro)*

The simple tenses (in the left-hand column) are formed by adding the appropriate personal endings to the verb stem. The infinitive stem, used to form most tenses, is derived by simply dropping the *-are, -ere,* or *-ire* infinitive ending. The stem used in the formation of the future and conditional tenses is obtained by dropping the final *-e* from the infinitive in all three verb groups; for *-are* verbs, the *-a-* in the ending changes to *-e-*. The stem used in the formation of the imperfect tense is obtained by dropping the final *-re* from the infinitive in all three verb groups.

The verbs of the third conjugation that have only one consonant before the ending *–ire* will take *–isc* between the stem and the regular endings of the verb in the present indicative, in the present subjunctive, and in the imperative (except for the *noi* and *voi* forms). Verbs taking *–isc* are the majority of the verbs of the third conjugation.

The compound tenses (in the right-hand column) are formed with the auxiliary verb *avere* or *essere,* conjugated in the appropriate tense, and the past participle of the main verb. While most verbs take *avere* as their auxiliary, certain verbs—including all pronominal verbs and many intransitive verbs expressing movement—take *essere.* Remember that the past participle of verbs conjugated with *essere* agrees with the subject of the verb.

Regular Verbs Ending in -*ARE*

io	noi
tu	voi
lui/lei/Lei	loro/Loro

INDICATIVE

PRESENT		PRESENT PERFECT	
-o	-iamo	ho/sono + p.p.	abbiamo/siamo + p.p.
-i	-ate	hai/sei + p.p.	avete/siete + p.p.
-a	-ano	ha/è + p.p.	hanno/sono + p.p.
IMPERFECT		**PAST PERFECT**	
-vo	-vamo	avevo/ero + p.p.	avevamo/eravamo + p.p.
-vi	-vate	avevi/eri + p.p.	avevate/eravate + p.p.
-va	-vano	aveva/era + p.p.	avevano/erano + p.p.
ABSOLUTE PAST		**PRETERITE PERFECT**	
-ai	-ammo	ebbi/fui	avemmo/fummo + p.p.
-asti	-aste	avesti/fosti	aveste/foste + p.p.
-ò	-arono	ebbe/fu	ebbero/furono + p.p.
FUTURE		**FUTURE PERFECT**	
-ò	-emo	avrò/sarò + p.p.	avremo/saremo + p.p.
-ai	-ete	avrai/sarai + p.p.	avrete/sarete + p.p.
-à	-anno	avrà/sarà + p.p.	avranno/saranno + p.p.

SUBJUNCTIVE

PRESENT		PAST	
-i	-iamo	abbia/sia + p.p.	abbiamo/siamo + p.p.
-i	-iate	abbia/sia + p.p.	abbiate/siate + p.p.
-i	-ino	abbia/sia + p.p.	abbiano/siano + p.p.
IMPERFECT		**PAST PERFECT**	
-assi	-assimo	avessi/fossi + p.p.	avessimo/fossimo + p.p.
-assi	-aste	avessi/fossi + p.p.	aveste/foste + p.p.
-asse	-assero	avesse/fosse + p.p.	avessero/fossero + p.p.

CONDITIONAL

PRESENT		PAST	
-ei	-emmo	avrei/sarei + p.p.	avremmo/saremmo + p.p.
-esti	-este	avresti/saresti + p.p.	avreste/sareste + p.p.
-ebbe	-ebbero	avrebbe/sarebbe + p.p.	avrebbero/sarebbero + p.p.

IMPERATIVE

	-iamo
-a	-ate
-i	-ino

OTHER FORMS

GERUND	PARTICIPLE
-ando	-ato

Model Verbs: *Abbandonare* 1, *Amare* 12, *Cantare* 36, *Guidare* 98, *Telefonare* 231

Regular Verbs Ending in *-ERE*

io	noi
tu	voi
lui/lei/Lei	loro/Loro

INDICATIVE

PRESENT

-o	-iamo
-i	-ete
-e	-ono

IMPERFECT

-vo	-vamo
-vi	-vate
-va	-vano

ABSOLUTE PAST

-ei (-etti)	-emmo
-esti	-este
-é (-ette)	-erono (-ettero)

FUTURE

-ò	-emo
-ai	-ete
-à	-anno

PRESENT PERFECT

ho/sono + p.p.	abbiamo/siamo + p.p.
hai/sei + p.p.	avete/siete + p.p.
ha/è + p.p.	hanno/sono + p.p.

PAST PERFECT

avevo/ero + p.p.	avevamo/eravamo + p.p.
avevi/eri + p.p.	avevate/eravate + p.p.
aveva/era + p.p.	avevano/erano + p.p.

PRETERITE PERFECT

ebbi/fui + p.p.	avemmo/fummo + p.p.
avesti/fosti + p.p.	aveste/foste + p.p.
ebbe/fu + p.p.	ebbero/furono + p.p.

FUTURE PERFECT

avrò/sarò + p.p.	avremo/saremo + p.p.
avrai/sarai + p.p.	avrete/sarete + p.p.
avrà/sarà + p.p.	avranno/saranno + p.p.

SUBJUNCTIVE

PRESENT

-a	-iamo
-a	-iate
-a	-ano

IMPERFECT

-essi	-essimo
-essi	-este
-esse	-essero

PAST

abbia/sia + p.p.	abbiamo/siamo + p.p.
abbia/sia + p.p.	abbiate/siate + p.p.
abbia/sia + p.p.	abbiano/siano + p.p.

PAST PERFECT

avessi/fossi + p.p.	avessimo/fossimo + p.p.
avessi/fossi + p.p.	aveste/foste + p.p.
avesse/fosse + p.p.	avessero/fossero + p.p.

CONDITIONAL

PRESENT

-ei	-emmo
-esti	-este
-ebbe	-ebbero

PAST

avrei/sarei + p.p.	avremmo/saremmo + p.p.
avresti/saresti + p.p.	avreste/sareste + p.p.
avrebbe/sarebbe + p.p.	avrebbero/sarebbero + p.p.

IMPERATIVE

	-iamo
-i	-ete
-a	-ano

OTHER FORMS

GERUND
-endo

PARTICIPLE
-uto

Model Verbs: *Credere* 61, *Ricevere* 183, *Ripetere* 194, *Temere* 232

Regular Verbs Ending in *-IRE*

INDICATIVE

		PRESENT		PRESENT PERFECT	
io	noi	-o/-isc-o	-iamo	ho/sono + p.p.	abbiamo/siamo + p.p.
tu	voi	-i/-isc-i	-ite	hai/sei + p.p.	avete/siete + p.p.
lui/lei/Lei	loro/Loro	-e/isc-e	-ono/-isc-ono	ha/è + p.p.	hanno/sono + p.p.

IMPERFECT		PAST PERFECT	
-vo	-vamo	avevo/ero + p.p.	avevamo/eravamo + p.p.
-vi	-vate	avevi/eri + p.p.	avevate/eravate + p.p.
-va	-vano	aveva/era + p.p.	avevano/erano + p.p.

ABSOLUTE PAST		PRETERITE PERFECT	
-ii	-immo	ebbi/fui + p.p.	avemmo/fummo + p.p.
-isti	-iste	avesti/fosti + p.p.	aveste/foste + p.p.
-ì	-irono	ebbe/fu + p.p.	ebbero/furono + p.p.

FUTURE		FUTURE PERFECT	
-ò	-emo	avrò/sarò + p.p.	avremo/saremo + p.p.
-ai	-ete	avrai/sarai + p.p.	avrete/sarete + p.p.
-à	-anno	avrà/sarà + p.p.	avranno/saranno + p.p.

SUBJUNCTIVE

PRESENT		PAST	
-a/-isc-a	-iamo	abbia/sia + p.p.	abbiamo/siamo + p.p.
-a/-isc-a	-iate	abbia/sia + p.p.	abbiate/siate + p.p.
-a/-isc-a	-ano/-isc-ano	abbia/sia + p.p.	abbiano/siano + p.p.

IMPERFECT		PAST PERFECT	
-issi	-issimo	avessi/fossi + p.p.	avessimo/fossimo + p.p.
-issi	-iste	avessi/fossi + p.p.	aveste/foste + p.p.
-isse	-issero	avesse/fosse + p.p.	avessero/fossero + p.p.

CONDITIONAL

PRESENT		PAST	
-ei	-emmo	avrei/sarei + p.p.	avremmo/saremmo + p.p.
-esti	-este	avresti/saresti + p.p.	avreste/sareste + p.p.
-ebbe	-ebbero	avrebbe/sarebbe + p.p.	avrebbero/sarebbero + p.p.

IMPERATIVE

	-iamo
-i/-isc-i	-ite
-a/-isc-a	-ano/-isc-ano

OTHER FORMS

GERUND	PARTICIPLE
-endo	-ito

Model Verbs: (regular): *Avvertire* 26, *Dormire* 78, *Partire* 143
Model Verbs: (*-isc* verbs): *Capire* 37, *Condire* 51, *Finire* 87, *Pulire* 171

250 Verb Conjugation Charts

VERB CHART 1

io	noi
tu	voi
lui/lei	loro

Abbandonare

to abandon, to give up, to leave

INDICATIVE

PRESENT		PRESENT PERFECT	
abbandono	abbandoniamo	ho abbandonato	abbiamo abbandonato
abbandoni	abbandonate	hai abbandonato	avete abbandonato
abbandona	abbandonano	ha abbandonato	hanno abbandonato

IMPERFECT		PAST PERFECT	
abbandonavo	abbandonavamo	avevo abbandonato	avevamo abbandonato
abbandonavi	abbandonavate	avevi abbandonato	avevate abbandonato
abbandonava	abbandonavano	aveva abbandonato	avevano abbandonato

ABSOLUTE PAST		PRETERITE PERFECT	
abbandonai	abbandonammo	ebbi abbandonato	avemmo abbandonato
abbandonasti	abbandonaste	avesti abbandonato	aveste abbandonato
abbandonò	abbandonarono	ebbe abbandonato	ebbero abbandonato

FUTURE		FUTURE PERFECT	
abbandonerò	abbandoneremo	avrò abbandonato	avremo abbandonato
abbandonerai	abbandonerete	avrai abbandonato	avrete abbandonato
abbandonerà	abbandoneranno	avrà abbandonato	avranno abbandonato

SUBJUNCTIVE

PRESENT		PAST	
abbandoni	abbandoniamo	abbia abbandonato	abbiamo abbandonato
abbandoni	abbandoniate	abbia abbandonato	abbiate abbandonato
abbandoni	abbandonino	abbia abbandonato	abbiano abbandonato

IMPERFECT		PAST PERFECT	
abbandonassi	abbandonassimo	avessi abbandonato	avessimo abbandonato
abbandonassi	abbandonaste	avessi abbandonato	aveste abbandonato
abbandonasse	abbandonassero	avesse abbandonato	avessero abbandonato

CONDITIONAL

PRESENT		PAST	
abbandonerei	abbandoneremmo	avrei abbandonato	avremmo abbandonato
abbandoneresti	abbandonereste	avresti abbandonato	avreste abbandonato
abbandonerebbe	abbandonerebbero	avrebbe abbandonato	avrebbero abbandonato

IMPERATIVE

	abbandoniamo!
abbandona!	abbandonate!
abbandoni!	abbandonino!

OTHER FORMS

GERUND	PARTICIPLE
abbandonando	abbandonato

RELATED WORDS

l'abbandono — *abandonment, neglect*

EXAMPLES OF VERB USAGE

Ha abbandonato una relazione importante. — *He/she gave up an important relationship.*

Abbandonò la macchina in mezzo alla strada. — *He left his car in the middle of the street.*

Abbracciare

to hug, to embrace

io	noi
tu	voi
lui/lei	loro

INDICATIVE

PRESENT

abbraccio	abbracciamo
abbracci	abbracciate
abbraccia	abbracciano

PRESENT PERFECT

ho abbracciato	abbiamo abbracciato
hai abbracciato	avete abbracciato
ha abbracciato	hanno abbracciato

IMPERFECT

abbracciavo	abbracciavamo
abbracciavi	abbracciavate
abbracciava	abbracciavano

PAST PERFECT

avevo abbracciato	avevamo abbracciato
avevi abbracciato	avevate abbracciato
aveva abbracciato	avevano abbracciato

ABSOLUTE PAST

abbracciai	abbracciammo
abbracciasti	abbracciaste
abbracciò	abbracciarono

PRETERITE PERFECT

ebbi abbracciato	avemmo abbracciato
avesti abbracciato	aveste abbracciato
ebbe abbracciato	ebbero abbracciato

FUTURE

abbraccerò	abbracceremo
abbraccerai	abbraccerete
abbraccerà	abbracceranno

FUTURE PERFECT

avrò abbracciato	avremo abbracciato
avrai abbracciato	avrete abbracciato
avrà abbracciato	avranno abbracciato

SUBJUNCTIVE

PRESENT

abbracci	abbracciamo
abbracci	abbracciate
abbracci	abbraccino

PAST

abbia abbracciato	abbiamo abbracciato
abbia abbracciato	abbiate abbracciato
abbia abbracciato	abbiano abbracciato

IMPERFECT

abbracciassi	abbracciassimo
abbracciassi	abbracciaste
abbracciasse	abbracciassero

PAST PERFECT

avessi abbracciato	avessimo abbracciato
avessi abbracciato	aveste abbracciato
avesse abbracciato	avessero abbracciato

CONDITIONAL

PRESENT

abbraccerei	abbracceremmo
abbracceresti	abbraccereste
abbraccerebbe	abbraccerebbero

PAST

avrei abbracciato	avremmo abbracciato
avresti abbracciato	avreste abbracciato
avrebbe abbracciato	avrebbero abbracciato

IMPERATIVE

	abbracciamo!
abbraccia!	abbracciate!
abbracci!	abbraccino!

OTHER FORMS

GERUND

abbracciando

PARTICIPLE

abbracciato

RELATED WORDS

un abbraccio — *hug, embrace*

EXAMPLES OF VERB USAGE

La bambina abbracciava intensamente la mamma. — *The young girl was hugging her mother intensely.*

Ho deciso di abbracciare una nuova carriera. — *I decided to embrace a new career.*

VERB CHART 3

io	noi
tu	voi
lui/lei	loro

Abitare

to live in, to reside

INDICATIVE

PRESENT

abito	abitiamo
abiti	abitate
abita	abitano

PRESENT PERFECT

ho abitato	abbiamo abitato
hai abitato	avete abitato
ha abitato	hanno abitato

IMPERFECT

abitavo	abitavamo
abitavi	abitavate
abitava	abitavano

PAST PERFECT

avevo abitato	avevamo abitato
avevi abitato	avevate abitato
aveva abitato	avevano abitato

ABSOLUTE PAST

abitai	abitammo
abitasti	abitaste
abitò	abitarono

PRETERITE PERFECT

ebbi abitato	avemmo abitato
avesti abitato	aveste abitato
ebbe abitato	ebbero abitato

FUTURE

abiterò	abiteremo
abiterai	abiterete
abiterà	abiteranno

FUTURE PERFECT

avrò abitato	avremo abitato
avrai abitato	avrete abitato
avrà abitato	avranno abitato

SUBJUNCTIVE

PRESENT

abiti	abitiamo
abiti	abitiate
abiti	abitino

PAST

abbia abitato	abbiamo abitato
abbia abitato	abbiate abitato
abbia abitato	abbiano abitato

IMPERFECT

abitassi	abitassimo
abitassi	abitaste
abitasse	abitassero

PAST PERFECT

avessi abitato	avessimo abitato
avessi abitato	aveste abitato
avesse abitato	avessero abitato

CONDITIONAL

PRESENT

abiterei	abiteremmo
abiteresti	abitereste
abiterebbe	abiterebbero

PAST

avrei abitato	avremmo abitato
avresti abitato	avreste abitato
avrebbe abitato	avrebbero abitato

IMPERATIVE

	abitiamo!
abita!	abitate!
abiti!	abitino!

OTHER FORMS

GERUND	PARTICIPLE
abitando	abitato

RELATED WORDS

abitazione	*house*
abitabile	*habitable*
abitante	*inhabitant, resident*

EXAMPLES OF VERB USAGE

Non abiterei mai da solo in campagna. — *I would never live alone in the country.*

Quando ero giovane, abitavo in Italia. — *When I was young, I used to live in Italy.*

Dove abiti? — *Where do you live?*

Abituarsi

to accustom oneself to, to get used to

VERB CHART
4

io	noi
tu	voi
lui/lei	loro

INDICATIVE

PRESENT

mi abituo	ci abituiamo
ti abitui	vi abituate
si abitua	si abituano

PRESENT PERFECT

mi sono abituato(a)	ci siamo abituati(e)
ti sei abituato(a)	vi siete abituati(e)
si è abituato(a)	si sono abituati(e)

IMPERFECT

mi abituavo	ci abituavamo
ti abituavi	vi abituavate
si abituava	si abituavano

PAST PERFECT

mi ero abituato(a)	ci eravamo abituati(e)
ti eri abituato(a)	vi eravate abituati(e)
si era abituato(a)	si erano abituati(e)

ABSOLUTE PAST

mi abituai	ci abituammo
ti abituasti	vi abituaste
si abituò	si abituarono

PRETERITE PERFECT

mi fui abituato(a)	ci fummo abituati(e)
ti fosti abituato(a)	vi foste abituati(e)
si fu abituato(a)	si furono abituati(e)

FUTURE

mi abituerò	ci abitueremo
ti abituerai	vi abituerete
si abituerà	si abitueranno

FUTURE PERFECT

mi sarò abituato(a)	ci saremo abituati(e)
ti sarai abituato(a)	vi sarete abituati(e)
si sarà abituato(a)	si saranno abituati(e)

SUBJUNCTIVE

PRESENT

mi abitui	ci abituiamo
ti abitui	vi abituiate
si abitui	si abituino

PAST

mi sia abituato(a)	ci siamo abituati(e)
ti sia abituato(a)	vi siate abituati(e)
si sia abituato(a)	si siano abituati(e)

IMPERFECT

mi abituassi	ci abituassimo
ti abituassi	vi abituaste
si abituasse	si abituassero

PAST PERFECT

mi fossi abituato(a)	ci fossimo abituati(e)
ti fossi abituato(a)	vi foste abituati(e)
si fosse abituato(a)	si fossero abituati(e)

CONDITIONAL

PRESENT

mi abituerei	ci abitueremmo
ti abitueresti	vi abituereste
si abituerebbe	si abituerebbero

PAST

mi sarei abituato(a)	ci saremmo abituati(e)
ti saresti abituato(a)	vi sareste abituati(e)
si sarebbe abituato(a)	si sarebbero abituati(e)

IMPERATIVE

	abituiamoci!
abituati!	abituatevi!
si abitui!	si abituino!

OTHER FORMS

GERUND
abituandosi

PARTICIPLE
abituatosi

RELATED WORDS

un'abitudine	*habit, custom*
abitualmente	*usually*
abitudinario	*routinist*

EXAMPLES OF VERB USAGE

Non è facile abituarsi a una nuova cultura.
It's not easy to get used to a new culture.

Non mi sono mai abituato a guidare in Italia.
I never got used to driving in Italy.

Se abitassi in Italia, ti abitueresti presto al loro modo di vivere.
If you lived in Italy, you would quickly accustom yourself to their lifestyle.

Verb Charts

VERB CHART 5

io	noi
tu	voi
lui/lei	loro

Accarezzare

to caress, to pet, to entertain

INDICATIVE

PRESENT		PRESENT PERFECT	
accarezzo	accarezziamo	ho accarezzato	abbiamo accarezzato
accarezzi	accarezzate	hai accarezzato	avete accarezzato
accarezza	accarezzano	ha accarezzato	hanno accarezzato

IMPERFECT		PAST PERFECT	
accarezzavo	accarezzavamo	avevo accarezzato	avevamo accarezzato
accarezzavi	accarezzavate	avevi accarezzato	avevate accarezzato
accarezzava	accarezzavano	aveva accarezzato	avevano accarezzato

ABSOLUTE PAST		PRETERITE PERFECT	
accarezzai	accarezzammo	ebbi accarezzato	avemmo accarezzato
accarezzasti	accarezzaste	avesti accarezzato	aveste accarezzato
accarezzò	accarezzarono	ebbe accarezzato	ebbero accarezzato

FUTURE		FUTURE PERFECT	
accarezzerò	accarezzeremo	avrò accarezzato	avremo accarezzato
accarezzerai	accarezzerete	avrai accarezzato	avrete accarezzato
accarezzerà	accarezzeranno	avrà accarezzato	avranno accarezzato

SUBJUNCTIVE

PRESENT		PAST	
accarezzi	accarezziamo	abbia accarezzato	abbiamo accarezzato
accarezzi	accarezziate	abbia accarezzato	abbiate accarezzato
accarezzi	accarezzino	abbia accarezzato	abbiano accarezzato

IMPERFECT		PAST PERFECT	
accarezzassi	accarezzassimo	avessi accarezzato	avessimo accarezzato
accarezzassi	accarezzaste	avessi accarezzato	aveste accarezzato
accarezzasse	accarezzassero	avesse accarezzato	avessero accarezzato

CONDITIONAL

PRESENT		PAST	
accarezzerei	accarezzeremmo	avrei accarezzato	avremmo accarezzato
accarezzeresti	accarezzereste	avresti accarezzato	avreste accarezzato
accarezzerebbe	accarezzerebbero	avrebbe accarezzato	avrebbero accarezzato

IMPERATIVE

	accarezziamo!
accarezza!	accarezzate!
accarezzi!	accarezzino!

OTHER FORMS

GERUND	PARTICIPLE
accarezzando	accarezzato

RELATED WORDS

una carezza	*caress*	carezzevole	*caressing, affectionate*

EXAMPLES OF VERB USAGE

Mario accarezzava il sogno di ritornare a vivere in Italia.

Mario was entertaining the dream of returning to live in Italy.

Che gattino adorabile; lo accarezzerei tutto il giorno.

What a lovely kitten; I would pet him all day long.

Accettare

to accept

VERB CHART 6

io	noi
tu	voi
lui/lei	loro

INDICATIVE

PRESENT		PRESENT PERFECT	
accetto	accettiamo	ho accettato	abbiamo accettato
accetti	accettate	hai accettato	avete accettato
accetta	accettano	ha accettato	hanno accettato

IMPERFECT		PAST PERFECT	
accettavo	accettavamo	avevo accettato	avevamo accettato
accettavi	accettavate	avevi accettato	avevate accettato
accettava	accettavano	aveva accettato	avevano accettato

ABSOLUTE PAST		PRETERITE PERFECT	
accettai	accettammo	ebbi accettato	avemmo accettato
accettasti	accettaste	avesti accettato	aveste accettato
accettò	accettarono	ebbe accettato	ebbero accettato

FUTURE		FUTURE PERFECT	
accetterò	accetteremo	avrò accettato	avremo accettato
accetterai	accetterete	avrai accettato	avrete accettato
accetterà	accetteranno	avrà accettato	avranno accettato

SUBJUNCTIVE

PRESENT		PAST	
accetti	accettiamo	abbia accettato	abbiamo accettato
accetti	accettiate	abbia accettato	abbiate accettato
accetti	accettino	abbia accettato	abbiano accettato

IMPERFECT		PAST PERFECT	
accettassi	accettassimo	avessi accettato	avessimo accettato
accettassi	accettaste	avessi accettato	aveste accettato
accettasse	accettassero	avesse accettato	avessero accettato

CONDITIONAL

PRESENT		PAST	
accetterei	accetteremmo	avrei accettato	avremmo accettato
accetteresti	accettereste	avresti accettato	avreste accettato
accetterebbe	accetterebbero	avrebbe accettato	avrebbero accettato

IMPERATIVE

	accettiamo!
accetta!	accettate!
accetti!	accettino!

OTHER FORMS

GERUND	PARTICIPLE
accettando	accettato

RELATED WORDS

accettazione	*acceptance, reception desk*	accettabile	*acceptable*

EXAMPLES OF VERB USAGE

Per favore, accetta le mie scuse!	*Please, accept my apologies!*
Ho accettato la sua offerta.	*I accepted his offer.*
Grazie, accetto il tuo invito volentieri.	*Thank you, I gladly accept your invitation.*

Verb Charts

VERB CHART 7

Accompagnare

to accompany, to escort

io	noi
tu	voi
lui/lei	loro

INDICATIVE

PRESENT

accompagno	accompagniamo
accompagni	accompagnate
accompagna	accompagnano

PRESENT PERFECT

ho accompagnato	abbiamo accompagnato
hai accompagnato	avete accompagnato
ha accompagnato	hanno accompagnato

IMPERFECT

accompagnavo	accompagnavamo
accompagnavi	accompagnavate
accompagnava	accompagnavano

PAST PERFECT

avevo accompagnato	avevamo accompagnato
avevi accompagnato	avevate accompagnato
aveva accompagnato	avevano accompagnato

ABSOLUTE PAST

accompagnai	accompagnammo
accompagnasti	accompagnaste
accompagnò	accompagnarono

PRETERITE PERFECT

ebbi accompagnato	avemmo accompagnato
avesti accompagnato	aveste accompagnato
ebbe accompagnato	ebbero accompagnato

FUTURE

accompagnerò	accompagneremo
accompagnerai	accompagnerete
accompagnerà	accompagneranno

FUTURE PERFECT

avrò accompagnato	avremo accompagnato
avrai accompagnato	avrete accompagnato
avrà accompagnato	avranno accompagnato

SUBJUNCTIVE

PRESENT

accompagni	accompagniamo
accompagni	accompagniate
accompagni	accompagnino

PAST

abbia accompagnato	abbiamo accompagnato
abbia accompagnato	abbiate accompagnato
abbia accompagnato	abbiano accompagnato

IMPERFECT

accompagnassi	accompagnassimo
accompagnassi	accompagnaste
accompagnasse	accompagnassero

PAST PERFECT

avessi accompagnato	avessimo accompagnato
avessi accompagnato	aveste accompagnato
avesse accompagnato	avessero accompagnato

CONDITIONAL

PRESENT

accompagnerei	accompagneremmo
accompagneresti	accompagnereste
accompagnerebbe	accompagnerebbero

PAST

avrei accompagnato	avremmo accompagnato
avresti accompagnato	avreste accompagnato
avrebbe accompagnato	avrebbero accompagnato

IMPERATIVE

	accompagniamo!
accompagna!	accompagnate!
accompagni!	accompagnino!

OTHER FORMS

GERUND	**PARTICIPLE**
accompagnando	accompagnato

RELATED WORDS

accompagnarsi	*to keep company with*
accompagnamento	*accompaniment*
accompagnatore	*companion*

EXAMPLES OF VERB USAGE

Se avessi la macchina, ti accompagnerei. — *If I had the car, I would escort you.*

Stasera vado al mercato, mi accompagneresti? — *I'm going to the market tonight, would you accompany me?*

Meglio solo che male accompagnato. — *Better alone than in bad company.*

Addormentarsi

to fall asleep

VERB CHART

8

io	noi
tu	voi
lui/lei	loro

INDICATIVE

PRESENT

mi addormento	ci addormentiamo
ti addormenti	vi addormentate
si addormenta	si addormentano

PRESENT PERFECT

mi sono addormentato(a)	ci siamo addormentati(e)
ti sei addormentato(a)	vi siete addormentati(e)
si è addormentato(a)	si sono addormentati(e)

IMPERFECT

mi addormentavo	ci addormentavamo
ti addormentavi	vi addormentavate
si addormentava	si addormentavano

PAST PERFECT

mi ero addormentato(a)	ci eravamo addormentati(e)
ti eri addormentato(a)	vi eravate addormentati(e)
si era addormentato(a)	si erano addormentati(e)

ABSOLUTE PAST

mi addormentai	ci addormentammo
ti addormentasti	vi addormentaste
si addormentò	si addormentarono

PRETERITE PERFECT

mi fui addormentato(a)	ci fummo addormentati(e)
ti fosti addormentato(a)	vi foste addormentati(e)
si fu addormentato(a)	si furono addormentati(e)

FUTURE

mi addormenterò	ci addormenteremo
ti addormenterai	vi addormenterete
si addormenterà	si addormenteranno

FUTURE PERFECT

mi sarò addormentato(a)	ci saremo addormentati(e)
ti sarai addormentato(a)	vi sarete addormentati(e)
si sarà addormentato(a)	si saranno addormentati(e)

SUBJUNCTIVE

PRESENT

mi addormenti	ci addormentiamo
ti addormenti	vi addormentiate
si addormenti	si addormentino

PAST

mi sia addormentato(a)	ci siamo addormentati(e)
ti sia addormentato(a)	vi siate addormentati(e)
si sia addormentato(a)	si siano addormentati(e)

IMPERFECT

mi addormentassi	ci addormentassimo
ti addormentassi	vi addormentaste
si addormentasse	si addormentassero

PAST PERFECT

mi fossi addormentato(a)	ci fossimo addormentati(e)
ti fossi addormentato(a)	vi foste addormentati(e)
si fosse addormentato(a)	si fossero addormentati(e)

CONDITIONAL

PRESENT

mi addormenterei	ci addormenteremmo
ti addormenteresti	vi addormentereste
si addormenterebbe	si addormenterebbero

PAST

mi sarei addormentato(a)	ci saremmo addormentati(e)
ti saresti addormentato(a)	vi sareste addormentati(e)
si sarebbe addormentato(a)	si sarebbero addormentati(e)

IMPERATIVE

	addormentiamoci!
addormentati!	addormentatevi!
si addormenti!	si addormentino!

OTHER FORMS

GERUND

addormentandosi

PARTICIPLE

addormentatosi

RELATED WORDS

addormentato — *sleepy, slow*

EXAMPLES OF VERB USAGE

Mi addormento sempre quando guardo la televisione.	*I always fall asleep when I watch TV.*
Pensavo che i bambini si fossero già addormentati.	*I thought the kids had already fallen asleep.*

Verb Charts

VERB CHART 9

io	noi
tu	voi
lui/lei	loro

Aiutare
to help, to aid

INDICATIVE

PRESENT		PRESENT PERFECT	
aiuto	aiutiamo	ho aiutato	abbiamo aiutato
aiuti	aiutate	hai aiutato	avete aiutato
aiuta	aiutano	ha aiutato	hanno aiutato

IMPERFECT		PAST PERFECT	
aiutavo	aiutavamo	avevo aiutato	avevamo aiutato
aiutavi	aiutavate	avevi aiutato	avevate aiutato
aiutava	aiutavano	aveva aiutato	avevano aiutato

ABSOLUTE PAST		PRETERITE PERFECT	
aiutai	aiutammo	ebbi aiutato	avemmo aiutato
aiutasti	aiutaste	avesti aiutato	aveste aiutato
aiutò	aiutarono	ebbe aiutato	ebbero aiutato

FUTURE		FUTURE PERFECT	
aiuterò	aiuteremo	avrò aiutato	avremo aiutato
aiuterai	aiuterete	avrai aiutato	avrete aiutato
aiuterà	aiuteranno	avrà aiutato	avranno aiutato

SUBJUNCTIVE

PRESENT		PAST	
aiuti	aiutiamo	abbia aiutato	abbiamo aiutato
aiuti	aiutiate	abbia aiutato	abbiate aiutato
aiuti	aiutino	abbia aiutato	abbiano aiutato

IMPERFECT		PAST PERFECT	
aiutassi	aiutassimo	avessi aiutato	avessimo aiutato
aiutassi	aiutaste	avessi aiutato	aveste aiutato
aiutasse	aiutassero	avesse aiutato	avessero aiutato

CONDITIONAL

PRESENT		PAST	
aiuterei	aiuteremmo	avrei aiutato	avremmo aiutato
aiuteresti	aiutereste	avresti aiutato	avreste aiutato
aiuterebbe	aiuterebbero	avrebbe aiutato	avrebbero aiutato

IMPERATIVE

	aiutiamo!
aiuta!	aiutate!
aiuti!	aiutino!

OTHER FORMS

GERUND	PARTICIPLE
aiutando	aiutato

RELATED WORDS

aiutarsi	*to help oneself/each other*	aiutante	*assistant, helper*
aiutato	*aided, assisted*	aiuto	*aid, assistance*
Aiuto!	*Help!*		

EXAMPLES OF VERB USAGE

Le ha detto che l'avrebbe aiutata a preparare la cena.	*He told her that he would have helped her cook dinner.*
Se ti aiutassi sempre, non impareresti mai.	*If I always helped you, you would never learn.*
Questa borsa è così pesante, mi aiuti a portarla?	*This bag is so heavy, can you help me carry it?*

Allarmare
to alarm

VERB CHART 10

io	noi
tu	voi
lui/lei	loro

INDICATIVE

PRESENT

allarmo	allarmiamo
allarmi	allarmate
allarma	allarmano

PRESENT PERFECT

ho allarmato	abbiamo allarmato
hai allarmato	avete allarmato
ha allarmato	hanno allarmato

IMPERFECT

allarmavo	allarmavamo
allarmavi	allarmavate
allarmava	allarmavano

PAST PERFECT

avevo allarmato	avevamo allarmato
avevi allarmato	avevate allarmato
aveva allarmato	avevano allarmato

ABSOLUTE PAST

allarmai	allarmammo
allarmasti	allarmaste
allarmò	allarmarono

PRETERITE PERFECT

ebbi allarmato	avemmo allarmato
avesti allarmato	aveste allarmato
ebbe allarmato	ebbero allarmato

FUTURE

allarmerò	allarmeremo
allarmerai	allarmerete
allarmerà	allarmeranno

FUTURE PERFECT

avrò allarmato	avremo allarmato
avrai allarmato	avrete allarmato
avrà allarmato	avranno allarmato

SUBJUNCTIVE

PRESENT

allarmi	allarmiamo
allarmi	allarmiate
allarmi	allarmino

PAST

abbia allarmato	abbiamo allarmato
abbia allarmato	abbiate allarmato
abbia allarmato	abbiano allarmato

IMPERFECT

allarmassi	allarmassimo
allarmassi	allarmaste
allarmasse	allarmassero

PAST PERFECT

avessi allarmato	avessimo allarmato
avessi allarmato	aveste allarmato
avesse allarmato	avessero allarmato

CONDITIONAL

PRESENT

allarmerei	allarmeremmo
allarmeresti	allarmereste
allarmerebbe	allarmerebbero

PAST

avrei allarmato	avremmo allarmato
avresti allarmato	avreste allarmato
avrebbe allarmato	avrebbero allarmato

IMPERATIVE

	allarmiamo!
allarma!	allarmate!
allarmi!	allarmino!

OTHER FORMS

GERUND
allarmando

PARTICIPLE
allarmato

RELATED WORDS

allarme — *alarm*

EXAMPLES OF VERB USAGE

Quel terribile temporale ci allarmò. — *That terrible storm alarmed us.*

Se continui a urlare così allarmi i vicini. — *If you keep yelling like that, you'll alarm the neighbors.*

Verb Charts

VERB CHART 11

io	noi
tu	voi
lui/lei	loro

Alzarsi

to get up, to rise

INDICATIVE

PRESENT

mi alzo	ci alziamo
ti alzi	vi alzate
si alza	si alzano

PRESENT PERFECT

mi sono alzato(a)	ci siamo alzati(e)
ti sei alzato(a)	vi siete alzati(e)
si è alzato(a)	si sono alzati(e)

IMPERFECT

mi alzavo	ci alzavamo
ti alzavi	vi alzavate
si alzava	si alzavano

PAST PERFECT

mi ero alzato(a)	ci eravamo alzati(e)
ti eri alzato(a)	vi eravate alzati(e)
si era alzato(a)	si erano alzati(e)

ABSOLUTE PAST

mi alzai	ci alzammo
ti alzasti	vi alzaste
si alzò	si alzarono

PRETERITE PERFECT

mi fui alzato(a)	ci fummo alzati(e)
ti fosti alzato(a)	vi foste alzati(e)
si fu alzato(a)	si furono alzati(e)

FUTURE

mi alzerò	ci alzeremo
ti alzerai	vi alzerete
si alzerà	si alzeranno

FUTURE PERFECT

mi sarò alzato(a)	ci saremo alzati(e)
ti sarai alzato(a)	vi sarete alzati(e)
si sarà alzato(a)	si saranno alzati(e)

SUBJUNCTIVE

PRESENT

mi alzi	ci alziamo
ti alzi	vi alziate
si alzi	si alzino

PAST

mi sia alzato(a)	ci siamo alzati(e)
ti sia alzato(a)	vi siate alzati(e)
si sia alzato(a)	si siano alzati(e)

IMPERFECT

mi alzassi	ci alzassimo
ti alzassi	vi alzaste
si alzasse	si alzassero

PAST PERFECT

mi fossi alzato(a)	ci fossimo alzati(e)
ti fossi alzato(a)	vi foste alzati(e)
si fosse alzato(a)	si fossero alzati(e)

CONDITIONAL

PRESENT

mi alzerei	ci alzeremmo
ti alzeresti	vi alzereste
si alzerebbe	si alzerebbero

PAST

mi sarei alzato(a)	ci saremmo alzati(e)
ti saresti alzato(a)	vi sareste alzati(e)
si sarebbe alzato(a)	si sarebbero alzati(e)

IMPERATIVE

	alziamoci!
alzati!	alzatevi!
si alzi!	si alzino!

OTHER FORMS

GERUND

alzandosi

PARTICIPLE

alzatosi

RELATED WORDS

alzare	*to raise, to lift*
alzata	*rising*

EXAMPLES OF VERB USAGE

Dai ragazzi, alzatevi! È tardi!	*Come on guys, get up! It's late!*
Ti alzi presto la mattina?	*Do you get up early in the morning?*
Se non dovessi lavorare, mi alzerei alle undici.	*If I didn't have to work, I would get up at eleven.*

Amare

to love

VERB CHART 12

io	noi
tu	voi
lui/lei	loro

INDICATIVE

PRESENT		PRESENT PERFECT	
amo	amiamo	ho amato	abbiamo amato
ami	amate	hai amato	avete amato
ama	amano	ha amato	hanno amato

IMPERFECT		PAST PERFECT	
amavo	amavamo	avevo amato	avevamo amato
amavi	amavate	avevi amato	avevate amato
amava	amavano	aveva amato	avevano amato

ABSOLUTE PAST		PRETERITE PERFECT	
amai	amammo	ebbi amato	avemmo amato
amasti	amaste	avesti amato	aveste amato
amò	amarono	ebbe amato	ebbero amato

FUTURE		FUTURE PERFECT	
amerò	ameremo	avrò amato	avremo amato
amerai	amerete	avrai amato	avrete amato
amerà	ameranno	avrà amato	avranno amato

SUBJUNCTIVE

PRESENT		PAST	
ami	amiamo	abbia amato	abbiamo amato
ami	amiate	abbia amato	abbiate amato
ami	amino	abbia amato	abbiano amato

IMPERFECT		PAST PERFECT	
amassi	amassimo	avessi amato	avessimo amato
amassi	amaste	avessi amato	aveste amato
amasse	amassero	avesse amato	avessero amato

CONDITIONAL

PRESENT		PAST	
amerei	ameremmo	avrei amato	avremmo amato
ameresti	amereste	avresti amato	avreste amato
amerebbe	amerebbero	avrebbe amato	avrebbero amato

IMPERATIVE

	amiamo!
ama!	amate!
ami!	amino!

OTHER FORMS

GERUND	PARTICIPLE
amando	amato

RELATED WORDS

amore	*love*
amabile	*lovable*
amarsi	*to love oneself/each other*

EXAMPLES OF VERB USAGE

Ama il prossimo tuo come te stesso.	*Love thy neighbor as thyself.*
Ti amo! Sono pazzo di te!	*I love you! I'm crazy about you!*
Romeo amò Giulietta da morire.	*Romeo loved Juliette to death.*

Verb Charts

VERB CHART 13

io	noi
tu	voi
lui/lei	loro

Andare

to go

INDICATIVE

PRESENT		PRESENT PERFECT	
vado	andiamo	sono andato(a)	siamo andati(e)
vai	andate	sei andato(a)	siete andati(e)
va	vanno	è andato(a)	sono andati(e)

IMPERFECT		PAST PERFECT	
andavo	andavamo	ero andato(a)	eravamo andati(e)
andavi	andavate	eri andato(a)	eravate andati(e)
andava	andavano	era andato(a)	erano andati(e)

ABSOLUTE PAST		PRETERITE PERFECT	
andai	andammo	fui andato(a)	fummo andati(e)
andasti	andaste	fosti andato(a)	foste andati(e)
andò	andarono	fu andato(a)	furono andati(e)

FUTURE		FUTURE PERFECT	
andrò	andremo	sarò andato(a)	saremo andati(e)
andrai	andrete	sarai andato(a)	sarete andati(e)
andrà	andranno	sarà andato(a)	saranno andati(e)

SUBJUNCTIVE

PRESENT		PAST	
vada	andiamo	sia andato(a)	siamo andati(e)
vada	andiate	sia andato(a)	siate andati(e)
vada	vadano	sia andato(a)	siano andati(e)

IMPERFECT		PAST PERFECT	
andassi	andassimo	fossi andato(a)	fossimo andati(e)
andassi	andaste	fossi andato(a)	foste andati(e)
andasse	andassero	fosse andato(a)	fossero andati(e)

CONDITIONAL

PRESENT		PAST	
andrei	andremmo	sarei andato(a)	saremmo andati(e)
andresti	andreste	saresti andato(a)	sareste andati(e)
andrebbe	andrebbero	sarebbe andato(a)	sarebbero andati(e)

IMPERATIVE

	andiamo!
va/va'/vai!	andate!
vada!	vadano!

OTHER FORMS

GERUND	PARTICIPLE
andando	andato

RELATED WORDS

andatura	*gait, pace*	andata e ritorno	*round-trip*

EXAMPLES OF VERB USAGE

Con chi vai al cinema?	*Who are you going to the movies with?*
Vi va di andare al ristorante?	*Do you feel like going to the restaurant?*
Andiamo tutti insieme!	*Let's all go together!*

Appartenere

to belong to

VERB CHART 14

io	noi
tu	voi
lui/lei	loro

INDICATIVE

PRESENT

appartengo	apparteniamo
appartieni	appartenete
appartiene	appartengono

PRESENT PERFECT

sono appartenuto(a)	siamo appartenuti(e)
sei appartenuto(a)	siete appartenuti(e)
è appartenuto(a)	sono appartenuti(e)

IMPERFECT

appartenevo	appartenevamo
appartenevi	appartenevate
apparteneva	appartenevano

PAST PERFECT

ero appartenuto(a)	eravamo appartenuti(e)
eri appartenuto(a)	eravate appartenuti(e)
era appartenuto(a)	erano appartenuti(e)

ABSOLUTE PAST

appartenni	appartenemmo
appartenesti	apparteneste
appartenne	appartennero

PRETERITE PERFECT

fui appartenuto(a)	fummo appartenuti(e)
fosti appartenuto (a)	foste appartenuti(e)
fu appartenuto(a)	furono appartenuti(e)

FUTURE

apparterrò	apparterremo
apparterrai	apparterrete
apparterrà	apparterranno

FUTURE PERFECT

sarò appartenuto(a)	saremo appartenuti(e)
sarai appartenuto(a)	sarete appartenuti(e)
sarà appartenuto(a)	saranno appartenuti(e)

SUBJUNCTIVE

PRESENT

appartenga	apparteniamo
appartenga	apparteniate
appartenga	appartengano

PAST

sia appartenuto(a)	siamo appartenuti(e)
sia appartenuto(a)	siate appartenuti(e)
sia appartenuto(a)	siano appartenuti(e)

IMPERFECT

appartenessi	appartenessimo
appartenessi	apparteneste
appartenesse	appartenessero

PAST PERFECT

fossi appartenuto(a)	fossimo appartenuti(e)
fossi appartenuto(a)	foste appartenuti(e)
fosse appartenuto(a)	fossero appartenuti(e)

CONDITIONAL

PRESENT

apparterrei	apparterremmo
apparterresti	apparterreste
apparterrebbe	apparterrebbero

PAST

sarei appartenuto(a)	saremmo appartenuti(e)
saresti appartenuto(a)	sareste appartenuti(e)
sarebbe appartenuto(a)	sarebbero appartenuti(e)

IMPERATIVE

	apparteniamo!
appartieni!	appartenete!
appartenga!	appartengano!

OTHER FORMS

GERUND

appartenendo

PARTICIPLE

appartenuto

RELATED WORDS

l'appartenenza	*belonging*

EXAMPLES OF VERB USAGE

Scusi, questa valigia appartiene a me!	*Excuse me, this suitcase belongs to me!*
Mi piace visitare posti a cui non appartengo.	*I like to visit places I don't belong to.*

Verb Charts

VERB CHART 15

Aprire

to open, to unlock

io	noi
tu	voi
lui/lei	loro

INDICATIVE

PRESENT		PRESENT PERFECT	
apro	apriamo	ho aperto	abbiamo aperto
apri	aprite	hai aperto	avete aperto
apre	aprono	ha aperto	hanno aperto

IMPERFECT		PAST PERFECT	
aprivo	aprivamo	avevo aperto	avevamo aperto
aprivi	aprivate	avevi aperto	avevate aperto
apriva	aprivano	aveva aperto	avevano aperto

ABSOLUTE PAST		PRETERITE PERFECT	
aprii / apersi	aprimmo	ebbi aperto	avemmo aperto
apristi	apriste	avesti aperto	aveste aperto
aprì / aperse	aprirono / apersero	ebbe aperto	ebbero aperto

FUTURE		FUTURE PERFECT	
aprirò	apriremo	avrò aperto	avremo aperto
aprirai	aprirete	avrai aperto	avrete aperto
aprirà	apriranno	avrà aperto	avranno aperto

SUBJUNCTIVE

PRESENT		PAST	
apra	apriamo	abbia aperto	abbiamo aperto
apra	apriate	abbia aperto	abbiate aperto
apra	aprano	abbia aperto	abbiano aperto

IMPERFECT		PAST PERFECT	
aprissi	aprissimo	avessi aperto	avessimo aperto
aprissi	apriste	avessi aperto	aveste aperto
aprisse	aprissero	avesse aperto	avessero aperto

CONDITIONAL

PRESENT		PAST	
aprirei	apriremmo	avrei aperto	avremmo aperto
apriresti	aprireste	avresti aperto	avreste aperto
aprirebbe	aprirebbero	avrebbe aperto	avrebbero aperto

IMPERATIVE

	apriamo!
apri!	aprite!
apra!	aprano!

OTHER FORMS

GERUND	PARTICIPLE
aprendo	aperto

RELATED WORDS

aprirsi	*to be opened, to expand*	apriscatole	*can opener*
apertura	*opening*		

EXAMPLES OF VERB USAGE

Apri la porta, per favore. Sono io! — *Open the door, please. It's me!*

I negozi sono aperti dalle nove all'una. — *The stores are open from nine to one.*

Se aprissi la finestra, farebbe troppo freddo. — *If you opened the window, it would be too cold.*

Arrivare

to arrive

VERB CHART 16

io	noi
tu	voi
lui/lei	loro

INDICATIVE

PRESENT

arrivo	arriviamo
arrivi	arrivate
arriva	arrivano

PRESENT PERFECT

sono arrivato(a)	siamo arrivati(e)
sei arrivato(a)	siete arrivati(e)
è arrivato(a)	sono arrivati(e)

IMPERFECT

arrivavo	arrivavamo
arrivavi	arrivavate
arrivava	arrivavano

PAST PERFECT

ero arrivato(a)	eravamo arrivati(e)
eri arrivato(a)	eravate arrivati(e)
era arrivato(a)	erano arrivati(e)

ABSOLUTE PAST

arrivai	arrivammo
arrivasti	arrivaste
arrivò	arrivarono

PRETERITE PERFECT

fui arrivato(a)	fummo arrivati(e)
fosti arrivato(a)	foste arrivati(e)
fu arrivato(a)	furono arrivati(e)

FUTURE

arriverò	arriveremo
arriverai	arriverete
arriverà	arriveranno

FUTURE PERFECT

sarò arrivato(a)	saremo arrivati(e)
sarai arrivato(a)	sarete arrivati(e)
sarà arrivato(a)	saranno arrivati(e)

SUBJUNCTIVE

PRESENT

arrivi	arriviamo
arrivi	arriviate
arrivi	arrivino

PAST

sia arrivato(a)	siamo arrivati(e)
sia arrivato(a)	siate arrivati(e)
sia arrivato(a)	siano arrivati(e)

IMPERFECT

arrivassi	arrivassimo
arrivassi	arrivaste
arrivasse	arrivassero

PAST PERFECT

fossi arrivato(a)	fossimo arrivati(e)
fossi arrivato(a)	foste arrivati(e)
fosse arrivato(a)	fossero arrivati(e)

CONDITIONAL

PRESENT

arriverei	arriveremmo
arriveresti	arrivereste
arriverebbe	arriverebbero

PAST

sarei arrivato(a)	saremmo arrivati(e)
saresti arrivato(a)	sareste arrivati(e)
sarebbe arrivato(a)	sarebbero arrivati(e)

IMPERATIVE

	arriviamo!
arriva!	arrivate!
arrivi!	arrivino!

OTHER FORMS

GERUND

arrivando

PARTICIPLE

arrivato

RELATED WORDS

arrivo	*arrival*
arrivista	*social climber*
arrivato	*successful*
arrivederla/ci	*good-bye (fml./infml.)*

EXAMPLES OF VERB USAGE

Come al solito è arrivato tardi. — *He arrived late as usual.*

Spero che arrivi in tempo per la cena. — *I hope he arrives on time for dinner.*

A che ora arrivi domani? — *What time are you arriving tomorrow?*

Verb Charts

VERB CHART 17

io	noi
tu	voi
lui/lei	loro

Ascoltare

to listen

INDICATIVE

PRESENT		PRESENT PERFECT	
ascolto	ascoltiamo	ho ascoltato	abbiamo ascoltato
ascolti	ascoltate	hai ascoltato	avete ascoltato
ascolta	ascoltano	ha ascoltato	hanno ascoltato

IMPERFECT		PAST PERFECT	
ascoltavo	ascoltavamo	avevo ascoltato	avevamo ascoltato
ascoltavi	ascoltavate	avevi ascoltato	avevate ascoltato
ascoltava	ascoltavano	aveva ascoltato	avevano ascoltato

ABSOLUTE PAST		PRETERITE PERFECT	
ascoltai	ascoltammo	ebbi ascoltato	avemmo ascoltato
ascoltasti	ascoltaste	avesti ascoltato	aveste ascoltato
ascoltò	ascoltarono	ebbe ascoltato	ebbero ascoltato

FUTURE		FUTURE PERFECT	
ascolterò	ascolteremo	avrò ascoltato	avremo ascoltato
ascolterai	ascolterete	avrai ascoltato	avrete ascoltato
ascolterà	ascolteranno	avrà ascoltato	avranno ascoltato

SUBJUNCTIVE

PRESENT		PAST	
ascolti	ascoltiamo	abbia ascoltato	abbiamo ascoltato
ascolti	ascoltiate	abbia ascoltato	abbiate ascoltato
ascolti	ascoltino	abbia ascoltato	abbiano ascoltato

IMPERFECT		PAST PERFECT	
ascoltassi	ascoltassimo	avessi ascoltato	avessimo ascoltato
ascoltassi	ascoltaste	avessi ascoltato	aveste ascoltato
ascoltasse	ascoltassero	avesse ascoltato	avessero ascoltato

CONDITIONAL

PRESENT		PAST	
ascolterei	ascolteremmo	avrei ascoltato	avremmo ascoltato
ascolteresti	ascoltereste	avresti ascoltato	avreste ascoltato
ascolterebbe	ascolterebbero	avrebbe ascoltato	avrebbero ascoltato

IMPERATIVE

	ascoltiamo!
ascolta!	ascoltate!
ascolti!	ascoltino!

OTHER FORMS

GERUND	PARTICIPLE
ascoltando	ascoltato

RELATED WORDS

ascolto	*listening*	ascoltatore	*listener*

EXAMPLES OF VERB USAGE

Ho ascoltato questa canzone troppe volte.	*I've listened to this song too many times.*
Ascolta bene, è importante!	*Listen carefully, it's important!*
Avete ascoltato la radio ieri?	*Did you listen to the radio yesterday?*

Aspettare

to wait (for)

VERB CHART 18

io	noi
tu	voi
lui/lei	loro

INDICATIVE

PRESENT

aspetto	aspettiamo
aspetti	aspettate
aspetta	aspettano

PRESENT PERFECT

ho aspettato	abbiamo aspettato
hai aspettato	avete aspettato
ha aspettato	hanno aspettato

IMPERFECT

aspettavo	aspettavamo
aspettavi	aspettavate
aspettava	aspettavano

PAST PERFECT

avevo aspettato	avevamo aspettato
avevi aspettato	avevate aspettato
aveva aspettato	avevano aspettato

ABSOLUTE PAST

aspettai	aspettammo
aspettasti	aspettaste
aspettò	aspettarono

PRETERITE PERFECT

ebbi aspettato	avemmo aspettato
avesti aspettato	aveste aspettato
ebbe aspettato	ebbero aspettato

FUTURE

aspetterò	aspetteremo
aspetterai	aspetterete
aspetterà	aspetteranno

FUTURE PERFECT

avrò aspettato	avremo aspettato
avrai aspettato	avrete aspettato
avrà aspettato	avranno aspettato

SUBJUNCTIVE

PRESENT

aspetti	aspettiamo
aspetti	aspettiate
aspetti	aspettino

PAST

abbia aspettato	abbiamo aspettato
abbia aspettato	abbiate aspettato
abbia aspettato	abbiano aspettato

IMPERFECT

aspettassi	aspettassimo
aspettassi	aspettaste
aspettasse	aspettassero

PAST PERFECT

avessi aspettato	avessimo aspettato
avessi aspettato	aveste aspettato
avesse aspettato	avessero aspettato

CONDITIONAL

PRESENT

aspetterei	aspetteremmo
aspetteresti	aspettereste
aspetterebbe	aspetterebbero

PAST

avrei aspettato	avremmo aspettato
avresti aspettato	avreste aspettato
avrebbe aspettato	avrebbero aspettato

IMPERATIVE

	aspettiamo!
aspetta!	aspettate!
aspetti!	aspettino!

OTHER FORMS

GERUND	PARTICIPLE
aspettando	aspettato

RELATED WORDS

aspettarsi	*to expect*	aspettativa	*anticipation*
aspettato	*waited for, expected*	aspettazione	*expectation*

EXAMPLES OF VERB USAGE

Aspetta! Vengo anch'io.	*Wait! I'm coming too.*
Aspetterei ma sono di fretta.	*I would wait but I'm in a hurry.*

Verb Charts

VERB CHART 19

io	noi
tu	voi
lui/lei	loro

Assaggiare

to taste, to try

INDICATIVE

PRESENT		PRESENT PERFECT	
assaggio	assaggiamo	ho assaggiato	abbiamo assaggiato
assaggi	assaggiate	hai assaggiato	avete assaggiato
assaggia	assaggiano	ha assaggiato	hanno assaggiato

IMPERFECT		PAST PERFECT	
assaggiavo	assaggiavamo	avevo assaggiato	avevamo assaggiato
assaggiavi	assaggiavate	avevi assaggiato	avevate assaggiato
assaggiava	assaggiavano	aveva assaggiato	avevano assaggiato

ABSOLUTE PAST		PRETERITE PERFECT	
assaggiai	assaggiammo	ebbi assaggiato	avemmo assaggiato
assaggiasti	assaggiaste	avesti assaggiato	aveste assaggiato
assaggiò	assaggiarono	ebbe assaggiato	ebbero assaggiato

FUTURE		FUTURE PERFECT	
assaggerò	assaggeremo	avrò assaggiato	avremo assaggiato
assaggerai	assaggerete	avrai assaggiato	avrete assaggiato
assaggerà	assaggeranno	avrà assaggiato	avranno assaggiato

SUBJUNCTIVE

PRESENT		PAST	
assaggi	assaggiamo	abbia assaggiato	abbiamo assaggiato
assaggi	assaggiate	abbia assaggiato	abbiate assaggiato
assaggi	assaggino	abbia assaggiato	abbiano assaggiato

IMPERFECT		PAST PERFECT	
assaggiassi	assaggiassimo	avessi assaggiato	avessimo assaggiato
assaggiassi	assaggiaste	avessi assaggiato	aveste assaggiato
assaggiasse	assaggiassero	avesse assaggiato	avessero assaggiato

CONDITIONAL

PRESENT		PAST	
assaggerei	assaggeremmo	avrei assaggiato	avremmo assaggiato
assaggeresti	assaggereste	avresti assaggiato	avreste assaggiato
assaggerebbe	assaggerebbero	avrebbe assaggiato	avrebbero assaggiato

IMPERATIVE

	assaggiamo!
assaggia!	assaggiate!
assaggi!	assaggino!

OTHER FORMS

GERUND	PARTICIPLE
assaggiando	assaggiato

RELATED WORDS

un assaggio	*tasting, sample*	assaggiatore	*taster*

EXAMPLES OF VERB USAGE

Assaggia questa pasta, è deliziosa!	*Try this pasta, it's delicious!*
L'assaggerei se non fossi sazio.	*I would try it if I weren't full.*
Quando andrò in Italia assaggerò tanti vini.	*When I go to Italy, I'll try so many wines.*

Assistere

to assist, to help, to witness

VERB CHART 20

io	noi
tu	voi
lui/lei	loro

INDICATIVE

PRESENT

assisto	assistiamo
assisti	assistete
assiste	assistono

PRESENT PERFECT

ho assistito	abbiamo assistito
hai assistito	avete assistito
ha assistito	hanno assistito

IMPERFECT

assistevo	assistevamo
assistevi	assistevate
assisteva	assistevano

PAST PERFECT

avevo assistito	avevamo assistito
avevi assistito	avevate assistito
aveva assistito	avevano assistito

ABSOLUTE PAST

assistetti / assistei	assistemmo
assistesti	assisteste
assistette / assisté	assistettero / assisterono

PRETERITE PERFECT

ebbi assistito	avemmo assistito
avesti assistito	aveste assistito
ebbe assistito	ebbero assistito

FUTURE

assisterò	assisteremo
assisterai	assisterete
assisterà	assisteranno

FUTURE PERFECT

avrò assistito	avremo assistito
avrai assistito	avrete assistito
avrà assistito	avranno assistito

SUBJUNCTIVE

PRESENT

assista	assistiamo
assista	assistiate
assista	assistano

PAST

abbia assistito	abbiamo assistito
abbia assistito	abbiate assistito
abbia assistito	abbiano assistito

IMPERFECT

assistessi	assistessimo
assistessi	assisteste
assistesse	assistessero

PAST PERFECT

avessi assistito	avessimo assistito
avessi assistito	aveste assistito
avesse assistito	avessero assistito

CONDITIONAL

PRESENT

assisterei	assisteremmo
assisteresti	assistereste
assisterebbe	assisterebbero

PAST

avrei assistito	avremmo assistito
avresti assistito	avreste assistito
avrebbe assistito	avrebbero assistito

IMPERATIVE

	assistiamo!
assisti!	assistete!
assista!	assistano!

OTHER FORMS

GERUND

assistendo

PARTICIPLE

assistito

RELATED WORDS

assistenza	*assistance, help*
assistere a	*to attend (a show)*
assistente	*assistant*

EXAMPLES OF VERB USAGE

Ho assistito a un terribile incidente stradale. — *I witnessed a terrible car accident.*

Ti posso assistere in qualche modo? — *May I assist you in any way?*

Verb Charts

VERB CHART 21

io	noi
tu	voi
lui/lei	loro

Associare

to associate

INDICATIVE

PRESENT

associo	associamo
associ	associate
associa	associano

IMPERFECT

associavo	associavamo
associavi	associavate
associava	associavano

ABSOLUTE PAST

associai	associammo
associasti	associaste
associò	associarono

FUTURE

assocerò	assoceremo
assocerai	assocerete
assocerà	assoceranno

PRESENT PERFECT

ho associato	abbiamo associato
hai associato	avete associato
ha associato	hanno associato

PAST PERFECT

avevo associato	avevamo associato
avevi associato	avevate associato
aveva associato	avevano associato

PRETERITE PERFECT

ebbi associato	avemmo associato
avesti associato	aveste associato
ebbe associato	ebbero associato

FUTURE PERFECT

avrò associato	avremo associato
avrai associato	avrete associato
avrà associato	avranno associato

SUBJUNCTIVE

PRESENT

associ	associamo
associ	associate
associ	associno

IMPERFECT

associassi	associassimo
associassi	associaste
associasse	associassero

PAST

abbia associato	abbiamo associato
abbia associato	abbiate associato
abbia associato	abbiano associato

PAST PERFECT

avessi associato	avessimo associato
avessi associato	aveste associato
avesse associato	avessero associato

CONDITIONAL

PRESENT

assocerei	assoceremmo
assoceresti	assocereste
assocerebbe	assocerebbero

PAST

avrei associato	avremmo associato
avresti associato	avreste associato
avrebbe associato	avrebbero associato

IMPERATIVE

	associamo!
associa!	associate!
associ!	associno!

OTHER FORMS

GERUND

associando

PARTICIPLE

associato

RELATED WORDS

un'associazione	*association, society*
associativo	*associative*
associabile	*associable*

EXAMPLES OF VERB USAGE

La musica associa matematica e creatività. — *Music associates mathematics and creativy.*

Non avrei mai associato quelle due persone. — *I would never have associated those two people.*

Astenersi

to abstain, to refrain

VERB CHART 22

io	noi
tu	voi
lui/lei	loro

INDICATIVE

PRESENT

mi astengo	ci asteniamo
ti astieni	vi astenete
si astiene	si astengono

IMPERFECT

mi astenevo	ci astenevamo
ti astenevi	vi astenevate
si asteneva	si astenevano

ABSOLUTE PAST

mi astenni	ci astenemmo
ti astenesti	vi asteneste
si astenne	si astennero

FUTURE

mi asterrò	ci asterremo
ti asterrai	vi asterrete
si asterrà	si asterranno

PRESENT PERFECT

mi sono astenuto(a)	ci siamo astenuti(e)
ti sei astenuto(a)	vi siete astenuti(e)
si è astenuto(a)	si sono astenuti(e)

PAST PERFECT

mi ero astenuto(a)	ci eravamo astenuti(e)
ti eri astenuto(a)	vi eravate astenuti(e)
si era astenuto(a)	si erano astenuti(e)

PRETERITE PERFECT

mi fui astenuto(a)	ci fummo astenuti(e)
ti fosti astenuto(a)	vi foste astenuti(e)
si fu astenuto(a)	si furono astenuti(e)

FUTURE PERFECT

mi sarò astenuto(a)	ci saremo astenuti(e)
ti sarai astenuto(a)	vi sarete astenuti(e)
si sarà astenuto(a)	si saranno astenuti(e)

SUBJUNCTIVE

PRESENT

mi astenga	ci asteniamo
ti astenga	vi asteniate
si astenga	si astengano

IMPERFECT

mi astenessi	ci astenessimo
ti astenessi	vi asteneste
si astenesse	si astenessero

PAST

mi sia astenuto(a)	ci siamo astenuti(e)
ti sia astenuto(a)	vi siate astenuti(e)
si sia astenuto(a)	si siano astenuti(e)

PAST PERFECT

mi fossi astenuto(a)	ci fossimo astenuti(e)
ti fossi astenuto(a)	vi foste astenuti(e)
si fosse astenuto(a)	si fossero astenuti(e)

CONDITIONAL

PRESENT

mi asterrei	ci asterremmo
ti asterresti	vi asterreste
si asterrebbe	si asterrebbero

PAST

mi sarei astenuto(a)	ci saremmo astenuti(e)
ti saresti astenuto(a)	vi sareste astenuti(e)
si sarebbe astenuto(a)	si sarebbero astenuti(e)

IMPERATIVE

	asteniamoci!
astieniti!	astenetevi!
si astenga!	si astengano!

OTHER FORMS

GERUND
astenendosi

PARTICIPLE
astenutosi

RELATED WORDS

l'astinenza	*abstinence*
l'astensione	*abstention*
astemio	*abstemious*

EXAMPLES OF VERB USAGE

Dovrebbe astenersi dal divulgare pettegolezzi. — *She should refrain from spreading gossip.*

Quest'anno mi astengo. Non saprei per chi votare. — *This year I'm abstaining. I wouldn't know who to vote for.*

Mi sono astenuto dal bere per quasi un mese. — *I have abstained from drinking for about a month.*

Verb Charts

VERB CHART 23

io	noi
tu	voi
lui/lei	loro

Attaccare

to attack, to attach, to begin

INDICATIVE

PRESENT

attacco	attacchiamo
attacchi	attaccate
attacca	attaccano

PRESENT PERFECT

ho attaccato	abbiamo attaccato
hai attaccato	avete attaccato
ha attaccato	hanno attaccato

IMPERFECT

attaccavo	attaccavamo
attaccavi	attaccavate
attaccava	attaccavano

PAST PERFECT

avevo attaccato	avevamo attaccato
avevi attaccato	avevate attaccato
aveva attaccato	avevano attaccato

ABSOLUTE PAST

attaccai	attaccammo
attaccasti	attaccaste
attaccò	attaccarono

PRETERITE PERFECT

ebbi attaccato	avemmo attaccato
avesti attaccato	aveste attaccato
ebbe attaccato	ebbero attaccato

FUTURE

attaccherò	attaccheremo
attaccherai	attaccherete
attaccherà	attaccheranno

FUTURE PERFECT

avrò attaccato	avremo attaccato
avrai attaccato	avrete attaccato
avrà attaccato	avranno attaccato

SUBJUNCTIVE

PRESENT

attacchi	attacchiamo
attacchi	attacchiate
attacchi	attacchino

PAST

abbia attaccato	abbiamo attaccato
abbia attaccato	abbiate attaccato
abbia attaccato	abbiano attaccato

IMPERFECT

attaccassi	attaccassimo
attaccassi	attaccaste
attaccasse	attaccassero

PAST PERFECT

avessi attaccato	avessimo attaccato
avessi attaccato	aveste attaccato
avesse attaccato	avessero attaccato

CONDITIONAL

PRESENT

attaccherei	attaccheremmo
attaccheresti	attacchereste
attaccherebbe	attaccherebbero

PAST

avrei attaccato	avremmo attaccato
avresti attaccato	avreste attaccato
avrebbe attaccato	avrebbero attaccato

IMPERATIVE

	attacchiamo!
attacca!	attaccate!
attacchi!	attacchino!

OTHER FORMS

GERUND

attaccando

PARTICIPLE

attaccato

RELATED WORDS

attacco	*attack*
attaccamento	*affection, attachment*
attaccabrighe	*quarrelsome person*
attaccapanni	*coat hanger*

EXAMPLES OF VERB USAGE

L'orchestra attaccò a suonare alle otto in punto. *The orchestra began to play at eight o' clock sharp.*

Perchè mi attacchi? Non ho fatto nulla. *Why are you attacking me? I didn't do anything.*

Lucio è ancora attaccato alle sue vecchie idee. *Lucio is still attached to his old ideas.*

Attrarre

to attract

VERB CHART 24

io	noi
tu	voi
lui/lei	loro

INDICATIVE

PRESENT

attraggo	attraiamo
attrai	attraete
attrae	attraggono

PRESENT PERFECT

ho attratto	abbiamo attratto
hai attratto	avete attratto
ha attratto	hanno attratto

IMPERFECT

attraevo	attraevamo
attraevi	attraevate
attraeva	attraevano

PAST PERFECT

avevo attratto	avevamo attratto
avevi attratto	avevate attratto
aveva attratto	avevano attratto

ABSOLUTE PAST

attrassi	attraemmo
attraesti	attraeste
attrasse	attrassero

PRETERITE PERFECT

ebbi attratto	avemmo attratto
avesti attratto	aveste attratto
ebbe attratto	ebbero attratto

FUTURE

attrarrò	attrarremo
attrarrai	attrarrete
attrarrà	attrarranno

FUTURE PERFECT

avrò attratto	avremo attratto
avrai attratto	avrete attratto
avrà attratto	avranno attratto

SUBJUNCTIVE

PRESENT

attragga	attraiamo
attragga	attraiate
attragga	attraggano

PAST

abbia attratto	abbiamo attratto
abbia attratto	abbiate attratto
abbia attratto	abbiano attratto

IMPERFECT

attraessi	attraessimo
attraessi	attraeste
attraesse	attraessero

PAST PERFECT

avessi attratto	avessimo attratto
avessi attratto	aveste attratto
avesse attratto	avessero attratto

CONDITIONAL

PRESENT

attrarrei	attrarremmo
attrarresti	attrarreste
attrarrebbe	attrarrebbero

PAST

avrei attratto	avremmo attratto
avresti attratto	avreste attratto
avrebbe attratto	avrebbero attratto

IMPERATIVE

	attraiamo!
attrai!	attraete!
attragga!	attraggano!

OTHER FORMS

GERUND
attraendo

PARTICIPLE
attratto

RELATED WORDS

l'attrazione	*attraction*
l'attrattiva	*charm*
attraente	*attractive*

EXAMPLES OF VERB USAGE

Venezia attrae turisti da tutto il mondo. — *Venice attracts tourists from all over the world.*

Il suo stile ha attratto l'attenzione di tutti. — *His style attracted everybody's attention.*

Quando era giovane, attraeva molti uomini. — *When she was young, she used to attract many men.*

Verb Charts

VERB CHART 25

Avere

to have

io	noi
tu	voi
lui/lei	loro

INDICATIVE

PRESENT

ho	abbiamo
hai	avete
ha	hanno

PRESENT PERFECT

ho avuto	abbiamo avuto
hai avuto	avete avuto
ha avuto	hanno avuto

IMPERFECT

avevo	avevamo
avevi	avevate
aveva	avevano

PAST PERFECT

avevo avuto	avevamo avuto
avevi avuto	avevate avuto
aveva avuto	avevano avuto

ABSOLUTE PAST

ebbi	avemmo
avesti	aveste
ebbe	ebbero

PRETERITE PERFECT

ebbi avuto	avemmo avuto
avesti avuto	aveste avuto
ebbe avuto	ebbero avuto

FUTURE

avrò	avremo
avrai	avrete
avrà	avranno

FUTURE PERFECT

avrò avuto	avremo avuto
avrai avuto	avrete avuto
avrà avuto	avranno avuto

SUBJUNCTIVE

PRESENT

abbia	abbiamo
abbia	abbiate
abbia	abbiano

PAST

abbia avuto	abbiamo avuto
abbia avuto	abbiate avuto
abbia avuto	abbiano avuto

IMPERFECT

avessi	avessimo
avessi	aveste
avesse	avessero

PAST PERFECT

avessi avuto	avessimo avuto
avessi avuto	aveste avuto
avesse avuto	avessero avuto

CONDITIONAL

PRESENT

avrei	avremmo
avresti	avreste
avrebbe	avrebbero

PAST

avrei avuto	avremmo avuto
avresti avuto	avreste avuto
avrebbe avuto	avrebbero avuto

IMPERATIVE

	abbiamo!
abbi!	avete!
abbia!	abbiano!

OTHER FORMS

GERUND	PARTICIPLE
avendo	avuto

RELATED WORDS

avere fame	*to be hungry*
avere trent'anni	*to be thirty years old*
avere caldo	*to be hot*
avere paura	*to be afraid*
avere sete	*to be thirsty*
avere freddo	*to be cold*
avere bisogno di	*to need*
avere fretta	*to be in a hurry*
avere ragione	*to be right*
avere torto	*to be wrong*

EXAMPLES OF VERB USAGE

Hai una sigaretta? –Sì, ce l'ho, eccola. — *Do you have a cigarette? –Yes, I have it, here it is.*

Hai fame? Hai voglia di mangiare ora? — *Are you hungry? Do you feel like eating now?*

Avvertire

to inform, to warn, to notice

VERB CHART 26

io	noi
tu	voi
lui/lei	loro

INDICATIVE

PRESENT		PRESENT PERFECT	
avverto	avvertiamo	ho avvertito	abbiamo avvertito
avverti	avvertite	hai avvertito	avete avvertito
avverte	avvertono	ha avvertito	hanno avvertito

IMPERFECT		PAST PERFECT	
avvertivo	avvertivamo	avevo avvertito	avevamo avvertito
avvertivi	avvertivate	avevi avvertito	avevate avvertito
avvertiva	avvertivano	aveva avvertito	avevano avvertito

ABSOLUTE PAST		PRETERITE PERFECT	
avvertii	avvertimmo	ebbi avvertito	avemmo avvertito
avvertisti	avvertiste	avesti avvertito	aveste avvertito
avvertì	avvertirono	ebbe avvertito	ebbero avvertito

FUTURE		FUTURE PERFECT	
avvertirò	avvertiremo	avrò avvertito	avremo avvertito
avvertirai	avvertirete	avrai avvertito	avrete avvertito
avvertirà	avvertiranno	avrà avvertito	avranno avvertito

SUBJUNCTIVE

PRESENT		PAST	
avverta	avvertiamo	abbia avvertito	abbiamo avvertito
avverta	avvertiate	abbia avvertito	abbiate avvertito
avverta	avvertano	abbia avvertito	abbiano avvertito

IMPERFECT		PAST PERFECT	
avvertissi	avvertissimo	avessi avvertito	avessimo avvertito
avvertissi	avvertiste	avessi avvertito	aveste avvertito
avvertisse	avvertissero	avesse avvertito	avessero avvertito

CONDITIONAL

PRESENT		PAST	
avvertirei	avvertiremmo	avrei avvertito	avremmo avvertito
avvertiresti	avvertireste	avresti avvertito	avreste avvertito
avvertirebbe	avvertirebbero	avrebbe avvertito	avrebbero avvertito

IMPERATIVE

	avvertiamo!
avverti!	avvertite!
avverta!	avvertano!

OTHER FORMS

GERUND	PARTICIPLE
avvertendo	avvertito

RELATED WORDS

avvertenza	*prudence, advice*	avvertimento	*warning*

EXAMPLES OF VERB USAGE

Ti avverto, comportati bene!	*I'm warning you, behave!*
Mi aveva avvertito che faceva freddo.	*He had warned me that it was cold.*
Ho avvertito i ragazzi di non tornare tardi.	*I warned the boys not to come back late.*

Verb Charts

VERB CHART 27

io	noi
tu	voi
lui/lei	loro

Avviare

to start, to begin

INDICATIVE

PRESENT

avvio	avviamo
avvii	avviate
avvia	avviano

PRESENT PERFECT

ho avviato	abbiamo avviato
hai avviato	avete avviato
ha avviato	hanno avviato

IMPERFECT

avviavo	avviavamo
avviavi	avviavate
avviava	avviavano

PAST PERFECT

avevo avviato	avevamo avviato
avevi avviato	avevate avviato
aveva avviato	avevano avviato

ABSOLUTE PAST

avviai	avviammo
avviasti	avviaste
avviò	avviarono

PRETERITE PERFECT

ebbi avviato	avemmo avviato
avesti avviato	aveste avviato
ebbe avviato	ebbero avviato

FUTURE

avvierò	avvieremo
avvierai	avvierete
avvierà	avvieranno

FUTURE PERFECT

avrò avviato	avremo avviato
avrai avviato	avrete avviato
avrà avviato	avranno avviato

SUBJUNCTIVE

PRESENT

avvii	avviamo
avvii	avviate
avvii	avviino

PAST

abbia avviato	abbiamo avviato
abbia avviato	abbiate avviato
abbia avviato	abbiano avviato

IMPERFECT

avviassi	avviassimo
avviassi	avviaste
avviasse	avviassero

PAST PERFECT

avessi avviato	avessimo avviato
avessi avviato	aveste avviato
avesse avviato	avessero avviato

CONDITIONAL

PRESENT

avvierei	avvieremmo
avvieresti	avviereste
avvierebbe	avvierebbero

PAST

avrei avviato	avremmo avviato
avresti avviato	avreste avviato
avrebbe avviato	avrebbero avviato

IMPERATIVE

	avviamo!
avvia!	avviate!
avvii!	avviino!

OTHER FORMS

GERUND	PARTICIPLE
avviando	avviato

RELATED WORDS

avvio	*beginning*

EXAMPLES OF VERB USAGE

Avvia la macchina, è ora di ritornare a casa.	*Start the car, it's time to go back home.*
Ho avviato la conversazione in italiano.	*I started the converstion in Italian.*
Avviai la mia attività prima di finire gli studi.	*I started my practice before finishing my studies.*

Baciare
to kiss

VERB CHART 28

io	noi
tu	voi
lui/lei	loro

INDICATIVE

PRESENT

bacio	baciamo
baci	baciate
bacia	baciano

IMPERFECT

baciavo	baciavamo
baciavi	baciavate
baciava	baciavano

ABSOLUTE PAST

baciai	baciammo
baciasti	baciaste
baciò	baciarono

FUTURE

bacerò	baceremo
bacerai	bacerete
bacerà	baceranno

PRESENT PERFECT

ho baciato	abbiamo baciato
hai baciato	avete baciato
ha baciato	hanno baciato

PAST PERFECT

avevo baciato	avevamo baciato
avevi baciato	avevate baciato
aveva baciato	avevano baciato

PRETERITE PERFECT

ebbi baciato	avemmo baciato
avesti baciato	aveste baciato
ebbe baciato	ebbero baciato

FUTURE PERFECT

avrò baciato	avremo baciato
avrai baciato	avrete baciato
avrà baciato	avranno baciato

SUBJUNCTIVE

PRESENT

baci	baciamo
baci	baciate
baci	bacino

IMPERFECT

baciassi	baciassimo
baciassi	baciaste
baciasse	baciassero

PAST

abbia baciato	abbiamo baciato
abbia baciato	abbiate baciato
abbia baciato	abbiano baciato

PAST PERFECT

avessi baciato	avessimo baciato
avessi baciato	aveste baciato
avesse baciato	avessero baciato

CONDITIONAL

PRESENT

bacerei	baceremmo
baceresti	bacereste
bacerebbe	bacerebbero

PAST

avrei baciato	avremmo baciato
avresti baciato	avreste baciato
avrebbe baciato	avrebbero baciato

IMPERATIVE

	baciamo!
bacia!	baciate!
baci!	bacino!

OTHER FORMS

GERUND
baciando

PARTICIPLE
baciato

RELATED WORDS

bacio	*kiss*
bacino	*little kiss*
baciarsi	*to kiss each other*

EXAMPLES OF VERB USAGE

Non dimenticherò mai la prima volta che ho baciato una ragazza. — *I will never forget the first time I kissed a girl.*

Hai vinto ancora? Ti ha proprio baciato la fortuna. — *You won again? You really got kissed by luck.*

E se ti baciassi ora? — *What if I kissed you now?*

Verb Charts

VERB CHART 29

io	noi
tu	voi
lui/lei	loro

Ballare

to dance

INDICATIVE

PRESENT

ballo	balliamo
balli	ballate
balla	ballano

IMPERFECT

ballavo	ballavamo
ballavi	ballavate
ballava	ballavano

ABSOLUTE PAST

ballai	ballammo
ballasti	ballaste
ballò	ballarono

FUTURE

ballerò	balleremo
ballerai	ballerete
ballerà	balleranno

PRESENT PERFECT

ho ballato	abbiamo ballato
hai ballato	avete ballato
ha ballato	hanno ballato

PAST PERFECT

avevo ballato	avevamo ballato
avevi ballato	avevate ballato
aveva ballato	avevano ballato

PRETERITE PERFECT

ebbi ballato	avemmo ballato
avesti ballato	aveste ballato
ebbe ballato	ebbero ballato

FUTURE PERFECT

avrò ballato	avremo ballato
avrai ballato	avrete ballato
avrà ballato	avranno ballato

SUBJUNCTIVE

PRESENT

balli	balliamo
balli	balliate
balli	ballino

IMPERFECT

ballassi	ballassimo
ballassi	ballaste
ballasse	ballassero

PAST

abbia ballato	abbiamo ballato
abbia ballato	abbiate ballato
abbia ballato	abbiano ballato

PAST PERFECT

avessi ballato	avessimo ballato
avessi ballato	aveste ballato
avesse ballato	avessero ballato

CONDITIONAL

PRESENT

ballerei	balleremmo
balleresti	ballereste
ballerebbe	ballerebbero

PAST

avrei ballato	avremmo ballato
avresti ballato	avreste ballato
avrebbe ballato	avrebbero ballato

IMPERATIVE

	balliamo!
balla!	ballate!
balli!	ballino!

OTHER FORMS

GERUND	PARTICIPLE
ballando	ballato

RELATED WORDS

ballo	*dance*	balletto	*ballet*
balera	*dancing hall*	ballerino	*ballet dancer*

EXAMPLES OF VERB USAGE

Se vincessi al lotto, ballerei dalla gioia. — *If won the lottery, I would dance for joy.*

Dai, balliamo questo valzer! — *Come on, let's dance this waltz!*

Quando ero giovane, ballavo come un matto. — *When I was young, I used to dance like crazy.*

Bastare

to be enough, to suffice

VERB CHART **30**

io	noi
tu	voi
lui/lei	loro

INDICATIVE

PRESENT		PRESENT PERFECT	
—	—	—	—
—	—	—	—
basta	bastano	è bastato(a)	sono bastati(e)

IMPERFECT		PAST PERFECT	
—	—	—	—
—	—	—	—
bastava	bastavano	era bastato(a)	erano bastati(e)

ABSOLUTE PAST		PRETERITE PERFECT	
—	—	—	—
—	—	—	—
bastò	bastarono	fu bastato(a)	furono bastati(e)

FUTURE		FUTURE PERFECT	
—	—	—	—
—	—	—	—
basterà	basteranno	sarà bastato(a)	saranno bastati(e)

SUBJUNCTIVE

PRESENT		PAST	
—	—	—	—
—	—	—	—
basti	bastino	sia bastato(a)	siano bastati(e)

IMPERFECT		PAST PERFECT	
—	—	—	—
—	—	—	—
bastasse	bastassero	fosse bastato(a)	fossero bastati(e)

CONDITIONAL

PRESENT		PAST	
—	—	—	—
—	—	—	—
basterebbe	basterebbero	sarebbe bastato(a)	sarebbero bastati(e)

IMPERATIVE

	—
—	—
basti!	bastino!

OTHER FORMS

GERUND	PARTICIPLE
bastando	bastato

RELATED WORDS

Basta!	*Enough!*	bastevole	*sufficient*

EXAMPLES OF VERB USAGE

Se compri così tante cose, i soldi non ti basteranno. — *If you buy so many things, your money will not suffice.*

Io ti credo . . . basta che lo dimostri! — *I believe you . . . as long as you prove it!*

Mi basta la tua parola. — *Your word is enough for me.*

Verb Charts

VERB CHART 31

io	noi
tu	voi
lui/lei	loro

Bere
to drink

INDICATIVE

PRESENT

bevo	beviamo
bevi	bevete
beve	bevono

PRESENT PERFECT

ho bevuto	abbiamo bevuto
hai bevuto	avete bevuto
ha bevuto	hanno bevuto

IMPERFECT

bevevo	bevevamo
bevevi	bevevate
beveva	bevevano

PAST PERFECT

avevo bevuto	avevamo bevuto
avevi bevuto	avevate bevuto
aveva bevuto	avevano bevuto

ABSOLUTE PAST

bevvi	bevemmo
bevesti	beveste
bevette	bevvero

PRETERITE PERFECT

ebbi bevuto	avemmo bevuto
avesti bevuto	aveste bevuto
ebbe bevuto	ebbero bevuto

FUTURE

berrò	berremo
berrai	berrete
berrà	berranno

FUTURE PERFECT

avrò bevuto	avremo bevuto
avrai bevuto	avrete bevuto
avrà bevuto	avranno bevuto

SUBJUNCTIVE

PRESENT

beva	beviamo
beva	beviate
beva	bevano

PAST

abbia bevuto	abbiamo bevuto
abbia bevuto	abbiate bevuto
abbia bevuto	abbiano bevuto

IMPERFECT

bevessi	bevessimo
bevessi	beveste
bevesse	bevessero

PAST PERFECT

avessi bevuto	avessimo bevuto
avessi bevuto	aveste bevuto
avesse bevuto	avessero bevuto

CONDITIONAL

PRESENT

berrei	berremmo
berresti	berreste
berrebbe	berrebbero

PAST

avrei bevuto	avremmo bevuto
avresti bevuto	avreste bevuto
avrebbe bevuto	avrebbero bevuto

IMPERATIVE

	beviamo!
bevi!	bevete!
beva!	bevano!

OTHER FORMS

GERUND
bevendo

PARTICIPLE
bevuto

RELATED WORDS

una bibita	*beverage, drink*
una bevuta	*drink, drinking*
bevitore/bevitrice	*drinker*

EXAMPLES OF VERB USAGE

Che mal di testa! Ieri notte ho bevuto troppo.	*What a headache! I drank too much last night.*
Stasera non bevo perché devo guidare.	*I'm not going to drink tonight because I have to drive.*
Bevo alla tua salute!	*I drink to your health!*

Bruciare

to burn

VERB CHART 32

io	noi
tu	voi
lui/lei	loro

INDICATIVE

PRESENT

brucio	bruciamo
bruci	bruciate
brucia	bruciano

IMPERFECT

bruciavo	bruciavamo
bruciavi	bruciavate
bruciava	bruciavano

ABSOLUTE PAST

bruciai	bruciammo
bruciasti	bruciaste
bruciò	bruciarono

FUTURE

brucerò	bruceremo
brucerai	brucerete
brucerà	bruceranno

PRESENT PERFECT

ho bruciato	abbiamo bruciato
hai bruciato	avete bruciato
ha bruciato	hanno bruciato

PAST PERFECT

avevo bruciato	avevamo bruciato
avevi bruciato	avevate bruciato
aveva bruciato	avevano bruciato

PRETERITE PERFECT

ebbi bruciato	avemmo bruciato
avesti bruciato	aveste bruciato
ebbe bruciato	ebbero bruciato

FUTURE PERFECT

avrò bruciato	avremo bruciato
avrai bruciato	avrete bruciato
avrà bruciato	avranno bruciato

SUBJUNCTIVE

PRESENT

bruci	bruciamo
bruci	bruciate
bruci	brucino

IMPERFECT

bruciassi	bruciassimo
bruciassi	bruciaste
bruciasse	bruciassero

PAST

abbia bruciato	abbiamo bruciato
abbia bruciato	abbiate bruciato
abbia bruciato	abbiano bruciato

PAST PERFECT

avessi bruciato	avessimo bruciato
avessi bruciato	aveste bruciato
avesse bruciato	avessero bruciato

CONDITIONAL

PRESENT

brucerei	bruceremmo
bruceresti	brucereste
brucerebbe	brucerebbero

PAST

avrei bruciato	avremmo bruciato
avresti bruciato	avreste bruciato
avrebbe bruciato	avrebbero bruciato

IMPERATIVE

	bruciamo!
brucia!	bruciate!
bruci!	brucino!

OTHER FORMS

GERUND
bruciando

PARTICIPLE
bruciato

RELATED WORDS

una bruciatura	*burn*
il bruciore	*burning*
a bruciapelo	*point-blank, suddenly*

EXAMPLES OF VERB USAGE

Il sole mi ha bruciato tutta la faccia. — *The sun burned my whole face.*

Quando i pompieri sono arrivati, la casa bruciava ancora. — *When the firemen arrived, the house was still burning.*

Verb Charts

VERB CHART 33

io	noi
tu	voi
lui/lei	loro

Cadere

to fall, to drop

INDICATIVE

PRESENT		PRESENT PERFECT	
cado	cadiamo	sono caduto(a)	siamo caduti(e)
cadi	cadete	sei caduto(a)	siete caduti (e)
cade	cadono	è caduto(a)	sono caduti(e)

IMPERFECT		PAST PERFECT	
cadevo	cadevamo	ero caduto(a)	eravamo caduti(e)
cadevi	cadevate	eri caduto(a)	eravate caduti(e)
cadeva	cadevano	era caduto(a)	erano caduti(e)

ABSOLUTE PAST		PRETERITE PERFECT	
caddi	cademmo	fui caduto(a)	fummo caduti(e)
cadesti	cadeste	fosti caduto(a)	foste caduti(e)
cadde	caddero	fu caduto(a)	furono caduti(e)

FUTURE		FUTURE PERFECT	
cadrò	cadremo	sarò caduto(a)	saremo caduti(e)
cadrai	cadrete	sarai caduto(a)	sarete caduti(e)
cadrà	cadranno	sarà caduto(a)	saranno caduti(e)

SUBJUNCTIVE

PRESENT		PAST	
cada	cadiamo	sia caduto(a)	siamo caduti(e)
cada	cadiate	sia caduto(a)	siate caduti(e)
cada	cadano	sia caduto(a)	siano caduti(e)

IMPERFECT		PAST PERFECT	
cadessi	cadessimo	fossi caduto(a)	fossimo caduti(e)
cadessi	cadeste	fossi caduto(a)	foste caduti(e)
cadesse	cadessero	fosse caduto(a)	fossero caduti(e)

CONDITIONAL

PRESENT		PAST	
cadrei	cadremmo	sarei caduto(a)	saremmo caduti(e)
cadresti	cadreste	saresti caduto(a)	sareste caduti(e)
cadrebbe	cadrebbero	sarebbe caduto(a)	sarebbero caduti(e)

IMPERATIVE

	cadiamo!
cadi!	cadete!
cada!	cadano!

OTHER FORMS

GERUND	PARTICIPLE
cadendo	caduto

RELATED WORDS

una caduta	*fall*	cadente	*falling*
cadenza	*cadence*	la caducità	*frailness*

EXAMPLES OF VERB USAGE

È caduto mentre scendeva le scale di corsa.	*He fell while running down the stairs.*
Ieri la neve cadeva costantemente.	*Yesterday the snow fell constantly.*
Se non sta attento quel bambino cade per terra.	*If that child is not careful, he's going to fall to the ground.*

Cambiare

to change, to exchange

VERB CHART 34

io	noi
tu	voi
lui/lei	loro

INDICATIVE

PRESENT

cambio	cambiamo
cambi	cambiate
cambia	cambiano

PRESENT PERFECT

ho cambiato	abbiamo cambiato
hai cambiato	avete cambiato
ha cambiato	hanno cambiato

IMPERFECT

cambiavo	cambiavamo
cambiavi	cambiavate
cambiava	cambiavano

PAST PERFECT

avevo cambiato	avevamo cambiato
avevi cambiato	avevate cambiato
aveva cambiato	avevano cambiato

ABSOLUTE PAST

cambiai	cambiammo
cambiasti	cambiaste
cambiò	cambiarono

PRETERITE PERFECT

ebbi cambiato	avemmo cambiato
avesti cambiato	aveste cambiato
ebbe cambiato	ebbero cambiato

FUTURE

cambierò	cambieremo
cambierai	cambierete
cambierà	cambieranno

FUTURE PERFECT

avrò cambiato	avremo cambiato
avrai cambiato	avrete cambiato
avrà cambiato	avranno cambiato

SUBJUNCTIVE

PRESENT

cambi	cambiamo
cambi	cambiate
cambi	cambino

PAST

abbia cambiato	abbiamo cambiato
abbia cambiato	abbiate cambiato
abbia cambiato	abbiano cambiato

IMPERFECT

cambiassi	cambiassimo
cambiassi	cambiaste
cambiasse	cambiassero

PAST PERFECT

avessi cambiato	avessimo cambiato
avessi cambiato	aveste cambiato
avesse cambiato	avessero cambiato

CONDITIONAL

PRESENT

cambierei	cambieremmo
cambieresti	cambiereste
cambierebbe	cambierebbero

PAST

avrei cambiato	avremmo cambiato
avresti cambiato	avreste cambiato
avrebbe cambiato	avrebbero cambiato

IMPERATIVE

	cambiamo!
cambia!	cambiate!
cambi!	cambino!

OTHER FORMS

GERUND	PARTICIPLE
cambiando	cambiato

RELATED WORDS

cambio	*change, exchange*
cambiabile	*mutable, changeable*
cambiale	*bill of exchange*

EXAMPLES OF VERB USAGE

Lui cambia la macchina ogni tre anni.	*He changes his car every three years.*
Abbiamo cambiato i soldi prima di partire.	*We changed our money before we left.*
Volevo andare al cinema, ma poi ho cambiato idea.	*I wanted to go to the movies, but then I changed my mind.*

Verb Charts

VERB CHART 35

io	noi
tu	voi
lui/lei	loro

Camminare

to walk

INDICATIVE

PRESENT

cammino	camminiamo
cammini	camminate
cammina	camminano

IMPERFECT

camminavo	camminavamo
camminavi	camminavate
camminava	camminavano

ABSOLUTE PAST

camminai	camminammo
camminasti	camminaste
camminò	camminarono

FUTURE

camminerò	cammineremo
camminerai	camminerete
camminerà	cammineranno

PRESENT PERFECT

ho camminato	abbiamo camminato
hai camminato	avete camminato
ha camminato	hanno camminato

PAST PERFECT

avevo camminato	avevamo camminato
avevi camminato	avevate camminato
aveva camminato	avevano camminato

PRETERITE PERFECT

ebbi camminato	avemmo camminato
avesti camminato	aveste camminato
ebbe camminato	ebbero camminato

FUTURE PERFECT

avrò camminato	avremo camminato
avrai camminato	avrete camminato
avrà camminato	avranno camminato

SUBJUNCTIVE

PRESENT

cammini	camminiamo
cammini	camminiate
cammini	camminino

IMPERFECT

camminassi	camminassimo
camminassi	camminaste
camminasse	camminassero

PAST

abbia camminato	abbiamo camminato
abbia camminato	abbiate camminato
abbia camminato	abbiano camminato

PAST PERFECT

avessi camminato	avessimo camminato
avessi camminato	aveste camminato
avesse camminato	avessero camminato

CONDITIONAL

PRESENT

camminerei	cammineremmo
cammineresti	camminereste
camminerebbe	camminerebbero

PAST

avrei camminato	avremmo camminato
avresti camminato	avreste camminato
avrebbe camminato	avrebbero camminato

IMPERATIVE

	camminiamo!
cammina!	camminate!
cammini!	camminino!

OTHER FORMS

GERUND

camminando

PARTICIPLE

camminato

RELATED WORDS

cammino	*path, way, route*
camminatore	*walker*
cammin facendo	*on the way*
camminata	*walk, gait*

EXAMPLES OF VERB USAGE

Camminavano tenendosi per mano.	*They were walking holding hands.*
Camminiamo più veloci, è tardi!	*Let's walk faster, it's late!*
Sono davvero stanco, ho camminato per tre ore di seguito.	*I'm really tired, I walked for three hours straight.*

Cantare

to sing

VERB CHART 36

io	noi
tu	voi
lui/lei	loro

INDICATIVE

PRESENT

canto	cantiamo
canti	cantate
canta	cantano

IMPERFECT

cantavo	cantavamo
cantavi	cantavate
cantava	cantavano

ABSOLUTE PAST

cantai	cantammo
cantasti	cantaste
cantò	cantarono

FUTURE

canterò	canteremo
canterai	canterete
canterà	canteranno

PRESENT PERFECT

ho cantato	abbiamo cantato
hai cantato	avete cantato
ha cantato	hanno cantato

PAST PERFECT

avevo cantato	avevamo cantato
avevi cantato	avevate cantato
aveva cantato	avevano cantato

PRETERITE PERFECT

ebbi cantato	avemmo cantato
avesti cantato	aveste cantato
ebbe cantato	ebbero cantato

FUTURE PERFECT

avrò cantato	avremo cantato
avrai cantato	avrete cantato
avrà cantato	avranno cantato

SUBJUNCTIVE

PRESENT

canti	cantiamo
canti	cantiate
canti	cantino

IMPERFECT

cantassi	cantassimo
cantassi	cantaste
cantasse	cantassero

PAST

abbia cantato	abbiamo cantato
abbia cantato	abbiate cantato
abbia cantato	abbiano cantato

PAST PERFECT

avessi cantato	avessimo cantato
avessi cantato	aveste cantato
avesse cantato	avessero cantato

CONDITIONAL

PRESENT

canterei	canteremmo
canteresti	cantereste
canterebbe	canterebbero

PAST

avrei cantato	avremmo cantato
avresti cantato	avreste cantato
avrebbe cantato	avrebbero cantato

IMPERATIVE

	cantiamo!
canta!	cantate!
canti!	cantino!

OTHER FORMS

GERUND

cantando

PARTICIPLE

cantato

RELATED WORDS

canto	*song, chant*
cantabile	*song-like, singable*
cantante	*singer*

EXAMPLES OF VERB USAGE

Luciano Pavarotti ha cantato moltissime volte al Metropolitan Opera House di New York.

Luciano Pavarotti sang many times at The Metropolitan Opera House of New York.

Quando andavamo al mare in macchina, cantavamo per tutto il viaggio.

When we went to the beach by car, we used to sing for the whole trip.

Verb Charts

VERB CHART 37

io	noi
tu	voi
lui/lei	loro

Capire

to understand

INDICATIVE

PRESENT		PRESENT PERFECT	
capisco	capiamo	ho capito	abbiamo capito
capisci	capite	hai capito	avete capito
capisce	capiscono	ha capito	hanno capito

IMPERFECT		PAST PERFECT	
capivo	capivamo	avevo capito	avevamo capito
capivi	capivate	avevi capito	avevate capito
capiva	capivano	aveva capito	avevano capito

ABSOLUTE PAST		PRETERITE PERFECT	
capii	capimmo	ebbi capito	avemmo capito
capisti	capiste	avesti capito	aveste capito
capì	capirono	ebbe capito	ebbero capito

FUTURE		FUTURE PERFECT	
capirò	capiremo	avrò capito	avremo capito
capirai	capirete	avrai capito	avrete capito
capirà	capiranno	avrà capito	avranno capito

SUBJUNCTIVE

PRESENT		PAST	
capisca	capiamo	abbia capito	abbiamo capito
capisca	capiate	abbia capito	abbiate capito
capisca	capiscano	abbia capito	abbiano capito

IMPERFECT		PAST PERFECT	
capissi	capissimo	avessi capito	avessimo capito
capissi	capiste	avessi capito	aveste capito
capisse	capissero	avesse capito	avessero capito

CONDITIONAL

PRESENT		PAST	
capirei	capiremmo	avrei capito	avremmo capito
capiresti	capireste	avresti capito	avreste capito
capirebbe	capirebbero	avrebbe capito	avrebbero capito

IMPERATIVE

	capiamo!
capisci!	capite!
capisca!	capiscano!

OTHER FORMS

GERUND	PARTICIPLE
capendo	capito

RELATED WORDS

capire al volo	*to grasp immediately*	farsi capire	*to make oneself understood*
capirsi	*to understand each other*		

EXAMPLES OF VERB USAGE

Non ci capisco nulla.	*I don't understand anything about it.*
Il cane capiva tutto quello che gli diceva.	*The dog understood everything he told him.*
Capisci l'italiano?	*Do you understand Italian?*

Cenare

to have dinner

VERB CHART **38**

io	noi
tu	voi
lui/lei	loro

INDICATIVE

PRESENT		PRESENT PERFECT	
ceno	ceniamo	ho cenato	abbiamo cenato
ceni	cenate	hai cenato	avete cenato
cena	cenano	ha cenato	hanno cenato

IMPERFECT		PAST PERFECT	
cenavo	cenavamo	avevo cenato	avevamo cenato
cenavi	cenavate	avevi cenato	avevate cenato
cenava	cenavano	aveva cenato	avevano cenato

ABSOLUTE PAST		PRETERITE PERFECT	
cenai	cenammo	ebbi cenato	avemmo cenato
cenasti	cenaste	avesti cenato	aveste cenato
cenò	cenarono	ebbe cenato	ebbero cenato

FUTURE		FUTURE PERFECT	
cenerò	ceneremo	avrò cenato	avremo cenato
cenerai	cenerete	avrai cenato	avrete cenato
cenerà	ceneranno	avrà cenato	avranno cenato

SUBJUNCTIVE

PRESENT		PAST	
ceni	ceniamo	abbia cenato	abbiamo cenato
ceni	ceniate	abbia cenato	abbiate cenato
ceni	cenino	abbia cenato	abbiano cenato

IMPERFECT		PAST PERFECT	
cenassi	cenassimo	avessi cenato	avessimo cenato
cenassi	cenaste	avessi cenato	aveste cenato
cenasse	cenassero	avesse cenato	avessero cenato

CONDITIONAL

PRESENT		PAST	
cenerei	ceneremmo	avrei cenato	avremmo cenato
ceneresti	cenereste	avresti cenato	avreste cenato
cenerebbe	cenerebbero	avrebbe cenato	avrebbero cenato

IMPERATIVE

	ceniamo!
cena!	cenate!
ceni!	cenino!

OTHER FORMS

GERUND	PARTICIPLE
cenando	cenato

RELATED WORDS

cena	*dinner*	cenacolo	*refectory*

EXAMPLES OF VERB USAGE

In Italia di solito cenano più tardi che negli Stati Uniti.
In Italy they usually have dinner later than in the United States.

Se avessi avuto i soldi, avrei cenato al ristorante.
If I'd had the money, I would have had dinner at the restaurant.

Cenando bevo sempre un po' di vino.
I always have some wine while eating dinner.

Verb Charts

VERB CHART 39

io	noi
tu	voi
lui/lei	loro

Cercare

to look for, to seek

INDICATIVE

PRESENT		PRESENT PERFECT	
cerco	cerchiamo	ho cercato	abbiamo cercato
cerchi	cercate	hai cercato	avete cercato
cerca	cercano	ha cercato	hanno cercato

IMPERFECT		PAST PERFECT	
cercavo	cercavamo	avevo cercato	avevamo cercato
cercavi	cercavate	avevi cercato	avevate cercato
cercava	cercavano	aveva cercato	avevano cercato

ABSOLUTE PAST		PRETERITE PERFECT	
cercai	cercammo	ebbi cercato	avemmo cercato
cercasti	cercaste	avesti cercato	aveste cercato
cercò	cercarono	ebbe cercato	ebbero cercato

FUTURE		FUTURE PERFECT	
cercherò	cercheremo	avrò cercato	avremo cercato
cercherai	cercherete	avrai cercato	avrete cercato
cercherà	cercheranno	avrà cercato	avranno cercato

SUBJUNCTIVE

PRESENT		PAST	
cerchi	cerchiamo	abbia cercato	abbiamo cercato
cerchi	cerchiate	abbia cercato	abbiate cercato
cerchi	cerchino	abbia cercato	abbiano cercato

IMPERFECT		PAST PERFECT	
cercassi	cercassimo	avessi cercato	avessimo cercato
cercassi	cercaste	avessi cercato	aveste cercato
cercasse	cercassero	avesse cercato	avessero cercato

CONDITIONAL

PRESENT		PAST	
cercherei	cercheremmo	avrei cercato	avremmo cercato
cercheresti	cerchereste	avresti cercato	avreste cercato
cercherebbe	cercherebbero	avrebbe cercato	avrebbero cercato

IMPERATIVE

	cerchiamo!
cerca!	cercate!
cerchi!	cerchino!

OTHER FORMS

GERUND	PARTICIPLE
cercando	cercato

RELATED WORDS

cercabile	*searchable*	ricerca	*search, research*

EXAMPLES OF VERB USAGE

Ho cercato le chiavi dappertutto!	*I looked for the keys everywhere!*
Chi cerca trova.	*He who seeks shall find.*
Cosa cerchi?	*What are you looking for?*

Chiamare

to name, to call

VERB CHART 40

io	noi
tu	voi
lui/lei	loro

INDICATIVE

PRESENT

chiamo	chiamiamo
chiami	chiamate
chiama	chiamano

PRESENT PERFECT

ho chiamato	abbiamo chiamato
hai chiamato	avete chiamato
ha chiamato	hanno chiamato

IMPERFECT

chiamavo	chiamavamo
chiamavi	chiamavate
chiamava	chiamavano

PAST PERFECT

avevo chiamato	avevamo chiamato
avevi chiamato	avevate chiamato
aveva chiamato	avevano chiamato

ABSOLUTE PAST

chiamai	chiamammo
chiamasti	chiamaste
chiamò	chiamarono

PRETERITE PERFECT

ebbi chiamato	avemmo chiamato
avesti chiamato	aveste chiamato
ebbe chiamato	ebbero chiamato

FUTURE

chiamerò	chiameremo
chiamerai	chiamerete
chiamerà	chiameranno

FUTURE PERFECT

avrò chiamato	avremo chiamato
avrai chiamato	avrete chiamato
avrà chiamato	avranno chiamato

SUBJUNCTIVE

PRESENT

chiami	chiamiamo
chiami	chiamiate
chiami	chiamino

PAST

abbia chiamato	abbiamo chiamato
abbia chiamato	abbiate chiamato
abbia chiamato	abbiano chiamato

IMPERFECT

chiamassi	chiamassimo
chiamassi	chiamaste
chiamasse	chiamassero

PAST PERFECT

avessi chiamato	avessimo chiamato
avessi chiamato	aveste chiamato
avesse chiamato	avessero chiamato

CONDITIONAL

PRESENT

chiamerei	chiameremmo
chiameresti	chiamereste
chiamerebbe	chiamerebbero

PAST

avrei chiamato	avremmo chiamato
avresti chiamato	avreste chiamato
avrebbe chiamato	avrebbero chiamato

IMPERATIVE

	chiamiamo!
chiama!	chiamate!
chiami!	chiamino!

OTHER FORMS

GERUND
chiamando

PARTICIPLE
chiamato

RELATED WORDS

chiamarsi	*to be called*
chiamata	*call, summons*
chiama	*call, roll call*

EXAMPLES OF VERB USAGE

Mi chiamo Franco, e tu come ti chiami? — *My name is Frank, what is your name?*

Chiamalo ancora! Non ti ha sentito. — *Call him again! He didn't hear you.*

Hanno chiamato la figlia Elena. — *They named their daughter Elena.*

Verb Charts

VERB CHART 41

io	noi
tu	voi
lui/lei	loro

Chiarire

to make clear, to clarify

INDICATIVE

PRESENT

chiarisco	chiariamo
chiarisci	chiarite
chiarisce	chiariscono

PRESENT PERFECT

ho chiarito	abbiamo chiarito
hai chiarito	avete chiarito
ha chiarito	hanno chiarito

IMPERFECT

chiarivo	chiarivamo
chiarivi	chiarivate
chiariva	chiarivano

PAST PERFECT

avevo chiarito	avevamo chiarito
avevi chiarito	avevate chiarito
aveva chiarito	avevano chiarito

ABSOLUTE PAST

chiarii	chiarimmo
chiaristi	chiariste
chiarì	chiarirono

PRETERITE PERFECT

ebbi chiarito	avemmo chiarito
avesti chiarito	aveste chiarito
ebbe chiarito	ebbero chiarito

FUTURE

chiarirò	chiariremo
chiarirai	chiarirete
chiarirà	chiariranno

FUTURE PERFECT

avrò chiarito	avremo chiarito
avrai chiarito	avrete chiarito
avrà chiarito	avranno chiarito

SUBJUNCTIVE

PRESENT

chiarisca	chiariamo
chiarisca	chiariate
chiarisca	chiariscano

PAST

abbia chiarito	abbiamo chiarito
abbia chiarito	abbiate chiarito
abbia chiarito	abbiano chiarito

IMPERFECT

chiarissi	chiarissimo
chiarissi	chiariste
chiarisse	chiarissero

PAST PERFECT

avessi chiarito	avessimo chiarito
avessi chiarito	aveste chiarito
avesse chiarito	avessero chiarito

CONDITIONAL

PRESENT

chiarirei	chiariremmo
chiariresti	chiarireste
chiarirebbe	chiarirebbero

PAST

avrei chiarito	avremmo chiarito
avresti chiarito	avreste chiarito
avrebbe chiarito	avrebbero chiarito

IMPERATIVE

	chiariamo!
chiarisci!	chiarite!
chiarisca!	chiariscano!

OTHER FORMS

GERUND	PARTICIPLE
chiarendo	chiarito

RELATED WORDS

chiaro	*clear*	chiarificazione	*clarification*
chiarimento	*explanation*	chiarezza	*clarity*

EXAMPLES OF VERB USAGE

Chiariamo le cose! — *Let's clear things out!*

Tra un momento chiarirò meglio ciò che voglio dire. — *In a moment I'll explain better what I mean.*

Chiedere

to ask

VERB CHART 42

io	noi
tu	voi
lui/lei	loro

INDICATIVE

PRESENT

chiedo	chiediamo
chiedi	chiedete
chiede	chiedono

PRESENT PERFECT

ho chiesto	abbiamo chiesto
hai chiesto	avete chiesto
ha chiesto	hanno chiesto

IMPERFECT

chiedevo	chiedevamo
chiedevi	chiedevate
chiedeva	chiedevano

PAST PERFECT

avevo chiesto	avevamo chiesto
avevi chiesto	avevate chiesto
aveva chiesto	avevano chiesto

ABSOLUTE PAST

chiesi	chiedemmo
chiedesti	chiedeste
chiese	chiesero

PRETERITE PERFECT

ebbi chiesto	avemmo chiesto
avesti chiesto	aveste chiesto
ebbe chiesto	ebbero chiesto

FUTURE

chiederò	chiederemo
chiederai	chiederete
chiederà	chiederanno

FUTURE PERFECT

avrò chiesto	avremo chiesto
avrai chiesto	avrete chiesto
avrà chiesto	avranno chiesto

SUBJUNCTIVE

PRESENT

chieda	chiediamo
chieda	chiediate
chieda	chiedano

PAST

abbia chiesto	abbiamo chiesto
abbia chiesto	abbiate chiesto
abbia chiesto	abbiano chiesto

IMPERFECT

chiedessi	chiedessimo
chiedessi	chiedeste
chiedesse	chiedessero

PAST PERFECT

avessi chiesto	avessimo chiesto
avessi chiesto	aveste chiesto
avesse chiesto	avessero chiesto

CONDITIONAL

PRESENT

chiederei	chiederemmo
chiederesti	chiedereste
chiederebbe	chiederebbero

PAST

avrei chiesto	avremmo chiesto
avresti chiesto	avreste chiesto
avrebbe chiesto	avrebbero chiesto

IMPERATIVE

	chiediamo!
chiedi!	chiedete!
chieda!	chiedano!

OTHER FORMS

GERUND
chiedendo

PARTICIPLE
chiesto

RELATED WORDS

richiedere	*to demand, to request*
richiesta	*request*
richiedente	*applicant*
chiedere in prestito	*to borrow*

EXAMPLES OF VERB USAGE

Per favore, se non capisci chiedi! — *Please, if you don't understand, ask!*

Mi ha chiesto se potevo andare con lui. — *He asked me if I could go with him.*

Mi chiedeva delle cose molto imbarazzanti. — *She was asking me some very embarrassing things.*

Verb Charts

VERB CHART 43

Chiudere

to close

io	noi
tu	voi
lui/lei	loro

INDICATIVE

PRESENT		PRESENT PERFECT	
chiudo	chiudiamo	ho chiuso	abbiamo chiuso
chiudi	chiudete	hai chiuso	avete chiuso
chiude	chiudono	ha chiuso	hanno chiuso

IMPERFECT		PAST PERFECT	
chiudevo	chiudevamo	avevo chiuso	avevamo chiuso
chiudevi	chiudevate	avevi chiuso	avevate chiuso
chiudeva	chiudevano	aveva chiuso	avevano chiuso

ABSOLUTE PAST		PRETERITE PERFECT	
chiusi	chiudemmo	ebbi chiuso	avemmo chiuso
chiudesti	chiudeste	avesti chiuso	aveste chiuso
chiuse	chiusero	ebbe chiuso	ebbero chiuso

FUTURE		FUTURE PERFECT	
chiuderò	chiuderemo	avrò chiuso	avremo chiuso
chiuderai	chiuderete	avrai chiuso	avrete chiuso
chiuderà	chiuderanno	avrà chiuso	avranno chiuso

SUBJUNCTIVE

PRESENT		PAST	
chiuda	chiudiamo	abbia chiuso	abbiamo chiuso
chiuda	chiudiate	abbia chiuso	abbiate chiuso
chiuda	chiudano	abbia chiuso	abbiano chiuso

IMPERFECT		PAST PERFECT	
chiudessi	chiudessimo	avessi chiuso	avessimo chiuso
chiudessi	chiudeste	avessi chiuso	aveste chiuso
chiudesse	chiudessero	avesse chiuso	avessero chiuso

CONDITIONAL

PRESENT		PAST	
chiuderei	chiuderemmo	avrei chiuso	avremmo chiuso
chiuderesti	chiudereste	avresti chiuso	avreste chiuso
chiuderebbe	chiuderebbero	avrebbe chiuso	avrebbero chiuso

IMPERATIVE

	chiudiamo!
chiudi!	chiudete!
chiuda!	chiudano!

OTHER FORMS

GERUND	PARTICIPLE
chiudendo	chiuso

RELATED WORDS

chiudersi	*to shut oneself up*	chiudenda	*enclosure, fence*
chiusura	*closing*		

EXAMPLES OF VERB USAGE

Chiudi la finestra che c'è corrente! — *Close the window, there's a draft!*

Chiusero i confini a tutti gli stranieri. — *They closed the borders to all foreigners.*

I negozi chiudono alle otto. — *The stores close at eight.*

Cogliere

to gather, to pluck, to pick

VERB CHART **44**

io	noi
tu	voi
lui/lei	loro

INDICATIVE

PRESENT

colgo	cogliamo
cogli	cogliete
coglie	colgono

PRESENT PERFECT

ho colto	abbiamo colto
hai colto	avete colto
ha colto	hanno colto

IMPERFECT

coglievo	coglievamo
coglievi	coglievate
coglieva	coglievano

PAST PERFECT

avevo colto	avevamo colto
avevi colto	avevate colto
aveva colto	avevano colto

ABSOLUTE PAST

colsi	cogliemmo
cogliesti	coglieste
colse	colsero

PRETERITE PERFECT

ebbi colto	avemmo colto
avesti colto	aveste colto
ebbe colto	ebbero colto

FUTURE

coglierò	coglieremo
coglierai	coglierete
coglierà	coglieranno

FUTURE PERFECT

avrò colto	avremo colto
avrai colto	avrete colto
avrà colto	avranno colto

SUBJUNCTIVE

PRESENT

colga	cogliamo
colga	cogliate
colga	colgano

PAST

abbia colto	abbiamo colto
abbia colto	abbiate colto
abbia colto	abbiano colto

IMPERFECT

cogliessi	cogliessimo
cogliessi	coglieste
cogliesse	cogliessero

PAST PERFECT

avessi colto	avessimo colto
avessi colto	aveste colto
avesse colto	avessero colto

CONDITIONAL

PRESENT

coglierei	coglieremmo
coglieresti	cogliereste
coglierebbe	coglierebbero

PAST

avrei colto	avremmo colto
avresti colto	avreste colto
avrebbe colto	avrebbero colto

IMPERATIVE

	cogliamo!
cogli!	cogliete!
colga!	colgano!

OTHER FORMS

GERUND
cogliendo

PARTICIPLE
colto

RELATED WORDS

raccolto	*harvest*
raccolta	*collection*
cogliere (qlcu.) sul fatto	*to catch (so.) in the act*
cogliere (qlcu.) in fallo	*to catch (so.) at fault*

EXAMPLES OF VERB USAGE

Ho colto tanti fiori quando ero in campagna.	*I picked so many flowers when I was in the country.*
Colgo quest'occasione per brindare con voi.	*I take this opportunity to toast with you.*
Ha finalmente colto il frutto delle sue fatiche.	*He finally reaped the fruit of his labor.*

Verb Charts

VERB CHART 45

Colpire

to hit, to strike

io	noi
tu	voi
lui/lei	loro

INDICATIVE

PRESENT

colpisco	colpiamo
colpisci	colpite
colpisce	colpiscono

PRESENT PERFECT

ho colpito	abbiamo colpito
hai colpito	avete colpito
ha colpito	hanno colpito

IMPERFECT

colpivo	colpivamo
colpivi	colpivate
colpiva	colpivano

PAST PERFECT

avevo colpito	avevamo colpito
avevi colpito	avevate colpito
aveva colpito	avevano colpito

ABSOLUTE PAST

colpii	colpimmo
colpisti	colpiste
colpì	colpirono

PRETERITE PERFECT

ebbi colpito	avemmo colpito
avesti colpito	aveste colpito
ebbe colpito	ebbero colpito

FUTURE

colpirò	colpiremo
colpirai	colpirete
colpirà	colpiranno

FUTURE PERFECT

avrò colpito	avremo colpito
avrai colpito	avrete colpito
avrà colpito	avranno colpito

SUBJUNCTIVE

PRESENT

colpisca	colpiamo
colpisca	colpiate
colpisca	colpiscano

PAST

abbia colpito	abbiamo colpito
abbia colpito	abbiate colpito
abbia colpito	abbiano colpito

IMPERFECT

colpissi	colpissimo
colpissi	colpiste
colpisse	colpissero

PAST PERFECT

avessi colpito	avessimo colpito
avessi colpito	aveste colpito
avesse colpito	avessero colpito

CONDITIONAL

PRESENT

colpirei	colpiremmo
colpiresti	colpireste
colpirebbe	colpirebbero

PAST

avrei colpito	avremmo colpito
avresti colpito	avreste colpito
avrebbe colpito	avrebbero colpito

IMPERATIVE

	colpiamo!
colpisci!	colpite!
colpisca!	colpiscano!

OTHER FORMS

GERUND
colpendo

PARTICIPLE
colpito

RELATED WORDS

colpo	*hit, blow, knock*
andare a colpo sicuro	*to go without hesitation*
di colpo	*all at once*
colpire nel segno	*to hit the mark*
colpo di testa	*sudden decision*

EXAMPLES OF VERB USAGE

Colpì l'obiettivo al momento giusto.
She hit the target at the right moment.

Mi colpisce il fatto che non sia venuta.
I'm surprised by the fact that she didn't come.

Il suo modo di parlare colpiva sempre tutti.
His way of talking always made an impression on everybody.

Cominciare

to begin, to start

VERB CHART 46

io	noi
tu	voi
lui/lei	loro

Verb Charts

INDICATIVE

PRESENT

comincio	cominciamo
cominci	cominciate
comincia	cominciano

PRESENT PERFECT

ho cominciato	abbiamo cominciato
hai cominciato	avete cominciato
ha cominciato	hanno cominciato

IMPERFECT

cominciavo	cominciavamo
cominciavi	cominciavate
cominciava	cominciavano

PAST PERFECT

avevo cominciato	avevamo cominciato
avevi cominciato	avevate cominciato
aveva cominciato	avevano cominciato

ABSOLUTE PAST

cominciai	cominciammo
cominciasti	cominciaste
cominciò	cominciarono

PRETERITE PERFECT

ebbi cominciato	avemmo cominciato
avesti cominciato	aveste cominciato
ebbe cominciato	ebbero cominciato

FUTURE

comincerò	cominceremo
comincerai	comincerete
comincerà	cominceranno

FUTURE PERFECT

avrò cominciato	avremo cominciato
avrai cominciato	avrete cominciato
avrà cominciato	avranno cominciato

SUBJUNCTIVE

PRESENT

cominci	cominciamo
cominci	cominciate
cominci	comincino

PAST

abbia cominciato	abbiamo cominciato
abbia cominciato	abbiate cominciato
abbia cominciato	abbiano cominciato

IMPERFECT

cominciassi	cominciassimo
cominciassi	cominciaste
cominciasse	cominciassero

PAST PERFECT

avessi cominciato	avessimo cominciato
avessi cominciato	aveste cominciato
avesse cominciato	avessero cominciato

CONDITIONAL

PRESENT

comincerei	cominceremmo
cominceresti	comincereste
comincerebbe	comincerebbero

PAST

avrei cominciato	avremmo cominciato
avresti cominciato	avreste cominciato
avrebbe cominciato	avrebbero cominciato

IMPERATIVE

	cominciamo!
comincia!	cominciate!
cominci!	comincino!

OTHER FORMS

GERUND

cominciando

PARTICIPLE

cominciato

RELATED WORDS

cominciamento	*beginning, start*
cominciatore	originator

EXAMPLES OF VERB USAGE

Appena finisci tu comincio io.	*I'll start as soon as you finish.*
Cominciò a piovere all'improvviso.	*It started raining all of a sudden.*
Comincerei a cucinare se avessi tutti gli ingredienti.	*I would start cooking if I had all the ingredients.*

VERB CHART 47

Comparire

to appear

io	noi
tu	voi
lui/lei	loro

INDICATIVE

PRESENT

compaio	compariamo
compari	comparite
compare	compaiono

IMPERFECT

comparivo	comparivamo
comparivi	comparivate
compariva	comparivano

ABSOLUTE PAST

comparvi	comparimmo
comparisti	compariste
comparve	comparvero

FUTURE

comparirò	compariremo
comparirai	comparirete
comparirà	compariranno

PRESENT PERFECT

sono comparso(a)	siamo comparsi(e)
sei comparso (a)	siete comparsi(e)
è comparso(a)	sono comparsi(e)

PAST PERFECT

ero comparso(a)	eravamo comparsi(e)
eri comparso(a)	eravate comparsi(e)
era comparso(a)	erano comparsi(e)

PRETERITE PERFECT

fui comparso(a)	fummo comparsi(e)
fosti comparso(a)	foste comparsi(e)
fu comparso(a)	furono comparsi(e)

FUTURE PERFECT

sarò comparso(a)	saremo comparsi(e)
sarai comparso(a)	sarete comparsi(e)
sarà comparso(a)	saranno comparsi(e)

SUBJUNCTIVE

PRESENT

compaia	compariamo
compaia	compariate
compaia	compaiano

IMPERFECT

comparissi	comparissimo
comparissi	compariste
comparisse	comparissero

PAST

sia comparso(a)	siamo comparsi(e)
sia comparso(a)	siate comparsi(e)
sia comparso(a)	siano comparsi(e)

PAST PERFECT

fossi comparso(a)	fossimo comparsi(e)
fossi comparso(a)	foste comparsi(e)
fosse comparso(a)	fossero comparsi(e)

CONDITIONAL

PRESENT

comparirei	compariremmo
compariresti	comparireste
comparirebbe	comparirebbero

PAST

sarei comparso(a)	saremmo comparsi(e)
saresti comparso(a)	sareste comparsi(e)
sarebbe comparso(a)	sarebbero comparsi(e)

IMPERATIVE

	compariamo!
compari!	comparite!
compaia!	compaiano!

OTHER FORMS

GERUND

comparendo

PARTICIPLE

comparso

RELATED WORDS

comparsa	*movie extra*
comparizione	*appearance*

EXAMPLES OF VERB USAGE

Comparve quando meno me lo aspettavo. — *He appeared when I least expected him.*

Sono comparsi tutti insieme. — *They appeared all together.*

Tu compari e scompari come il sole dietro le nuvole. — *You appear and disappear like the sun behind the clouds.*

Comporre
to compose

VERB CHART 48

io	noi
tu	voi
lui/lei	loro

INDICATIVE

PRESENT		PRESENT PERFECT	
compongo	componiamo	ho composto	abbiamo composto
componi	componete	hai composto	avete composto
compone	compongono	ha composto	hanno composto

IMPERFECT		PAST PERFECT	
componevo	componevamo	avevo composto	avevamo composto
componevi	componevate	avevi composto	avevate composto
componeva	componevano	aveva composto	avevano composto

ABSOLUTE PAST		PRETERITE PERFECT	
composi	componemmo	ebbi composto	avemmo composto
componesti	componeste	avesti composto	aveste composto
compose	composero	ebbe composto	ebbero composto

FUTURE		FUTURE PERFECT	
comporrò	comporremo	avrò composto	avremo composto
comporrai	comporrete	avrai composto	avrete composto
comporrà	comporranno	avrà composto	avranno composto

SUBJUNCTIVE

PRESENT		PAST	
componga	componiamo	abbia composto	abbiamo composto
componga	componiate	abbia composto	abbiate composto
componga	compongano	abbia composto	abbiano composto

IMPERFECT		PAST PERFECT	
componessi	componessimo	avessi composto	avessimo composto
componessi	componeste	avessi composto	aveste composto
componesse	componessero	avesse composto	avessero composto

CONDITIONAL

PRESENT		PAST	
comporrei	comporremmo	avrei composto	avremmo composto
comporresti	comporreste	avresti composto	avreste composto
comporrebbe	comporrebbero	avrebbe composto	avrebbero composto

IMPERATIVE

	componiamo!
componi!	componete!
componga!	compongano!

OTHER FORMS

GERUND	PARTICIPLE
componendo	composto

RELATED WORDS

componimento	*composition, essay*	composizione	*composition*
composto	*compound*	compositore	*composer*
componente	*component*	compostezza	*composure*

EXAMPLES OF VERB USAGE

Giuseppe Verdi compose delle opere bellissime.
Giuseppe Verdi composed some beautiful operas.

Lui ha composto la musica e ha scritto le parole di tutte le sue canzoni.
He composed the music and wrote the lyrics to all his songs.

Verb Charts

VERB CHART 49

Comprare

to buy, to purchase

io	noi
tu	voi
lui/lei	loro

INDICATIVE

PRESENT

compro	compriamo
compri	comprate
compra	comprano

PRESENT PERFECT

ho comprato	abbiamo comprato
hai comprato	avete comprato
ha comprato	hanno comprato

IMPERFECT

compravo	compravamo
compravi	compravate
comprava	compravano

PAST PERFECT

avevo comprato	avevamo comprato
avevi comprato	avevate comprato
aveva comprato	avevano comprato

ABSOLUTE PAST

comprai	comprammo
comprasti	compraste
comprò	comprarono

PRETERITE PERFECT

ebbi comprato	avemmo comprato
avesti comprato	aveste comprato
ebbe comprato	ebbero comprato

FUTURE

comprerò	compreremo
comprerai	comprerete
comprerà	compreranno

FUTURE PERFECT

avrò comprato	avremo comprato
avrai comprato	avrete comprato
avrà comprato	avranno comprato

SUBJUNCTIVE

PRESENT

compri	compriamo
compri	compriate
compri	comprino

PAST

abbia comprato	abbiamo comprato
abbia comprato	abbiate comprato
abbia comprato	abbiano comprato

IMPERFECT

comprassi	comprassimo
comprassi	compraste
comprasse	comprassero

PAST PERFECT

avessi comprato	avessimo comprato
avessi comprato	aveste comprato
avesse comprato	avessero comprato

CONDITIONAL

PRESENT

comprerei	compreremmo
compreresti	comprereste
comprerebbe	comprerebbero

PAST

avrei comprato	avremmo comprato
avresti comprato	avreste comprato
avrebbe comprato	avrebbero comprato

IMPERATIVE

	compriamo!
compra!	comprate!
compri!	comprino!

OTHER FORMS

GERUND	PARTICIPLE
comprando	comprato

RELATED WORDS

fare le compere	*to go shopping*
compravendita	*transaction*
compratore	*buyer*
compra	*purchase*

EXAMPLES OF VERB USAGE

Dove hai comprato questa camicia? — *Where did you buy this shirt?*

Comprerebbero tutto quello che vedono nelle vetrine. — *They would buy everything they see in the shop windows.*

Ti comprerò tutto quello che vuoi! — *I'll buy you anything you want!*

Comunicare

to communicate

VERB CHART 50

io	noi
tu	voi
lui/lei	loro

INDICATIVE

PRESENT

comunico	comunichiamo
comunichi	comunicate
comunica	comunicano

PRESENT PERFECT

ho comunicato	abbiamo comunicato
hai comunicato	avete comunicato
ha comunicato	hanno comunicato

IMPERFECT

comunicavo	comunicavamo
comunicavi	comunicavate
comunicava	comunicavano

PAST PERFECT

avevo comunicato	avevamo comunicato
avevi comunicato	avevate comunicato
aveva comunicato	avevano comunicato

ABSOLUTE PAST

comunicai	comunicammo
comunicasti	comunicaste
comunicò	comunicarono

PRETERITE PERFECT

ebbi comunicato	avemmo comunicato
avesti comunicato	aveste comunicato
ebbe comunicato	ebbero comunicato

FUTURE

comunicherò	comunicheremo
comunicherai	comunicherete
comunicherà	comunicheranno

FUTURE PERFECT

avrò comunicato	avremo comunicato
avrai comunicato	avrete comunicato
avrà comunicato	avranno comunicato

SUBJUNCTIVE

PRESENT

comunichi	comunichiamo
comunichi	comunichiate
comunichi	comunichino

PAST

abbia comunicato	abbiamo comunicato
abbia comunicato	abbiate comunicato
abbia comunicato	abbiano comunicato

IMPERFECT

comunicassi	comunicassimo
comunicassi	comunicaste
comunicasse	comunicassero

PAST PERFECT

avessi comunicato	avessimo comunicato
avessi comunicato	aveste comunicato
avesse comunicato	avessero comunicato

CONDITIONAL

PRESENT

comunicherei	comunicheremmo
comunicheresti	comunichereste
comunicherebbe	comunicherebbero

PAST

avrei comunicato	avremmo comunicato
avresti comunicato	avreste comunicato
avrebbe comunicato	avrebbero comunicato

IMPERATIVE

	comunichiamo!
comunica!	comunicate!
comunichi!	comunichino!

OTHER FORMS

GERUND
comunicando

PARTICIPLE
comunicato

RELATED WORDS

comunicazione	*communication*
comunicato	*bulletin*
comunicativo	*communicative*
comunione	*communion*

EXAMPLES OF VERB USAGE

Con il mio italiano comunicavo bene sia con gli italiani che con gli stranieri.

With my Italian I communicated well both with the Italians and with the foreigners.

Il presidente non ha veramente comunicato ciò che voleva dire.

The president didn't really communicate what he meant.

Verb Charts

VERB CHART 51

Condire

to season, to dress

io	noi
tu	voi
lui/lei	loro

INDICATIVE

PRESENT

condisco	condiamo
condisci	condite
condisce	condiscono

PRESENT PERFECT

ho condito	abbiamo condito
hai condito	avete condito
ha condito	hanno condito

IMPERFECT

condivo	condivamo
condivi	condivate
condiva	condivano

PAST PERFECT

avevo condito	avevamo condito
avevi condito	avevate condito
aveva condito	avevano condito

ABSOLUTE PAST

condii	condimmo
condisti	condiste
condì	condirono

PRETERITE PERFECT

ebbi condito	avemmo condito
avesti condito	aveste condito
ebbe condito	ebbero condito

FUTURE

condirò	condiremo
condirai	condirete
condirà	condiranno

FUTURE PERFECT

avrò condito	avremo condito
avrai condito	avrete condito
avrà condito	avranno condito

SUBJUNCTIVE

PRESENT

condisca	condiamo
condisca	condiate
condisca	condiscano

PAST

abbia condito	abbiamo condito
abbia condito	abbiate condito
abbia condito	abbiano condito

IMPERFECT

condissi	condissimo
condissi	condiste
condisse	condissero

PAST PERFECT

avessi condito	avessimo condito
avessi condito	aveste condito
avesse condito	avessero condito

CONDITIONAL

PRESENT

condirei	condiremmo
condiresti	condireste
condirebbe	condirebbero

PAST

avrei condito	avremmo condito
avresti condito	avreste condito
avrebbe condito	avrebbero condito

IMPERATIVE

	condiamo!
condisci!	condite!
condisca!	condiscano!

OTHER FORMS

GERUND
condendo

PARTICIPLE
condito

RELATED WORDS

condimento — *dressing*

EXAMPLES OF VERB USAGE

Condite la pasta prima che si sfreddi! — *Dress the pasta before it gets cold!*

Ha condito il suo discorso con tante espressioni divertenti. — *He peppered his speech with many amusing expressions.*

Condurre

to conduct, to lead

VERB CHART 52

io	noi
tu	voi
lui/lei	loro

INDICATIVE

PRESENT

conduco	conduciamo
conduci	conducete
conduce	conducono

IMPERFECT

conducevo	conducevamo
conducevi	conducevate
conduceva	conducevano

ABSOLUTE PAST

condussi	conducemmo
conducesti	conduceste
condusse	condussero

FUTURE

condurrò	condurremo
condurrai	condurrete
condurrà	condurranno

PRESENT PERFECT

ho condotto	abbiamo condotto
hai condotto	avete condotto
ha condotto	hanno condotto

PAST PERFECT

avevo condotto	avevamo condotto
avevi condotto	avevate condotto
aveva condotto	avevano condotto

PRETERITE PERFECT

ebbi condotto	avemmo condotto
avesti condotto	aveste condotto
ebbe condotto	ebbero condotto

FUTURE PERFECT

avrò condotto	avremo condotto
avrai condotto	avrete condotto
avrà condotto	avranno condotto

SUBJUNCTIVE

PRESENT

conduca	conduciamo
conduca	conduciate
conduca	conducano

IMPERFECT

conducessi	conducessimo
conducessi	conduceste
conducesse	conducessero

PAST

abbia condotto	abbiamo condotto
abbia condotto	abbiate condotto
abbia condotto	abbiano condotto

PAST PERFECT

avessi condotto	avessimo condotto
avessi condotto	aveste condotto
avesse condotto	avessero condotto

CONDITIONAL

PRESENT

condurrei	condurremmo
condurresti	condurreste
condurrebbe	condurrebbero

PAST

avrei condotto	avremmo condotto
avresti condotto	avreste condotto
avrebbe condotto	avrebbero condotto

IMPERATIVE

	conduciamo!
conduci!	conducete!
conduca!	conducano!

OTHER FORMS

GERUND
conducendo

PARTICIPLE
condotto

RELATED WORDS

conduttore	*conductor*
conduttività	*conductivity*
conducente	*driver*
conduttura	*conduit*

EXAMPLES OF VERB USAGE

Ha condotto il concerto magnificamente. — *He conducted the concert wonderfully.*

Il generale condusse il suo esercito alla vittoria. — *The general led his army to victory.*

Quando era un agente segreto, conduceva una doppia vita. — *When he was a secret agent, he led a double life.*

Verb Charts

VERB CHART 53

io	noi
tu	voi
lui/lei	loro

Confondere

to confuse, to mistake so. for so. else

INDICATIVE

PRESENT

confondo	confondiamo
confondi	confondete
confonde	confondono

PRESENT PERFECT

ho confuso	abbiamo confuso
hai confuso	avete confuso
ha confuso	hanno confuso

IMPERFECT

confondevo	confondevamo
confondevi	confondevate
confondeva	confondevano

PAST PERFECT

avevo confuso	avevamo confuso
avevi confuso	avevate confuso
aveva confuso	avevano confuso

ABSOLUTE PAST

confusi	confondemmo
confondesti	confondeste
confuse	confusero

PRETERITE PERFECT

ebbi confuso	avemmo confuso
avesti confuso	aveste confuso
ebbe confuso	ebbero confuso

FUTURE

confonderò	confonderemo
confonderai	confonderete
confonderà	confonderanno

FUTURE PERFECT

avrò confuso	avremo confuso
avrai confuso	avrete confuso
avrà confuso	avranno confuso

SUBJUNCTIVE

PRESENT

confonda	confondiamo
confonda	confondiate
confonda	confondano

PAST

abbia confuso	abbiamo confuso
abbia confuso	abbiate confuso
abbia confuso	abbiano confuso

IMPERFECT

confondessi	confondessimo
confondessi	confondeste
confondesse	confondessero

PAST PERFECT

avessi confuso	avessimo confuso
avessi confuso	aveste confuso
avesse confuso	avessero confuso

CONDITIONAL

PRESENT

confonderei	confonderemmo
confonderesti	confondereste
confonderebbe	confonderebbero

PAST

avrei confuso	avremmo confuso
avresti confuso	avreste confuso
avrebbe confuso	avrebbero confuso

IMPERATIVE

	confondiamo!
confondi!	confondete!
confonda!	confondano!

OTHER FORMS

GERUND	PARTICIPLE
confondendo	confuso

RELATED WORDS

confusione	*confusion*	confuso	*vague, confusing*

EXAMPLES OF VERB USAGE

Tutte quelle domande mi confusero.	*All those questions confused me.*
Al telefono ti confondo sempre con tuo fratello.	*On the phone I always mistake you for your brother.*
Ho confuso i bambini con le istruzioni sbagliate.	*I confused the kids with the wrong instructions.*

Conoscere

to know, to meet, to get acquainted with

VERB CHART **54**

io	noi
tu	voi
lui/lei	loro

INDICATIVE

PRESENT		PRESENT PERFECT	
conosco	conosciamo	ho conosciuto	abbiamo conosciuto
conosci	conoscete	hai conosciuto	avete conosciuto
conosce	conoscono	ha conosciuto	hanno conosciuto

IMPERFECT		PAST PERFECT	
conoscevo	conoscevamo	avevo conosciuto	avevamo conosciuto
conoscevi	conoscevate	avevi conosciuto	avevate conosciuto
conosceva	conoscevano	aveva conosciuto	avevano conosciuto

ABSOLUTE PAST		PRETERITE PERFECT	
conobbi	conoscemmo	ebbi conosciuto	avemmo conosciuto
conoscesti	conosceste	avesti conosciuto	aveste conosciuto
conobbe	conobbero	ebbe conosciuto	ebbero conosciuto

FUTURE		FUTURE PERFECT	
conoscerò	conosceremo	avrò conosciuto	avremo conosciuto
conoscerai	conoscerete	avrai conosciuto	avrete conosciuto
conoscerà	conosceranno	avrà conosciuto	avranno conosciuto

SUBJUNCTIVE

PRESENT		PAST	
conosca	conosciamo	abbia conosciuto	abbiamo conosciuto
conosca	conosciate	abbia conosciuto	abbiate conosciuto
conosca	conoscano	abbia conosciuto	abbiano conosciuto

IMPERFECT		PAST PERFECT	
conoscessi	conoscessimo	avessi conosciuto	avessimo conosciuto
conoscessi	conosceste	avessi conosciuto	aveste conosciuto
conoscesse	conoscessero	avesse conosciuto	avessero conosciuto

CONDITIONAL

PRESENT		PAST	
conoscerei	conosceremmo	avrei conosciuto	avremmo conosciuto
conosceresti	conoscereste	avresti conosciuto	avreste conosciuto
conoscerebbe	conoscerebbero	avrebbe conosciuto	avrebbero conosciuto

IMPERATIVE

	conosciamo!
conosci!	conoscete!
conosca!	conoscano!

OTHER FORMS

GERUND	PARTICIPLE
conoscendo	conosciuto

RELATED WORDS

conoscenza	*knowledge, acquaintance*	Piacere di fare la sua conoscenza.	*Pleased to meet you.*
conoscibile	*knowable*	conoscitore	*expert, connoisseur*
conoscitivo	*cognitive*		

EXAMPLES OF VERB USAGE

Conosci il ragazzo di Gina?	*Do you know Gina's boyfriend?*
Quando hai conosciuto Vittorio?	*When did you first meet Vittorio?*
Conosco molto bene le regole della partita.	*I know the rules of the game very well.*

Verb Charts

VERB CHART 55

io	noi
tu	voi
lui/lei	loro

Contare

to count

INDICATIVE

PRESENT

conto	contiamo
conti	contate
conta	contano

IMPERFECT

contavo	contavamo
contavi	contavate
contava	contavano

ABSOLUTE PAST

contai	contammo
contasti	contaste
contò	contarono

FUTURE

conterò	conteremo
conterai	conterete
conterà	conteranno

PRESENT PERFECT

ho contato	abbiamo contato
hai contato	avete contato
ha contato	hanno contato

PAST PERFECT

avevo contato	avevamo contato
avevi contato	avevate contato
aveva contato	avevano contato

PRETERITE PERFECT

ebbi contato	avemmo contato
avesti contato	aveste contato
ebbe contato	ebbero contato

FUTURE PERFECT

avrò contato	avremo contato
avrai contato	avrete contato
avrà contato	avranno contato

SUBJUNCTIVE

PRESENT

conti	contiamo
conti	contiate
conti	contino

IMPERFECT

contassi	contassimo
contassi	contaste
contasse	contassero

PAST

abbia contato	abbiamo contato
abbia contato	abbiate contato
abbia contato	abbiano contato

PAST PERFECT

avessi contato	avessimo contato
avessi contato	aveste contato
avesse contato	avessero contato

CONDITIONAL

PRESENT

conterei	conteremmo
conteresti	contereste
conterebbe	conterebbero

PAST

avrei contato	avremmo contato
avresti contato	avreste contato
avrebbe contato	avrebbero contato

IMPERATIVE

	contiamo!
conta!	contate!
conti!	contino!

OTHER FORMS

GERUND

contando

PARTICIPLE

contato

RELATED WORDS

contante, in contanti	*cash*
contare su	*to count on*
conto	*account, bill*
contagocce	*eyedropper*

EXAMPLES OF VERB USAGE

Contate pure su di me! — *You can count on me!*

Quando non potevo dormire, contavo le pecore. — *When I couldn't sleep, I used to count sheep.*

Se sono in ritardo, ogni minuto conta. — *If I am late, every minute counts.*

Continuare

to continue

VERB CHART 56

io	noi
tu	voi
lui/lei	loro

INDICATIVE

PRESENT

continuo	continuiamo
continui	continuate
continua	continuano

IMPERFECT

continuavo	continuavamo
continuavi	continuavate
continuava	continuavano

ABSOLUTE PAST

continuai	continuammo
continuasti	continuaste
continuò	continuarono

FUTURE

continuerò	continueremo
continuerai	continuerete
continuerà	continueranno

PRESENT PERFECT

ho continuato	abbiamo continuato
hai continuato	avete continuato
ha continuato	hanno continuato

PAST PERFECT

avevo continuato	avevamo continuato
avevi continuato	avevate continuato
aveva continuato	avevano continuato

PRETERITE PERFECT

ebbi continuato	avemmo continuato
avesti continuato	aveste continuato
ebbe continuato	ebbero continuato

FUTURE PERFECT

avrò continuato	avremo continuato
avrai continuato	avrete continuato
avrà continuato	avranno continuato

SUBJUNCTIVE

PRESENT

continui	continuiamo
continui	continuiate
continui	continuino

IMPERFECT

continuassi	continuassimo
continuassi	continuaste
continuasse	continuassero

PAST

abbia continuato	abbiamo continuato
abbia continuato	abbiate continuato
abbia continuato	abbiano continuato

PAST PERFECT

avessi continuato	avessimo continuato
avessi continuato	aveste continuato
avesse continuato	avessero continuato

CONDITIONAL

PRESENT

continuerei	continueremmo
continueresti	continuereste
continuerebbe	continuerebbero

PAST

avrei continuato	avremmo continuato
avresti continuato	avreste continuato
avrebbe continuato	avrebbero continuato

IMPERATIVE

	continuiamo!
continua!	continuate!
continui!	continuino!

OTHER FORMS

GERUND
continuando

PARTICIPLE
continuato

RELATED WORDS

continuabile	*continuable*
continuamente	*continually*
continuità	*continuity*
continuamente	*continuously*
continuazione	*continuation*

EXAMPLES OF VERB USAGE

Avrei continuato i miei studi se non avessi dovuto lavorare.
I would have continued my studies if I didn't have to work.

Non fermarti ora, continua!
Don't stop now, keep (on) going!

Ha continuato a dormire tutta la mattina.
He kept on sleeping all morning.

Verb Charts

VERB CHART 57

io	noi
tu	voi
lui/lei	loro

Convenire

to suit, to be convenient

INDICATIVE

PRESENT		PRESENT PERFECT	
—	—	—	—
—	—	—	—
conviene	convengono	è convenuto(a)	sono convenuti(e)

IMPERFECT		PAST PERFECT	
—	—	—	—
—	—	—	—
conveniva	convenivano	era convenuto(a)	erano convenuti(e)

ABSOLUTE PAST		PRETERITE PERFECT	
—	—	—	—
—	—	—	—
convenne	convennero	fu convenuto(a)	furono convenuti(e)

FUTURE		FUTURE PERFECT	
—	—	—	—
—	—	—	—
converrà	converranno	sarà convenuto(a)	saranno convenuti(e)

SUBJUNCTIVE

PRESENT		PAST	
—	—	—	—
—	—	—	—
convenga	convengano	sia convenuto(a)	siano convenuti(e)

IMPERFECT		PAST PERFECT	
—	—	—	—
—	—	—	—
convenisse	convenissero	fosse convenuto(a)	fossero convenuti(e)

CONDITIONAL

PRESENT		PAST	
converrebbe	converrebbero	sarebbe convenuto(a)	sarebbero convenuti(e)

IMPERATIVE

	—
—	—
convenga!	convengano!

OTHER FORMS

GERUND	PARTICIPLE
convenendo	convenuto

RELATED WORDS

convenienza	*convenience*	conveniente	*convenient*
convenientemente	*conveniently, profitably*		

EXAMPLES OF VERB USAGE

Non conviene andare in Italia in agosto: ci sono troppi turisti.
It's better not to go to Italy in August: there are too many tourists.

Forse ci converrebbe comprare i biglietti subito.
Maybe it would be better to buy the tickets right away.

Copiare
to copy

VERB CHART 58

io	noi
tu	voi
lui/lei	loro

INDICATIVE

PRESENT

copio	copiamo
copi	copiate
copia	copiano

IMPERFECT

copiavo	copiavamo
copiavi	copiavate
copiava	copiavano

ABSOLUTE PAST

copiai	copiammo
copiasti	copiaste
copiò	copiarono

FUTURE

copierò	copieremo
copierai	copierete
copierà	copieranno

PRESENT PERFECT

ho copiato	abbiamo copiato
hai copiato	avete copiato
ha copiato	hanno copiato

PAST PERFECT

avevo copiato	avevamo copiato
avevi copiato	avevate copiato
aveva copiato	avevano copiato

PRETERITE PERFECT

ebbi copiato	avemmo copiato
avesti copiato	aveste copiato
ebbe copiato	ebbero copiato

FUTURE PERFECT

avrò copiato	avremo copiato
avrai copiato	avrete copiato
avrà copiato	avranno copiato

SUBJUNCTIVE

PRESENT

copi	copiamo
copi	copiate
copi	copino

IMPERFECT

copiassi	copiassimo
copiassi	copiaste
copiasse	copiassero

PAST

abbia copiato	abbiamo copiato
abbia copiato	abbiate copiato
abbia copiato	abbiano copiato

PAST PERFECT

avessi copiato	avessimo copiato
avessi copiato	aveste copiato
avesse copiato	avessero copiato

CONDITIONAL

PRESENT

copierei	copieremmo
copieresti	copiereste
copierebbe	copierebbero

PAST

avrei copiato	avremmo copiato
avresti copiato	avreste copiato
avrebbe copiato	avrebbero copiato

IMPERATIVE

	copiamo!
copia!	copiate!
copi!	copino!

OTHER FORMS

GERUND
copiando

PARTICIPLE
copiato

RELATED WORDS

copia	*copy*
copione	*theater script*
copisteria	*copying office*

EXAMPLES OF VERB USAGE

Non copiare quello che faccio io! — *Don't copy what I do!*

Ha copiato i compiti del suo compagno di scuola. — *He copied his schoolmate's homework.*

Oggi faccio la brutta copia del mio componimento; e domani dopo che l'ho corretto, lo copio. — *Today I'm working on the first draft of my essay, and tomorrow I'll copy it after I've corrected it.*

Verb Charts

VERB CHART 59

io	noi
tu	voi
lui/lei	loro

Costare

to cost

INDICATIVE

PRESENT

—	—
—	—
costa	costano

PRESENT PERFECT

—	—
—	—
è costato(a)	sono costati(e)

IMPERFECT

—	—
—	—
costava	costavano

PAST PERFECT

—	—
—	—
era costato(a)	erano costati(e)

ABSOLUTE PAST

—	—
—	—
costò	costarono

PRETERITE PERFECT

—	—
—	—
fu costato(a)	furono costati(e)

FUTURE

—	—
—	—
costerà	costeranno

FUTURE PERFECT

—	—
—	—
sarà costato(a)	saranno costati(e)

SUBJUNCTIVE

PRESENT

—	—
—	—
costi	costino

PAST

—	—
—	—
sia costato(a)	siano costati(e)

IMPERFECT

—	—
—	—
costasse	costassero

PAST PERFECT

—	—
—	—
fosse costato(a)	fossero costati(e)

CONDITIONAL

PRESENT

—	—
—	—
costerebbe	costerebbero

PAST

—	—
—	—
sarebbe costato(a)	sarebbero costati(e)

IMPERATIVE

	—
—	—
costi!	costino!

OTHER FORMS

GERUND

costando

PARTICIPLE

costato

RELATED WORDS

costo *cost*

EXAMPLES OF VERB USAGE

Quanto costano queste scarpe? *How much do these shoes cost?*

Viaggiare costa caro. *Traveling is expensive.*

Dieci anni fa i computer costavano molto più cari di oggi. *Ten years ago computers used to be much more expensive than now.*

Costruire

to construct, to build

VERB CHART 60

io	noi
tu	voi
lui/lei	loro

INDICATIVE

PRESENT

costruisco	costruiamo
costruisci	costruite
costruisce	costruiscono

IMPERFECT

costruivo	costruivamo
costruivi	costruivate
costruiva	costruivano

ABSOLUTE PAST

costruii	costruimmo
costruisti	costruiste
costruì	costruirono

FUTURE

costruirò	costruiremo
costruirai	costruirete
costruirà	costruiranno

PRESENT PERFECT

ho costruito	abbiamo costruito
hai costruito	avete costruito
ha costruito	hanno costruito

PAST PERFECT

avevo costruito	avevamo costruito
avevi costruito	avevate costruito
aveva costruito	avevano costruito

PRETERITE PERFECT

ebbi costruito	avemmo costruito
avesti costruito	aveste costruito
ebbe costruito	ebbero costruito

FUTURE PERFECT

avrò costruito	avremo costruito
avrai costruito	avrete costruito
avrà costruito	avranno costruito

SUBJUNCTIVE

PRESENT

costruisca	costruiamo
costruisca	costruiate
costruisca	costruiscano

IMPERFECT

costruissi	costruissimo
costruissi	costruiste
costruisse	costruissero

PAST

abbia costruito	abbiamo costruito
abbia costruito	abbiate costruito
abbia costruito	abbiano costruito

PAST PERFECT

avessi costruito	avessimo costruito
avessi costruito	aveste costruito
avesse costruito	avessero costruito

CONDITIONAL

PRESENT

costruirei	costruiremmo
costruiresti	costruireste
costruirebbe	costruirebbero

PAST

avrei costruito	avremmo costruito
avresti costruito	avreste costruito
avrebbe costruito	avrebbero costruito

IMPERATIVE

	costruiamo!
costruisci!	costruite!
costruisca!	costruiscano!

OTHER FORMS

GERUND
costruendo

PARTICIPLE
costruito

RELATED WORDS

costrutto	*construction (gram.)*
costruttore	*constructor, builder*
costruzione	*construction, building*
costruttivo	*constructive*

EXAMPLES OF VERB USAGE

Quando i bambini vanno al mare, costruiscono sempre dei castelli di sabbia.

When the kids go to the beach, they always build sand castles.

Quando abitavo in Italia, costruivo giocattoli di legno.

When I lived in Italy, I used to build wooden toys.

Verb Charts

VERB CHART 61

io	noi
tu	voi
lui/lei	loro

Credere

to believe

INDICATIVE

PRESENT		PRESENT PERFECT	
credo	crediamo	ho creduto	abbiamo creduto
credi	credete	hai creduto	avete creduto
crede	credono	ha creduto	hanno creduto

IMPERFECT		PAST PERFECT	
credevo	credevamo	avevo creduto	avevamo creduto
credevi	credevate	avevi creduto	avevate creduto
credeva	credevano	aveva creduto	avevano creduto

ABSOLUTE PAST		PRETERITE PERFECT	
credetti (credei)	credemmo	ebbi creduto	avemmo creduto
credesti	credeste	avesti creduto	aveste creduto
credette (credé)	credettero (crederono)	ebbe creduto	ebbero creduto

FUTURE		FUTURE PERFECT	
crederò	crederemo	avrò creduto	avremo creduto
crederai	crederete	avrai creduto	avrete creduto
crederà	crederanno	avrà creduto	avranno creduto

SUBJUNCTIVE

PRESENT		PAST	
creda	crediamo	abbia creduto	abbiamo creduto
creda	crediate	abbia creduto	abbiate creduto
creda	credano	abbia creduto	abbiano creduto

IMPERFECT		PAST PERFECT	
credessi	credessimo	avessi creduto	avessimo creduto
credessi	credeste	avessi creduto	aveste creduto
credesse	credessero	avesse creduto	avessero creduto

CONDITIONAL

PRESENT		PAST	
crederei	crederemmo	avrei creduto	avremmo creduto
crederesti	credereste	avresti creduto	avreste creduto
crederebbe	crederebbero	avrebbe creduto	avrebbero creduto

IMPERATIVE

	crediamo!
credi!	credete!
creda!	credano!

OTHER FORMS

GERUND	PARTICIPLE
credendo	creduto

RELATED WORDS

credente	*believer*	credo	*credo, creed*
credulo	*credulous*	credibile	*credible*

EXAMPLES OF VERB USAGE

Credete in quello che fate e avrete successo!	*Believe in what you do and you'll succeed!*
Quando ero piccolo, credevo in Babbo Natale.	*When I was small, I used to believe in Santa Claus.*
Credimi, non fidarti di lui!	*Believe me, don't trust him!*

Crescere

to grow

VERB CHART 62

io	noi
tu	voi
lui/lei	loro

INDICATIVE

PRESENT

cresco	cresciamo
cresci	crescete
cresce	crescono

IMPERFECT

crescevo	crescevamo
crescevi	crescevate
cresceva	crescevano

ABSOLUTE PAST

crebbi	crescemmo
crescesti	cresceste
crebbe	crebbero

FUTURE

crescerò	cresceremo
crescerai	crescerete
crescerà	cresceranno

PRESENT PERFECT

sono cresciuto(a)	siamo cresciuti(e)
sei cresciuto(a)	siete cresciuti(e)
è cresciuto(a)	sono cresciuti(e)

PAST PERFECT

ero cresciuto(a)	eravamo cresciuti(e)
eri cresciuto(a)	eravate cresciuti(e)
era cresciuto(a)	erano cresciuti(e)

PRETERITE PERFECT

fui cresciuto(a)	fummo cresciuti(e)
fosti cresciuto(a)	foste cresciuti(e)
fu cresciuto(a)	furono cresciuti(e)

FUTURE PERFECT

sarò cresciuto(a)	saremo cresciuti(e)
sarai cresciuto(a)	sarete cresciuti(e)
sarà cresciuto(a)	saranno cresciuti(e)

SUBJUNCTIVE

PRESENT

cresca	cresciamo
cresca	cresciate
cresca	crescano

IMPERFECT

crescessi	crescessimo
crescessi	cresceste
crescesse	crescessero

PAST

sia cresciuto(a)	siamo cresciuti(e)
sia cresciuto(a)	siate cresciuti(e)
sia cresciuto(a)	siano cresciuti(e)

PAST PERFECT

fossi cresciuto(a)	fossimo cresciuti(e)
fossi cresciuto(a)	foste cresciuti(e)
fosse cresciuto(a)	fossero cresciuti(e)

CONDITIONAL

PRESENT

crescerei	cresceremmo
cresceresti	crescereste
crescerebbe	crescerebbero

PAST

sarei cresciuto(a)	saremmo cresciuti(e)
saresti cresciuto(a)	sareste cresciuti(e)
sarebbe cresciuto(a)	sarebbero cresciuti(e)

IMPERATIVE

	cresciamo!
cresci!	crescete!
cresca!	crescano!

OTHER FORMS

GERUND

crescendo

PARTICIPLE

cresciuto

RELATED WORDS

crescita	*growth*	crescente	*rising*
crescendo	*crescendo*		

EXAMPLES OF VERB USAGE

Lei è cresciuta a Dallas in Texas. — *She grew up in Dallas, Texas.*

Le piante crescerebbero meglio se l'appartamento fosse più soleggiato. — *The plants would grow better if the apartment were sunnier.*

Crescendo s'impara. — *As one grows one learns.*

Verb Charts

VERB CHART
63

io	noi
tu	voi
lui/lei	loro

Cucinare

to cook

INDICATIVE

PRESENT

cucino	cuciniamo
cucini	cucinate
cucina	cucinano

PRESENT PERFECT

ho cucinato	abbiamo cucinato
hai cucinato	avete cucinato
ha cucinato	hanno cucinato

IMPERFECT

cucinavo	cucinavamo
cucinavi	cucinavate
cucinava	cucinavano

PAST PERFECT

avevo cucinato	avevamo cucinato
avevi cucinato	avevate cucinato
aveva cucinato	avevano cucinato

ABSOLUTE PAST

cucinai	cucinammo
cucinasti	cucinaste
cucinò	cucinarono

PRETERITE PERFECT

ebbi cucinato	avemmo cucinato
avesti cucinato	aveste cucinato
ebbe cucinato	ebbero cucinato

FUTURE

cucinerò	cucineremo
cucinerai	cucinerete
cucinerà	cucineranno

FUTURE PERFECT

avrò cucinato	avremo cucinato
avrai cucinato	avrete cucinato
avrà cucinato	avranno cucinato

SUBJUNCTIVE

PRESENT

cucini	cuciniamo
cucini	cuciniate
cucini	cucinino

PAST

abbia cucinato	abbiamo cucinato
abbia cucinato	abbiate cucinato
abbia cucinato	abbiano cucinato

IMPERFECT

cucinassi	cucinassimo
cucinassi	cucinaste
cucinasse	cucinassero

PAST PERFECT

avessi cucinato	avessimo cucinato
avessi cucinato	aveste cucinato
avesse cucinato	avessero cucinato

CONDITIONAL

PRESENT

cucinerei	cucineremmo
cucineresti	cucinereste
cucinerebbe	cucinerebbero

PAST

avrei cucinato	avremmo cucinato
avresti cucinato	avreste cucinato
avrebbe cucinato	avrebbero cucinato

IMPERATIVE

	cuciniamo!
cucina!	cucinate!
cucini!	cucinino!

OTHER FORMS

GERUND	PARTICIPLE
cucinando	cucinato

RELATED WORDS

cucina	*kitchen, cuisine*
cuciniere	*cook, cookbook*
cucinatura	*cooking*

EXAMPLES OF VERB USAGE

A casa cucino sempre io. — *At home I'm the one who always cooks.*

In vacanza cucinavamo un giorno sì e un giorno no. — *We cooked every other day on vacation.*

Chi cucinerà la cena? — *Who is going to cook dinner?*

Curare

to cure, to take care of, to treat

VERB CHART 64

io	noi
tu	voi
lui/lei	loro

INDICATIVE

PRESENT

curo	curiamo
curi	curate
cura	curano

IMPERFECT

curavo	curavamo
curavi	curavate
curava	curavano

ABSOLUTE PAST

curai	curammo
curasti	curaste
curò	curarono

FUTURE

curerò	cureremo
curerai	curerete
curerà	cureranno

PRESENT PERFECT

ho curato	abbiamo curato
hai curato	avete curato
ha curato	hanno curato

PAST PERFECT

avevo curato	avevamo curato
avevi curato	avevate curato
aveva curato	avevano curato

PRETERITE PERFECT

ebbi curato	avemmo curato
avesti curato	aveste curato
ebbe curato	ebbero curato

FUTURE PERFECT

avrò curato	avremo curato
avrai curato	avrete curato
avrà curato	avranno curato

SUBJUNCTIVE

PRESENT

curi	curiamo
curi	curiate
curi	curino

IMPERFECT

curassi	curassimo
curassi	curaste
curasse	curassero

PAST

abbia curato	abbiamo curato
abbia curato	abbiate curato
abbia curato	abbiano curato

PAST PERFECT

avessi curato	avessimo curato
avessi curato	aveste curato
avesse curato	avessero curato

CONDITIONAL

PRESENT

curerei	cureremmo
cureresti	curereste
curerebbe	curerebbero

PAST

avrei curato	avremmo curato
avresti curato	avreste curato
avrebbe curato	avrebbero curato

IMPERATIVE

	curiamo!
cura!	curate!
curi!	curino!

OTHER FORMS

GERUND	PARTICIPLE
curando	curato

RELATED WORDS

cura	*cure, care*
curatore	*trustee*
curabile	*curable*

EXAMPLES OF VERB USAGE

Come si chiama il pediatra che curava tua figlia?

What is the name of the pediatrician who used to treat your daughter?

Cura i tuoi affari meglio!

Take better care of your business!

Il dottore curò il paziente senza l'aiuto di medicine.

The doctor cured the patient without using any drugs.

Verb Charts

VERB CHART
65

io	noi
tu	voi
lui/lei	loro

Dare

to give

INDICATIVE

PRESENT

do	diamo
dai	date
dà	danno

IMPERFECT

davo	davamo
davi	davate
dava	davano

ABSOLUTE PAST

diedi (detti)	demmo
desti	deste
diede (dette)	diedero (dettero)

FUTURE

darò	daremo
darai	darete
darà	daranno

PRESENT PERFECT

ho dato	abbiamo dato
hai dato	avete dato
ha dato	hanno dato

PAST PERFECT

avevo dato	avevamo dato
avevi dato	avevate dato
aveva dato	avevano dato

PRETERITE PERFECT

ebbi dato	avemmo dato
avesti dato	aveste dato
ebbe dato	ebbero dato

FUTURE PERFECT

avrò dato	avremo dato
avrai dato	avrete dato
avrà dato	avranno dato

SUBJUNCTIVE

PRESENT

dia	diamo
dia	diate
dia	diano

IMPERFECT

dessi	dessimo
dessi	deste
desse	dessero

PAST

abbia dato	abbiamo dato
abbia dato	abbiate dato
abbia dato	abbiano dato

PAST PERFECT

avessi dato	avessimo dato
avessi dato	aveste dato
avesse dato	avessero dato

CONDITIONAL

PRESENT

darei	daremmo
daresti	dareste
darebbe	darebbero

PAST

avrei dato	avremmo dato
avresti dato	avreste dato
avrebbe dato	avrebbero dato

IMPERATIVE

	diamo!
dai!/dà!/da'!	date!
dia!	diano!

OTHER FORMS

GERUND

dando

PARTICIPLE

dato

RELATED WORDS

dati	*data*
datore di lavoro	*employer*
dare una mano	*to lend a hand*
dar luogo a	*to give rise to*
dar torto a	*to disagree with*

EXAMPLES OF VERB USAGE

Dai, dammi una mano!	*Come on, give me a hand!*
Gli ha dato ciò che si meritava.	*He gave him what he deserved.*
Il suo comportamento mi dà ai nervi.	*His behavior gets on my nerves.*

Decidere

to decide

io	noi
tu	voi
lui/lei	loro

INDICATIVE

PRESENT

decido	decidiamo
decidi	decidete
decide	decidono

PRESENT PERFECT

ho deciso	abbiamo deciso
hai deciso	avete deciso
ha deciso	hanno deciso

IMPERFECT

decidevo	decidevamo
decidevi	decidevate
decideva	decidevano

PAST PERFECT

avevo deciso	avevamo deciso
avevi deciso	avevate deciso
aveva deciso	avevano deciso

ABSOLUTE PAST

decisi	decidemmo
decidesti	decideste
decise	decisero

PRETERITE PERFECT

ebbi deciso	avemmo deciso
avesti deciso	aveste deciso
ebbe deciso	ebbero deciso

FUTURE

deciderò	decideremo
deciderai	deciderete
deciderà	decideranno

FUTURE PERFECT

avrò deciso	avremo deciso
avrai deciso	avrete deciso
avrà deciso	avranno deciso

SUBJUNCTIVE

PRESENT

decida	decidiamo
decida	decidiate
decida	decidano

PAST

abbia deciso	abbiamo deciso
abbia deciso	abbiate deciso
abbia deciso	abbiano deciso

IMPERFECT

decidessi	decidessimo
decidessi	decideste
decidesse	decidessero

PAST PERFECT

avessi deciso	avessimo deciso
avessi deciso	aveste deciso
avesse deciso	avessero deciso

CONDITIONAL

PRESENT

deciderei	decideremmo
decideresti	decidereste
deciderebbe	deciderebbero

PAST

avrei deciso	avremmo deciso
avresti deciso	avreste deciso
avrebbe deciso	avrebbero deciso

IMPERATIVE

	decidiamo!
decidi!	decidete!
decida!	decidano!

OTHER FORMS

GERUND	PARTICIPLE
decidendo	deciso

RELATED WORDS

decisione	*decision*
decisamente	*definitely*
decisivo	*decisive*

EXAMPLES OF VERB USAGE

Una volta che avrò deciso, sarò più tranquillo. — *Once I'll have made a decision, I'll be calmer.*

Avete deciso cosa volete? — *Did you decide what you want?*

Deciderei se avessi più informazioni. — *I would decide if I had more information.*

Verb Charts

VERB CHART 67

io	noi
tu	voi
lui/lei	loro

Deludere

to disappoint

INDICATIVE

PRESENT

deludo	deludiamo
deludi	deludete
delude	deludono

PRESENT PERFECT

ho deluso	abbiamo deluso
hai deluso	avete deluso
ha deluso	hanno deluso

IMPERFECT

deludevo	deludevamo
deludevi	deludevate
deludeva	deludevano

PAST PERFECT

avevo deluso	avevamo deluso
avevi deluso	avevate deluso
aveva deluso	avevano deluso

ABSOLUTE PAST

delusi	deludemmo
deludesti	deludeste
deluse	delusero

PRETERITE PERFECT

ebbi deluso	avemmo deluso
avesti deluso	aveste deluso
ebbe deluso	ebbero deluso

FUTURE

deluderò	deluderemo
deluderai	deluderete
deluderà	deluderanno

FUTURE PERFECT

avrò deluso	avremo deluso
avrai deluso	avrete deluso
avrà deluso	avranno deluso

SUBJUNCTIVE

PRESENT

deluda	deludiamo
deluda	deludiate
deluda	deludano

PAST

abbia deluso	abbiamo deluso
abbia deluso	abbiate deluso
abbia deluso	abbiano deluso

IMPERFECT

deludessi	deludessimo
deludessi	deludeste
deludesse	deludessero

PAST PERFECT

avessi deluso	avessimo deluso
avessi deluso	aveste deluso
avesse deluso	avessero deluso

CONDITIONAL

PRESENT

deluderei	deluderemmo
deluderesti	deludereste
deluderebbe	deluderebbero

PAST

avrei deluso	avremmo deluso
avresti deluso	avreste deluso
avrebbe deluso	avrebbero deluso

IMPERATIVE

	deludiamo!
deludi!	deludete!
deluda!	deludano!

OTHER FORMS

GERUND

deludendo

PARTICIPLE

deluso

RELATED WORDS

delusione	*disappointment*
deludente	*disappointing*

EXAMPLES OF VERB USAGE

Questo film mi ha proprio deluso. *This movie really disappointed me.*

Il mio vecchio lavoro deluse le mie aspettative. *My old job disappointed my expectations.*

Denunciare

to denounce, to sue

VERB CHART 68

io	noi
tu	voi
lui/lei	loro

INDICATIVE

PRESENT		PRESENT PERFECT	
denuncio	denunciamo	ho denunciato	abbiamo denunciato
denunci	denunciate	hai denunciato	avete denunciato
denuncia	denunciano	ha denunciato	hanno denunciato

IMPERFECT		PAST PERFECT	
denunciavo	denunciavamo	avevo denunciato	avevamo denunciato
denunciavi	denunciavate	avevi denunciato	avevate denunciato
denunciava	denunciavano	aveva denunciato	avevano denunciato

ABSOLUTE PAST		PRETERITE PERFECT	
denunciai	denunciammo	ebbi denunciato	avemmo denunciato
denunciasti	denunciaste	avesti denunciato	aveste denunciato
denunciò	denunciarono	ebbe denunciato	ebbero denunciato

FUTURE		FUTURE PERFECT	
denuncerò	denunceremo	avrò denunciato	avremo denunciato
denuncerai	denuncerete	avrai denunciato	avrete denunciato
denuncerà	denunceranno	avrà denunciato	avranno denunciato

SUBJUNCTIVE

PRESENT		PAST	
denunci	denunciamo	abbia denunciato	abbiamo denunciato
denunci	denunciate	abbia denunciato	abbiate denunciato
denunci	denuncino	abbia denunciato	abbiano denunciato

IMPERFECT		PAST PERFECT	
denunciassi	denunciassimo	avessi denunciato	avessimo denunciato
denunciassi	denunciaste	avessi denunciato	aveste denunciato
denunciasse	denunciassero	avesse denunciato	avessero denunciato

CONDITIONAL

PRESENT		PAST	
denuncerei	denunceremmo	avrei denunciato	avremmo denunciato
denunceresti	denuncereste	avresti denunciato	avreste denunciato
denuncerebbe	denuncerebbero	avrebbe denunciato	avrebbero denunciato

IMPERATIVE

	denunciamo!
denuncia!	denunciate!
denunci!	denuncino!

OTHER FORMS

GERUND	PARTICIPLE
denunciando	denunciato

RELATED WORDS

denunzia — *denunciation*

EXAMPLES OF VERB USAGE

Negli Stati Uniti ti denunciano per ogni piccola cosa che sbagli.
In the United States you get sued for every little thing you do wrong.

Se non fossi un amico, ti avrei già denunciato da un pezzo.
If you weren't a friend, I would have reported you a long time ago.

Verb Charts

VERB CHART 69

io	noi
tu	voi
lui/lei	loro

Dimenticare

to forget

INDICATIVE

PRESENT

dimentico	dimentichiamo
dimentichi	dimenticate
dimentica	dimenticano

IMPERFECT

dimenticavo	dimenticavamo
dimenticavi	dimenticavate
dimenticava	dimenticavano

ABSOLUTE PAST

dimenticai	dimenticammo
dimenticasti	dimenticaste
dimenticò	dimenticarono

FUTURE

dimenticherò	dimenticheremo
dimenticherai	dimenticherete
dimenticherà	dimenticheranno

PRESENT PERFECT

ho dimenticato	abbiamo dimenticato
hai dimenticato	avete dimenticato
ha dimenticato	hanno dimenticato

PAST PERFECT

avevo dimenticato	avevamo dimenticato
avevi dimenticato	avevate dimenticato
aveva dimenticato	avevano dimenticato

PRETERITE PERFECT

ebbi dimenticato	avemmo dimenticato
avesti dimenticato	aveste dimenticato
ebbe dimenticato	ebbero dimenticato

FUTURE PERFECT

avrò dimenticato	avremo dimenticato
avrai dimenticato	avrete dimenticato
avrà dimenticato	avranno dimenticato

SUBJUNCTIVE

PRESENT

dimentichi	dimentichiamo
dimentichi	dimentichiate
dimentichi	dimentichino

IMPERFECT

dimenticassi	dimenticassimo
dimenticassi	dimenticaste
dimenticasse	dimenticassero

PAST

abbia dimenticato	abbiamo dimenticato
abbia dimenticato	abbiate dimenticato
abbia dimenticato	abbiano dimenticato

PAST PERFECT

avessi dimenticato	avessimo dimenticato
avessi dimenticato	aveste dimenticato
avesse dimenticato	avessero dimenticato

CONDITIONAL

PRESENT

dimenticherei	dimenticheremmo
dimenticheresti	dimentichereste
dimenticherebbe	dimenticherebbero

PAST

avrei dimenticato	avremmo dimenticato
avresti dimenticato	avreste dimenticato
avrebbe dimenticato	avrebbero dimenticato

IMPERATIVE

	dimentichiamo!
dimentica!	dimenticate!
dimentichi!	dimentichino!

OTHER FORMS

GERUND	PARTICIPLE
dimenticando	dimenticato

RELATED WORDS

dimentico	*forgetful*
dimenticabile	*forgettable*

EXAMPLES OF VERB USAGE

Dimenticatene!	*Forget about it!*
Ho dimenticato il tuo indirizzo. Me lo ridai?	*I forgot your address. Can you give it to me again?*
Non dimenticherò mai ciò che hai fatto per me.	*I will never forget what you did for me.*

Dipingere
to paint

VERB CHART **70**

io	noi
tu	voi
lui/lei	loro

INDICATIVE

PRESENT

dipingo	dipingiamo
dipingi	dipingete
dipinge	dipingono

PRESENT PERFECT

ho dipinto	abbiamo dipinto
hai dipinto	avete dipinto
ha dipinto	hanno dipinto

IMPERFECT

dipingevo	dipingevamo
dipingevi	dipingevate
dipingeva	dipingevano

PAST PERFECT

avevo dipinto	avevamo dipinto
avevi dipinto	avevate dipinto
aveva dipinto	avevano dipinto

ABSOLUTE PAST

dipinsi	dipingemmo
dipingesti	dipingeste
dipinse	dipinsero

PRETERITE PERFECT

ebbi dipinto	avemmo dipinto
avesti dipinto	aveste dipinto
ebbe dipinto	ebbero dipinto

FUTURE

dipingerò	dipingeremo
dipingerai	dipingerete
dipingerà	dipingeranno

FUTURE PERFECT

avrò dipinto	avremo dipinto
avrai dipinto	avrete dipinto
avrà dipinto	avranno dipinto

SUBJUNCTIVE

PRESENT

dipinga	dipingiamo
dipinga	dipingiate
dipinga	dipingano

PAST

abbia dipinto	abbiamo dipinto
abbia dipinto	abbiate dipinto
abbia dipinto	abbiano dipinto

IMPERFECT

dipingessi	dipingessimo
dipingessi	dipingeste
dipingesse	dipingessero

PAST PERFECT

avessi dipinto	avessimo dipinto
avessi dipinto	aveste dipinto
avesse dipinto	avessero dipinto

CONDITIONAL

PRESENT

dipingerei	dipingeremmo
dipingeresti	dipingereste
dipingerebbe	dipingerebbero

PAST

avrei dipinto	avremmo dipinto
avresti dipinto	avreste dipinto
avrebbe dipinto	avrebbero dipinto

IMPERATIVE

	dipingiamo!
dipingi!	dipingete!
dipinga!	dipingano!

OTHER FORMS

GERUND
dipingendo

PARTICIPLE
dipinto

RELATED WORDS

dipinto	*painting*

EXAMPLES OF VERB USAGE

Ho dipinto un quadro a olio.	*I painted an oil painting.*
Michelangelo dipinse la Cappella Sistina.	*Michelangelo painted the Sistine Chapel.*
Quando andavo a scuola d'arte, dipingevo sempre.	*When I went to art school, I used to paint all the time.*

VERB CHART 71

io	noi
tu	voi
lui/lei	loro

Dire

to say, to tell

INDICATIVE

PRESENT		PRESENT PERFECT	
dico	diciamo	ho detto	abbiamo detto
dici	dite	hai detto	avete detto
dice	dicono	ha detto	hanno detto

IMPERFECT		PAST PERFECT	
dicevo	dicevamo	avevo detto	avevamo detto
dicevi	dicevate	avevi detto	avevate detto
diceva	dicevano	aveva detto	avevano detto

ABSOLUTE PAST		PRETERITE PERFECT	
dissi	dicemmo	ebbi detto	avemmo detto
dicesti	diceste	avesti detto	aveste detto
disse	dissero	ebbe detto	ebbero detto

FUTURE		FUTURE PERFECT	
dirò	diremo	avrò detto	avremo detto
dirai	direte	avrai detto	avrete detto
dirà	diranno	avrà detto	avranno detto

SUBJUNCTIVE

PRESENT		PAST	
dica	diciamo	abbia detto	abbiamo detto
dica	diciate	abbia detto	abbiate detto
dica	dicano	abbia detto	abbiano detto

IMPERFECT		PAST PERFECT	
dicessi	dicessimo	avessi detto	avessimo detto
dicessi	diceste	avessi detto	aveste detto
dicesse	dicessero	avesse detto	avessero detto

CONDITIONAL

PRESENT		PAST	
direi	diremmo	avrei detto	avremmo detto
diresti	direste	avresti detto	avreste detto
direbbe	direbbero	avrebbe detto	avrebbero detto

IMPERATIVE

	diciamo!
di'!/dì!	dite!
dica!	dicano!

OTHER FORMS

GERUND	PARTICIPLE
dicendo	detto

RELATED WORDS

per sentito dire	*by hearsay*	per così dire	*so to speak*
dirlo chiaro e tondo	*to speak bluntly*	si dice	*it is said*

EXAMPLES OF VERB USAGE

Dimmi con chi vai e ti dirò chi sei.	*Tell me whom you hang out with and I'll tell you who you are.*
Dicono che in Italia si mangi davvero bene.	*They say that in Italy you really eat well.*
Come hai detto?	*What did you say?*

Discendere

to descend, to go down

VERB CHART 72

io	noi
tu	voi
lui/lei	loro

INDICATIVE

PRESENT		PRESENT PERFECT	
discendo	discendiamo	sono disceso(a)	siamo discesi(e)
discendi	discendete	sei disceso(a)	siete discesi(e)
discende	discendono	è disceso(a)	sono discesi(e)

IMPERFECT		PAST PERFECT	
discendevo	discendevamo	ero disceso(a)	eravamo discesi(e)
discendevi	discendevate	eri disceso(a)	eravate discesi(e)
discendeva	discendevano	era disceso(a)	erano discesi(e)

ABSOLUTE PAST		PRETERITE PERFECT	
discesi	discendemmo	fui disceso(a)	fummo discesi(e)
discendesti	discendeste	fosti disceso(a)	foste discesi(e)
discese	discesero	fu disceso(a)	furono discesi(e)

FUTURE		FUTURE PERFECT	
discenderò	discenderemo	sarò disceso(a)	saremo discesi(e)
discenderai	discenderete	sarai disceso(a)	sarete discesi(e)
discenderà	discenderanno	sarà disceso(a)	saranno discesi(e)

SUBJUNCTIVE

PRESENT		PAST	
discenda	discendiamo	sia disceso(a)	siamo discesi(e)
discenda	discendiate	sia disceso(a)	siate discesi(e)
discenda	discendano	sia disceso(a)	siano discesi(e)

IMPERFECT		PAST PERFECT	
discendessi	discendessimo	fossi disceso(a)	fossimo discesi(e)
discendessi	discendeste	fossi disceso(a)	foste discesi(e)
discendesse	discendessero	fosse disceso(a)	fossero discesi(e)

CONDITIONAL

PRESENT		PAST	
discenderei	discenderemmo	sarei disceso(a)	saremmo discesi(e)
discenderesti	discendereste	saresti disceso(a)	sareste discesi(e)
discenderebbe	discenderebbero	sarebbe disceso(a)	sarebbero discesi(e)

IMPERATIVE

	discendiamo!
discendi!	discendete!
discenda!	discendano!

OTHER FORMS

GERUND	PARTICIPLE
discendendo	disceso

RELATED WORDS

discendente	*descendant*	discendenza	*descent, lineage*
discesa	*slope*		

EXAMPLES OF VERB USAGE

Sono discesi dalla montagna in due ore. — *They came down from the mountain in two hours.*

L'aereo è disceso ad una velocità incredibile. — *The plane descended at an incredible speed.*

Lei discendeva da una famiglia aristocratica. — *She descended from an aristocratic family.*

Verb Charts

VERB CHART
73

Discutere

to discuss, to debate

io	noi
tu	voi
lui/lei	loro

INDICATIVE

PRESENT		PRESENT PERFECT	
discuto	discutiamo	ho discusso	abbiamo discusso
discuti	discutete	hai discusso	avete discusso
discute	discutono	ha discusso	hanno discusso

IMPERFECT		PAST PERFECT	
discutevo	discutevamo	avevo discusso	avevamo discusso
discutevi	discutevate	avevi discusso	avevate discusso
discuteva	discutevano	aveva discusso	avevano discusso

ABSOLUTE PAST		PRETERITE PERFECT	
discussi	discutemmo	ebbi discusso	avemmo discusso
discutesti	discuteste	avesti discusso	aveste discusso
discusse	discussero	ebbe discusso	ebbero discusso

FUTURE		FUTURE PERFECT	
discuterò	discuteremo	avrò discusso	avremo discusso
discuterai	discuterete	avrai discusso	avrete discusso
discuterà	discuteranno	avrà discusso	avranno discusso

SUBJUNCTIVE

PRESENT		PAST	
discuta	discutiamo	abbia discusso	abbiamo discusso
discuta	discutiate	abbia discusso	abbiate discusso
discuta	discutano	abbia discusso	abbiano discusso

IMPERFECT		PAST PERFECT	
discutessi	discutessimo	avessi discusso	avessimo discusso
discutessi	discuteste	avessi discusso	aveste discusso
discutesse	discutessero	avesse discusso	avessero discusso

CONDITIONAL

PRESENT		PAST	
discuterei	discuteremmo	avrei discusso	avremmo discusso
discuteresti	discutereste	avresti discusso	avreste discusso
discuterebbe	discuterebbero	avrebbe discusso	avrebbero discusso

IMPERATIVE

	discutiamo!
discuti!	discutete!
discuta!	discutano!

OTHER FORMS

GERUND	PARTICIPLE
discutendo	discusso

RELATED WORDS

discutibile	*arguable, questionable*	discussione	*discussion*
discusso	*discussed*		

EXAMPLES OF VERB USAGE

Discutemmo questo problema per molti giorni. — *We discussed this problem for many days.*

Discutiamo dove andare ora. — *Let's discuss where to go now.*

I politici discutono e discutono e non risolvono mai nulla. — *Politicians debate and debate and never resolve anything.*

Distrarre
to distract

VERB CHART 74

io	noi
tu	voi
lui/lei	loro

INDICATIVE

PRESENT

distraggo	distraiamo
distrai	distraete
distrae	distraggono

IMPERFECT

distraevo	distraevamo
distraevi	distraevate
distraeva	distraevano

ABSOLUTE PAST

distrassi	distraemmo
distraesti	distraeste
distrasse	distrassero

FUTURE

distrarrò	distrarremo
distrarrai	distrarrete
distrarrà	distrarranno

PRESENT PERFECT

ho distratto	abbiamo distratto
hai distratto	avete distratto
ha distratto	hanno distratto

PAST PERFECT

avevo distratto	avevamo distratto
avevi distratto	avevate distratto
aveva distratto	avevano distratto

PRETERITE PERFECT

ebbi distratto	avemmo distratto
avesti distratto	aveste distratto
ebbe distratto	ebbero distratto

FUTURE PERFECT

avrò distratto	avremo distratto
avrai distratto	avrete distratto
avrà distratto	avranno distratto

SUBJUNCTIVE

PRESENT

distragga	distraiamo
distragga	distraiate
distragga	distraggano

IMPERFECT

distraessi	distraessimo
distraessi	distraeste
distraesse	distraessimo

PAST

abbia distratto	abbiamo distratto
abbia distratto	abbiate distratto
abbia distratto	abbiano distratto

PAST PERFECT

avessi distratto	avessimo distratto
avessi distratto	aveste distratto
avesse distratto	avessero distratto

CONDITIONAL

PRESENT

distrarrei	distrarremmo
distrarresti	distrarreste
distrarrebbe	distrarrebbero

PAST

avrei distratto	avremmo distratto
avresti distratto	avreste distratto
avrebbe distratto	avrebbero distratto

IMPERATIVE

	distraiamo!
distrai!	distraete!
distragga!	distraggano!

OTHER FORMS

GERUND
distraendo

PARTICIPLE
distratto

RELATED WORDS

distrazione	*inattention, diversion*
distrattamente	*inadvertently*
distratto	*absent-minded*

EXAMPLES OF VERB USAGE

Per favore, non distrarmi! — *Please, don't distract me.*

Sentire la musica mentre lavoro non mi distrae. — *Listening to music while I work doesn't distract me.*

Le preoccupazioni mi distraggono dal lavoro. — *Worries distract me from work.*

Verb Charts

VERB CHART 75

io	noi
tu	voi
lui/lei	loro

Diventare

to become

INDICATIVE

PRESENT		PRESENT PERFECT	
divento	diventiamo	sono diventato(a)	siamo diventati(e)
diventi	diventate	sei diventato(a)	siete diventati(e)
diventa	diventano	è diventato(a)	sono diventati(e)

IMPERFECT		PAST PERFECT	
diventavo	diventavamo	ero diventato(a)	eravamo diventati(e)
diventavi	diventavate	eri diventato(a)	eravate diventati(e)
diventava	diventavano	era diventato(a)	erano diventati(e)

ABSOLUTE PAST		PRETERITE PERFECT	
diventai	diventammo	fui diventato(a)	fummo diventati(e)
diventasti	diventaste	fosti diventato(a)	foste diventati(e)
diventò	diventarono	fu diventato(a)	furono diventati(e)

FUTURE		FUTURE PERFECT	
diventerò	diventeremo	sarò diventato(a)	saremo diventati(e)
diventerai	diventerete	sarai diventato(a)	sarete diventati(e)
diventerà	diventeranno	sarà diventato(a)	saranno diventati(e)

SUBJUNCTIVE

PRESENT		PAST	
diventi	diventiamo	sia diventato(a)	siamo diventati(e)
diventi	diventiate	sia diventato(a)	siate diventati(e)
diventi	diventino	sia diventato(a)	siano diventati(e)

IMPERFECT		PAST PERFECT	
diventassi	diventassimo	fossi diventato(a)	fossimo diventati(e)
diventassi	diventaste	fossi diventato(a)	foste diventati(e)
diventasse	diventassero	fosse diventato(a)	fossero diventati(e)

CONDITIONAL

PRESENT		PAST	
diventerei	diventeremmo	sarei diventato(a)	saremmo diventati(e)
diventeresti	diventereste	saresti diventato(a)	sareste diventati(e)
diventerebbe	diventerebbero	sarebbe diventato(a)	sarebbero diventati(e)

IMPERATIVE

	diventiamo!
diventa!	diventate!
diventi!	diventino!

OTHER FORMS

GERUND	PARTICIPLE
diventando	diventato

RELATED WORDS

diventar grande	*to grow up*	diventar matto	*to go mad*

EXAMPLES OF VERB USAGE

Mi fai diventar matto!	*You drive me crazy!*
Guarda come diventa rossa!	*Look how she is blushing (becoming red)!*
Il latte è diventato acido.	*The milk turned sour.*

Divertirsi

to enjoy oneself, to have fun

VERB CHART 76

io	noi
tu	voi
lui/lei	loro

INDICATIVE

PRESENT

mi diverto	ci divertiamo
ti diverti	vi divertite
si diverte	si divertono

PRESENT PERFECT

mi sono divertito(a)	ci siamo divertiti(e)
ti sei divertito(a)	vi siete divertiti(e)
si è divertito(a)	si sono divertiti(e)

IMPERFECT

mi divertivo	ci divertivamo
ti divertivi	vi divertivate
si divertiva	si divertivano

PAST PERFECT

mi ero divertito(a)	ci eravamo divertiti(e)
ti eri divertito(a)	vi eravate divertiti(e)
si era divertito(a)	si erano divertiti(e)

ABSOLUTE PAST

mi divertii	ci divertimmo
ti divertisti	vi divertiste
si divertì	si divertirono

PRETERITE PERFECT

mi fui divertito(a)	ci fummo divertiti(e)
ti fosti divertito(a)	vi foste divertiti(e)
si fu divertito(a)	si furono divertiti(e)

FUTURE

mi divertirò	ci divertiremo
ti divertirai	vi divertirete
si divertirà	si divertiranno

FUTURE PERFECT

mi sarò divertito(a)	ci saremo divertiti(e)
ti sarai divertito(a)	vi sarete divertiti(e)
si sarà divertito(a)	si saranno divertiti(e)

SUBJUNCTIVE

PRESENT

mi diverta	ci divertiamo
ti diverta	vi divertiate
si diverta	si divertano

PAST

mi sia divertito(a)	ci siamo divertiti(e)
ti sia divertito(a)	vi siate divertiti(e)
si sia divertito(a)	si siano divertiti(e)

IMPERFECT

mi divertissi	ci divertissimo
ti divertissi	vi divertiste
si divertisse	si divertissero

PAST PERFECT

mi fossi divertito(a)	ci fossimo divertiti(e)
ti fossi divertito(a)	vi foste divertiti(e)
si fosse divertito(a)	si fossero divertiti(e)

CONDITIONAL

PRESENT

mi divertirei	ci divertiremmo
ti divertiresti	vi divertireste
si divertirebbe	si divertirebbero

PAST

mi sarei divertito(a)	ci saremmo divertiti(e)
ti saresti divertito(a)	vi sareste divertiti(e)
si sarebbe divertito(a)	si sarebbero divertiti(e)

IMPERATIVE

	divertiamoci!
divertiti!	divertitevi!
si diverta!	si divertano!

OTHER FORMS

GERUND
divertendosi

PARTICIPLE
divertitosi

RELATED WORDS

divertire	*to amuse, to entertain*
divertente	*amusing, pleasant*
divertimento	*amusement, entertainment*

EXAMPLES OF VERB USAGE

Vi siete divertiti alla festa?	*Did you have fun at the party?*
Divertiti!	*Have fun!*
Quando gioco a tennis, mi diverto un sacco.	*When I play tennis, I have a lot of fun.*

Verb Charts

VERB CHART 77

Domandare

to ask, to ask for, to inquire

io	noi
tu	voi
lui/lei	loro

INDICATIVE

PRESENT		PRESENT PERFECT	
domando	domandiamo	ho domandato	abbiamo domandato
domandi	domandate	hai domandato	avete domandato
domanda	domandano	ha domandato	hanno domandato

IMPERFECT		PAST PERFECT	
domandavo	domandavamo	avevo domandato	avevamo domandato
domandavi	domandavate	avevi domandato	avevate domandato
domandava	domandavano	aveva domandato	avevano domandato

ABSOLUTE PAST		PRETERITE PERFECT	
domandai	domandammo	ebbi domandato	avemmo domandato
domandasti	domandaste	avesti domandato	aveste domandato
domandò	domandarono	ebbe domandato	ebbero domandato

FUTURE		FUTURE PERFECT	
domanderò	domanderemo	avrò domandato	avremo domandato
domanderai	domanderete	avrai domandato	avrete domandato
domanderà	domanderanno	avrà domandato	avranno domandato

SUBJUNCTIVE

PRESENT		PAST	
domandi	domandiamo	abbia domandato	abbiamo domandato
domandi	domandiate	abbia domandato	abbiate domandato
domandi	domandino	abbia domandato	abbiano domandato

IMPERFECT		PAST PERFECT	
domandassi	domandassimo	avessi domandato	avessimo domandato
domandassi	domandaste	avessi domandato	aveste domandato
domandasse	domandassero	avesse domandato	avessero domandato

CONDITIONAL

PRESENT		PAST	
domanderei	domanderemmo	avrei domandato	avremmo domandato
domanderesti	domandereste	avresti domandato	avreste domandato
domanderebbe	domanderebbero	avrebbe domandato	avrebbero domandato

IMPERATIVE

	domandiamo!
domanda!	domandate!
domandi!	domandino!

OTHER FORMS

GERUND	PARTICIPLE
domandando	domandato

RELATED WORDS

domanda	*question, application*	domandare la parola	*to ask for the floor*
fare una domanda	*to ask a question*		

EXAMPLES OF VERB USAGE

Vai, domandami quello che vuoi. — *Go ahead, ask me anything you want.*

Mi domandavo come avesse fatto tutti quei soldi. — *I asked myself how he had made all that money.*

"Quando ritorni?" le domandò. — *"When are you coming back?" he asked her.*

Dormire

to sleep

VERB CHART **78**

io	noi
tu	voi
lui/lei	loro

INDICATIVE

PRESENT

dormo	dormiamo
dormi	dormite
dorme	dormono

PRESENT PERFECT

ho dormito	abbiamo dormito
hai dormito	avete dormito
ha dormito	hanno dormito

IMPERFECT

dormivo	dormivamo
dormivi	dormivate
dormiva	dormivano

PAST PERFECT

avevo dormito	avevamo dormito
avevi dormito	avevate dormito
aveva dormito	avevano dormito

ABSOLUTE PAST

dormii	dormimmo
dormisti	dormiste
dormì	dormirono

PRETERITE PERFECT

ebbi dormito	avemmo dormito
avesti dormito	aveste dormito
ebbe dormito	ebbero dormito

FUTURE

dormirò	dormiremo
dormirai	dormirete
dormirà	dormiranno

FUTURE PERFECT

avrò dormito	avremo dormito
avrai dormito	avrete dormito
avrà dormito	avranno dormito

SUBJUNCTIVE

PRESENT

dorma	dormiamo
dorma	dormiate
dorma	dormano

PAST

abbia dormito	abbiamo dormito
abbia dormito	abbiate dormito
abbia dormito	abbiano dormito

IMPERFECT

dormissi	dormissimo
dormissi	dormiste
dormisse	dormissero

PAST PERFECT

avessi dormito	avessimo dormito
avessi dormito	aveste dormito
avesse dormito	avessero dormito

CONDITIONAL

PRESENT

dormirei	dormiremmo
dormiresti	dormireste
dormirebbe	dormirebbero

PAST

avrei dormito	avremmo dormito
avresti dormito	avreste dormito
avrebbe dormito	avrebbero dormito

IMPERATIVE

	dormiamo!
dormi!	dormite!
dorma!	dormano!

OTHER FORMS

GERUND	PARTICIPLE
dormendo	dormito

RELATED WORDS

dormita	*long sleep*
dormitorio	*dormitory*
dormiveglia	*drowsiness*
dormiente	*sleeping*
dormiglione	*sleepyhead*

EXAMPLES OF VERB USAGE

Non ho dormito tutta la notte. — *I didn't sleep all night long.*

La domenica dormo fino a tardi. — *I sleep in late on Sundays.*

Dormiamoci sopra! — *Let's sleep on it!*

Verb Charts

VERB CHART 79

Dovere

to have to, must, to owe

io	noi
tu	voi
lui/lei	loro

INDICATIVE

PRESENT		PRESENT PERFECT	
devo (debbo)	dobbiamo	ho dovuto	abbiamo dovuto
devi	dovete	hai dovuto	avete dovuto
deve	devono (debbono)	ha dovuto	hanno dovuto

IMPERFECT		PAST PERFECT	
dovevo	dovevamo	avevo dovuto	avevamo dovuto
dovevi	dovevate	avevi dovuto	avevate dovuto
doveva	dovevano	aveva dovuto	avevano dovuto

ABSOLUTE PAST		PRETERITE PERFECT	
dovei (dovetti)	dovemmo	ebbi dovuto	avemmo dovuto
dovesti	doveste	avesti dovuto	aveste dovuto
dové (dovette)	doverono (dovettero)	ebbe dovuto	ebbero dovuto

FUTURE		FUTURE PERFECT	
dovrò	dovremo	avrò dovuto	avremo dovuto
dovrai	dovrete	avrai dovuto	avrete dovuto
dovrà	dovranno	avrà dovuto	avranno dovuto

SUBJUNCTIVE

PRESENT		PAST	
debba	dobbiamo	abbia dovuto	abbiamo dovuto
debba	dobbiate	abbia dovuto	abbiate dovuto
debba	debbano	abbia dovuto	abbiano dovuto

IMPERFECT		PAST PERFECT	
dovessi	dovessimo	avessi dovuto	avessimo dovuto
dovessi	doveste	avessi dovuto	aveste dovuto
dovesse	dovessero	avesse dovuto	avessero dovuto

CONDITIONAL

PRESENT		PAST	
dovrei	dovremmo	avrei dovuto	avremmo dovuto
dovresti	dovreste	avresti dovuto	avreste dovuto
dovrebbe	dovrebbero	avrebbe dovuto	avrebbero dovuto

IMPERATIVE

	dobbiamo!
devi!	dovete!
debba!	debbano!

OTHER FORMS

GERUND	PARTICIPLE
dovendo	dovuto

RELATED WORDS

dovuto	*due*	doveroso	*proper, right*
debito	*debt*	sentirsi in dovere di	*to feel obliged to*
dovere	*duty, obligation*		

EXAMPLES OF VERB USAGE

Cosa devi fare stasera? — *What do you have to do tonight?*

Devo dieci euro a Franca. — *I owe Franca ten euro.*

Devono assolutamente finire il lavoro domani. — *They absolutely must finish the job tomorrow.*

Emozionarsi

to get excited

VERB CHART 80

io	noi
tu	voi
lui/lei	loro

INDICATIVE

PRESENT

mi emoziono	ci emozioniamo
ti emozioni	vi emozionate
si emoziona	si emozionano

PRESENT PERFECT

mi sono emozionato(a)	ci siamo emozionati(e)
ti sei emozionato(a)	vi siete emozionati(e)
si è emozionato(a)	si sono emozionati(e)

IMPERFECT

mi emozionavo	ci emozionavamo
ti emozionavi	vi emozionavate
si emozionava	si emozionavano

PAST PERFECT

mi ero emozionato(a)	ci eravamo emozionati(e)
ti eri emozionato(a)	vi eravate emozionati(e)
si era emozionato(a)	si erano emozionati(e)

ABSOLUTE PAST

mi emozionai	ci emozionammo
ti emozionasti	vi emozionaste
si emozionò	si emozionarono

PRETERITE PERFECT

mi fui emozionato(a)	ci fummo emozionati(e)
ti fosti emozionato(a)	vi foste emozionati(e)
si fu emozionato(a)	si furono emozionati(e)

FUTURE

mi emozionerò	ci emozioneremo
ti emozionerai	vi emozionerete
si emozionerà	si emozioneranno

FUTURE PERFECT

mi sarò emozionato(a)	ci saremo emozionati(e)
ti sarai emozionato(a)	vi sarete emozionati(e)
si sarà emozionato(a)	si saranno emozionati(e)

SUBJUNCTIVE

PRESENT

mi emozioni	ci emozioniamo
ti emozioni	vi emozioniate
si emozioni	si emozionino

PAST

mi sia emozionato(a)	ci siamo emozionati(e)
ti sia emozionato(a)	vi siate emozionati(e)
si sia emozionato(a)	si siano emozionati(e)

IMPERFECT

mi emozionassi	ci emozionassimo
ti emozionassi	vi emozionaste
si emozionasse	si emozionassero

PAST PERFECT

mi fossi emozionato(a)	ci fossimo emozionati(e)
ti fossi emozionato(a)	vi foste emozionati(e)
si fosse emozionato(a)	si fossero emozionati(e)

CONDITIONAL

PRESENT

mi emozionerei	ci emozioneremmo
ti emozioneresti	vi emozionereste
si emozionerebbe	si emozionerebbero

PAST

mi sarei emozionato(a)	ci saremmo emozionati(e)
ti saresti emozionato(a)	vi sareste emozionati(e)
si sarebbe emozionato(a)	si sarebbero emozionati(e)

IMPERATIVE

	emozioniamoci!
emozionati!	emozionatevi!
si emozioni!	si emozionino!

OTHER FORMS

GERUND

emozionandosi

PARTICIPLE

emozionatosi

RELATED WORDS

emozione	*emotion, excitement*
emotivo	*emotional, sensitive*
emozionante	*moving, exciting*
emozionabile	*excitable*

EXAMPLES OF VERB USAGE

Quando la vedo, mi emoziono da morire! — *When I see her, I get so excited!*

Quando ha segnato, tutto il pubblico si emozionò. — *When he scored, the whole crowd got excited.*

Ero così abituato che non mi emozionavo più. — *I was so used to it that I didn't get excited anymore.*

Verb Charts

VERB CHART 81

Entrare

to enter, to go in(to)

io	noi
tu	voi
lui/lei	loro

INDICATIVE

PRESENT		PRESENT PERFECT	
entro	entriamo	sono entrato(a)	siamo entrati(e)
entri	entrate	sei entrato(a)	siete entrati(e)
entra	entrano	è entrato(a)	sono entrati(e)

IMPERFECT		PAST PERFECT	
entravo	entravamo	ero entrato(a)	eravamo entrati(e)
entravi	entravate	eri entrato(a)	eravate entrati(e)
entrava	entravano	era entrato(a)	erano entrati(e)

ABSOLUTE PAST		PRETERITE PERFECT	
entrai	entrammo	fui entrato(a)	fummo entrati(e)
entrasti	entraste	fosti entrato(a)	foste entrati(e)
entrò	entrarono	fu entrato(a)	furono entrati(e)

FUTURE		FUTURE PERFECT	
entrerò	entreremo	sarò entrato(a)	saremo entrati(e)
entrerai	entrerete	sarai entrato(a)	sarete entrati(e)
entrerà	entreranno	sarà entrato(a)	saranno entrati(e)

SUBJUNCTIVE

PRESENT		PAST	
entri	entriamo	sia entrato(a)	siamo entrati(e)
entri	entriate	sia entrato(a)	siate entrati(e)
entri	entrino	sia entrato(a)	siano entrati(e)

IMPERFECT		PAST PERFECT	
entrassi	entrassimo	fossi entrato(a)	fossimo entrati(e)
entrassi	entraste	fossi entrato(a)	foste entrati(e)
entrasse	entrassero	fosse entrato(a)	fossero entrati(e)

CONDITIONAL

PRESENT		PAST	
entrerei	entreremmo	sarei entrato(a)	saremmo entrati(e)
entreresti	entrereste	saresti entrato(a)	sareste entrati(e)
entrerebbe	entrerebbero	sarebbe entrato(a)	sarebbero entrati(e)

IMPERATIVE

	entriamo!
entra!	entrate!
entri!	entrino!

OTHER FORMS

GERUND	PARTICIPLE
entrando	entrato

RELATED WORDS

entro l'anno	*within the year*	l'anno entrante	*next year*
entrata	*entrance*	entroterra	*inland, hinterland*

EXAMPLES OF VERB USAGE

Dopo aver bussato sentii una voce che diceva "Entra!" — *After knocking I heard a voice saying "Come in!"*

No, mi dispiace, ma questo non c'entra affatto. — *No, I'm sorry, but this has nothing to do with it.*

È entrata correndo nella stanza. — *She entered the room running.*

Essere
to be

VERB CHART 82

io	noi
tu	voi
lui/lei	loro

INDICATIVE

PRESENT

sono	siamo
sei	siete
è	sono

PRESENT PERFECT

sono stato(a)	siamo stati(e)
sei stato(a)	siete stati(e)
è stato(a)	sono stati(e)

IMPERFECT

ero	eravamo
eri	eravate
era	erano

PAST PERFECT

ero stato(a)	eravamo stati(e)
eri stato(a)	eravate stati(e)
era stato(a)	erano stati(e)

ABSOLUTE PAST

fui	fummo
fosti	foste
fu	furono

PRETERITE PERFECT

fui stato(a)	fummo stati(e)
fosti stato(a)	foste stati(e)
fu stato(a)	furono stati(e)

FUTURE

sarò	saremo
sarai	sarete
sarà	saranno

FUTURE PERFECT

sarò stato(a)	saremo stati(e)
sarai stato(a)	sarete stati(e)
sarà stato(a)	saranno stati(e)

SUBJUNCTIVE

PRESENT

sia	siamo
sia	siate
sia	siano

PAST

sia stato(a)	siamo stati(e)
sia stato(a)	siate stati(e)
sia stato(a)	siano stati(e)

IMPERFECT

fossi	fossimo
fossi	foste
fosse	fossero

PAST PERFECT

fossi stato(a)	fossimo stati(e)
fossi stato(a)	foste stati(e)
fosse stato(a)	fossero stati(e)

CONDITIONAL

PRESENT

sarei	saremmo
saresti	sareste
sarebbe	sarebbero

PAST

sarei stato(a)	saremmo stati(e)
saresti stato(a)	sareste stati(e)
sarebbe stato(a)	sarebbero stati(e)

IMPERATIVE

	siamo!
sii!	siate!
sia!	siano!

OTHER FORMS

GERUND
essendo

PARTICIPLE
stato

RELATED WORDS

essenza	*essence*
essenziale	*essential*
ente	*being, corporation*
esseri umani	*human beings*
esserci	*to be there*

EXAMPLES OF VERB USAGE

L'anno scorso sono stato a Roma. — *Last year I was in Rome.*

"Essere o non essere, questo è il problema!" — *"To be or not to be, that is the question!"*

Ascoltatemi: siate voi stessi . . . sempre! — *Listen to me: be yourselves . . . always!*

Verb Charts

VERB CHART 83

io	noi
tu	voi
lui/lei	loro

Evitare

to avoid

INDICATIVE

PRESENT		PRESENT PERFECT	
evito	evitiamo	ho evitato	abbiamo evitato
eviti	evitate	hai evitato	avete evitato
evita	evitano	ha evitato	hanno evitato

IMPERFECT		PAST PERFECT	
evitavo	evitavamo	avevo evitato	avevamo evitato
evitavi	evitavate	avevi evitato	avevate evitato
evitava	evitavano	aveva evitato	avevano evitato

ABSOLUTE PAST		PRETERITE PERFECT	
evitai	evitammo	ebbi evitato	avemmo evitato
evitasti	evitaste	avesti evitato	aveste evitato
evitò	evitarono	ebbe evitato	ebbero evitato

FUTURE		FUTURE PERFECT	
eviterò	eviteremo	avrò evitato	avremo evitato
eviterai	eviterete	avrai evitato	avrete evitato
eviterà	eviteranno	avrà evitato	avranno evitato

SUBJUNCTIVE

PRESENT		PAST	
eviti	evitiamo	abbia evitato	abbiamo evitato
eviti	evitiate	abbia evitato	abbiate evitato
eviti	evitino	abbia evitato	abbiano evitato

IMPERFECT		PAST PERFECT	
evitassi	evitassimo	avessi evitato	avessimo evitato
evitassi	evitaste	avessi evitato	aveste evitato
evitasse	evitassero	avesse evitato	avessero evitato

CONDITIONAL

PRESENT		PAST	
eviterei	eviteremmo	avrei evitato	avremmo evitato
eviteresti	evitereste	avresti evitato	avreste evitato
eviterebbe	eviterebbero	avrebbe evitato	avrebbero evitato

IMPERATIVE

	evitiamo!
evita!	evitate!
eviti!	evitino!

OTHER FORMS

GERUND	PARTICIPLE
evitando	evitato

RELATED WORDS

evitabile	*avoidable*	evizione	*eviction*

EXAMPLES OF VERB USAGE

Ecco che arriva. Lo evito o lo affronto? — *Here he comes. Should I avoid him or face him?*

Con una svolta veloce ho evitato un incidente. — *With a quick turn I avoided an accident.*

Se pagassi i conti in tempo, eviteresti di pagare la mora. — *If you paid the bills on time, you would avoid paying the penalty.*

Fare

to do, to make

VERB CHART 84

io	noi
tu	voi
lui/lei	loro

INDICATIVE

PRESENT

faccio	facciamo
fai	fate
fa	fanno

IMPERFECT

facevo	facevamo
facevi	facevate
faceva	facevano

ABSOLUTE PAST

feci	facemmo
facesti	faceste
fece	fecero

FUTURE

farò	faremo
farai	farete
farà	faranno

PRESENT PERFECT

ho fatto	abbiamo fatto
hai fatto	avete fatto
ha fatto	hanno fatto

PAST PERFECT

avevo fatto	avevamo fatto
avevi fatto	avevate fatto
aveva fatto	avevano fatto

PRETERITE PERFECT

ebbi fatto	avemmo fatto
avesti fatto	aveste fatto
ebbe fatto	ebbero fatto

FUTURE PERFECT

avrò fatto	avremo fatto
avrai fatto	avrete fatto
avrà fatto	avranno fatto

SUBJUNCTIVE

PRESENT

faccia	facciamo
faccia	facciate
faccia	facciano

IMPERFECT

facessi	facessimo
facessi	faceste
facesse	facessero

PAST

abbia fatto	abbiamo fatto
abbia fatto	abbiate fatto
abbia fatto	abbiano fatto

PAST PERFECT

avessi fatto	avessimo fatto
avessi fatto	aveste fatto
avesse fatto	avessero fatto

CONDITIONAL

PRESENT

farei	faremmo
faresti	fareste
farebbe	farebbero

PAST

avrei fatto	avremmo fatto
avresti fatto	avreste fatto
avrebbe fatto	avrebbero fatto

IMPERATIVE

	facciamo!
fa/ fai/ fa'	fate!
faccia!	facciano!

OTHER FORMS

GERUND
facendo

PARTICIPLE
fatto

RELATED WORDS

fa freddo/caldo	*it's cold/hot (weather)*
fa bel tempo	*it's beautiful out*
fare una fotografia	*to take a picture*
fare una passeggiata	*to take a walk*
fare una domanda	*to ask a question*
fare silenzio	*to keep quiet*
fare coda	*to get in line*
fa	*ago*

EXAMPLES OF VERB USAGE

Il mare è bellissimo. Dai, facciamo il bagno! — *The sea is beautiful. Come on, let's go for a swim!*

Mi fai vedere il tuo cappotto nuovo? — *Will you let me see your new coat?*

Ho fatto una torta per il tuo compleanno. — *I baked a cake for your birthday.*

Verb Charts

VERB CHART 85

Favorire

to favor

io	noi
tu	voi
lui/lei	loro

INDICATIVE

PRESENT

favorisco	favoriamo
favorisci	favorite
favorisce	favoriscono

PRESENT PERFECT

ho favorito	abbiamo favorito
hai favorito	avete favorito
ha favorito	hanno favorito

IMPERFECT

favorivo	favorivamo
favorivi	favorivate
favoriva	favorivano

PAST PERFECT

avevo favorito	avevamo favorito
avevi favorito	avevate favorito
aveva favorito	avevano favorito

ABSOLUTE PAST

favorii	favorimmo
favoristi	favoriste
favorì	favorirono

PRETERITE PERFECT

ebbi favorito	avemmo favorito
avesti favorito	aveste favorito
ebbe favorito	ebbero favorito

FUTURE

favorirò	favoriremo
favorirai	favorirete
favorirà	favoriranno

FUTURE PERFECT

avrò favorito	avremo favorito
avrai favorito	avrete favorito
avrà favorito	avranno favorito

SUBJUNCTIVE

PRESENT

favorisca	favoriamo
favorisca	favoriate
favorisca	favoriscano

PAST

abbia favorito	abbiamo favorito
abbia favorito	abbiate favorito
abbia favorito	abbiano favorito

IMPERFECT

favorissi	favorissimo
favorissi	favoriste
favorisse	favorissero

PAST PERFECT

avessi favorito	avessimo favorito
avessi favorito	aveste favorito
avesse favorito	avessero favorito

CONDITIONAL

PRESENT

favorirei	favoriremmo
favoriresti	favorireste
favorirebbe	favorirebbero

PAST

avrei favorito	avremmo favorito
avresti favorito	avreste favorito
avrebbe favorito	avrebbero favorito

IMPERATIVE

	favoriamo!
favorisci!	favorite!
favorisca!	favoriscano!

OTHER FORMS

GERUND	PARTICIPLE
favorendo	favorito

RELATED WORDS

favore	*favor*
a favore di	*for the benefit of*
per favore	*please*
favorito	*favorite*

EXAMPLES OF VERB USAGE

Prego, favorisca. — *Please, have one/some.*

L'ho favorita perchè se lo meritava. — *I favored her because she deserved it.*

Fermare

to stop, to hold

VERB CHART **86**

io	noi
tu	voi
lui/lei	loro

INDICATIVE

PRESENT

fermo	fermiamo
fermi	fermate
ferma	fermano

IMPERFECT

fermavo	fermavamo
fermavi	fermavate
fermava	fermavano

ABSOLUTE PAST

fermai	fermammo
fermasti	fermaste
fermò	fermarono

FUTURE

fermerò	fermeremo
fermerai	fermerete
fermerà	fermeranno

PRESENT PERFECT

ho fermato	abbiamo fermato
hai fermato	avete fermato
ha fermato	hanno fermato

PAST PERFECT

avevo fermato	avevamo fermato
avevi fermato	avevate fermato
aveva fermato	avevano fermato

PRETERITE PERFECT

ebbi fermato	avemmo fermato
avesti fermato	aveste fermato
ebbe fermato	ebbero fermato

FUTURE PERFECT

avrò fermato	avremo fermato
avrai fermato	avrete fermato
avrà fermato	avranno fermato

SUBJUNCTIVE

PRESENT

fermi	fermiamo
fermi	fermiate
fermi	fermino

IMPERFECT

fermassi	fermassimo
fermassi	fermaste
fermasse	fermassero

PAST

abbia fermato	abbiamo fermato
abbia fermato	abbiate fermato
abbia fermato	abbiano fermato

PAST PERFECT

avessi fermato	avessimo fermato
avessi fermato	aveste fermato
avesse fermato	avessero fermato

CONDITIONAL

PRESENT

fermerei	fermeremmo
fermeresti	fermereste
fermerebbe	fermerebbero

PAST

avrei fermato	avremmo fermato
avresti fermato	avreste fermato
avrebbe fermato	avrebbero fermato

IMPERATIVE

	fermiamo!
ferma!	fermate!
fermi!	fermino!

OTHER FORMS

GERUND

fermando

PARTICIPLE

fermato

RELATED WORDS

fermarsi	*to stop, to pause*	fermata	*stop (bus), halt*
fermaglio	*clasp*	fermezza	*firmness*
fermamente	*firmly*	fermácarte	*paper weight*

EXAMPLES OF VERB USAGE

Ferma la macchina e vediamo la mappa.	*Stop the car and let's look at the map.*
Mannaggia! L'orologio si è fermato ancora.	*Darn it! My watch stopped again.*
Perché l'hai fermato? Stava facendo bene.	*Why did you stop him? He was doing well.*

VERB CHART 87

Finire

to finish, to end

io	noi
tu	voi
lui/lei	loro

INDICATIVE

PRESENT

finisco	finiamo
finisci	finite
finisce	finiscono

PRESENT PERFECT

ho finito	abbiamo finito
hai finito	avete finito
ha finito	hanno finito

IMPERFECT

finivo	finivamo
finivi	finivate
finiva	finivano

PAST PERFECT

avevo finito	avevamo finito
avevi finito	avevate finito
aveva finito	avevano finito

ABSOLUTE PAST

finii	finimmo
finisti	finiste
finì	finirono

PRETERITE PERFECT

ebbi finito	avemmo finito
avesti finito	aveste finito
ebbe finito	ebbero finito

FUTURE

finirò	finiremo
finirai	finirete
finirà	finiranno

FUTURE PERFECT

avrò finito	avremo finito
avrai finito	avrete finito
avrà finito	avranno finito

SUBJUNCTIVE

PRESENT

finisca	finiamo
finisca	finiate
finisca	finiscano

PAST

abbia finito	abbiamo finito
abbia finito	abbiate finito
abbia finito	abbiano finito

IMPERFECT

finissi	finissimo
finissi	finiste
finisse	finissero

PAST PERFECT

avessi finito	avessimo finito
avessi finito	aveste finito
avesse finito	avessero finito

CONDITIONAL

PRESENT

finirei	finiremmo
finiresti	finireste
finirebbe	finirebbero

PAST

avrei finito	avremmo finito
avresti finito	avreste finito
avrebbe finito	avrebbero finito

IMPERATIVE

	finiamo!
finisci!	finite!
finisca!	finiscano!

OTHER FORMS

GERUND
finendo

PARTICIPLE
finito

RELATED WORDS

il fine	*goal, aim*
la fine	*the end*
fine settimana	*weekend*
a fin di bene	*with the best of intentions*

EXAMPLES OF VERB USAGE

Quando finisci tu comincio io. — *I'll start as you finish.*

Ma finiscila! — *Cut it out!*

Se lavorassimo più velocemente, finiremmo in tempo. — *If we worked faster, we would finish on time.*

Firmare
to sign

VERB CHART **88**

io	noi
tu	voi
lui/lei	loro

INDICATIVE

PRESENT		PRESENT PERFECT	
firmo	firmiamo	ho firmato	abbiamo firmato
firmi	firmate	hai firmato	avete firmato
firma	firmano	ha firmato	hanno firmato

IMPERFECT		PAST PERFECT	
firmavo	firmavamo	avevo firmato	avevamo firmato
firmavi	firmavate	avevi firmato	avevate firmato
firmava	firmavano	aveva firmato	avevano firmato

ABSOLUTE PAST		PRETERITE PERFECT	
firmai	firmammo	ebbi firmato	avemmo firmato
firmasti	firmaste	avesti firmato	aveste firmato
firmò	firmarono	ebbe firmato	ebbero firmato

FUTURE		FUTURE PERFECT	
firmerò	firmeremo	avrò firmato	avremo firmato
firmerai	firmerete	avrai firmato	avrete firmato
firmerà	firmeranno	avrà firmato	avranno firmato

SUBJUNCTIVE

PRESENT		PAST	
firmi	firmiamo	abbia firmato	abbiamo firmato
firmi	firmiate	abbia firmato	abbiate firmato
firmi	firmino	abbia firmato	abbiano firmato

IMPERFECT		PAST PERFECT	
firmassi	firmassimo	avessi firmato	avessimo firmato
firmassi	firmaste	avessi firmato	aveste firmato
firmasse	firmassero	avesse firmato	avessero firmato

CONDITIONAL

PRESENT		PAST	
firmerei	firmeremmo	avrei firmato	avremmo firmato
firmeresti	firmereste	avresti firmato	avreste firmato
firmerebbe	firmerebbero	avrebbe firmato	avrebbero firmato

IMPERATIVE

	firmiamo!
firma!	firmate!
firmi!	firmino!

OTHER FORMS

GERUND	PARTICIPLE
firmando	firmato

RELATED WORDS

firma	*signature*	firmatario	*signer*
firmato	*designer (adj.)*		

EXAMPLES OF VERB USAGE

Oggi firmo il contratto per il nuovo lavoro.	*Today I'm going to sign the contract for the new job.*
Hai firmato l'assegno?	*Did you sign the check?*
Se fossi nei tuoi panni, firmerei.	*If I were in your shoes, I would sign.*

Verb Charts

VERB CHART 89

io	noi
tu	voi
lui/lei	loro

Fornire

to supply, to provide

INDICATIVE

PRESENT

fornisco	forniamo
fornisci	fornite
fornisce	forniscono

IMPERFECT

fornivo	fornivamo
fornivi	fornivate
forniva	fornivano

ABSOLUTE PAST

fornii	fornimmo
fornisti	forniste
fornì	fornirono

FUTURE

fornirò	forniremo
fornirai	fornirete
fornirà	forniranno

PRESENT PERFECT

ho fornito	abbiamo fornito
hai fornito	avete fornito
ha fornito	hanno fornito

PAST PERFECT

avevo fornito	avevamo fornito
avevi fornito	avevate fornito
aveva fornito	avevano fornito

PRETERITE PERFECT

ebbi fornito	avemmo fornito
avesti fornito	aveste fornito
ebbe fornito	ebbero fornito

FUTURE PERFECT

avrò fornito	avremo fornito
avrai fornito	avrete fornito
avrà fornito	avranno fornito

SUBJUNCTIVE

PRESENT

fornisca	forniamo
fornisca	forniate
fornisca	forniscano

IMPERFECT

fornissi	fornissimo
fornissi	forniste
fornisse	fornissero

PAST

abbia fornito	abbiamo fornito
abbia fornito	abbiate fornito
abbia fornito	abbiano fornito

PAST PERFECT

avessi fornito	avessimo fornito
avessi fornito	aveste fornito
avesse fornito	avessero fornito

CONDITIONAL

PRESENT

fornirei	forniremmo
forniresti	fornireste
fornirebbe	fornirebbero

PAST

avrei fornito	avremmo fornito
avresti fornito	avreste fornito
avrebbe fornito	avrebbero fornito

IMPERATIVE

	forniamo!
fornisci!	fornite!
fornisca!	forniscano!

OTHER FORMS

GERUND
fornendo

PARTICIPLE
fornito

RELATED WORDS

fornitura	*supplies, shipment*	fornitore	*supplier*

EXAMPLES OF VERB USAGE

Non hanno fornito nessuna informazione utile. *They didn't provide any useful information.*

Ci fornivano tutto ciò di cui avevamo bisogno. *They provided us with everything we needed.*

Frequentare

to attend, to associate with

VERB CHART 90

io	noi
tu	voi
lui/lei	loro

INDICATIVE

PRESENT

frequento	frequentiamo
frequenti	frequentate
frequenta	frequentano

IMPERFECT

frequentavo	frequentavamo
frequentavi	frequentavate
frequentava	frequentavano

ABSOLUTE PAST

frequentai	frequentammo
frequentasti	frequentaste
frequentò	frequentarono

FUTURE

frequenterò	frequenteremo
frequenterai	frequenterete
frequenterà	frequenteranno

PRESENT PERFECT

ho frequentato	abbiamo frequentato
hai frequentato	avete frequentato
ha frequentato	hanno frequentato

PAST PERFECT

avevo frequentato	avevamo frequentato
avevi frequentato	avevate frequentato
aveva frequentato	avevano frequentato

PRETERITE PERFECT

ebbi frequentato	avemmo frequentato
avesti frequentato	aveste frequentato
ebbe frequentato	ebbero frequentato

FUTURE PERFECT

avrò frequentato	avremo frequentato
avrai frequentato	avrete frequentato
avrà frequentato	avranno frequentato

SUBJUNCTIVE

PRESENT

frequenti	frequentiamo
frequenti	frequentiate
frequenti	frequentino

IMPERFECT

frequentassi	frequentassimo
frequentassi	frequentaste
frequentasse	frequentassero

PAST

abbia frequentato	abbiamo frequentato
abbia frequentato	abbiate frequentato
abbia frequentato	abbiano frequentato

PAST PERFECT

avessi frequentato	avessimo frequentato
avessi frequentato	aveste frequentato
avesse frequentato	avessero frequentato

CONDITIONAL

PRESENT

frequenterei	frequenteremmo
frequenteresti	frequentereste
frequenterebbe	frequenterebbero

PAST

avrei frequentato	avremmo frequentato
avresti frequentato	avreste frequentato
avrebbe frequentato	avrebbero frequentato

IMPERATIVE

	frequentiamo!
frequenta	frequentate!
frequenti!	frequentino

OTHER FORMS

GERUND
frequentando

PARTICIPLE
frequentato

RELATED WORDS

frequenza	*frequency*
frequentemente	*frequently*
frequente	*frequent*

EXAMPLES OF VERB USAGE

Chi frequentavi quando andavi all'università?

Who did you hang out with when you went to the university?

Ho frequentato tutte lezioni.

I attended all the lessons.

Lui non frequenta nessun club.

He doesn't frequent any club.

Verb Charts

VERB CHART 91

io	noi
tu	voi
lui/lei	loro

Fumare

to smoke

INDICATIVE

PRESENT

fumo	fumiamo
fumi	fumate
fuma	fumano

IMPERFECT

fumavo	fumavamo
fumavi	fumavate
fumava	fumavano

ABSOLUTE PAST

fumai	fumammo
fumasti	fumaste
fumò	fumarono

FUTURE

fumerò	fumeremo
fumerai	fumerete
fumerà	fumeranno

PRESENT PERFECT

ho fumato	abbiamo fumato
hai fumato	avete fumato
ha fumato	hanno fumato

PAST PERFECT

avevo fumato	avevamo fumato
avevi fumato	avevate fumato
aveva fumato	avevano fumato

PRETERITE PERFECT

ebbi fumato	avemmo fumato
avesti fumato	aveste fumato
ebbe fumato	ebbero fumato

FUTURE PERFECT

avrò fumato	avremo fumato
avrai fumato	avrete fumato
avrà fumato	avranno fumato

SUBJUNCTIVE

PRESENT

fumi	fumiamo
fumi	fumiate
fumi	fumino

IMPERFECT

fumassi	fumassimo
fumassi	fumaste
fumasse	fumassero

PAST

abbia fumato	abbiamo fumato
abbia fumato	abbiate fumato
abbia fumato	abbiano fumato

PAST PERFECT

avessi fumato	avessimo fumato
avessi fumato	aveste fumato
avesse fumato	avessero fumato

CONDITIONAL

PRESENT

fumerei	fumeremmo
fumeresti	fumereste
fumerebbe	fumerebbero

PAST

avrei fumato	avremmo fumato
avresti fumato	avreste fumato
avrebbe fumato	avrebbero fumato

IMPERATIVE

	fumiamo!
fuma!	fumate!
fumi!	fumino!

OTHER FORMS

GERUND	PARTICIPLE
fumando	fumato

RELATED WORDS

fumacchio	*plume of smoke*
fumante	*smoking*
fumatore	*smoker*
fumaiolo	*smoke stack*
fumata	*smoke*
vietato fumare	*no smoking*

EXAMPLES OF VERB USAGE

Ha studiato così tanto che gli fumava il cervello. *He studied so much that his brain was smoking.*

Quando fumavo, tossivo continuamente. *When I smoked, I used to cough constantly.*

Fumerei se non facesse male. *I would smoke if it weren't harmful.*

Funzionare

to function, to work

VERB CHART 92

io	noi
tu	voi
lui/lei	loro

INDICATIVE

PRESENT

funziono	funzioniamo
funzioni	funzionate
funziona	funzionano

IMPERFECT

funzionavo	funzionavamo
funzionavi	funzionavate
funzionava	funzionavamo

ABSOLUTE PAST

funzionai	funzionammo
funzionasti	funzionaste
funzionò	funzionarono

FUTURE

funzionerò	funzioneremo
funzionerai	funzionerete
funzionerà	funzioneranno

PRESENT PERFECT

ho funzionato	abbiamo funzionato
hai funzionato	avete funzionato
ha funzionato	hanno funzionato

PAST PERFECT

avevo funzionato	avevamo funzionato
avevi funzionato	avevate funzionato
aveva funzionato	avevano funzionato

PRETERITE PERFECT

ebbi funzionato	avemmo funzionato
avesti funzionato	aveste funzionato
ebbe funzionato	ebbero funzionato

FUTURE PERFECT

avrò funzionato	avremo funzionato
avrai funzionato	avrete funzionato
avrà funzionato	avranno funzionato

SUBJUNCTIVE

PRESENT

funzioni	funzioniamo
funzioni	funzioniate
funzioni	funzionino

IMPERFECT

funzionassi	funzionassimo
funzionassi	funzionaste
funzionasse	funzionassero

PAST

abbia funzionato	abbiamo funzionato
abbia funzionato	abbiate funzionato
abbia funzionato	abbiano funzionato

PAST PERFECT

avessi funzionato	avessimo funzionato
avessi funzionato	aveste funzionato
avesse funzionato	avessero funzionato

CONDITIONAL

PRESENT

funzionerei	funzioneremmo
funzioneresti	funzionereste
funzionerebbe	funzionerebbero

PAST

avrei funzionato	avremmo funzionato
avresti funzionato	avreste funzionato
avrebbe funzionato	avrebbero funzionato

IMPERATIVE

	funzioniamo!
funziona!	funzionate!
funzioni!	funzionino!

OTHER FORMS

GERUND	PARTICIPLE
funzionando	funzionato

RELATED WORDS

funzione	*function*
funzionario	*officer*
funzionale	*functional*
funzionalmente	*functionally*

EXAMPLES OF VERB USAGE

Questo computer non ha mai funzionato bene. — *This computer never worked well.*

Fammi vedere come funziona. — *Let me see how it works.*

Quando l'ho comprata funzionava, ora sembra che non funzioni più. — *When I bought it, it worked; now it seems it's not working anymore.*

Verb Charts

VERB CHART 93

io	noi
tu	voi
lui/lei	loro

Gettare

to cast, to throw

INDICATIVE

PRESENT		PRESENT PERFECT	
getto	gettiamo	ho gettato	abbiamo gettato
getti	gettate	hai gettato	avete gettato
getta	gettano	ha gettato	hanno gettato

IMPERFECT		PAST PERFECT	
gettavo	gettavamo	avevo gettato	avevamo gettato
gettavi	gettavate	avevi gettato	avevate gettato
gettava	gettavano	aveva gettato	avevano gettato

ABSOLUTE PAST		PRETERITE PERFECT	
gettai	gettammo	ebbi gettato	avemmo gettato
gettasti	gettaste	avesti gettato	aveste gettato
gettò	gettarono	ebbe gettato	ebbero gettato

FUTURE		FUTURE PERFECT	
getterò	getteremo	avrò gettato	avremo gettato
getterai	getterete	avrai gettato	avrete gettato
getterà	getteranno	avrà gettato	avranno gettato

SUBJUNCTIVE

PRESENT		PAST	
getti	gettiamo	abbia gettato	abbiamo gettato
getti	gettiate	abbia gettato	abbiate gettato
getti	gettino	abbia gettato	abbiano gettato

IMPERFECT		PAST PERFECT	
gettassi	gettassimo	avessi gettato	avessimo gettato
gettassi	gettaste	avessi gettato	aveste gettato
gettasse	gettassero	avesse gettato	avessero gettato

CONDITIONAL

PRESENT		PAST	
getterei	getteremmo	avrei gettato	avremmo gettato
getteresti	gettereste	avresti gettato	avreste gettato
gettebbe	getterebbero	avrebbe gettato	avrebbero gettato

IMPERATIVE

	gettiamo!
getta!	gettate!
getti!	gettino!

OTHER FORMS

GERUND	PARTICIPLE
gettando	gettato

RELATED WORDS

getto	*throw*	gettone	*token*
gettata	*throw, cast*		

EXAMPLES OF VERB USAGE

Gettagli il salvagente, non sa nuotare! — *Throw him the lifesaver, he can't swim!*

Ho gettato via tutti i giornali vecchi. — *I threw away all the old newspapers.*

Quando lo vide, gli gettò le braccia al collo. — *When she saw, him she threw her arms around his neck.*

Giocare

to play

io	noi
tu	voi
lui/lei	loro

INDICATIVE

PRESENT

gioco	giochiamo
giochi	giocate
gioca	giocano

PRESENT PERFECT

ho giocato	abbiamo giocato
hai giocato	avete giocato
ha giocato	hanno giocato

IMPERFECT

giocavo	giocavamo
giocavi	giocavate
giocava	giocavano

PAST PERFECT

avevo giocato	avevamo giocato
avevi giocato	avevate giocato
aveva giocato	avevano giocato

ABSOLUTE PAST

giocai	giocammo
giocasti	giocaste
giocò	giocarono

PRETERITE PERFECT

ebbi giocato	avemmo giocato
avesti giocato	aveste giocato
ebbe giocato	ebbero giocato

FUTURE

giocherò	giocheremo
giocherai	giocherete
giocherà	giocheranno

FUTURE PERFECT

avrò giocato	avremo giocato
avrai giocato	avrete giocato
avrà giocato	avranno giocato

SUBJUNCTIVE

PRESENT

giochi	giochiamo
giochi	giochiate
giochi	giochino

PAST

abbia giocato	abbiamo giocato
abbia giocato	abbiate giocato
abbia giocato	abbiano giocato

IMPERFECT

giocassi	giocassimo
giocassi	giocaste
giocasse	giocassero

PAST PERFECT

avessi giocato	avessimo giocato
avessi giocato	aveste giocato
avesse giocato	avessero giocato

CONDITIONAL

PRESENT

giocherei	giocheremmo
giocheresti	giochereste
giocherebbe	giocherebbero

PAST

avrei giocato	avremmo giocato
avresti giocato	avreste giocato
avrebbe giocato	avrebbero giocato

IMPERATIVE

	giochiamo!
gioca!	giocate!
giochi!	giochino!

OTHER FORMS

GERUND

giocando

PARTICIPLE

giocato

RELATED WORDS

giocata	*play*
giocattolo	*toy*
giocatore	*player, gambler*
giochetto	*pastime, trick*

EXAMPLES OF VERB USAGE

Per favore non giocare con le parole. — *Please don't play with words.*

Giocando s'impara. — *You learn by playing.*

Se fossi in forma, giocherei a tennis e anche a golf. — *If I were in good shape, I would play tennis and golf as well.*

VERB CHART 95

Gridare

to shout

io	noi
tu	voi
lui/lei	loro

INDICATIVE

PRESENT

grido	gridiamo
gridi	gridate
grida	gridano

PRESENT PERFECT

ho gridato	abbiamo gridato
hai gridato	avete gridato
ha gridato	hanno gridato

IMPERFECT

gridavo	gridavamo
gridavi	gridavate
gridava	gridavano

PAST PERFECT

avevo gridato	avevamo gridato
avevi gridato	avevate gridato
aveva gridato	avevano gridato

ABSOLUTE PAST

gridai	gridammo
gridasti	gridaste
gridò	gridarono

PRETERITE PERFECT

ebbi gridato	avemmo gridato
avesti gridato	aveste gridato
ebbe gridato	ebbero gridato

FUTURE

griderò	grideremo
griderai	griderete
griderà	grideranno

FUTURE PERFECT

avrò gridato	avremo gridato
avrai gridato	avrete gridato
avrà gridato	avranno gridato

SUBJUNCTIVE

PRESENT

gridi	gridiamo
gridi	gridiate
gridi	gridino

PAST

abbia gridato	abbiamo gridato
abbia gridato	abbiate gridato
abbia gridato	abbiano gridato

IMPERFECT

gridassi	gridassimo
gridassi	gridaste
gridasse	gridassero

PAST PERFECT

avessi gridato	avessimo gridato
avessi gridato	aveste gridato
avesse gridato	avessero gridato

CONDITIONAL

PRESENT

griderei	grideremmo
grideresti	gridereste
griderebbe	griderebbero

PAST

avrei gridato	avremmo gridato
avresti gridato	avreste gridato
avrebbe gridato	avrebbero gridato

IMPERATIVE

	gridiamo!
grida!	gridate!
gridi!	gridino!

OTHER FORMS

GERUND	PARTICIPLE
gridando	gridato

RELATED WORDS

grido	*scream*
gridìo	*shouting*
sgridare	*to rebuke, to scold*

EXAMPLES OF VERB USAGE

Non gridare, ti sento benissimo. — *Don't shout, I can hear you very well.*

Ma come gridano forte quei bambini. — *How loud are those kids screaming!*

Guardare

to look at, to watch

VERB CHART 96

io	noi
tu	voi
lui/lei	loro

INDICATIVE

PRESENT

guardo	guardiamo
guardi	guardate
guarda	guardano

IMPERFECT

guardavo	guardavamo
guardavi	guardavate
guardava	guardavano

ABSOLUTE PAST

guardai	guardammo
guardasti	guardaste
guardò	guardarono

FUTURE

guarderò	guarderemo
guarderai	guarderete
guarderà	guarderanno

PRESENT PERFECT

ho guardato	abbiamo guardato
hai guardato	avete guardato
ha guardato	hanno guardato

PAST PERFECT

avevo guardato	avevamo guardato
avevi guardato	avevate guardato
aveva guardato	avevano guardato

PRETERITE PERFECT

ebbi guardato	avemmo guardato
avesti guardato	aveste guardato
ebbe guardato	ebbero guardato

FUTURE PERFECT

avrò guardato	avremo guardato
avrai guardato	avrete guardato
avrà guardato	avranno guardato

SUBJUNCTIVE

PRESENT

guardi	guardiamo
guardi	guardiate
guardi	guardino

IMPERFECT

guardassi	guardassimo
guardassi	guardaste
guardasse	guardassero

PAST

abbia guardato	abbiamo guardato
abbia guardato	abbiate guardato
abbia guardato	abbiano guardato

PAST PERFECT

avessi guardato	avessimo guardato
avessi guardato	aveste guardato
avesse guardato	avessero guardato

CONDITIONAL

PRESENT

guarderei	guarderemmo
guarderesti	guardereste
guarderebbe	guarderebbero

PAST

avrei guardato	avremmo guardato
avresti guardato	avreste guardato
avrebbe guardato	avrebbero guardato

IMPERATIVE

	guardiamo!
guarda!	guardate!
guardi!	guardino!

OTHER FORMS

GERUND	PARTICIPLE
guardando	guardato

RELATED WORDS

sguardo	*glance, look*
guardaroba	*wardrobe*
guardasigilli	*minister of Justice*
guardia	*watch, guard*

EXAMPLES OF VERB USAGE

Io la sera non guardo mai la televisione. — *I never watch television at night.*

Chi guarda i bambini stasera? — *Who is watching the children tonight?*

Quando abitavo in montagna, guardavo il tramonto ogni sera. — *When I lived in the mountains, I used to watch the sunset every evening.*

Verb Charts

VERB CHART 97

io	noi
tu	voi
lui/lei	loro

Guarire

to heal, to recover

INDICATIVE

PRESENT		PRESENT PERFECT	
guarisco	guariamo	ho guarito	abbiamo guarito
guarisci	guarite	hai guarito	avete guarito
guarisce	guariscono	ha guarito	hanno guarito

IMPERFECT		PAST PERFECT	
guarivo	guarivamo	avevo guarito	avevamo guarito
guarivi	guarivate	avevi guarito	avevate guarito
guariva	guarivano	aveva guarito	avevano guarito

ABSOLUTE PAST		PRETERITE PERFECT	
guarii	guarimmo	ebbi guarito	avemmo guarito
guaristi	guariste	avesti guarito	aveste guarito
guarì	guarirono	ebbe guarito	ebbero guarito

FUTURE		FUTURE PERFECT	
guarirò	guariremo	avrò guarito	avremo guarito
guarirai	guarirete	avrai guarito	avrete guarito
guarirà	guariranno	avrà guarito	avranno guarito

SUBJUNCTIVE

PRESENT		PAST	
guarisca	guariamo	abbia guarito	abbiamo guarito
guarisca	guariate	abbia guarito	abbiate guarito
guarisca	guariscano	abbia guarito	abbiano guarito

IMPERFECT		PAST PERFECT	
guarissi	guarissimo	avessi guarito	avessimo guarito
guarissi	guariste	avessi guarito	aveste guarito
guarisse	guarissero	avesse guarito	avessero guarito

CONDITIONAL

PRESENT		PAST	
guarirei	guariremmo	avrei guarito	avremmo guarito
guariresti	guarireste	avresti guarito	avreste guarito
guarirebbe	guarirebbero	avrebbe guarito	avrebbero guarito

IMPERATIVE

	guariamo!
guarisci!	guarite!
guarisca!	guariscano!

OTHER FORMS

GERUND	PARTICIPLE
guarendo	guarito

RELATED WORDS

guaribile	*curable*	guarigione	*recovery*
guaritore	*healer*		

EXAMPLES OF VERB USAGE

Lui guarì curandosi con le erbe. — *He recovered by curing himself with herbs.*

L'hanno portato all'ospedale perché la ferita non guariva. — *They took him to the hospital because his wound wasn't healing.*

È guarito dall'influenza in due settimane. — *He recovered from the flu in two weeks.*

Guidare

to guide, to lead, to drive

VERB CHART **98**

io	noi
tu	voi
lui/lei	loro

INDICATIVE

PRESENT

guido	guidiamo
guidi	guidate
guida	guidano

IMPERFECT

guidavo	guidavamo
guidavi	guidavate
guidava	guidavano

ABSOLUTE PAST

guidai	guidammo
guidasti	guidaste
guidò	guidarono

FUTURE

guiderò	guideremo
guiderai	guiderete
guiderà	guideranno

PRESENT PERFECT

ho guidato	abbiamo guidato
hai guidato	avete guidato
ha guidato	hanno guidato

PAST PERFECT

avevo guidato	avevamo guidato
avevi guidato	avevate guidato
aveva guidato	avevano guidato

PRETERITE PERFECT

ebbi guidato	avemmo guidato
avesti guidato	aveste guidato
ebbe guidato	ebbero guidato

FUTURE PERFECT

avrò guidato	avremo guidato
avrai guidato	avrete guidato
avrà guidato	avranno guidato

SUBJUNCTIVE

PRESENT

guidi	guidiamo
guidi	guidiate
guidi	guidino

IMPERFECT

guidassi	guidassimo
guidassi	guidaste
guidasse	guidassero

PAST

abbia guidato	abbiamo guidato
abbia guidato	abbiate guidato
abbia guidato	abbiano guidato

PAST PERFECT

avessi guidato	avessimo guidato
avessi guidato	aveste guidato
avesse guidato	avessero guidato

CONDITIONAL

PRESENT

guiderei	guideremmo
guideresti	guidereste
guiderebbe	guiderebbero

PAST

avrei guidato	avremmo guidato
avresti guidato	avreste guidato
avrebbe guidato	avrebbero guidato

IMPERATIVE

	guidiamo!
guida!	guidate!
guidi!	guidino!

OTHER FORMS

GERUND
guidando

PARTICIPLE
guidato

RELATED WORDS

guida	*guide, leader, driving*
guidatore	*driver*
guidarsi	*to conduct oneself*

EXAMPLES OF VERB USAGE

Sono stanchissimo perché ho guidato per due ore. — *I'm very tired because I drove for two hours.*

L'allenatore guidò la squadra alla vittoria. — *The coach led the team to victory.*

Guiderei se avessi la patente con me. — *I would drive if I had my driver's license with me.*

Verb Charts

VERB CHART 99

io	noi
tu	voi
lui/lei	loro

Gustare

to taste, to enjoy

INDICATIVE

PRESENT

gusto	gustiamo
gusti	gustate
gusta	gustano

PRESENT PERFECT

ho gustato	abbiamo gustato
hai gustato	avete gustato
ha gustato	hanno gustato

IMPERFECT

gustavo	gustavamo
gustavi	gustavate
gustava	gustavano

PAST PERFECT

avevo gustato	avevamo gustato
avevi gustato	avevate gustato
aveva gustato	avevano gustato

ABSOLUTE PAST

gustai	gustammo
gustasti	gustaste
gustò	gustarono

PRETERITE PERFECT

ebbi gustato	avemmo gustato
avesti gustato	aveste gustato
ebbe gustato	ebbero gustato

FUTURE

gusterò	gusteremo
gusterai	gusterete
gusterà	gusteranno

FUTURE PERFECT

avrò gustato	avremo gustato
avrai gustato	avrete gustato
avrà gustato	avranno gustato

SUBJUNCTIVE

PRESENT

gusti	gustiamo
gusti	gustiate
gusti	gustino

PAST

abbia gustato	abbiamo gustato
abbia gustato	abbiate gustato
abbia gustato	abbiano gustato

IMPERFECT

gustassi	gustassimo
gustassi	gustaste
gustasse	gustassero

PAST PERFECT

avessi gustato	avessimo gustato
avessi gustato	aveste gustato
avesse gustato	avessero gustato

CONDITIONAL

PRESENT

gusterei	gusteremmo
gusteresti	gustereste
gusterebbe	gusterebbero

PAST

avrei gustato	avremmo gustato
avresti gustato	avreste gustato
avrebbe gustato	avrebbero gustato

IMPERATIVE

	gustiamo!
gusta!	gustate!
gusti!	gustino!

OTHER FORMS

GERUND	PARTICIPLE
gustando	gustato

RELATED WORDS

gusto	*taste, savor*
gustabile	*enjoyable*
gustaccio	*bad taste*

EXAMPLES OF VERB USAGE

Avrei gustato meglio il film se non ci fosse stato tutto quel chiasso.

I would have enjoyed the movie more if it hadn't been so noisy.

Mangia pure la pasta e gustatela!

By all means eat the pasta and enjoy it!

Immaginare

to imagine

VERB CHART 100

io	noi
tu	voi
lui/lei	loro

INDICATIVE

PRESENT		PRESENT PERFECT	
immagino	immaginiamo	ho immaginato	abbiamo immaginato
immagini	immaginate	hai immaginato	avete immaginato
immagina	immaginano	ha immaginato	hanno immaginato

IMPERFECT		PAST PERFECT	
immaginavo	immaginavamo	avevo immaginato	avevamo immaginato
immaginavi	immaginavate	avevi immaginato	avevate immaginato
immaginava	immaginavano	aveva immaginato	avevano immaginato

ABSOLUTE PAST		PRETERITE PERFECT	
immaginai	immaginammo	ebbi immaginato	avemmo immaginato
immaginasti	immaginaste	avesti immaginato	aveste immaginato
immaginò	immaginarono	ebbe immaginato	ebbero immaginato

FUTURE		FUTURE PERFECT	
immaginerò	immagineremo	avrò immaginato	avremo immaginato
immaginerai	immaginerete	avrai immaginato	avrete immaginato
immaginerà	immagineranno	avrà immaginato	avranno immaginato

SUBJUNCTIVE

PRESENT		PAST	
immagini	immaginiamo	abbia immaginato	abbiamo immaginato
immagini	immaginiate	abbia immaginato	abbiate immaginato
immagini	immaginino	abbia immaginato	abbiano immaginato

IMPERFECT		PAST PERFECT	
immaginassi	immaginassimo	avessi immaginato	avessimo immaginato
immaginassi	immaginaste	avessi immaginato	aveste immaginato
immaginasse	immaginassero	avesse immaginato	avessero immaginato

CONDITIONAL

PRESENT		PAST	
immaginerei	immagineremmo	avrei immaginato	avremmo immaginato
immagineresti	immaginereste	avresti immaginato	avreste immaginato
immaginerebbe	immaginerebbero	avrebbe immaginato	avrebbero immaginato

IMPERATIVE

	immaginiamo!
immagina!	immaginate!
immagini!	immaginino!

OTHER FORMS

GERUND	PARTICIPLE
immaginando	immaginato

RELATED WORDS

immagine	*image*	immaginetta	*holy picture, icon*
immaginario	*imaginary*	immaginoso	*imaginative*

EXAMPLES OF VERB USAGE

T'immagini?! — *Can you imagine?!*

Immagina come saresti diverso se fossi italiano . . . — *Imagine how different you would be if you were Italian . . .*

Non avrei mai immaginato di vivere qui. — *I would never have imagined living here.*

Verb Charts

VERB CHART 101

io	noi
tu	voi
lui/lei	loro

Imparare

to learn

INDICATIVE

PRESENT

imparo	impariamo
impari	imparate
impara	imparano

PRESENT PERFECT

ho imparato	abbiamo imparato
hai imparato	avete imparato
ha imparato	hanno imparato

IMPERFECT

imparavo	imparavamo
imparavi	imparavate
imparava	imparavano

PAST PERFECT

avevo imparato	avevamo imparato
avevi imparato	avevate imparato
aveva imparato	avevano imparato

ABSOLUTE PAST

imparai	imparammo
imparasti	imparaste
imparò	impararono

PRETERITE PERFECT

ebbi imparato	avemmo imparato
avesti imparato	aveste imparato
ebbe imparato	ebbero imparato

FUTURE

imparerò	impareremo
imparerai	imparerete
imparerà	impareranno

FUTURE PERFECT

avrò imparato	avremo imparato
avrai imparato	avrete imparato
avrà imparato	avranno imparato

SUBJUNCTIVE

PRESENT

impari	impariamo
impari	impariate
impari	imparino

PAST

abbia imparato	abbiamo imparato
abbia imparato	abbiate imparato
abbia imparato	abbiano imparato

IMPERFECT

imparassi	imparassimo
imparassi	imparaste
imparasse	imparassero

PAST PERFECT

avessi imparato	avessimo imparato
avessi imparato	aveste imparato
avesse imparato	avessero imparato

CONDITIONAL

PRESENT

imparerei	impareremmo
impareresti	imparereste
imparerebbe	imparerebbero

PAST

avrei imparato	avremmo imparato
avresti imparato	avreste imparato
avrebbe imparato	avrebbero imparato

IMPERATIVE

	impariamo!
impara!	imparate!
impari!	imparino!

OTHER FORMS

GERUND	**PARTICIPLE**
imparando	imparato

RELATED WORDS

imparare a memoria — *to learn by heart*

EXAMPLES OF VERB USAGE

Ho imparato a leggere quando avevo sei anni. — *I learned to read when I was six.*

Sbagliando s'impara. — *One learns by making mistakes.*

Ma quando imparerai! — *When will you ever learn!*

Incassare

to cash, to box, to take in

VERB CHART 102

io	noi
tu	voi
lui/lei	loro

INDICATIVE

PRESENT

incasso	incassiamo
incassi	incassate
incassa	incassano

PRESENT PERFECT

ho incassato	abbiamo incassato
hai incassato	avete incassato
ha incassato	hanno incassato

IMPERFECT

incassavo	incassavamo
incassavi	incassavate
incassava	incassavano

PAST PERFECT

avevo incassato	avevamo incassato
avevi incassato	avevate incassato
aveva incassato	avevano incassato

ABSOLUTE PAST

incassai	incassammo
incassasti	incassaste
incassò	incassarono

PRETERITE PERFECT

ebbi incassato	avemmo incassato
avesti incassato	aveste incassato
ebbe incassato	ebbero incassato

FUTURE

incasserò	incasseremo
incasserai	incasserete
incasserà	incasseranno

FUTURE PERFECT

avrò incassato	avremo incassato
avrai incassato	avrete incassato
avrà incassato	avranno incassato

SUBJUNCTIVE

PRESENT

incassi	incassiamo
incassi	incassiate
incassi	incassino

PAST

abbia incassato	abbiamo incassato
abbia incassato	abbiate incassato
abbia incassato	abbiano incassato

IMPERFECT

incassassi	incassassimo
incassassi	incassaste
incassasse	incassassero

PAST PERFECT

avessi incassato	avessimo incassato
avessi incassato	aveste incassato
avesse incassato	avessero incassato

CONDITIONAL

PRESENT

incasserei	incasseremmo
incasseresti	incassereste
incasserebbe	incasserebbero

PAST

avrei incassato	avremmo incassato
avresti incassato	avreste incassato
avrebbe incassato	avrebbero incassato

IMPERATIVE

	incassiamo!
incassa!	incassate!
incassi!	incassino!

OTHER FORMS

GERUND
incassando

PARTICIPLE
incassato

RELATED WORDS

cassa	*crate, box, cash register*
scassare	*to break open*
incasso	*amount collected*
cassettone	*chest of drawers*

EXAMPLES OF VERB USAGE

Incassa l'assegno prima che scada.	*Cash the check before it expires.*
L'anno scorso ho incassato tanti soldi.	*Last year I took in a lot of money.*
La banca non incassò il mio travelers cheque perché non avevo il passaporto.	*The bank didn't cash my traveler's check because I didn't have my passport.*

Verb Charts

VERB CHART 103

io	noi
tu	voi
lui/lei	loro

Incontrare

to meet

INDICATIVE

PRESENT		PRESENT PERFECT	
incontro	incontriamo	ho incontrato	abbiamo incontrato
incontri	incontrate	hai incontrato	avete incontrato
incontra	incontrano	ha incontrato	hanno incontrato

IMPERFECT		PAST PERFECT	
incontravo	incontravamo	avevo incontrato	avevamo incontrato
incontravi	incontravate	avevi incontrato	avevate incontrato
incontrava	incontravano	aveva incontrato	avevano incontrato

ABSOLUTE PAST		PRETERITE PERFECT	
incontrai	incontrammo	ebbi incontrato	avemmo incontrato
incontrasti	incontraste	avesti incontrato	aveste incontrato
incontrò	incontrarono	ebbe incontrato	ebbero incontrato

FUTURE		FUTURE PERFECT	
incontrerò	incontreremo	avrò incontrato	avremo incontrato
incontrerai	incontrerete	avrai incontrato	avrete incontrato
incontrerà	incontreranno	avrà incontrato	avranno incontrato

SUBJUNCTIVE

PRESENT		PAST	
incontri	incontriamo	abbia incontrato	abbiamo incontrato
incontri	incontriate	abbia incontrato	abbiate incontrato
incontri	incontrino	abbia incontrato	abbiano incontrato

IMPERFECT		PAST PERFECT	
incontrassi	incontrassimo	avessi incontrato	avessimo incontrato
incontrassi	incontraste	avessi incontrato	aveste incontrato
incontrasse	incontrassero	avesse incontrato	avessero incontrato

CONDITIONAL

PRESENT		PAST	
incontrerei	incontreremmo	avrei incontrato	avremmo incontrato
incontreresti	incontrereste	avresti incontrato	avreste incontrato
incontrerebbe	incontrerebbero	avrebbe incontrato	avrebbero incontrato

IMPERATIVE

	incontriamo!
incontra!	incontrate!
incontri!	incontrino!

OTHER FORMS

GERUND	PARTICIPLE
incontrando	incontrato

RELATED WORDS

incontro	*meeting, encounter*	andare incontro a	*to face, to accommodate*
incontro	*game, fight, match*	incontrarsi	*to meet each other*

EXAMPLES OF VERB USAGE

A che ora ci incontriamo domani? — *What time should we meet tomorrow?*

Indovina chi ho incontrato? — *Guess who I met?*

Te l'immagini se la incontrassi stasera?! — *Can you imagine if I met her tonight?!*

Indagare

to investigate, to inquire

VERB CHART 104

io	noi
tu	voi
lui/lei	loro

INDICATIVE

PRESENT		PRESENT PERFECT	
indago	indaghiamo	ho indagato	abbiamo indagato
indaghi	indagate	hai indagato	avete indagato
indaga	indagano	ha indagato	hanno indagato

IMPERFECT		PAST PERFECT	
indagavo	indagavamo	avevo indagato	avevamo indagato
indagavi	indagavate	avevi indagato	avevate indagato
indagava	indagavano	aveva indagato	avevano indagato

ABSOLUTE PAST		PRETERITE PERFECT	
indagai	indagammo	ebbi indagato	avemmo indagato
indagasti	indagaste	avesti indagato	aveste indagato
indagò	indagarono	ebbe indagato	ebbero indagato

FUTURE		FUTURE PERFECT	
indagherò	indagheremo	avrò indagato	avremo indagato
indagherai	indagherete	avrai indagato	avrete indagato
indagherà	indagheranno	avrà indagato	avranno indagato

SUBJUNCTIVE

PRESENT		PAST	
indaghi	indaghiamo	abbia indagato	abbiamo indagato
indaghi	indaghiate	abbia indagato	abbiate indagato
indaghi	indaghino	abbia indagato	abbiano indagato

IMPERFECT		PAST PERFECT	
indagassi	indagassimo	avessi indagato	avessimo indagato
indagassi	indagaste	avessi indagato	aveste indagato
indagasse	indagassero	avesse indagato	avessero indagato

CONDITIONAL

PRESENT		PAST	
indagherei	indagheremmo	avrei indagato	avremmo indagato
indagheresti	indaghereste	avresti indagato	avreste indagato
indagherebbe	indagherebbero	avrebbe indagato	avrebbero indagato

IMPERATIVE

	indaghiamo!
indaga!	indagate!
indaghi!	indaghino!

OTHER FORMS

GERUND	PARTICIPLE
indagando	indagato

RELATED WORDS

indagine	*investigation, inquiry*	indagatore	*inquirer*

EXAMPLES OF VERB USAGE

Indagherò sui prezzi dei voli per l'Italia.	*I will inquire about the prices of flights to Italy.*
La polizia indaga ancora per scoprire i responsabili dell'incidente.	*The police are still investigating to find out who is responsible for the accident.*
Indagarono per mesi senza scoprire nulla.	*They investigated for months without discovering anything.*

VERB CHART 105

io	noi
tu	voi
lui/lei	loro

Informare

to inform

INDICATIVE

PRESENT

informo	informiamo
informi	informate
informa	informano

PRESENT PERFECT

ho informato	abbiamo informato
hai informato	avete informato
ha informato	hanno informato

IMPERFECT

informavo	informavamo
informavi	informavate
informava	informavano

PAST PERFECT

avevo informato	avevamo informato
avevi informato	avevate informato
aveva informato	avevano informato

ABSOLUTE PAST

informai	informammo
informasti	informaste
informò	informarono

PRETERITE PERFECT

ebbi informato	avemmo informato
avesti informato	aveste informato
ebbe informato	ebbero informato

FUTURE

informerò	informeremo
informerai	informerete
informerà	informeranno

FUTURE PERFECT

avrò informato	avremo informato
avrai informato	avrete informato
avrà informato	avranno informato

SUBJUNCTIVE

PRESENT

informi	informiamo
informi	informiate
informi	informino

PAST

abbia informato	abbiamo informato
abbia informato	abbiate informato
abbia informato	abbiano informato

IMPERFECT

informassi	informassimo
informassi	informaste
informasse	informassero

PAST PERFECT

avessi informato	avessimo informato
avessi informato	aveste informato
avesse informato	avessero informato

CONDITIONAL

PRESENT

informerei	informeremmo
informeresti	informereste
informerebbe	informerebbero

PAST

avrei informato	avremmo informato
avresti informato	avreste informato
avrebbe informato	avrebbero informato

IMPERATIVE

	informiamo!
informa!	informate!
informi!	informino!

OTHER FORMS

GERUND

informando

PARTICIPLE

informato

RELATED WORDS

informazione	*information*
informativo	*informative*
informatore	*informer*

EXAMPLES OF VERB USAGE

Oggigiorno dobbiamo stare attenti a chi ci informa.	*Nowadays we should be careful about who is informing us.*
T'informo che non verrò domani.	*I'm letting you know that I won't be coming tomorrow.*
Informiamoci sugli orari.	*Let's find out what the schedule is.*

Insegnare

to teach

VERB CHART 106

io	noi
tu	voi
lui/lei	loro

INDICATIVE

PRESENT

insegno	insegniamo
insegni	insegnate
insegna	insegnano

PRESENT PERFECT

ho insegnato	abbiamo insegnato
hai insegnato	avete insegnato
ha insegnato	hanno insegnato

IMPERFECT

insegnavo	insegnavamo
insegnavi	insegnavate
insegnava	insegnavano

PAST PERFECT

avevo insegnato	avevamo insegnato
avevi insegnato	avevate insegnato
aveva insegnato	avevano insegnato

ABSOLUTE PAST

insegnai	insegnammo
insegnasti	insegnaste
insegnò	insegnarono

PRETERITE PERFECT

ebbi insegnato	avemmo insegnato
avesti insegnato	aveste insegnato
ebbe insegnato	ebbero insegnato

FUTURE

insegnerò	insegneremo
insegnerai	insegnerete
insegnerà	insegneranno

FUTURE PERFECT

avrò insegnato	avremo insegnato
avrai insegnato	avrete insegnato
avrà insegnato	avranno insegnato

SUBJUNCTIVE

PRESENT

insegni	insegniamo
insegni	insegniate
insegni	insegnino

PAST

abbia insegnato	abbiamo insegnato
abbia insegnato	abbiate insegnato
abbia insegnato	abbiano insegnato

IMPERFECT

insegnassi	insegnassimo
insegnassi	insegnaste
insegnasse	insegnassero

PAST PERFECT

avessi insegnato	avessimo insegnato
avessi insegnato	aveste insegnato
avesse insegnato	avessero insegnato

CONDITIONAL

PRESENT

insegnerei	insegneremmo
insegneresti	insegnereste
insegnerebbe	insegnerebbero

PAST

avrei insegnato	avremmo insegnato
avresti insegnato	avreste insegnato
avrebbe insegnato	avrebbero insegnato

IMPERATIVE

	insegniamo!
insegna!	insegnate!
insegni!	insegnino!

OTHER FORMS

GERUND

insegnando

PARTICIPLE

insegnato

RELATED WORDS

insegnante	*teacher*
insegnamento	*instruction, teaching*
insegnabile	*teachable*

EXAMPLES OF VERB USAGE

È l'esperienza che ci insegna a vivere.	*It's experience that teaches us how to live.*
Se avessi tempo, ti insegnerei a cucinare.	*If I had time, I would teach you how to cook.*
Per favore, insegnami come si fa.	*Please teach me how to do it.*

Verb Charts

VERB CHART 107

io	noi
tu	voi
lui/lei	loro

Insistere

to insist

INDICATIVE

PRESENT

insisto	insistiamo
insisti	insistete
insiste	insistono

PRESENT PERFECT

ho insistito	abbiamo insistito
hai insistito	avete insistito
ha insistito	hanno insistito

IMPERFECT

insistevo	insistevamo
insistevi	insistevate
insisteva	insistevano

PAST PERFECT

avevo insistito	avevamo insistito
avevi insistito	avevate insistito
aveva insistito	avevano insistito

ABSOLUTE PAST

insistei (insistetti)	insistemmo
insistesti	insisteste
insisté (insistette)	insisterono (insistettero)

PRETERITE PERFECT

ebbi insistito	avemmo insistito
avesti insistito	aveste insistito
ebbe insistito	ebbero insistito

FUTURE

insisterò	insisteremo
insisterai	insisterete
insisterà	insisteranno

FUTURE PERFECT

avrò insistito	avremo insistito
avrai insistito	avrete insistito
avrà insistito	avranno insistito

SUBJUNCTIVE

PRESENT

insista	insistiamo
insista	insistiate
insista	insistano

PAST

abbia insistito	abbiamo insistito
abbia insistito	abbiate insistito
abbia insistito	abbiano insistito

IMPERFECT

insistessi	insistessimo
insistessi	insisteste
insistesse	insistessero

PAST PERFECT

avessi insistito	avessimo insistito
avessi insistito	aveste insistito
avesse insistito	avessero insistito

CONDITIONAL

PRESENT

insisterei	insisteremmo
insisteresti	insistereste
insisterebbe	insisterebbero

PAST

avrei insistito	avremmo insistito
avresti insistito	avreste insistito
avrebbe insistito	avrebbero insistito

IMPERATIVE

	insistiamo!
insisti!	insistete!
insista!	insistano!

OTHER FORMS

GERUND

insistendo

PARTICIPLE

insistito

RELATED WORDS

insistenza	*insistence*
insistentemente	*insistently*

EXAMPLES OF VERB USAGE

Maria insisté che l'accompagnassi a casa in macchina.	*Maria insisted that I drive her home.*
Per favore, non insistere!	*Please, do not insist!*
Insistevo perché sapevo di aver ragione.	*I kept insisting because I knew I was right.*

Insultare

to insult

VERB CHART 108

io	noi
tu	voi
lui/lei	loro

INDICATIVE

PRESENT		PRESENT PERFECT	
insulto	insultiamo	ho insultato	abbiamo insultato
insulti	insultate	hai insultato	avete insultato
insulta	insultano	ha insultato	hanno insultato

IMPERFECT		PAST PERFECT	
insultavo	insultavamo	avevo insultato	avevamo insultato
insultavi	insultavate	avevi insultato	avevate insultato
insultava	insultavano	aveva insultato	avevano insultato

ABSOLUTE PAST		PRETERITE PERFECT	
insultai	insultammo	ebbi insultato	avemmo insultato
insultasti	insultaste	avesti insultato	aveste insultato
insultò	insultarono	ebbe insultato	ebbero insultato

FUTURE		FUTURE PERFECT	
insulterò	insulteremo	avrò insultato	avremo insultato
insulterai	insulterete	avrai insultato	avrete insultato
insulterà	insulteranno	avrà insultato	avranno insultato

SUBJUNCTIVE

PRESENT		PAST	
insulti	insultiamo	abbia insultato	abbiamo insultato
insulti	insultiate	abbia insultato	abbiate insultato
insulti	insultino	abbia insultato	abbiano insultato

IMPERFECT		PAST PERFECT	
insultassi	insultassimo	avessi insultato	avessimo insultato
insultassi	insultaste	avessi insultato	aveste insultato
insultasse	insultassero	avesse insultato	avessero insultato

CONDITIONAL

PRESENT		PAST	
insulterei	insulteremmo	avrei insultato	avremmo insultato
insulteresti	insultereste	avresti insultato	avreste insultato
insulterebbe	insulterebbero	avrebbe insultato	avrebbero insultato

IMPERATIVE

	insultiamo!
insulta!	insultate!
insulti!	insultino!

OTHER FORMS

GERUND	PARTICIPLE
insultando	insultato

RELATED WORDS

insulto	*insult*	insultante	*insulting*

EXAMPLES OF VERB USAGE

Il suo comportamento mi insultò. — *Her behavior insulted me.*

La loro condiscendenza l'insultava. — *Their condescension was insulting to him.*

Verb Charts

VERB CHART 109

Intendere

to intend, to mean, to understand

io	noi
tu	voi
lui/lei	loro

INDICATIVE

PRESENT		PRESENT PERFECT	
intendo	intendiamo	ho inteso	abbiamo inteso
intendi	intendete	hai inteso	avete inteso
intende	intendono	ha inteso	hanno inteso

IMPERFECT		PAST PERFECT	
intendevo	intendevamo	avevo inteso	avevamo inteso
intendevi	intendevate	avevi inteso	avevate inteso
intendeva	intendevano	aveva inteso	avevano inteso

ABSOLUTE PAST		PRETERITE PERFECT	
intesi	intendemmo	ebbi inteso	avemmo inteso
intendesti	intendeste	avesti inteso	aveste inteso
intese	intesero	ebbe inteso	ebbero inteso

FUTURE		FUTURE PERFECT	
intenderò	intenderemo	avrò inteso	avremo inteso
intenderai	intenderete	avrai inteso	avrete inteso
intenderà	intenderanno	avrà inteso	avranno inteso

SUBJUNCTIVE

PRESENT		PAST	
intenda	intendiamo	abbia inteso	abbiamo inteso
intenda	intendiate	abbia inteso	abbiate inteso
intenda	intendano	abbia inteso	abbiano inteso

IMPERFECT		PAST PERFECT	
intendessi	intendessimo	avessi inteso	avessimo inteso
intendessi	intendeste	avessi inteso	aveste inteso
intendesse	intendessero	avesse inteso	avessero inteso

CONDITIONAL

PRESENT		PAST	
intenderei	intenderemmo	avrei inteso	avremmo inteso
intenderesti	intendereste	avresti inteso	avreste inteso
intenderebbe	intenderebbero	avrebbe inteso	avrebbero inteso

IMPERATIVE

	intendiamo!
intendi!	intendete!
intenda!	intendano!

OTHER FORMS

GERUND	PARTICIPLE
intendendo	inteso

RELATED WORDS

intesa	*agreement*	intenditore	*connoisseur*
intendimento	*understanding*		

EXAMPLES OF VERB USAGE

No, non è questo che intendevo. — *No, that is not what I meant.*

Non intesi ciò che mi disse. — *I didn't understand what he said to me.*

Scusa, non intendevo offenderti. — *I'm sorry, I didn't mean to offend you.*

Inviare

to send

VERB CHART 110

io	noi
tu	voi
lui/lei	loro

INDICATIVE

PRESENT

invio	inviamo
invii	inviate
invia	inviano

IMPERFECT

inviavo	inviavamo
inviavi	inviavate
inviava	inviavano

ABSOLUTE PAST

inviai	inviammo
inviasti	inviaste
inviò	inviarono

FUTURE

invierò	invieremo
invierai	invierete
invierà	invieranno

PRESENT PERFECT

ho inviato	abbiamo inviato
hai inviato	avete inviato
ha inviato	hanno inviato

PAST PERFECT

avevo inviato	avevamo inviato
avevi inviato	avevate inviato
aveva inviato	avevano inviato

PRETERITE PERFECT

ebbi inviato	avemmo inviato
avesti inviato	aveste inviato
ebbe inviato	ebbero inviato

FUTURE PERFECT

avrò inviato	avremo inviato
avrai inviato	avrete inviato
avrà inviato	avranno inviato

SUBJUNCTIVE

PRESENT

invii	inviamo
invii	inviate
invii	inviino

IMPERFECT

inviassi	inviassimo
inviassi	inviaste
inviasse	inviassero

PAST

abbia inviato	abbiamo inviato
abbia inviato	abbiate inviato
abbia inviato	abbiano inviato

PAST PERFECT

avessi inviato	avessimo inviato
avessi inviato	aveste inviato
avesse inviato	avessero inviato

CONDITIONAL

PRESENT

invierei	invieremmo
invieresti	inviereste
invierebbe	invierebbero

PAST

avrei inviato	avremmo inviato
avresti inviato	avreste inviato
avrebbe inviato	avrebbero inviato

IMPERATIVE

	inviamo!
invia!	inviate!
invii!	inviino!

OTHER FORMS

GERUND

inviando

PARTICIPLE

inviato

RELATED WORDS

invio	*dispatch, shipment*
inviato	*envoy, correspondent*

EXAMPLES OF VERB USAGE

Ti ho inviato la lettera per via aerea.

I sent you the letter by airmail.

Gli inviano gli auguri di Pasqua ogni anno.

They send him Easter greetings every year.

Viene a ritirare i suoi documenti o glieli mando per posta?

Will you come to pick your papers up or shall I mail them to you?

Verb Charts

VERB CHART 111

io	noi
tu	voi
lui/lei	loro

Invidiare

to envy

INDICATIVE

PRESENT		PRESENT PERFECT	
invidio	invidiamo	ho invidiato	abbiamo invidiato
invidi	invidiate	hai invidiato	avete invidiato
invidia	invidiano	ha invidiato	hanno invidiato

IMPERFECT		PAST PERFECT	
invidiavo	invidiavamo	avevo invidiato	avevamo invidiato
invidiavi	invidiavate	avevi invidiato	avevate invidiato
invidiava	invidiavano	aveva invidiato	avevano invidiato

ABSOLUTE PAST		PRETERITE PERFECT	
invidiai	invidiammo	ebbi invidiato	avemmo invidiato
invidiasti	invidiaste	avesti invidiato	aveste invidiato
invidiò	invidiarono	ebbe invidiato	ebbero invidiato

FUTURE		FUTURE PERFECT	
invidierò	invidieremo	avrò invidiato	avremo invidiato
invidierai	invidierete	avrai invidiato	avrete invidiato
invidierà	invidieranno	avrà invidiato	avranno invidiato

SUBJUNCTIVE

PRESENT		PAST	
invidi	invidiamo	abbia invidiato	abbiamo invidiato
invidi	invidiate	abbia invidiato	abbiate invidiato
invidi	invidino	abbia invidiato	abbiano invidiato

IMPERFECT		PAST PERFECT	
invidiassi	invidiassimo	avessi invidiato	avessimo invidiato
invidiassi	invidiaste	avessi invidiato	aveste invidiato
invidiasse	invidiassero	avesse invidiato	avessero invidiato

CONDITIONAL

PRESENT		PAST	
invidierei	invidieremmo	avrei invidiato	avremmo invidiato
invidieresti	invidiereste	avresti invidiato	avreste invidiato
invidierebbe	invidierebbero	avrebbe invidiato	avrebbero invidiato

IMPERATIVE

	invidiamo!
invidia!	invidiate!
invidi!	invidino!

OTHER FORMS

GERUND	PARTICIPLE
invidiando	invidiato

RELATED WORDS

invidia	*envy*	invidiabile	*enviable*
invidioso	*envious*		

EXAMPLES OF VERB USAGE

Come t'invidio! — *I'm so envious (of you)!*

Mi invidiava perché ero più esperto di lui. — *He envied me because I was more experienced than he was.*

Non li invidio per niente. — *I don't envy them one bit.*

Invitare

to invite

VERB CHART 112

io	noi
tu	voi
lui/lei	loro

INDICATIVE

PRESENT

invito	invitiamo
inviti	invitate
invita	invitano

IMPERFECT

invitavo	invitavamo
invitavi	invitavate
invitava	invitavano

ABSOLUTE PAST

invitai	invitammo
invitaste	invitaste
invitò	invitarono

FUTURE

inviterò	inviteremo
inviterai	inviterete
inviterà	inviteranno

PRESENT PERFECT

ho invitato	abbiamo invitato
hai invitato	avete invitato
ha invitato	hanno invitato

PAST PERFECT

avevo invitato	avevamo invitato
avevi invitato	avevate invitato
aveva invitato	avevano invitato

PRETERITE PERFECT

ebbi invitato	avemmo invitato
avesti invitato	aveste invitato
ebbe invitato	ebbero invitato

FUTURE PERFECT

avrò invitato	avremo invitato
avrai invitato	avrete invitato
avrà invitato	avranno invitato

SUBJUNCTIVE

PRESENT

inviti	invitiamo
inviti	invitiate
inviti	invitino

IMPERFECT

invitassi	invitassimo
invitassi	invitaste
invitasse	invitassero

PAST

abbia invitato	abbiamo invitato
abbia invitato	abbiate invitato
abbia invitato	abbiano invitato

PAST PERFECT

avessi invitato	avessimo invitato
avessi invitato	aveste invitato
avesse invitato	avessero invitato

CONDITIONAL

PRESENT

inviterei	inviteremmo
inviteresti	invitereste
inviterebbe	inviterebbero

PAST

avrei invitato	avremmo invitato
avresti invitato	avreste invitato
avrebbe invitato	avrebbero invitato

IMPERATIVE

	invitiamo!
invita!	invitate!
inviti!	invitino!

OTHER FORMS

GERUND

invitando

PARTICIPLE

invitato

RELATED WORDS

invito	*invitation*
invitato	*guest*
invitante	*tempting, inviting*

EXAMPLES OF VERB USAGE

Mi hanno invitato al loro matrimonio. — *They invited me to their wedding.*

Lo invitai a ripensarci. — *I invited him to think it over.*

Mi inviti a casa tua? — *Will you invite me to your place?*

Verb Charts

VERB CHART 113

io	noi
tu	voi
lui/lei	loro

Lasciare

to leave, to abandon

INDICATIVE

PRESENT

lascio	lasciamo
lasci	lasciate
lascia	lasciano

PRESENT PERFECT

ho lasciato	abbiamo lasciato
hai lasciato	avete lasciato
ha lasciato	hanno lasciato

IMPERFECT

lasciavo	lasciavamo
lasciavi	lasciavate
lasciava	lasciavano

PAST PERFECT

avevo lasciato	avevamo lasciato
avevi lasciato	avevate lasciato
aveva lasciato	avevano lasciato

ABSOLUTE PAST

lasciai	lasciammo
lasciasti	lasciaste
lasciò	lasciarono

PRETERITE PERFECT

ebbi lasciato	avemmo lasciato
avesti lasciato	aveste lasciato
ebbe lasciato	ebbero lasciato

FUTURE

lascerò	lasceremo
lascerai	lascerete
lascerà	lasceranno

FUTURE PERFECT

avrò lasciato	avremo lasciato
avrai lasciato	avrete lasciato
avrà lasciato	avranno lasciato

SUBJUNCTIVE

PRESENT

lasci	lasciamo
lasci	lasciate
lasci	lascino

PAST

abbia lasciato	abbiamo lasciato
abbia lasciato	abbiate lasciato
abbia lasciato	abbiano lasciato

IMPERFECT

lasciassi	lasciassimo
lasciassi	lasciaste
lasciasse	lasciassero

PAST PERFECT

avessi lasciato	avessimo lasciato
avessi lasciato	aveste lasciato
avesse lasciato	avessero lasciato

CONDITIONAL

PRESENT

lascerei	lasceremmo
lasceresti	lascereste
lascerebbe	lascerebbero

PAST

avrei lasciato	avremmo lasciato
avresti lasciato	avreste lasciato
avrebbe lasciato	avrebbero lasciato

IMPERATIVE

	lasciamo!
lascia!	lasciate!
lasci!	lascino!

OTHER FORMS

GERUND

lasciando

PARTICIPLE

lasciato

RELATED WORDS

lascito	*bequest*
lascivo	*lascivious*
lasciar correre	*to let go*
lasciar detto	*to leave word*
lasciare in pace	*to leave alone*
lasciarci le penne	*to die*

EXAMPLES OF VERB USAGE

Ha lasciato l'ufficio di gran fretta.

He left the office in a great hurry.

Giulio lasciò Antonietta perché non le voleva veramente bene.

Giulio broke up with Antonietta because he really didn't love her.

Quando esci, lascia la porta aperta per favore.

When you go out, please leave the door open.

Laurearsi

to graduate, to get a master's degree

VERB CHART **114**

io	noi
tu	voi
lui/lei	loro

INDICATIVE

PRESENT		PRESENT PERFECT	
mi laureo	ci laureiamo	mi sono laureato(a)	ci siamo laureati(e)
ti laurei	vi laureate	ti sei laureato(a)	vi siete laureati(e)
si laurea	si laureano	si è laureato(a)	si sono laureati(e)

IMPERFECT		PAST PERFECT	
mi laureavo	ci laureavamo	mi ero laureato(a)	ci eravamo laureati(e)
ti laureavi	vi laureavate	ti eri laureato(a)	vi eravate laureati(e)
si laureava	si laureavano	si era laureato(a)	si erano laureati(e)

ABSOLUTE PAST		PRETERITE PERFECT	
mi laureai	ci laureammo	mi fui laureato(a)	ci fummo laureati(e)
ti laureasti	vi laureaste	ti fosti laureato(a)	vi foste laureati(e)
si laureò	si laurearono	si fu laureato(a)	si furono laureati(e)

FUTURE		FUTURE PERFECT	
mi laureerò	ci laureeremo	mi sarò laureato(a)	ci saremo laureati(e)
ti laureerai	vi laureerete	ti sarai laureato(a)	vi sarete laureati(e)
si laureerà	si laureeranno	si sarà laureato(a)	si saranno laureati(e)

SUBJUNCTIVE

PRESENT		PAST	
mi laurei	ci laureiamo	mi sia laureato(a)	ci siamo laureati(e)
ti laurei	vi laureiate	ti sia laureato(a)	vi siate laureati(e)
si laurei	si laureino	si sia laureato(a)	si siano laureati(e)

IMPERFECT		PAST PERFECT	
mi laureassi	ci laureassimo	mi fossi laureato(a)	ci fossimo laureati(e)
ti laureassi	vi laureaste	ti fossi laureato(a)	vi foste laureati(e)
si laureasse	si laureassero	si fosse laureato(a)	si fossero laureati(e)

CONDITIONAL

PRESENT		PAST	
mi laureerei	ci laureeremmo	mi sarei laureato(a)	ci saremmo laureati(e)
ti laureeresti	vi laureereste	ti saresti laureato(a)	vi sareste laureati(e)
si laureerebbe	si laureerebbero	si sarebbe laureato(a)	si sarebbero laureati(e)

IMPERATIVE

	laureiamoci!
laureati!	laureatevi!
si laurei!	si laureino!

OTHER FORMS

GERUND	PARTICIPLE
laureandosi	laureatosi

RELATED WORDS

laurea	*master's degree*	laureato	*graduate*
laureando	*degree candidate*		

EXAMPLES OF VERB USAGE

Loro si sono laureati sei anni fa.	*They got their master's six years ago.*
Gli ci sono voluti quattro anni per laurearsi.	*It took him four years to graduate.*
Quando ti laureerai?	*When will you graduate?*

VERB CHART 115

Lavarsi

to wash oneself

io	noi
tu	voi
lui/lei	loro

INDICATIVE

PRESENT		PRESENT PERFECT	
mi lavo	ci laviamo	mi sono lavato(a)	ci siamo lavati(e)
ti lavi	vi lavate	ti sei lavato(a)	vi siete lavati(e)
si lava	si lavano	si è lavato(a)	si sono lavati(e)

IMPERFECT		PAST PERFECT	
mi lavavo	ci lavavamo	mi ero lavato(a)	ci eravamo lavati(e)
ti lavavi	vi lavavate	ti eri lavato(a)	vi eravate lavati(e)
si lavava	si lavavano	si era lavato(a)	si erano lavati(e)

ABSOLUTE PAST		PRETERITE PERFECT	
mi lavai	ci lavammo	mi fui lavato(a)	ci fummo lavati(e)
ti lavasti	vi lavaste	ti fosti lavato(a)	vi foste lavati(e)
si lavò	si lavarono	si fu lavato(a)	si furono lavati(e)

FUTURE		FUTURE PERFECT	
mi laverò	ci laveremo	mi sarò lavato(a)	ci saremo lavati(e)
ti laverai	vi laverete	ti sarai lavato(a)	vi sarete lavati(e)
si laverà	si laveranno	si sarà lavato(a)	si saranno lavati(e)

SUBJUNCTIVE

PRESENT		PAST	
mi lavi	ci laviamo	mi sia lavato(a)	ci siamo lavati(e)
ti lavi	vi laviate	ti sia lavato(a)	vi siate lavati(e)
si lavi	si lavino	si sia lavato(a)	si siano lavati(e)

IMPERFECT		PAST PERFECT	
mi lavassi	ci lavassimo	mi fossi lavato(a)	ci fossimo lavati(e)
ti lavassi	vi lavaste	ti fossi lavato(a)	vi foste lavati(e)
si lavasse	si lavassero	si fosse lavato(a)	si fossero lavati(e)

CONDITIONAL

PRESENT		PAST	
mi laverei	ci laveremmo	mi sarei lavato(a)	ci saremmo lavati(e)
ti laveresti	vi lavereste	ti saresti lavato(a)	vi sareste lavati(e)
si laverebbe	si laverebbero	si sarebbe lavato(a)	si sarebbero lavati(e)

IMPERATIVE

	laviamoci!
lavati!	lavatevi!
si lavi!	si lavino!

OTHER FORMS

GERUND	PARTICIPLE
lavandosi	lavatosi

RELATED WORDS

lavare	*to wash (sth.)*	lavastoviglie	*dishwasher*
lavata di capo	*scolding*	lavello	*basin, sink*
lavanderia	*laundry (place)*		

EXAMPLES OF VERB USAGE

Mi sono lavata i capelli con l'acqua fredda. — *I washed my hair with cold water.*

Lavati le mani prima di mangiare! — *Wash your hands before eating!*

Mi lavo la faccia senza sapone di sera. — *At night I wash my face without soap.*

Lavorare
to work

VERB CHART 116

io	noi
tu	voi
lui/lei	loro

INDICATIVE

PRESENT

lavoro	lavoriamo
lavori	lavorate
lavora	lavorano

IMPERFECT

lavoravo	lavoravamo
lavoravi	lavoravate
lavorava	lavoravano

ABSOLUTE PAST

lavorai	lavorammo
lavorasti	lavoraste
lavorò	lavorarono

FUTURE

lavorerò	lavoreremo
lavorerai	lavorerete
lavorerà	lavoreranno

PRESENT PERFECT

ho lavorato	abbiamo lavorato
hai lavorato	avete lavorato
ha lavorato	hanno lavorato

PAST PERFECT

avevo lavorato	avevamo lavorato
avevi lavorato	avevate lavorato
aveva lavorato	avevano lavorato

PRETERITE PERFECT

ebbi lavorato	avemmo lavorato
avesti lavorato	aveste lavorato
ebbe lavorato	ebbero lavorato

FUTURE PERFECT

avrò lavorato	avremo lavorato
avrai lavorato	avrete lavorato
avrà lavorato	avranno lavorato

SUBJUNCTIVE

PRESENT

lavori	lavoriamo
lavori	lavoriate
lavori	lavorino

IMPERFECT

lavorassi	lavorassimo
lavorassi	lavoraste
lavorasse	lavorassero

PAST

abbia lavorato	abbiamo lavorato
abbia lavorato	abbiate lavorato
abbia lavorato	abbiano lavorato

PAST PERFECT

avessi lavorato	avessimo lavorato
avessi lavorato	aveste lavorato
avesse lavorato	avessero lavorato

CONDITIONAL

PRESENT

lavorerei	lavoreremmo
lavoreresti	lavorereste
lavorerebbe	lavorerebbero

PAST

avrei lavorato	avremmo lavorato
avresti lavorato	avreste lavorato
avrebbe lavorato	avrebbero lavorato

IMPERATIVE

	lavoriamo!
lavora!	lavorate!
lavori!	lavorino!

OTHER FORMS

GERUND
lavorando

PARTICIPLE
lavorato

RELATED WORDS

lavoro	*job, occupation, work*
lavoratore	*worker*
lavorio	*bustle and bustle, constant work*
lavorativo	*working, workable*
lavorazione	*manufacturing*

EXAMPLES OF VERB USAGE

Sono così stressato perché lavoro troppo. *I'm so stressed out because I work too much.*

Ha lavorato sodo per finire i suoi studi. *He worked hard to finish his studies.*

Ho lavorato a tempo pieno per vent'anni. *I worked full-time for twenty years.*

Verb Charts

VERB CHART 117

Leggere

to read

io	noi
tu	voi
lui/lei	loro

INDICATIVE

PRESENT

leggo	leggiamo
leggi	leggete
legge	leggono

PRESENT PERFECT

ho letto	abbiamo letto
hai letto	avete letto
ha letto	hanno letto

IMPERFECT

leggevo	leggevamo
leggevi	leggevate
leggeva	leggevano

PAST PERFECT

avevo letto	avevamo letto
avevi letto	avevate letto
aveva letto	avevano letto

ABSOLUTE PAST

lessi	leggemmo
leggesti	leggeste
lesse	lessero

PRETERITE PERFECT

ebbi letto	avemmo letto
avesti letto	aveste letto
ebbe letto	ebbero letto

FUTURE

leggerò	leggeremo
leggerai	leggerete
leggerà	leggeranno

FUTURE PERFECT

avrò letto	avremo letto
avrai letto	avrete letto
avrà letto	avranno letto

SUBJUNCTIVE

PRESENT

legga	leggiamo
legga	leggiate
legga	leggano

PAST

abbia letto	abbiamo letto
abbia letto	abbiate letto
abbia letto	abbiano letto

IMPERFECT

leggessi	leggessimo
leggessi	leggeste
leggesse	leggessero

PAST PERFECT

avessi letto	avessimo letto
avessi letto	aveste letto
avesse letto	avessero letto

CONDITIONAL

PRESENT

leggerei	leggeremmo
leggeresti	leggereste
leggerebbe	leggerebbero

PAST

avrei letto	avremmo letto
avresti letto	avreste letto
avrebbe letto	avrebbero letto

IMPERATIVE

	leggiamo!
leggi!	leggete!
legga!	leggano!

OTHER FORMS

GERUND

leggendo

PARTICIPLE

letto

RELATED WORDS

lettura	*reading*
leggìo	*lectern, music stand*
leggenda	*legend*
leggibile	*legible*

EXAMPLES OF VERB USAGE

Ho letto tutto il libro in un giorno. — *I read the whole book in one day.*

Noi leggiamo sempre prima di dormire. — *We always read before sleeping.*

Se avesse gli occhiali, leggerebbe il giornale. — *If he had his glasses, he would read the newspaper.*

Limitare

to limit

VERB CHART 118

io	noi
tu	voi
lui/lei	loro

INDICATIVE

PRESENT

limito	limitiamo
limiti	limitate
limita	limitano

IMPERFECT

limitavo	limitavamo
limitavi	limitavate
limitava	limitavano

ABSOLUTE PAST

limitai	limitammo
limitasti	limitaste
limitò	limitarono

FUTURE

limiterò	limiteremo
limiterai	limiterete
limiterà	limiteranno

PRESENT PERFECT

ho limitato	abbiamo limitato
hai limitato	avete limitato
ha limitato	hanno limitato

PAST PERFECT

avevo limitato	avevamo limitato
avevi limitato	avevate limitato
aveva limitato	avevano limitato

PRETERITE PERFECT

ebbi limitato	avemmo limitato
avesti limitato	aveste limitato
ebbe limitato	ebbero limitato

FUTURE PERFECT

avrò limitato	avremo limitato
avrai limitato	avrete limitato
avrà limitato	avranno limitato

SUBJUNCTIVE

PRESENT

limiti	limitiamo
limiti	limitiate
limiti	limitino

IMPERFECT

limitassi	limitassimo
limitassi	limitaste
limitasse	limitassero

PAST

abbia limitato	abbiamo limitato
abbia limitato	abbiate limitato
abbia limitato	abbiano limitato

PAST PERFECT

avessi limitato	avessimo limitato
avessi limitato	aveste limitato
avesse limitato	avessero limitato

CONDITIONAL

PRESENT

limiterei	limiteremmo
limiteresti	limitereste
limiterebbe	limiterebbero

PAST

avrei limitato	avremmo limitato
avresti limitato	avreste limitato
avrebbe limitato	avrebbero limitato

IMPERATIVE

	limitiamo!
limita!	limitate!
limiti!	limitino!

OTHER FORMS

GERUND

limitando

PARTICIPLE

limitato

RELATED WORDS

limite	*limit, boundary*
limitativo	*restrictive*
limitazione	*limitation*
limite di velocità	*speed limit*

EXAMPLES OF VERB USAGE

Questo metodo limita le mie capacità d'apprendimento.	*This method limits my learning ability.*
I loro genitori limitavano troppo la loro libertà.	*Their parents limited their freedom too much.*
Io limiterei il numero degli invitati a dieci.	*I would limit the number of guests to ten.*

Verb Charts

VERB CHART 119

Mancare

to miss, to be lacking

io	noi
tu	voi
lui/lei	loro

INDICATIVE

PRESENT		PRESENT PERFECT	
manco	manchiamo	sono mancato(a)	siamo mancati(e)
manchi	mancate	sei mancato(a)	siete mancati(e)
manca	mancano	è mancato(a)	sono mancati(e)
IMPERFECT		**PAST PERFECT**	
mancavo	mancavamo	ero mancato(a)	eravamo mancati(e)
mancavi	mancavate	eri mancato(a)	eravate mancati(e)
mancava	mancavano	era mancato(a)	erano mancati(e)
ABSOLUTE PAST		**PRETERITE PERFECT**	
mancai	mancammo	fui mancato(a)	fummo mancati(e)
mancasti	mancaste	fosti mancato(a)	foste mancati(e)
manco	mancarono	fu mancato(a)	furono mancati(e)
FUTURE		**FUTURE PERFECT**	
mancherò	mancheremo	sarò mancato(a)	saremo mancati(e)
mancherai	mancherete	sarai mancato(a)	sarete mancati(e)
mancherà	mancheranno	sarà mancato(a)	saranno mancati(e)

SUBJUNCTIVE

PRESENT		PAST	
manchi	manchiamo	sia mancato(a)	siamo mancati(e)
manchi	manchiate	sia mancato(a)	siate mancati(e)
manchi	manchino	sia mancato(a)	siano mancati(e)
IMPERFECT		**PAST PERFECT**	
mancassi	mancassimo	fossi mancato(a)	fossimo mancati(e)
mancassi	mancaste	fossi mancato(a)	foste mancati(e)
mancasse	mancassero	fosse mancato(a)	fossero mancati(e)

CONDITIONAL

PRESENT		PAST	
mancherei	mancheremmo	sarei mancato(a)	saremmo mancati(e)
mancheresti	manchereste	saresti mancato(a)	sareste mancati(e)
mancherebbe	mancherebbero	sarebbe mancato(a)	sarebbero mancati(e)

IMPERATIVE

	manchiamo!
manca!	mancate!
manchi!	manchino!

OTHER FORMS

GERUND	PARTICIPLE
mancando	mancato

RELATED WORDS

Manco per idea!	*Not on your life!*	manchevolezza	*fault, shortcoming*
in mancanza di	*for lack of*		

EXAMPLES OF VERB USAGE

Le manca un venerdì!	*She is a bit nuts! (She's missing a Friday!)*
Ti manca la famiglia?	*Do you miss your family?*
Mancavo dal lavoro da otto giorni.	*I missed work for eight days.*

Mandare
to send

VERB CHART 120

io	noi
tu	voi
lui/lei	loro

INDICATIVE

PRESENT

mando	mandiamo
mandi	mandate
manda	mandano

IMPERFECT

mandavo	mandavamo
mandavi	mandavate
mandava	mandavano

ABSOLUTE PAST

mandai	mandammo
mandasti	mandaste
mandò	mandarono

FUTURE

manderò	manderemo
manderai	manderete
manderà	manderanno

PRESENT PERFECT

ho mandato	abbiamo mandato
hai mandato	avete mandato
ha mandato	hanno mandato

PAST PERFECT

avevo mandato	avevamo mandato
avevi mandato	avevate mandato
aveva mandato	avevano mandato

PRETERITE PERFECT

ebbi mandato	avemmo mandato
avesti mandato	aveste mandato
ebbe mandato	ebbero mandato

FUTURE PERFECT

avrò mandato	avremo mandato
avrai mandato	avrete mandato
avrà mandato	avranno mandato

SUBJUNCTIVE

PRESENT

mandi	mandiamo
mandi	mandiate
mandi	mandino

IMPERFECT

mandassi	mandassimo
mandassi	mandaste
mandasse	mandassero

PAST

abbia mandato	abbiamo mandato
abbia mandato	abbiate mandato
abbia mandato	abbiano mandato

PAST PERFECT

avessi mandato	avessimo mandato
avessi mandato	aveste mandato
avesse mandato	avessero mandato

CONDITIONAL

PRESENT

manderei	manderemmo
manderesti	mandereste
manderebbe	manderebbero

PAST

avrei mandato	avremmo mandato
avresti mandato	avreste mandato
avrebbe mandato	avrebbero mandato

IMPERATIVE

	mandiamo!
manda!	mandate!
mandi!	mandino!

OTHER FORMS

GERUND
mandando

PARTICIPLE
mandato

RELATED WORDS

mandar giù	*to swallow*
mandato di cattura	*arrest warrant*
doppia mandata	*double lock*
mandatario	*mandatory, assignee*
mandare a quel paese	*to send to the devil*

EXAMPLES OF VERB USAGE

Ti mando i più cari auguri! — *I send you my best wishes.*

Mandami un e-mail quando puoi. — *Send me an e-mail when you can.*

Che Dio ce la mandi buona! — *God help us!*

Verb Charts

VERB CHART 121

io	noi
tu	voi
lui/lei	loro

Mangiare

to eat

INDICATIVE

PRESENT

mangio	mangiamo
mangi	mangiate
mangia	mangiano

PRESENT PERFECT

ho mangiato	abbiamo mangiato
hai mangiato	avete mangiato
ha mangiato	hanno mangiato

IMPERFECT

mangiavo	mangiavamo
mangiavi	mangiavate
mangiava	mangiavano

PAST PERFECT

avevo mangiato	avevamo mangiato
avevi mangiato	avevate mangiato
aveva mangiato	avevano mangiato

ABSOLUTE PAST

mangiai	mangiammo
mangiasti	mangiaste
mangiò	mangiarono

PRETERITE PERFECT

ebbi mangiato	avemmo mangiato
avesti mangiato	aveste mangiato
ebbe mangiato	ebbero mangiato

FUTURE

mangerò	mangeremo
mangerai	mangerete
mangerà	mangeranno

FUTURE PERFECT

avrò mangiato	avremo mangiato
avrai mangiato	avrete mangiato
avrà mangiato	avranno mangiato

SUBJUNCTIVE

PRESENT

mangi	mangiamo
mangi	mangiate
mangi	mangino

PAST

abbia mangiato	abbiamo mangiato
abbia mangiato	abbiate mangiato
abbia mangiato	abbiano mangiato

IMPERFECT

mangiassi	mangiassimo
mangiassi	mangiaste
mangiasse	mangiassero

PAST PERFECT

avessi mangiato	avessimo mangiato
avessi mangiato	aveste mangiato
avesse mangiato	avessero mangiato

CONDITIONAL

PRESENT

mangerei	mangeremmo
mangeresti	mangereste
mangerebbe	mangerebbero

PAST

avrei mangiato	avremmo mangiato
avresti mangiato	avreste mangiato
avrebbe mangiato	avrebbero mangiato

IMPERATIVE

	mangiamo!
mangia!	mangiate!
mangi!	mangino!

OTHER FORMS

GERUND

mangiando

PARTICIPLE

mangiato

RELATED WORDS

mangiabile	*edible*
mangione	*great eater*
mangiata	*hearty meal*
mangime	*fodder, poultry feed*

EXAMPLES OF VERB USAGE

In quel ristorante si mangia veramente bene.	*You eat really well in that restaurant.*
Dio mio, ho mangiato come un maiale!	*My God, I ate like a pig!*
Dai mangia, mangia un altro po'!	*Come on eat, eat a little more!*

Mantenere

to keep, to maintain, to support economically

VERB CHART 122

io	noi
tu	voi
lui/lei	loro

INDICATIVE

PRESENT		PRESENT PERFECT	
mantengo	manteniamo	ho mantenuto	abbiamo mantenuto
mantieni	mantenete	hai mantenuto	avete mantenuto
mantiene	mantengono	ha mantenuto	hanno mantenuto

IMPERFECT		PAST PERFECT	
mantenevo	mantenevamo	avevo mantenuto	avevamo mantenuto
mantenevi	mantenevate	avevi mantenuto	avevate mantenuto
manteneva	mantenevano	aveva mantenuto	avevano mantenuto

ABSOLUTE PAST		PRETERITE PERFECT	
mantenni	mantenemmo	ebbi mantenuto	avemmo mantenuto
mantenesti	manteneste	avesti mantenuto	aveste mantenuto
mantenne	mantennero	ebbe mantenuto	ebbero mantenuto

FUTURE		FUTURE PERFECT	
manterrò	manterremo	avrò mantenuto	avremo mantenuto
manterrai	manterrete	avrai mantenuto	avrete mantenuto
manterrà	manterranno	avrà mantenuto	avranno mantenuto

SUBJUNCTIVE

PRESENT		PAST	
mantenga	manteniamo	abbia mantenuto	abbiamo mantenuto
mantenga	manteniate	abbia mantenuto	abbiate mantenuto
mantenga	mantengano	abbia mantenuto	abbiano mantenuto

IMPERFECT		PAST PERFECT	
mantenessi	mantenessimo	avessi mantenuto	avessimo mantenuto
mantenessi	manteneste	avessi mantenuto	aveste mantenuto
mantenesse	mantenessero	avesse mantenuto	avessero mantenuto

CONDITIONAL

PRESENT		PAST	
manterrei	manterremmo	avrei mantenuto	avremmo mantenuto
manterresti	manterreste	avresti mantenuto	avreste mantenuto
manterrebbe	manterrebbero	avrebbe mantenuto	avrebbero mantenuto

IMPERATIVE

	manteniamo!
mantieni!	mantenete!
mantenga!	mantengano!

OTHER FORMS

GERUND	PARTICIPLE
mantenendo	mantenuto

RELATED WORDS

mantenimento	*maintenance*	ben mantenuto	*well kept*

EXAMPLES OF VERB USAGE

Ho mantenuto mio figlio agli studi fino a quando ha finito l'università. — *I supported my son until he finished his studies at the university.*

Io mantengo sempre la parola (data). — *I always keep my word.*

Se mantenessi la calma, comunicherei meglio. — *If I kept calm, I would communicate better.*

Verb Charts

VERB CHART 123

io	noi
tu	voi
lui/lei	loro

Meditare

to meditate, to ponder

INDICATIVE

PRESENT

medito	meditiamo
mediti	meditate
medita	meditano

PRESENT PERFECT

ho meditato	abbiamo meditato
hai meditato	avete meditato
ha meditato	hanno meditato

IMPERFECT

meditavo	meditavamo
meditavi	meditavate
meditava	meditavano

PAST PERFECT

avevo meditato	avevamo meditato
avevi meditato	avevate meditato
aveva meditato	avevano meditato

ABSOLUTE PAST

meditai	meditammo
meditasti	meditaste
meditò	meditarono

PRETERITE PERFECT

ebbi meditato	avemmo meditato
avesti meditato	aveste meditato
ebbe meditato	ebbero meditato

FUTURE

mediterò	mediteremo
mediterai	mediterete
mediterà	mediteranno

FUTURE PERFECT

avrò meditato	avremo meditato
avrai meditato	avrete meditato
avrà meditato	avranno meditato

SUBJUNCTIVE

PRESENT

mediti	meditiamo
mediti	meditate
mediti	meditano

PAST

abbia meditato	abbiamo meditato
abbia meditato	abbiate meditato
abbia meditato	abbiano meditato

IMPERFECT

meditassi	meditassimo
meditassi	meditaste
meditasse	meditassero

PAST PERFECT

avessi meditato	avessimo meditato
avessi meditato	aveste meditato
avesse meditato	avessero meditato

CONDITIONAL

PRESENT

mediterei	mediteremmo
mediteresti	meditereste
mediterebbe	mediterebbero

PAST

avrei meditato	avremmo meditato
avresti meditato	avreste meditato
avrebbe meditato	avrebbero meditato

IMPERATIVE

	meditiamo!
medita!	meditate!
mediti!	meditino!

OTHER FORMS

GERUND

meditando

PARTICIPLE

meditato

RELATED WORDS

meditazione	*meditation*
meditatamente	*on purpose*
meditativo	*meditative, contemplative*
premeditato	*premeditated*

EXAMPLES OF VERB USAGE

Medita le parole prima di dirle! — *Ponder your words before you say them!*

Medito ogni giorno di mattina presto. — *I meditate every day early in the morning.*

Mediterò su ciò che mi dici. — *I'll meditate on what you are telling me.*

Meraviglìare
to astonish

VERB CHART **124**

io	noi
tu	voi
lui/lei	loro

INDICATIVE

PRESENT

meraviglio	meravigliamo
meravigli	meravigliate
meraviglia	meravigliano

PRESENT PERFECT

ho meravigliato	abbiamo meravigliato
hai meravigliato	avete meravigliato
ha meravigliato	hanno meravigliato

IMPERFECT

meravigliavo	meravigliavamo
meravigliavi	meravigliavate
meravigliava	meravigliavano

PAST PERFECT

avevo meravigliato	avevamo meravigliato
avevi meravigliato	avevate meravigliato
aveva meravigliato	avevano meravigliato

ABSOLUTE PAST

meravigliai	meravigliammo
meravigliasti	meravigliaste
meravigliò	meravigliarono

PRETERITE PERFECT

ebbi meravigliato	avemmo meravigliato
avesti meravigliato	aveste meravigliato
ebbe meravigliato	ebbero meravigliato

FUTURE

meraviglierò	meraviglieremo
meraviglierai	meraviglierete
meraviglierà	meraviglieranno

FUTURE PERFECT

avrò meravigliato	avremo meravigliato
avrai meravigliato	avrete meravigliato
avrà meravigliato	avranno meravigliato

SUBJUNCTIVE

PRESENT

meravigli	meravigliamo
meravigli	meravigliate
meravigli	meraviglino

PAST

abbia meravigliato	abbiamo meravigliato
abbia meravigliato	abbiate meravigliato
abbia meravigliato	abbiano meravigliato

IMPERFECT

meravigliassi	meravigliassimo
meravigliassi	meravigliaste
meravigliasse	meravigliassero

PAST PERFECT

avessi meravigliato	avessimo meravigliato
avessi meravigliato	aveste meravigliato
avesse meravigliato	avessero meravigliato

CONDITIONAL

PRESENT

meraviglierei	meraviglieremmo
meraviglieresti	meravigliereste
meraviglierebbe	meraviglierebbero

PAST

avrei meravigliato	avremmo meravigliato
avresti meravigliato	avreste meravigliato
avrebbe meravigliato	avrebbero meravigliato

IMPERATIVE

	meravigliamo!
meraviglia!	meravigliate!
meravigli!	meraviglino!

OTHER FORMS

GERUND
meravigliando

PARTICIPLE
meravigliato

RELATED WORDS

meraviglia	*wonder, marvel, astonishment*
meraviglioso	*wonderful, marvelous*
meravigliato	*amazed*

EXAMPLES OF VERB USAGE

Luciano ha meravigliato tutti con il suo annuncio. — *Luciano astonished everybody with his announcement.*

Mi meraviglierebbe se arrivasse puntuale. — *I would be surprised if he arrived on time.*

Venezia non finisce mai di meravigliarmi. — *Venice never ceases to amaze me.*

Verb Charts

VERB CHART 125

io	noi
tu	voi
lui/lei	loro

Mettere

to put, to place

INDICATIVE

PRESENT		PRESENT PERFECT	
metto	mettiamo	ho messo	abbiamo messo
metti	mettete	hai messo	avete messo
mette	mettono	ha messo	hanno messo

IMPERFECT		PAST PERFECT	
mettevo	mettevamo	avevo messo	avevamo messo
mettevi	mettevate	avevi messo	avevate messo
metteva	mettevano	aveva messo	avevano messo

ABSOLUTE PAST		PRETERITE PERFECT	
misi	mettemmo	ebbi messo	avemmo messo
mettesti	metteste	avesti messo	aveste messo
mise	misero	ebbe messo	ebbero messo

FUTURE		FUTURE PERFECT	
metterò	metteremo	avrò messo	avremo messo
metterai	metterete	avrai messo	avrete messo
metterà	metteranno	avrà messo	avranno messo

SUBJUNCTIVE

PRESENT		PAST	
metta	mettiamo	abbia messo	abbiamo messo
metta	mettiate	abbia messo	abbiate messo
metta	mettano	abbia messo	abbiano messo

IMPERFECT		PAST PERFECT	
mettessi	mettessimo	avessi messo	avessimo messo
mettessi	metteste	avessi messo	aveste messo
mettesse	mettessero	avesse messo	avessero messo

CONDITIONAL

PRESENT		PAST	
metterei	metteremmo	avrei messo	avremmo messo
metteresti	mettereste	avresti messo	avreste messo
metterebbe	metterebbero	avrebbe messo	avrebbero messo

IMPERATIVE

	mettiamo!
metti!	mettete!
metta!	mettano!

OTHER FORMS

GERUND	PARTICIPLE
mettendo	messo

RELATED WORDS

promettere	*to promise*	premettere	*to premise*
mettere a fuoco	*to focus*	mettere in onda	*to broadcast*
mettere a punto	*to adjust, to tune-up*	mettere in conto	*to take into account*

EXAMPLES OF VERB USAGE

Mettiamoci l'anima in pace!	*Let's set our mind at rest.*
Ora che hai studiato metti la teoria in pratica.	*Now that you have studied put the theory into practice.*
Tu metti alla prova la mia pazienza!	*You test my patience! (You put my patience to a test!)*

Mischiare

to mix

VERB CHART 126

io	noi
tu	voi
lui/lei	loro

INDICATIVE

PRESENT

mischio	mischiamo
mischi	mischiate
mischia	mischiano

IMPERFECT

mischiavo	mischiavamo
mischiavi	mischiavate
mischiava	mischiavano

ABSOLUTE PAST

mischiai	mischiammo
mischiasti	mischiaste
mischiò	mischiarono

FUTURE

mischierò	mischieremo
mischierai	mischierete
mischierà	mischieranno

PRESENT PERFECT

ho mischiato	abbiamo mischiato
hai mischiato	avete mischiato
ha mischiato	hanno mischiato

PAST PERFECT

avevo mischiato	avevamo mischiato
avevi mischiato	avevate mischiato
aveva mischiato	avevano mischiato

PRETERITE PERFECT

ebbi mischiato	avemmo mischiato
avesti mischiato	aveste mischiato
ebbe mischiato	ebbero mischiato

FUTURE PERFECT

avrò mischiato	avremo mischiato
avrai mischiato	avrete mischiato
avrà mischiato	avranno mischiato

SUBJUNCTIVE

PRESENT

mischi	mischiamo
mischi	mischiate
mischi	mischino

IMPERFECT

mischiassi	mischiassimo
mischiassi	mischiaste
mischiasse	mischiassero

PAST

abbia mischiato	abbiamo mischiato
abbia mischiato	abbiate mischiato
abbia mischiato	abbiano mischiato

PAST PERFECT

avessi mischiato	avessimo mischiato
avessi mischiato	aveste mischiato
avesse mischiato	avessero mischiato

CONDITIONAL

PRESENT

mischierei	mischieremmo
mischieresti	mischiereste
mischierebbe	mischierebbero

PAST

avrei mischiato	avremmo mischiato
avresti mischiato	avreste mischiato
avrebbe mischiato	avrebbero mischiato

IMPERATIVE

	mischiamo!
mischia!	mischiate!
mischi!	mischino!

OTHER FORMS

GERUND
mischiando

PARTICIPLE
mischiato

RELATED WORDS

mischia	*fray, mess, conflict*
immischiarsi	*to meddle, to interfere*
mischiarsi	*to mingle*

EXAMPLES OF VERB USAGE

Chi ha mischiato le carte? — *Who shuffled the cards?*

A pranzo io mischio l'acqua e il vino. — *At lunch I mix water and wine.*

L'olio e l'acqua non si mischiano. — *Oil and water don't mix.*

Verb Charts

VERB CHART 127

Morire

to die

io	noi
tu	voi
lui/lei	loro

INDICATIVE

PRESENT		PRESENT PERFECT	
muoio	moriamo	sono morto(a)	siamo morti(e)
muori	morite	sei morto(a)	siete morti(e)
muore	muoiono	è morto(a)	sono morti(e)

IMPERFECT		PAST PERFECT	
morivo	morivamo	ero morto(a)	eravamo morti(e)
morivi	morivate	eri morto(a)	eravate morti(e)
moriva	morivano	era morto(a)	erano morti(e)

ABSOLUTE PAST		PRETERITE PERFECT	
morii	morimmo	fui morto(a)	fummo morti(e)
moristi	moriste	fosti morto(a)	foste morti(e)
morì	morirono	fu morto(a)	furono morti(e)

FUTURE		FUTURE PERFECT	
morirò	moriremo	sarò morto(a)	saremo morti(e)
morirai	morirete	sarai morto(a)	sarete morti(e)
morirà	moriranno	sarà morto(a)	saranno morti(e)

SUBJUNCTIVE

PRESENT		PAST	
muoia	moriamo	sia morto(a)	siamo morti(e)
muoia	moriate	sia morto(a)	siate morti(e)
muoia	muoiano	sia morto(a)	siano morti(e)

IMPERFECT		PAST PERFECT	
morissi	morissimo	fossi morto(a)	fossimo morti(e)
morissi	moriste	fossi morto(a)	foste morti(e)
morisse	morissero	fosse morto(a)	fossero morti(e)

CONDITIONAL

PRESENT		PAST	
morirei	moriremmo	sarei morto(a)	saremmo morti(e)
moriresti	morireste	saresti morto(a)	sareste morti(e)
morirebbe	morirebbero	sarebbe morto(a)	sarebbero morti(e)

IMPERATIVE

	moriamo!
muori!	morite!
muoia!	muoiano!

OTHER FORMS

GERUND	PARTICIPLE
morendo	morto

RELATED WORDS

morto	*dead*	morte	*death*
morente	*dying*		

EXAMPLES OF VERB USAGE

Muoio di fame! — *I'm starving! (I'm dying of hunger!)*

Durante la guerra morirono in tanti. — *Many died during the war.*

Possiamo rassicurarci che almeno una cosa è certa nella vita: un giorno moriremo. — *We can rest assured that at least one thing is certain in life: one day we'll die.*

Mostrare

to show

VERB CHART 128

io	noi
tu	voi
lui/lei	loro

INDICATIVE

PRESENT

mostro	mostriamo
mostri	mostrate
mostra	mostrano

IMPERFECT

mostravo	mostravamo
mostravi	mostravate
mostrava	mostravano

ABSOLUTE PAST

mostrai	mostrammo
mostrasti	mostraste
mostrò	mostrarono

FUTURE

mostrerò	mostreremo
mostrerai	mostrerete
mostrerà	mostreranno

PRESENT PERFECT

ho mostrato	abbiamo mostrato
hai mostrato	avete mostrato
ha mostrato	hanno mostrato

PAST PERFECT

avevo mostrato	avevamo mostrato
avevi mostrato	avevate mostrato
aveva mostrato	avevano mostrato

PRETERITE PERFECT

ebbi mostrato	avemmo mostrato
avesti mostrato	aveste mostrato
ebbe mostrato	ebbero mostrato

FUTURE PERFECT

avrò mostrato	avremo mostrato
avrai mostrato	avrete mostrato
avrà mostrato	avranno mostrato

SUBJUNCTIVE

PRESENT

mostri	mostriamo
mostri	mostriate
mostri	mostrino

IMPERFECT

mostrassi	mostrassimo
mostrassi	mostraste
mostrasse	mostrassero

PAST

abbia mostrato	abbiamo mostrato
abbia mostrato	abbiate mostrato
abbia mostrato	abbiano mostrato

PAST PERFECT

avessi mostrato	avessimo mostrato
avessi mostrato	aveste mostrato
avesse mostrato	avessero mostrato

CONDITIONAL

PRESENT

mostrerei	mostreremmo
mostreresti	mostrereste
mostrerebbe	mostrerebbero

PAST

avrei mostrato	avremmo mostrato
avresti mostrato	avreste mostrato
avrebbe mostrato	avrebbero mostrato

IMPERATIVE

	mostriamo!
mostra!	mostrate!
mostri!	mostrino!

OTHER FORMS

GERUND
mostrando

PARTICIPLE
mostrato

RELATED WORDS

dimostrazione	*demonstration*
mostro	*monster*
mostra	*exhibition*
mostrina	*badge*

EXAMPLES OF VERB USAGE

Mi mostreresti i disegni che hai fatto? *Would you show me the drawings you made?*

Ha veramente mostrato di cosa è capace. *He really showed what he is capable of.*

Mi mostri la patente, per favore. *Show me your driver's license, please.*

Verb Charts

VERB CHART 129

Nascere

to be born, to originate

io	noi
tu	voi
lui/lei	loro

INDICATIVE

PRESENT		PRESENT PERFECT	
nasco	nasciamo	sono nato(a)	siamo nati(e)
nasci	nascete	sei nato(a)	siete nati(e)
nasce	nascono	è nato(a)	sono nati(e)

IMPERFECT		PAST PERFECT	
nascevo	nascevamo	ero nato(a)	eravamo nati(e)
nascevi	nascevate	eri nato(a)	eravate nati(e)
nasceva	nascevano	era nato(a)	erano nati(e)

ABSOLUTE PAST		PRETERITE PERFECT	
nacqui	nascemmo	fui nato(a)	fummo nati(e)
nascesti	nasceste	fosti nato(a)	foste nati(e)
nacque	nacquero	fu nato(a)	furono nati(e)

FUTURE		FUTURE PERFECT	
nascerò	nasceremo	sarò nato(a)	saremo nati(e)
nascerai	nascerete	sarai nato(a)	sarete nati(e)
nascerà	nasceranno	sarà nato(a)	saranno nati(e)

SUBJUNCTIVE

PRESENT		PAST	
nasca	nasciamo	sia nato(a)	siamo nati(e)
nasca	nasciate	sia nato(a)	siate nati(e)
nasca	nascano	sia nato(a)	siano nati(e)

IMPERFECT		PAST PERFECT	
nascessi	nascessimo	fossi nato(a)	fossimo nati(e)
nascessi	nasceste	fossi nato(a)	foste nati(e)
nascesse	nascessero	fosse nato(a)	fossero nati(e)

CONDITIONAL

PRESENT		PAST	
nascerei	nasceremmo	sarei nato(a)	saremmo nati(e)
nasceresti	nascereste	saresti nato(a)	sareste nati(e)
nascerebbe	nascerebbero	sarebbe nato(a)	sarebbero nati(e)

IMPERATIVE

	nasciamo!
nasci!	nascete!
nasca!	nascano!

OTHER FORMS

GERUND	PARTICIPLE
nascendo	nato

RELATED WORDS

nascita	*birth*	nascente	*budding, rising*
un astro nascente	*a rising star*	nascituro	*unborn child*

EXAMPLES OF VERB USAGE

Le idee non nascono dal nulla.	*Ideas don't come from nowhere.*
Loro due sono nati lo stesso giorno.	*The two of them were born the same day.*
Cristoforo Colombo nacque a Genova.	*Christopher Columbus was born in Genoa.*

Nascondere

to hide

VERB CHART 130

io	noi
tu	voi
lui/lei	loro

INDICATIVE

PRESENT

nascondo	nascondiamo
nascondi	nascondete
nasconde	nascondono

PRESENT PERFECT

ho nascosto	abbiamo nascosto
hai nascosto	avete nascosto
ha nascosto	hanno nascosto

IMPERFECT

nascondevo	nascondevamo
nascondevi	nascondevate
nascondeva	nascondevano

PAST PERFECT

avevo nascosto	avevamo nascosto
avevi nascosto	avevate nascosto
aveva nascosto	avevano nascosto

ABSOLUTE PAST

nascosi	nascondemmo
nascondesti	nascondeste
nascose	nascosero

PRETERITE PERFECT

ebbi nascosto	avemmo nascosto
avesti nascosto	aveste nascosto
ebbe nascosto	ebbero nascosto

FUTURE

nasconderò	nasconderemo
nasconderai	nasconderete
nasconderà	nasconderanno

FUTURE PERFECT

avrò nascosto	avremo nascosto
avrai nascosto	avrete nascosto
avrà nascosto	avranno nascosto

SUBJUNCTIVE

PRESENT

nasconda	nascondiamo
nasconda	nascondiate
nasconda	nascondano

PAST

abbia nascosto	abbiamo nascosto
abbia nascosto	abbiate nascosto
abbia nascosto	abbiano nascosto

IMPERFECT

nascondessi	nascondessimo
nascondessi	nascondeste
nascondesse	nascondessero

PAST PERFECT

avessi nascosto	avessimo nascosto
avessi nascosto	aveste nascosto
avesse nascosto	avessero nascosto

CONDITIONAL

PRESENT

nasconderei	nasconderemmo
nasconderesti	nascondereste
nasconderebbe	nasconderebbero

PAST

avrei nascosto	avremmo nascosto
avresti nascosto	avreste nascosto
avrebbe nascosto	avrebbero nascosto

IMPERATIVE

	nascondiamo!
nascondi!	nascondete!
nasconda!	nascondano!

OTHER FORMS

GERUND

nascondendo

PARTICIPLE

nascosto

RELATED WORDS

nascondiglio	*hiding place*
nascostamente	*hiddenly*
giocare a nascondino	*to play hide-and-seek*

EXAMPLES OF VERB USAGE

Ho nascosto la chiave sotto lo zerbino. — *I hid the key under the doormat.*

Lui nasconde i suoi sentimenti troppo spesso. — *He hides his feelings too often.*

Il palazzo di fronte alla finestra nasconde la vista del mare. — *The building in front of the window hides the view of the ocean.*

Verb Charts

VERB CHART 131

io	noi
tu	voi
lui/lei	loro

Nevicare

to snow

INDICATIVE

PRESENT

—	—
—	—
nevica	—

PRESENT PERFECT

—	—
—	—
è nevicato	—

IMPERFECT

—	—
—	—
nevicava	—

PAST PERFECT

—	—
—	—
era nevicato	—

ABSOLUTE PAST

—	—
—	—
nevicò	—

PRETERITE PERFECT

—	—
—	—
fu nevicato	—

FUTURE

—	—
—	—
nevicherà	—

FUTURE PERFECT

—	—
—	—
sarà nevicato	—

SUBJUNCTIVE

PRESENT

—	—
—	—
nevichi	—

PAST

—	—
—	—
sia nevicato	—

IMPERFECT

—	—
—	—
nevicasse	—

PAST PERFECT

—	—
—	—
fosse nevicato	—

CONDITIONAL

PRESENT

—	—
—	—
nevicherebbe	—

PAST

—	—
—	—
sarebbe nevicato	—

IMPERATIVE

	—
—	—
nevichi!	—

OTHER FORMS

GERUND	PARTICIPLE
nevicando	nevicato

RELATED WORDS

neve	*snow*	nevischio	*sleet*
nevaio	*snowfield*	nevoso	*snowy*

EXAMPLES OF VERB USAGE

Adoro quando nevica a Natale.	*I love it when it snows on Christmas.*
Quando eravamo in montagna, nevicava tutti i giorni.	*When we were in the mountains, it used to snow every day.*
Se domani nevicasse, non andrei a scuola.	*If it snowed tomorrow, I wouldn't go to school.*

Noleggiare

to hire, to rent

VERB CHART 132

io	noi
tu	voi
lui/lei	loro

INDICATIVE

PRESENT

noleggio	noleggiamo
noleggi	noleggiate
noleggia	noleggiano

PRESENT PERFECT

ho noleggiato	abbiamo noleggiato
hai noleggiato	avete noleggiato
ha noleggiato	hanno noleggiato

IMPERFECT

noleggiavo	noleggiavamo
noleggiavi	noleggiavate
noleggiava	noleggiavano

PAST PERFECT

avevo noleggiato	avevamo noleggiato
avevi noleggiato	avevate noleggiato
aveva noleggiato	avevano noleggiato

ABSOLUTE PAST

noleggiai	noleggiammo
noleggiasti	noleggiaste
noleggiò	noleggiarono

PRETERITE PERFECT

ebbi noleggiato	avemmo noleggiato
avesti noleggiato	aveste noleggiato
ebbe noleggiato	ebbero noleggiato

FUTURE

noleggerò	noleggeremo
noleggerai	noleggerete
noleggerà	noleggeranno

FUTURE PERFECT

avrò noleggiato	avremo noleggiato
avrai noleggiato	avrete noleggiato
avrà noleggiato	avranno noleggiato

SUBJUNCTIVE

PRESENT

noleggi	noleggiamo
noleggi	noleggiate
noleggi	noleggino

PAST

abbia noleggiato	abbiamo noleggiato
abbia noleggiato	abbiate noleggiato
abbia noleggiato	abbiano noleggiato

IMPERFECT

noleggiassi	noleggiassimo
noleggiassi	noleggiaste
noleggiasse	noleggiassero

PAST PERFECT

avessi noleggiato	avessimo noleggiato
avessi noleggiato	aveste noleggiato
avesse noleggiato	avessero noleggiato

CONDITIONAL

PRESENT

noleggerei	noleggeremmo
noleggeresti	noleggereste
noleggerebbe	noleggerebbero

PAST

avrei noleggiato	avremmo noleggiato
avresti noleggiato	avreste noleggiato
avrebbe noleggiato	avrebbero noleggiato

IMPERATIVE

	noleggiamo!
noleggia!	noleggiate!
noleggi!	noleggino!

OTHER FORMS

GERUND

noleggiando

PARTICIPLE

noleggiato

RELATED WORDS

noleggio	*rental, hire, charter*
a nolo	*for hire*
autonoleggio	*rent-a-car*

EXAMPLES OF VERB USAGE

Abbiamo noleggiato una barca per andare a pesca. — *We rented a boat to go fishing.*

Questo inverno noleggeremo un paio di sci ciascuno, e andremo a sciare insieme. — *This winter we'll rent a pair of skis each, and we'll go skiing together.*

Se andassi in Italia d'estate, noleggerei una moto. — *If I went to Italy in the summer, I would rent a motorcycle.*

Verb Charts

VERB CHART 133

Nuotare

to swim

io	noi
tu	voi
lui/lei	loro

INDICATIVE

PRESENT		PRESENT PERFECT	
nuoto	nuotiamo	ho nuotato	abbiamo nuotato
nuoti	nuotate	hai nuotato	avete nuotato
nuota	nuotano	ha nuotato	hanno nuotato

IMPERFECT		PAST PERFECT	
nuotavo	nuotavamo	avevo nuotato	avevamo nuotato
nuotavi	nuotavate	avevi nuotato	avevate nuotato
nuotava	nuotavano	aveva nuotato	avevano nuotato

ABSOLUTE PAST		PRETERITE PERFECT	
nuotai	nuotammo	ebbi nuotato	avemmo nuotato
nuotasti	nuotaste	avesti nuotato	aveste nuotato
nuotò	nuotarono	ebbe nuotato	ebbero nuotato

FUTURE		FUTURE PERFECT	
nuoterò	nuoteremo	avrò nuotato	avremo nuotato
nuoterai	nuoterete	avrai nuotato	avrete nuotato
nuoterà	nuoteranno	avrà nuotato	avranno nuotato

SUBJUNCTIVE

PRESENT		PAST	
nuoti	nuotiamo	abbia nuotato	abbiamo nuotato
nuoti	nuotiate	abbia nuotato	abbiate nuotato
nuoti	nuotino	abbia nuotato	abbiano nuotato

IMPERFECT		PAST PERFECT	
nuotassi	nuotassimo	avessi nuotato	avessimo nuotato
nuotassi	nuotaste	avessi nuotato	aveste nuotato
nuotasse	nuotassero	avesse nuotato	avessero nuotato

CONDITIONAL

PRESENT		PAST	
nuoterei	nuoteremmo	avrei nuotato	avremmo nuotato
nuoteresti	nuotereste	avresti nuotato	avreste nuotato
nuoterebbe	nuoterebbero	avrebbe nuotato	avrebbero nuotato

IMPERATIVE

	nuotiamo!
nuota!	nuotate!
nuoti!	nuotino!

OTHER FORMS

GERUND	PARTICIPLE
nuotando	nuotato

RELATED WORDS

nuotata	*swim*	nuoto	*swimming*
nuotatore	*swimmer*		

EXAMPLES OF VERB USAGE

Sai nuotare?	*Do you know how to swim?*
Nuoto tutte le mattine in piscina.	*I swim every morning in the swimming pool.*
Lui nuotava come un nuotatore professionista.	*He used to swim like a professional swimmer.*

Occorrere

to be necessary

VERB CHART 134

io	noi
tu	voi
lui/lei	loro

Verb Charts

INDICATIVE

PRESENT

occorro	occorriamo
occorri	occorrete
occorre	occorrono

IMPERFECT

occorrevo	occorrevamo
occorrevi	occorrevate
occorreva	occorrevano

ABSOLUTE PAST

occorsi	occorremmo
occorresti	occorreste
occorse	occorsero

FUTURE

occorrerò	occorreremo
occorrerai	occorrerete
occorrerà	occorreranno

PRESENT PERFECT

sono occorso(a)	siamo occorsi(e)
sei occorso(a)	siete occorsi(e)
è occorso(a)	sono occorsi(e)

PAST PERFECT

ero occorso(a)	eravamo occorsi(e)
eri occorso(a)	eravate occorsi(e)
era occorso(a)	erano occorsi(e)

PRETERITE PERFECT

fui occorso(a)	fummo occorsi(e)
fosti occorso(a)	foste occorsi(e)
fu occorso(a)	furono occorsi(e)

FUTURE PERFECT

sarò occorso(a)	saremo occorsi(e)
sarai occorso(a)	sarete occorsi(e)
sarà occorso(a)	saranno occorsi(e)

SUBJUNCTIVE

PRESENT

occorra	occorriamo
occorra	occorriate
occorra	occorrano

IMPERFECT

occorressi	occorressimo
occorressi	occorreste
occorresse	occorressero

PAST

sia occorso(a)	siamo occorsi(e)
sia occorso(a)	siate occorsi(e)
sia occorso(a)	siano occorsi(e)

PAST PERFECT

fossi occorso(a)	fossimo occorsi(e)
fossi occorso(a)	foste occorsi(e)
fosse occorso(a)	fossero occorsi(e)

CONDITIONAL

PRESENT

occorrerei	occorreremmo
occorreresti	occorrereste
occorrerebbe	occorrerebbero

PAST

sarei occorso(a)	saremmo occorsi(e)
saresti occorso(a)	sareste occorsi(e)
sarebbe occorso(a)	sarebbero occorsi(e)

IMPERATIVE

	occorriamo!
occorri!	occorrete!
occorra!	occorrano!

OTHER FORMS

GERUND	PARTICIPLE
occorrendo	occorso

RELATED WORDS

occorrenza	*circumstance, need, occurrence*	occorrente	*necessary*
		all'occorrenza	*if need be*

EXAMPLES OF VERB USAGE

Ti occorre qualcosa?	*Is there anything you need?*
Occorreva dirgli la verità.	*It was necessary to tell him the truth.*
Occorsero tre ore per arrivare a casa sua.	*It took three hours to arrive to his house.*

VERB CHART 135

io	noi
tu	voi
lui/lei	loro

Offrire

to offer

INDICATIVE

PRESENT		PRESENT PERFECT	
offro	offriamo	ho offerto	abbiamo offerto
offri	offrite	hai offerto	avete offerto
offre	offrono	ha offerto	hanno offerto

IMPERFECT		PAST PERFECT	
offrivo	offrivamo	avevo offerto	avevamo offerto
offrivi	offrivate	avevi offerto	avevate offerto
offriva	offrivano	aveva offerto	avevano offerto

ABSOLUTE PAST		PRETERITE PERFECT	
offrii (offersi)	offrimmo	ebbi offerto	avemmo offerto
offristi	offriste	avesti offerto	aveste offerto
offrì (offerse)	offrirono (offersero)	ebbe offerto	ebbero offerto

FUTURE		FUTURE PERFECT	
offrirò	offriremo	avrò offerto	avremo offerto
offrirai	offrirete	avrai offerto	avrete offerto
offrirà	offriranno	avrà offerto	avranno offerto

SUBJUNCTIVE

PRESENT		PAST	
offra	offriamo	abbia offerto	abbiamo offerto
offra	offriate	abbia offerto	abbiate offerto
offra	offrano	abbia offerto	abbiano offerto

IMPERFECT		PAST PERFECT	
offrissi	offrissimo	avessi offerto	avessimo offerto
offrissi	offriste	avessi offerto	aveste offerto
offrisse	offrissero	avesse offerto	avessero offerto

CONDITIONAL

PRESENT		PAST	
offrirei	offriremmo	avrei offerto	avremmo offerto
offriresti	offrireste	avresti offerto	avreste offerto
offrirebbe	offrirebbero	avrebbe offerto	avrebbero offerto

IMPERATIVE

	offriamo!
offri!	offrite!
offra!	offrano!

OTHER FORMS

GERUND	PARTICIPLE
offrendo	offerto

RELATED WORDS

offerta	*offer, offering*	offerente	*offerer, bidder*

EXAMPLES OF VERB USAGE

Mi offrì un passaggio per andare a casa.	*He offered me a ride home.*
Oggi al teatro dietro l'angolo offrono uno spettacolo per beneficenza.	*Today the theater around the corner is offering a benefit performance.*
Grazie per avermi offerto questa opportunità.	*Thank you for offering me this opportunity.*

Ordinare

to order, to tidy up

VERB CHART 136

io	noi
tu	voi
lui/lei	loro

INDICATIVE

PRESENT

ordino	ordiniamo
ordini	ordinate
ordina	ordinano

IMPERFECT

ordinavo	ordinavamo
ordinavi	ordinavate
ordinava	ordinavano

ABSOLUTE PAST

ordinai	ordinammo
ordinasti	ordinaste
ordinò	ordinarono

FUTURE

ordinerò	ordineremo
ordinerai	ordinerete
ordinerà	ordineranno

PRESENT PERFECT

ho ordinato	abbiamo ordinato
hai ordinato	avete ordinato
ha ordinato	hanno ordinato

PAST PERFECT

avevo ordinato	avevamo ordinato
avevi ordinato	avevate ordinato
aveva ordinato	avevano ordinato

PRETERITE PERFECT

ebbi ordinato	avemmo ordinato
avesti ordinato	aveste ordinato
ebbe ordinato	ebbero ordinato

FUTURE PERFECT

avrò ordinato	avremo ordinato
avrai ordinato	avrete ordinato
avrà ordinato	avranno ordinato

SUBJUNCTIVE

PRESENT

ordini	ordiniamo
ordini	ordiniate
ordini	ordinino

IMPERFECT

ordinassi	ordinassimo
ordinassi	ordinaste
ordinasse	ordinassero

PAST

abbia ordinato	abbiamo ordinato
abbia ordinato	abbiate ordinato
abbia ordinato	abbiano ordinato

PAST PERFECT

avessi ordinato	avessimo ordinato
avessi ordinato	aveste ordinato
avesse ordinato	avessero ordinato

CONDITIONAL

PRESENT

ordinerei	ordineremmo
ordineresti	ordinereste
ordinerebbe	ordinerebbero

PAST

avrei ordinato	avremmo ordinato
avresti ordinato	avreste ordinato
avrebbe ordinato	avrebbero ordinato

IMPERATIVE

	ordiniamo!
ordina!	ordinate!
ordini!	ordinino!

OTHER FORMS

GERUND	PARTICIPLE
ordinando	ordinato

RELATED WORDS

ordine	*order*
ordinatamente	*tidily, in an orderly way*
numero ordinale	*ordinal number*
ordinario	*common*

EXAMPLES OF VERB USAGE

Il signore ha ordinato? — *Did you order, Sir?*

Quando ero piccolo non ordinavo mai la mia stanza. — *When I was little, I never tidied my room up.*

Il dottore le ordinò di smettere di fumare. — *The doctor ordered her to quit smoking.*

VERB CHART 137

io	noi
tu	voi
lui/lei	loro

Organizzare

to organize

INDICATIVE

PRESENT

organizzo	organizziamo
organizzi	organizzate
organizza	organizzano

PRESENT PERFECT

ho organizzato	abbiamo organizzato
hai organizzato	avete organizzato
ha organizzato	hanno organizzato

IMPERFECT

organizzavo	organizzavamo
organizzavi	organizzavate
organizzava	organizzavano

PAST PERFECT

avevo organizzato	avevamo organizzato
avevi organizzato	avevate organizzato
aveva organizzato	avevano organizzato

ABSOLUTE PAST

organizzai	organizzammo
organizzasti	organizzaste
organizzò	organizzarono

PRETERITE PERFECT

ebbi organizzato	avemmo organizzato
avesti organizzato	aveste organizzato
ebbe organizzato	ebbero organizzato

FUTURE

organizzerò	organizzeremo
organizzerai	organizzerete
organizzerà	organizzeranno

FUTURE PERFECT

avrò organizzato	avremo organizzato
avrai organizzato	avrete organizzato
avrà organizzato	avranno organizzato

SUBJUNCTIVE

PRESENT

organizzi	organizziamo
organizzi	organizziate
organizzi	organizzino

PAST

abbia organizzato	abbiamo organizzato
abbia organizzato	abbiate organizzato
abbia organizzato	abbiano organizzato

IMPERFECT

organizzassi	organizzassimo
organizzassi	organizzaste
organizzasse	organizzassero

PAST PERFECT

avessi organizzato	avessimo organizzato
avessi organizzato	aveste organizzato
avesse organizzato	avessero organizzato

CONDITIONAL

PRESENT

organizzerei	organizzeremmo
organizzeresti	organizzereste
organizzerebbe	organizzerebbero

PAST

avrei organizzato	avremmo organizzato
avresti organizzato	avreste organizzato
avrebbe organizzato	avrebbero organizzato

IMPERATIVE

	organizziamo!
organizza!	organizzate!
organizzi!	organizzino!

OTHER FORMS

GERUND
organizzando

PARTICIPLE
organizzato

RELATED WORDS

organigramma	*organization chart*
organismo	*organism*
organizzatore	*organizer*
organizzazione	*organization*

EXAMPLES OF VERB USAGE

Luisa ha organizzato un gita in campagna. — *Luisa organized a day trip in the country.*

Hanno organizzato una manifestazione per la pace. — *They organized a peace demonstration.*

Quando andavo a scuola, organizzavo molti eventi sociali. — *When I went to school, I used to organize many social events.*

Ospitare

to give hospitality to, to lodge, to accommodate

VERB CHART **138**

io	noi
tu	voi
lui/lei	loro

INDICATIVE

PRESENT		PRESENT PERFECT	
ospito	ospitiamo	ho ospitato	abbiamo ospitato
ospiti	ospitate	hai ospitato	avete ospitato
ospita	ospitano	ha ospitato	hanno ospitato

IMPERFECT		PAST PERFECT	
ospitavo	ospitavamo	avevo ospitato	avevamo ospitato
ospitavi	ospitavate	avevi ospitato	avevate ospitato
ospitava	ospitavano	aveva ospitato	avevano ospitato

ABSOLUTE PAST		PRETERITE PERFECT	
ospitai	ospitammo	ebbi ospitato	avemmo ospitato
ospitasti	ospitaste	avesti ospitato	aveste ospitato
ospitò	ospitarono	ebbe ospitato	ebbero ospitato

FUTURE		FUTURE PERFECT	
ospiterò	ospiteremo	avrò ospitato	avremo ospitato
ospiterai	ospiterete	avrai ospitato	avrete ospitato
ospiterà	ospiteranno	avrà ospitato	avranno ospitato

SUBJUNCTIVE

PRESENT		PAST	
ospiti	ospitiamo	abbia ospitato	abbiamo ospitato
ospiti	ospitiate	abbia ospitato	abbiate ospitato
ospiti	ospitino	abbia ospitato	abbiano ospitato

IMPERFECT		PAST PERFECT	
ospitassi	ospitassimo	avessi ospitato	avessimo ospitato
ospitassi	ospitaste	avessi ospitato	aveste ospitato
ospitasse	ospitassero	avesse ospitato	avessero ospitato

CONDITIONAL

PRESENT		PAST	
ospiterei	ospiteremmo	avrei ospitato	avremmo ospitato
ospiteresti	ospitereste	avresti ospitato	avreste ospitato
ospiterebbe	ospiterebbero	avrebbe ospitato	avrebbero ospitato

IMPERATIVE

	ospitiamo!
ospita!	ospitate!
ospiti!	ospitino!

OTHER FORMS

GERUND	PARTICIPLE
ospitando	ospitato

RELATED WORDS

ospite	*guest*	ospedale	*hospital*
ospitalità	*hospitality*	ospitale	*hospitable*

EXAMPLES OF VERB USAGE

Quando venite in Italia, vi ospito a casa mia. — *When you come to Italy, you can stay at my house.*

Se avessi una stanza in più, ti ospiterei. — *If I had one more room, you could be my guest.*

Ho ospitato molti parenti a casa mia. — *I put up many of my relatives at my house.*

Verb Charts

VERB CHART **139**

io	noi
tu	voi
lui/lei	loro

Pagare

to pay

INDICATIVE

PRESENT		PRESENT PERFECT	
pago	paghiamo	ho pagato	abbiamo pagato
paghi	pagate	hai pagato	avete pagato
paga	pagano	ha pagato	hanno pagato

IMPERFECT		PAST PERFECT	
pagavo	pagavamo	avevo pagato	avevamo pagato
pagavi	pagavate	avevi pagato	avevate pagato
pagava	pagavano	aveva pagato	avevano pagato

ABSOLUTE PAST		PRETERITE PERFECT	
pagai	pagammo	ebbi pagato	avemmo pagato
pagasti	pagaste	avesti pagato	aveste pagato
pagò	pagarono	ebbe pagato	ebbero pagato

FUTURE		FUTURE PERFECT	
pagherò	pagheremo	avrò pagato	avremo pagato
pagherai	pagherete	avrai pagato	avrete pagato
pagherà	pagheranno	avrà pagato	avranno pagato

SUBJUNCTIVE

PRESENT		PAST	
paghi	paghiamo	abbia pagato	abbiamo pagato
paghi	paghiate	abbia pagato	abbiate pagato
paghi	paghino	abbia pagato	abbiano pagato

IMPERFECT		PAST PERFECT	
pagassi	pagassimo	avessi pagato	avessimo pagato
pagassi	pagaste	avessi pagato	aveste pagato
pagasse	pagassero	avesse pagato	avessero pagato

CONDITIONAL

PRESENT		PAST	
pagherei	pagheremmo	avrei pagato	avremmo pagato
pagheresti	paghereste	avresti pagato	avreste pagato
pagherebbe	pagherebbero	avrebbe pagato	avrebbero pagato

IMPERATIVE

	paghiamo!
paga!	pagate!
paghi!	paghino!

OTHER FORMS

GERUND	PARTICIPLE
pagando	pagato

RELATED WORDS

paga	*salary, wages*	pago	*satisfied*

EXAMPLES OF VERB USAGE

Te la faccio pagare!	*I'll make you pay for that!*
Oggi pago io e la prossima volta paghi tu.	*I pay today and you'll pay next time.*
Finalmente ho pagato tutti i miei debiti.	*I finally paid all my debts.*

Parcheggiare

to park

VERB CHART 140

io	noi
tu	voi
lui/lei	loro

INDICATIVE

PRESENT

parcheggio	parcheggiamo
parcheggi	parcheggiate
parcheggia	parcheggiano

PRESENT PERFECT

ho parcheggiato	abbiamo parcheggiato
hai parcheggiato	avete parcheggiato
ha parcheggiato	hanno parcheggiato

IMPERFECT

parcheggiavo	parcheggiavamo
parcheggiavi	parcheggiavate
parcheggiava	parcheggiavano

PAST PERFECT

avevo parcheggiato	avevamo parcheggiato
avevi parcheggiato	avevate parcheggiato
aveva parcheggiato	avevano parcheggiato

ABSOLUTE PAST

parcheggiai	parcheggiammo
parcheggiasti	parcheggiaste
parcheggiò	parcheggiarono

PRETERITE PERFECT

ebbi parcheggiato	avemmo parcheggiato
avesti parcheggiato	aveste parcheggiato
ebbe parcheggiato	ebbero parcheggiato

FUTURE

parcheggerò	parcheggeremo
parcheggerai	parcheggerete
parcheggerà	parcheggeranno

FUTURE PERFECT

avrò parcheggiato	avremo parcheggiato
avrai parcheggiato	avrete parcheggiato
avrà parcheggiato	avranno parcheggiato

SUBJUNCTIVE

PRESENT

parcheggi	parcheggiamo
parcheggi	parcheggiate
parcheggi	parcheggino

PAST

abbia parcheggiato	abbiamo parcheggiato
abbia parcheggiato	abbiate parcheggiato
abbia parcheggiato	abbiano parcheggiato

IMPERFECT

parcheggiassi	parcheggiassimo
parcheggiassi	parcheggiaste
parcheggiasse	parcheggiassero

PAST PERFECT

avessi parcheggiato	avessimo parcheggiato
avessi parcheggiato	aveste parcheggiato
avesse parcheggiato	avessero parcheggiato

CONDITIONAL

PRESENT

parcheggerei	parcheggeremmo
parcheggeresti	parcheggereste
parcheggerebbe	parcheggerebbero

PAST

avrei parcheggiato	avremmo parcheggiato
avresti parcheggiato	avreste parcheggiato
avrebbe parcheggiato	avrebbero parcheggiato

IMPERATIVE

	parcheggiamo!
parcheggia!	parcheggiate!
parcheggi!	parcheggino!

OTHER FORMS

GERUND

parcheggiando

PARTICIPLE

parcheggiato

RELATED WORDS

parcheggio	*parking*
parcheggio a pagamento	*pay parking*

EXAMPLES OF VERB USAGE

Ho parcheggiato la macchina in doppia fila. *I double-parked.*

Se ci fosse posto, parcheggerei all'ombra. *If there were any room, I would park in the shade.*

Dai, parcheggia qui e andiamo a piedi. *Come on, park here and we'll walk.*

Verb Charts

VERB CHART 141

io	noi
tu	voi
lui/lei	loro

Parlare

to speak, to talk

INDICATIVE

PRESENT

parlo	parliamo
parli	parlate
parla	parlano

IMPERFECT

parlavo	parlavamo
parlavi	parlavate
parlava	parlavano

ABSOLUTE PAST

parlai	parlammo
parlasti	parlaste
parlò	parlarono

FUTURE

parlerò	parleremo
parlerai	parlerete
parlerà	parleranno

PRESENT PERFECT

ho parlato	abbiamo parlato
hai parlato	avete parlato
ha parlato	hanno parlato

PAST PERFECT

avevo parlato	avevamo parlato
avevi parlato	avevate parlato
aveva parlato	avevano parlato

PRETERITE PERFECT

ebbi parlato	avemmo parlato
avesti parlato	aveste parlato
ebbe parlato	ebbero parlato

FUTURE PERFECT

avrò parlato	avremo parlato
avrai parlato	avrete parlato
avrà parlato	avranno parlato

SUBJUNCTIVE

PRESENT

parli	parliamo
parli	parliate
parli	parlino

IMPERFECT

parlassi	parlassimo
parlassi	parlaste
parlasse	parlassero

PAST

abbia parlato	abbiamo parlato
abbia parlato	abbiate parlato
abbia parlato	abbiano parlato

PAST PERFECT

avessi parlato	avessimo parlato
avessi parlato	aveste parlato
avesse parlato	avessero parlato

CONDITIONAL

PRESENT

parlerei	parleremmo
parleresti	parlereste
parlerebbe	parlerebbero

PAST

avrei parlato	avremmo parlato
avresti parlato	avreste parlato
avrebbe parlato	avrebbero parlato

IMPERATIVE

	parliamo!
parla!	parlate!
parli!	parlino!

OTHER FORMS

GERUND

parlando

PARTICIPLE

parlato

RELATED WORDS

parlamento	*parliament*
parlante	*speaker*
parlantina	*glibness*
parlatorio	*visiting room*
parola	*word*
parolaccia	*dirty word*

EXAMPLES OF VERB USAGE

Parli italiano correntemente?	*Do you speak Italian fluently?*
Durante il film parlavano costantemente.	*During the movie they were speaking constantly.*
Ho parlato al telefono con Gilberto.	*I spoke on the phone with Gilberto.*

Partecipare

to participate

io	noi
tu	voi
lui/lei	loro

INDICATIVE

PRESENT

partecipo	partecipiamo
partecipi	partecipate
partecipa	partecipano

PRESENT PERFECT

ho partecipato	abbiamo partecipato
hai partecipato	avete partecipato
ha partecipato	hanno partecipato

IMPERFECT

partecipavo	partecipavamo
partecipavi	partecipavate
partecipava	partecipavano

PAST PERFECT

avevo partecipato	avevamo partecipato
avevi partecipato	avevate partecipato
aveva partecipato	avevano partecipato

ABSOLUTE PAST

partecipai	partecipammo
partecipaste	partecipaste
partecipò	parteciparono

PRETERITE PERFECT

ebbi partecipato	avemmo partecipato
avesti partecipato	aveste partecipato
ebbe partecipato	ebbero partecipato

FUTURE

parteciperò	parteciperemo
parteciperai	parteciperete
parteciperà	parteciperanno

FUTURE PERFECT

avrò partecipato	avremo partecipato
avrai partecipato	avrete partecipato
avrà partecipato	avranno partecipato

SUBJUNCTIVE

PRESENT

partecipi	partecipiamo
partecipi	partecipiate
partecipi	partecipino

PAST

abbia partecipato	abbiamo partecipato
abbia partecipato	abbiate partecipato
abbia partecipato	abbiano partecipato

IMPERFECT

partecipassi	partecipassimo
partecipassi	partecipaste
partecipasse	partecipassero

PAST PERFECT

avessi partecipato	avessimo partecipato
avessi partecipato	aveste partecipato
avesse partecipato	avessero partecipato

CONDITIONAL

PRESENT

parteciperei	parteciperemmo
parteciperesti	partecipereste
parteciperebbe	parteciperebbero

PAST

avrei partecipato	avremmo partecipato
avresti partecipato	avreste partecipato
avrebbe partecipato	avrebbero partecipato

IMPERATIVE

	partecipiamo!
partecipa!	partecipate!
partecipi!	partecipino!

OTHER FORMS

GERUND
partecipando

PARTICIPLE
partecipato

RELATED WORDS

partecipazione	*participation, announcement*
partecipe	*participating*

EXAMPLES OF VERB USAGE

Ho partecipato alla maratona di New York. — *I participated in the New York Marathon.*

Non partecipai alla festa perché ero occupato. — *I didn't attend the party because I was busy.*

Perché non partecipi alle attività della classe? — *Why don't you participate in the class activities?*

VERB CHART 143

Partire

to leave, to depart, to go away

io	noi
tu	voi
lui/lei	loro

INDICATIVE

PRESENT		PRESENT PERFECT	
parto	partiamo	sono partito(a)	siamo partiti(e)
parti	partite	sei partito(a)	siete partiti(e)
parte	partono	è partito(a)	sono partiti(e)

IMPERFECT		PAST PERFECT	
partivo	partivamo	ero partito(a)	eravamo partiti(e)
partivi	partivate	eri partito(a)	eravate partiti(e)
partiva	partivano	era partito(a)	erano partiti(e)

ABSOLUTE PAST		PRETERITE PERFECT	
partii	partimmo	fui partito(a)	fummo partiti(e)
partisti	partiste	fosti partito(a)	foste partiti(e)
partì	partirono	fu partito(a)	furono partiti(e)

FUTURE		FUTURE PERFECT	
partirò	partiremo	sarò partito(a)	saremo partiti(e)
partirai	partirete	sarai partito(a)	sarete partiti(e)
partirà	partiranno	sarà partito(a)	saranno partiti(e)

SUBJUNCTIVE

PRESENT		PAST	
parta	partiamo	sia partito(a)	siamo partiti(e)
parta	partiate	sia partito(a)	siate partiti(e)
parta	partano	sia partito(a)	siano partiti(e)

IMPERFECT		PAST PERFECT	
partissi	partissimo	fossi partito(a)	fossimo partiti(e)
partissi	partiste	fossi partito(a)	foste partiti(e)
partisse	partissero	fosse partito(a)	fossero partiti(e)

CONDITIONAL

PRESENT		PAST	
partirei	partiremmo	sarei partito(a)	saremmo partiti(e)
partiresti	partireste	saresti partito(a)	sareste partiti(e)
partirebbe	partirebbero	sarebbe partito(a)	sarebbero partiti(e)

IMPERATIVE

	partiamo!
parti!	partite!
parta!	partano!

OTHER FORMS

GERUND	PARTICIPLE
partendo	partito

RELATED WORDS

partenza — *departure*

EXAMPLES OF VERB USAGE

Sono partito da Roma alle quattro. — *I left Rome at four o'clock.*

Partiamo per Milano domani notte. — *We'll be leaving for Milan tomorrow night.*

Partirono per un lungo viaggio. — *They left for a long trip.*

Passare

to pass, to elapse, to spend (time)

VERB CHART 144

io	noi
tu	voi
lui/lei	loro

INDICATIVE

PRESENT		PRESENT PERFECT	
passo	passiamo	ho passato	abbiamo passato
passi	passate	hai passato	avete passato
passa	passano	ha passato	hanno passato

IMPERFECT		PAST PERFECT	
passavo	passavamo	avevo passato	avevamo passato
passavi	passavate	avevi passato	avevate passato
passava	passavano	aveva passato	avevano passato

ABSOLUTE PAST		PRETERITE PERFECT	
passai	passammo	ebbi passato	avemmo passato
passasti	passaste	avesti passato	aveste passato
passò	passarono	ebbe passato	ebbero passato

FUTURE		FUTURE PERFECT	
passerò	passeremo	avrò passato	avremo passato
passerai	passerete	avrai passato	avrete passato
passerà	passeranno	avrà passato	avranno passato

SUBJUNCTIVE

PRESENT		PAST	
passi	passiamo	abbia passato	abbiamo passato
passi	passiate	abbia passato	abbiate passato
passi	passino	abbia passato	abbiano passato

IMPERFECT		PAST PERFECT	
passassi	passassimo	avessi passato	avessimo passato
passassi	passaste	avessi passato	aveste passato
passasse	passassero	avesse passato	avessero passato

CONDITIONAL

PRESENT		PAST	
passerei	passeremmo	avrei passato	avremmo passato
passeresti	passereste	avresti passato	avreste passato
passerebbe	passerebbero	avrebbe passato	avrebbero passato

IMPERATIVE

	passiamo!
passa!	passate!
passi!	passino!

OTHER FORMS

GERUND	PARTICIPLE
passando	passato

RELATED WORDS

passaggio	*passage, crossing*	passante	*passerby*
passata	*passing, glance*	passatempo	*pastime, diversion*
passato	*past*	passeggero	*passenger*

EXAMPLES OF VERB USAGE

Mi passi il sale, per favore? — *Can you pass me the salt, please?*

Ho passato tutta la settimana al mare. — *I spent the whole week at the beach.*

Lei avrà passato i trent'anni ormai. — *By now she must be over thirty.*

Verb Charts

VERB CHART 145

Pensare

to think

io	noi
tu	voi
lui/lei	loro

INDICATIVE

PRESENT		PRESENT PERFECT	
penso	pensiamo	ho pensato	abbiamo pensato
pensi	pensate	hai pensato	avete pensato
pensa	pensano	ha pensato	hanno pensato

IMPERFECT		PAST PERFECT	
pensavo	pensavamo	avevo pensato	avevamo pensato
pensavi	pensavate	avevi pensato	avevate pensato
pensava	pensavano	aveva pensato	avevano pensato

ABSOLUTE PAST		PRETERITE PERFECT	
pensai	pensammo	ebbi pensato	avemmo pensato
pensasti	pensaste	avesti pensato	aveste pensato
pensò	pensarono	ebbe pensato	ebbero pensato

FUTURE		FUTURE PERFECT	
penserò	penseremo	avrò pensato	avremo pensato
penserai	penserete	avrai pensato	avrete pensato
penserà	penseranno	avrà pensato	avranno pensato

SUBJUNCTIVE

PRESENT		PAST	
pensi	pensiamo	abbia pensato	abbiamo pensato
pensi	pensiate	abbia pensato	abbiate pensato
pensi	pensino	abbia pensato	abbiano pensato

IMPERFECT		PAST PERFECT	
pensassi	pensassimo	avessi pensato	avessimo pensato
pensassi	pensaste	avessi pensato	aveste pensato
pensasse	pensassero	avesse pensato	avessero pensato

CONDITIONAL

PRESENT		PAST	
penserei	penseremmo	avrei pensato	avremmo pensato
penseresti	pensereste	avresti pensato	avreste pensato
penserebbe	penserebbero	avrebbe pensato	avrebbero pensato

IMPERATIVE

	pensiamo!
pensa!	pensate!
pensi!	pensino!

OTHER FORMS

GERUND	PARTICIPLE
pensando	pensato

RELATED WORDS

pensabile	*thinkable*	pensata	*thought*
pensatamente	*on purpose*	pensieroso	*thoughtful, pensive*

EXAMPLES OF VERB USAGE

Pensi che abbia ragione Giovanni? — *Do you think Giovanni is right?*

Ci penso io! — *I'll think about it!*

Penso di sì. — *I think so.*

Perdere

to lose

VERB CHART **146**

io	noi
tu	voi
lui/lei	loro

INDICATIVE

PRESENT

perdo	perdiamo
perdi	perdete
perde	perdono

IMPERFECT

perdevo	perdevamo
perdevi	perdevate
perdeva	perdevano

ABSOLUTE PAST

perdetti (persi, perdei)	perdemmo
perdesti	perdeste
perdette (perse, perdé)	perdettero (persero, perderono)

FUTURE

perderò	perderemo
perderai	perderete
perderà	perderanno

PRESENT PERFECT

ho perso	abbiamo perso
hai perso	avete perso
ha perso	hanno perso

PAST PERFECT

avevo perso	avevamo perso
avevi perso	avevate perso
aveva perso	avevano perso

PRETERITE PERFECT

ebbi perso	avemmo perso
avesti perso	aveste perso
ebbe perso	ebbero perso

FUTURE PERFECT

avrò perso	avremo perso
avrai perso	avrete perso
avrà perso	avranno perso

SUBJUNCTIVE

PRESENT

perda	perdiamo
perda	perdiate
perda	perdano

IMPERFECT

perdessi	perdessimo
perdessi	perdeste
perdesse	perdessero

PAST

abbia perso	abbiamo perso
abbia perso	abbiate perso
abbia perso	abbiano perso

PAST PERFECT

avessi perso	avessimo perso
avessi perso	aveste perso
avesse perso	avessero perso

CONDITIONAL

PRESENT

perderei	perderemmo
perderesti	perdereste
perderebbe	perderebbero

PAST

avrei perso	avremmo perso
avresti perso	avreste perso
avrebbe perso	avrebbero perso

IMPERATIVE

	perdiamo!
perdi!	perdete!
perda!	perdano!

OTHER FORMS

GERUND

perdendo

PARTICIPLE

perso / perduto

RELATED WORDS

perdente	*loser*
perdita	*loss*
perder tempo	*to waste time*

EXAMPLES OF VERB USAGE

Non farmi perdere tempo!	*Don't waste my time!*
Ho perso il treno delle tre.	*I missed the three o'clock train.*
Perdeva la pazienza troppo facilmente.	*He used to lose his patience too easily.*

Verb Charts

VERB CHART 147

Permettere

to allow, to let, to permit

io	noi
tu	voi
lui/lei	loro

INDICATIVE

PRESENT

permetto	permettiamo
permetti	permettete
permette	permettono

PRESENT PERFECT

ho permesso	abbiamo permesso
hai permesso	avete permesso
ha permesso	hanno permesso

IMPERFECT

permettevo	permettevamo
permettevi	permettevate
permetteva	permettevano

PAST PERFECT

avevo permesso	avevamo permesso
avevi permesso	avevate permesso
aveva permesso	avevano permesso

ABSOLUTE PAST

permisi	permettemmo
permettesti	permetteste
permise	permisero

PRETERITE PERFECT

ebbi permesso	avemmo permesso
avesti permesso	aveste permesso
ebbe permesso	ebbero permesso

FUTURE

permetterò	permetteremo
permetterai	permetterete
permetterà	permetteranno

FUTURE PERFECT

avrò permesso	avremo permesso
avrai permesso	avrete permesso
avrà permesso	avranno permesso

SUBJUNCTIVE

PRESENT

permetta	permettiamo
permetta	permettiate
permetta	permettano

PAST

abbia permesso	abbiamo permesso
abbia permesso	abbiate permesso
abbia permesso	abbiano permesso

IMPERFECT

permettessi	permettessimo
permettessi	permetteste
permettesse	permettessero

PAST PERFECT

avessi permesso	avessimo permesso
avessi permesso	aveste permesso
avesse permesso	avessero permesso

CONDITIONAL

PRESENT

permetterei	permetteremmo
permetteresti	permettereste
permetterebbe	permetterebbero

PAST

avrei permesso	avremmo permesso
avresti permesso	avreste permesso
avrebbe permesso	avrebbero permesso

IMPERATIVE

	permettiamo!
permetti!	permettete!
permetta!	permettano!

OTHER FORMS

GERUND
permettendo

PARTICIPLE
permesso

RELATED WORDS

permesso	*permit, permission*	permissibile	*permissible*

EXAMPLES OF VERB USAGE

Se il tempo lo permette, andiamo in barca. — *If the weather permits, we'll go sailing.*

Permettimi di dirti una cosa. — *Let me say something to you.*

Non gli permetterei mai di pagare! — *I would never let him pay!*

Perseverare

to persevere

io	noi
tu	voi
lui/lei	loro

INDICATIVE

PRESENT

persevero	perseveriamo
perseveri	perseverate
persevera	perseverano

PRESENT PERFECT

ho perseverato	abbiamo perseverato
hai perseverato	avete perseverato
ha perseverato	hanno perseverato

IMPERFECT

perseveravo	perseveravamo
perseveravi	perseveravate
perseverava	perseveravano

PAST PERFECT

avevo perseverato	avevamo perseverato
avevi perseverato	avevate perseverato
aveva perseverato	avevano perseverato

ABSOLUTE PAST

perseverai	perseverammo
perseverasti	perseveraste
perseverò	perseverarono

PRETERITE PERFECT

ebbi perseverato	avemmo perseverato
avesti perseverato	aveste perseverato
ebbe perseverato	ebbero perseverato

FUTURE

persevererò	persevereremo
persevererai	persevererete
persevererà	persevereranno

FUTURE PERFECT

avrò perseverato	avremo perseverato
avrai perseverato	avrete perseverato
avrà perseverato	avranno perseverato

SUBJUNCTIVE

PRESENT

perseveri	perseveriamo
perseveri	perseveriate
perseveri	perseverino

PAST

abbia perseverato	abbiamo perseverato
abbia perseverato	abbiate perseverato
abbia perseverato	abbiano perseverato

IMPERFECT

perseverassi	perseverassimo
perseverassi	perseveraste
perseverasse	perseverassero

PAST PERFECT

avessi perseverato	avessimo perseverato
avessi perseverato	aveste perseverato
avesse perseverato	avessero perseverato

CONDITIONAL

PRESENT

persevererei	persevereremmo
persevereresti	perseverereste
persevererebbe	persevererebbero

PAST

avrei perseverato	avremmo perseverato
avresti perseverato	avreste perseverato
avrebbe perseverato	avrebbero perseverato

IMPERATIVE

	perseveriamo!
persevera!	perseverate!
perseveri!	perseverino!

OTHER FORMS

GERUND	PARTICIPLE
perseverando	perseverato

RELATED WORDS

perseveranza	*perseverance*
perseverantemente	*perseveringly*

EXAMPLES OF VERB USAGE

Perseverò finche finì completamente il progetto.	*He persevered until he finished the whole project.*
Se avessi perseverato, ci saresti riuscito.	*If you had persevered, you would have succeeded.*
Persevera nelle tue idee e nei tuoi valori!	*Persevere in your ideas and in your values!*

VERB CHART 149

Persuadere

to persuade

io	noi
tu	voi
lui/lei	loro

INDICATIVE

PRESENT

persuado	persuadiamo
persuadi	persuadete
persuade	persuadono

IMPERFECT

persuadevo	persuadevamo
persuadevi	persuadevate
persuadeva	persuadevano

ABSOLUTE PAST

persuasi	persuademmo
persuadesti	persuadeste
persuase	persuasero

FUTURE

persuaderò	persuaderemo
persuaderai	persuaderete
persuaderà	persuaderanno

PRESENT PERFECT

ho persuaso	abbiamo persuaso
hai persuaso	avete persuaso
ha persuaso	hanno persuaso

PAST PERFECT

avevo persuaso	avevamo persuaso
avevi persuaso	avevate persuaso
aveva persuaso	avevano persuaso

PRETERITE PERFECT

ebbi persuaso	avemmo persuaso
avesti persuaso	aveste persuaso
ebbe persuaso	ebbero persuaso

FUTURE PERFECT

avrò persuaso	avremo persuaso
avrai persuaso	avrete persuaso
avrà persuaso	avranno persuaso

SUBJUNCTIVE

PRESENT

persuada	persuadiamo
persuada	persuadiate
persuada	persuadano

IMPERFECT

persuadessi	persuadessimo
persuadessi	persuadeste
persuadesse	persuadessero

PAST

abbia persuaso	abbiamo persuaso
abbia persuaso	abbiate persuaso
abbia persuaso	abbiano persuaso

PAST PERFECT

avessi persuaso	avessimo persuaso
avessi persuaso	aveste persuaso
avesse persuaso	avessero persuaso

CONDITIONAL

PRESENT

persuaderei	persuaderemmo
persuaderesti	persuadereste
persuaderebbe	persuaderebbero

PAST

avrei persuaso	avremmo persuaso
avresti persuaso	avreste persuaso
avrebbe persuaso	avrebbero persuaso

IMPERATIVE

	persuadiamo!
persuadi!	persuadete!
persuada!	persuadano!

OTHER FORMS

GERUND	PARTICIPLE
persuadendo	persuaso

RELATED WORDS

persuasione	*persuasion*
persuasibile	*persuadable*
persuasivo	*persuasive*

EXAMPLES OF VERB USAGE

Lui ci persuase a venire.	*He persuaded us to come.*
L'ho persuasa a perdonarlo.	*I persuaded her to forgive him.*
Non mi persuadeva quello che diceva.	*What he was saying didn't persuade me.*

Pettinarsi

to comb oneself

io	noi
tu	voi
lui/lei	loro

INDICATIVE

PRESENT

mi pettino	ci pettiniamo
ti pettini	vi pettinate
si pettina	si pettinano

PRESENT PERFECT

mi sono pettinato(a)	ci siamo pettinati(e)
ti sei pettinato(a)	vi siete pettinati(e)
si è pettinato(a)	si sono pettinati(e)

IMPERFECT

mi pettinavo	ci pettinavamo
ti pettinavi	vi pettinavate
si pettinava	si pettinavano

PAST PERFECT

mi ero pettinato(a)	ci eravamo pettinati(e)
ti eri pettinato(a)	vi eravate pettinati(e)
si era pettinato(a)	si erano pettinati(e)

ABSOLUTE PAST

mi pettinai	ci pettinammo
ti pettinasti	vi pettinaste
si pettinò	si pettinarono

PRETERITE PERFECT

mi fui pettinato(a)	ci fummo pettinati(e)
ti fosti pettinato(a)	vi foste pettinati(e)
si fu pettinato(a)	si furono pettinati(e)

FUTURE

mi pettinerò	ci pettineremo
ti pettinerai	vi pettinerete
si pettinerà	si pettineranno

FUTURE PERFECT

mi sarò pettinato(a)	ci saremo pettinati(e)
ti sarai pettinato(a)	vi sarete pettinati(e)
si sarà pettinato(a)	si saranno pettinati(e)

SUBJUNCTIVE

PRESENT

mi pettini	ci pettiniamo
ti pettini	vi pettiniate
si pettini	si pettinino

PAST

mi sia pettinato(a)	ci siamo pettinati(e)
ti sia pettinato(a)	vi siate pettinati(e)
si sia pettinato(a)	si siano pettinati(e)

IMPERFECT

mi pettinassi	ci pettinassimo
ti pettinassi	vi pettinaste
si pettinasse	si pettinassero

PAST PERFECT

mi fossi pettinato(a)	ci fossimo pettinati(e)
ti fossi pettinato(a)	vi foste pettinati(e)
si fosse pettinato(a)	si fossero pettinati(e)

CONDITIONAL

PRESENT

mi pettinerei	ci pettineremmo
ti pettineresti	vi pettinereste
si pettinerebbe	si pettinerebbero

PAST

mi sarei pettinato(a)	ci saremmo pettinati(e)
ti saresti pettinato(a)	vi sareste pettinati(e)
si sarebbe pettinato(a)	si sarebbero pettinati(e)

IMPERATIVE

	pettiniamoci!
pettinati!	pettinatevi!
si pettini!	si pettinino!

OTHER FORMS

GERUND

pettinandosi

PARTICIPLE

pettinatosi

RELATED WORDS

pettinatura	*hairstyle, hairdo*
pettine	*comb*

EXAMPLES OF VERB USAGE

Pettinati prima di uscire!	*Comb your hair before you go out!*
Che testa hai! ma non ti pettini mai?	*What a head you have! Don't you ever comb you hair?*
Quando aveva i capelli lunghi si pettinava con la spazzola.	*When she had long hair she used to comb it with a brush.*

VERB CHART 151

Piacere

to like

io	noi
tu	voi
lui/lei	loro

INDICATIVE

PRESENT

piaccio	piacciamo
piaci	piacete
piace	piacciono

PRESENT PERFECT

sono piaciuto(a)	siamo piaciuti(e)
sei piaciuto(a)	siete piaciuti(e)
è piaciuto(a)	sono piaciuti(e)

IMPERFECT

piacevo	piacevamo
piacevi	piacevate
piaceva	piacevano

PAST PERFECT

ero piaciuto(a)	eravamo piaciuti(e)
eri piaciuto(a)	eravate piaciuti(e)
era piaciuto(a)	erano piaciuti(e)

ABSOLUTE PAST

piacqui	piacemmo
piacesti	piaceste
piacque	piacquero

PRETERITE PERFECT

fui piaciuto(a)	fummo piaciuti(e)
fosti piaciuto(a)	foste piaciuti(e)
fu piaciuto(a)	furono piaciuti(e)

FUTURE

piacerò	piaceremo
piacerai	piacerete
piacerà	piaceranno

FUTURE PERFECT

sarò piaciuto(a)	saremo piaciuti(e)
sarai piaciuto(a)	sarete piaciuti(e)
sarà piaciuto(a)	saranno piaciuti(e)

SUBJUNCTIVE

PRESENT

piaccia	piacciamo
piaccia	piacciate
piaccia	piacciano

PAST

sia piaciuto(a)	siamo piaciuti(e)
sia piaciuto(a)	siate piaciuti(e)
sia piaciuto(a)	siano piaciuti(e)

IMPERFECT

piacessi	piacessimo
piacessi	piaceste
piacesse	piacessero

PAST PERFECT

fossi piaciuto(a)	fossimo piaciuti(e)
fossi piaciuto(a)	foste piaciuti(e)
fosse piaciuto(a)	fossero piaciuti(e)

CONDITIONAL

PRESENT

piacerei	piaceremmo
piaceresti	piacereste
piacerebbe	piacerebbero

PAST

sarei piaciuto(a)	saremmo piaciuti(e)
saresti piaciuto(a)	sareste piaciuti(e)
sarebbe piaciuto(a)	sarebbero piaciuti(e)

IMPERATIVE

	piacciamo!
piaci!	piacete!
piaccia!	piacciano!

OTHER FORMS

GERUND

piacendo

PARTICIPLE

piaciuto

RELATED WORDS

piacente	*attractive*	per piacere	*please*
piacere	*pleasure*	piacevole	*pleasing*

EXAMPLES OF VERB USAGE

—Ti piace il vino? —Sì, mi piace molto.

—Do you like wine? —Yes, I like it a lot.

—Gli piacciono queste scarpe?
—No, non gli piacciono.

—Does he like these shoes?
—No, he doesn't like them.

—Ti è piaciuta la pizza? —Sì, mi è piaciuta.

—Did you like the pizza? —Yes, I liked it.

—Vi piace andare al mare? —Sì, ci piace.

—Do you like to go to the beach? —Yes, we like it.

Piangere

to cry, to weep

VERB CHART 152

io	noi
tu	voi
lui/lei	loro

INDICATIVE

PRESENT

piango	piangiamo
piangi	piangete
piange	piangono

IMPERFECT

piangevo	piangevamo
piangevi	piangevate
piangeva	piangevano

ABSOLUTE PAST

piansi	piangemmo
piangesti	piangeste
pianse	piansero

FUTURE

piangerò	piangeremo
piangerai	piangerete
piangerà	piangeranno

PRESENT PERFECT

ho pianto	abbiamo pianto
hai pianto	avete pianto
ha pianto	hanno pianto

PAST PERFECT

avevo pianto	avevamo pianto
avevi pianto	avevate pianto
aveva pianto	avevano pianto

PRETERITE PERFECT

ebbi pianto	avemmo pianto
avesti pianto	aveste pianto
ebbe pianto	ebbero pianto

FUTURE PERFECT

avrò pianto	avremo pianto
avrai pianto	avrete pianto
avrà pianto	avranno pianto

SUBJUNCTIVE

PRESENT

pianga	piangiamo
pianga	piangiate
pianga	piangano

IMPERFECT

piangessi	piangessimo
piangessi	piangeste
piangesse	piangessero

PAST

abbia pianto	abbiamo pianto
abbia pianto	abbiate pianto
abbia pianto	abbiano pianto

PAST PERFECT

avessi pianto	avessimo pianto
avessi pianto	aveste pianto
avesse pianto	avessero pianto

CONDITIONAL

PRESENT

piangerei	piangeremmo
piangeresti	piangereste
piangerebbe	piangerebbero

PAST

avrei pianto	avremmo pianto
avresti pianto	avreste pianto
avrebbe pianto	avrebbero pianto

IMPERATIVE

	piangiamo!
piangi!	piangete!
pianga!	piangano!

OTHER FORMS

GERUND
piangendo

PARTICIPLE
pianto

RELATED WORDS

pianto	*weeping*
piagnone	*grumbler*
piagnisteo	*moaning, grumbling*

EXAMPLES OF VERB USAGE

Il bambino pianse tutta la notte.	*The baby cried all night.*
Ma perché piangi?	*Why are you crying?*
Piango di gioia!	*I'm weeping for joy!*

Verb Charts

VERB CHART 153

io	noi
tu	voi
lui/lei	loro

Piovere

to rain

INDICATIVE

PRESENT

—	—
—	—
piove	—

IMPERFECT

—	—
—	—
pioveva	—

ABSOLUTE PAST

—	—
—	—
piovve	—

FUTURE

—	—
—	—
pioverà	—

PRESENT PERFECT

—	—
—	—
è piovuto	—

PAST PERFECT

—	—
—	—
era piovuto	—

PRETERITE PERFECT

—	—
—	—
fu piovuto	—

FUTURE PERFECT

—	—
—	—
sarà piovuto	—

SUBJUNCTIVE

PRESENT

—	—
—	—
piova	—

IMPERFECT

—	—
—	—
piovesse	—

PAST

—	—
—	—
sia piovuto	—

PAST PERFECT

—	—
—	—
fosse piovuto	—

CONDITIONAL

PRESENT

—	—
—	—
pioverebbe	—

PAST

—	—
—	—
sarebbe piovuto	—

IMPERATIVE

	—
—	—
piova!	—

OTHER FORMS

GERUND
piovendo

PARTICIPLE
piovuto

RELATED WORDS

pioggia	*rain*
piovoso	*rainy*
spiovente	*drooping, sloping*

EXAMPLES OF VERB USAGE

Piove a catinelle!	*It's raining cats and dogs!*
Pensi che piova stasera?	*Do you think it is going to rain tonight?*
Se non piovesse, andrei al mare.	*If it weren't raining, I would go to the beach.*

Poltrire

to idle

VERB CHART **154**

io	noi
tu	voi
lui/lei	loro

INDICATIVE

PRESENT

poltrisco	poltriamo
poltrisci	poltrite
poltrisce	poltriscono

IMPERFECT

poltrivo	poltrivamo
poltrivi	poltrivate
poltriva	poltrivano

ABSOLUTE PAST

poltrii	poltrimmo
poltristi	poltriste
poltrì	poltrirono

FUTURE

poltrirò	poltriremo
poltrirai	poltrirete
poltrirà	poltriranno

PRESENT PERFECT

ho poltrito	abbiamo poltrito
hai poltrito	avete poltrito
ha poltrito	hanno poltrito

PAST PERFECT

avevo poltrito	avevamo poltrito
avevi poltrito	avevate poltrito
aveva poltrito	avevano poltrito

PRETERITE PERFECT

ebbi poltrito	avemmo poltrito
avesti poltrito	aveste poltrito
ebbe poltrito	ebbero poltrito

FUTURE PERFECT

avrò poltrito	avremo poltrito
avrai poltrito	avrete poltrito
avrà poltrito	avranno poltrito

SUBJUNCTIVE

PRESENT

poltrisca	poltriamo
poltrisca	poltriate
poltrisca	poltriscano

IMPERFECT

poltrissi	poltrissimo
poltrissi	poltriste
poltrisse	poltrissero

PAST

abbia poltrito	abbiamo poltrito
abbia poltrito	abbiate poltrito
abbia poltrito	abbiano poltrito

PAST PERFECT

avessi poltrito	avessimo poltrito
avessi poltrito	aveste poltrito
avesse poltrito	avessero poltrito

CONDITIONAL

PRESENT

poltrirei	poltriremmo
poltriresti	poltrireste
poltrirebbe	poltrirebbero

PAST

avrei poltrito	avremmo poltrito
avresti poltrito	avreste poltrito
avrebbe poltrito	avrebbero poltrito

IMPERATIVE

	poltriamo!
poltrisci!	poltrite!
poltrisca!	poltriscano!

OTHER FORMS

GERUND
poltrendo

PARTICIPLE
poltrito

RELATED WORDS

poltrone	*lazy*
poltronaggine	*laziness*
poltrona	*easy chair*
poltronite	*habitual laziness*

EXAMPLES OF VERB USAGE

Dai, smettila di poltrire!	*Come on, enough with being lazy!*
In vacanza poltrivo tutto il giorno.	*I didn't do a thing all day long on vacation.*
Se non ci fossi io, tu poltriresti costantemente.	*If I weren't here, you would constantly do nothing.*

Verb Charts

VERB CHART 155

io	noi
tu	voi
lui/lei	loro

Portare

to wear, to bring, to carry

INDICATIVE

PRESENT

porto	portiamo
porti	portate
porta	portano

PRESENT PERFECT

ho portato	abbiamo portato
hai portato	avete portato
ha portato	hanno portato

IMPERFECT

portavo	portavamo
portavi	portavate
portava	portavano

PAST PERFECT

avevo portato	avevamo portato
avevi portato	avevate portato
aveva portato	avevano portato

ABSOLUTE PAST

portai	portammo
portasti	portaste
portò	portarono

PRETERITE PERFECT

ebbi portato	avemmo portato
avesti portato	aveste portato
ebbe portato	ebbero portato

FUTURE

porterò	porteremo
porterai	porterete
porterà	porteranno

FUTURE PERFECT

avrò portato	avremo portato
avrai portato	avrete portato
avrà portato	avranno portato

SUBJUNCTIVE

PRESENT

porti	portiamo
porti	portiate
porti	portino

PAST

abbia portato	abbiamo portato
abbia portato	abbiate portato
abbia portato	abbiano portato

IMPERFECT

portassi	portassimo
portassi	portaste
portasse	portassero

PAST PERFECT

avessi portato	avessimo portato
avessi portato	aveste portato
avesse portato	avessero portato

CONDITIONAL

PRESENT

porterei	porteremmo
porteresti	portereste
porterebbe	porterebbero

PAST

avrei portato	avremmo portato
avresti portato	avreste portato
avrebbe portato	avrebbero portato

IMPERATIVE

	portiamo!
porta!	portate!
porti!	portino!

OTHER FORMS

GERUND

portando

PARTICIPLE

portato

RELATED WORDS

portabile	*portable*
portafogli	*wallet*
portarsi	*to move, to behave*
portacenere	*ashtray*
portalettere	*postman*
portata	*reach, range*

EXAMPLES OF VERB USAGE

La sposa portava un vestito bellissimo.	*The bride was wearing a very beautiful dress.*
Porti la borsa, per favore?	*Can you please carry the bag?*
Porta il cane fuori stasera quando ritorni.	*Walk the dog tonight when you come back.*

Potere

to be able to, can, may

io	noi
tu	voi
lui/lei	loro

INDICATIVE

PRESENT		PRESENT PERFECT	
posso	possiamo	ho potuto	abbiamo potuto
puoi	potete	hai potuto	avete potuto
può	possono	ha potuto	hanno potuto

IMPERFECT		PAST PERFECT	
potevo	potevamo	avevo potuto	avevamo potuto
potevi	potevate	avevi potuto	avevate potuto
poteva	potevano	aveva potuto	avevano potuto

ABSOLUTE PAST		PRETERITE PERFECT	
potei (potetti)	potemmo	ebbi potuto	avemmo potuto
potesti	poteste	avesti potuto	aveste potuto
poté (potette)	poterono (potettero)	ebbe potuto	ebbero potuto

FUTURE		FUTURE PERFECT	
potrò	potremo	avrò potuto	avremo potuto
potrai	potrete	avrai potuto	avrete potuto
potrà	potranno	avrà potuto	avranno potuto

SUBJUNCTIVE

PRESENT		PAST	
possa	possiamo	abbia potuto	abbiamo potuto
possa	possiate	abbia potuto	abbiate potuto
possa	possano	abbia potuto	abbiano potuto

IMPERFECT		PAST PERFECT	
potessi	potessimo	avessi potuto	avessimo potuto
potessi	poteste	avessi potuto	aveste potuto
potesse	potessero	avesse potuto	avessero potuto

CONDITIONAL

PRESENT		PAST	
potrei	potremmo	avrei potuto	avremmo potuto
potresti	potreste	avresti potuto	avreste potuto
potrebbe	potrebbero	avrebbe potuto	avrebbero potuto

IMPERATIVE

	possiamo!
puoi!	possiate!
possa!	possano!

OTHER FORMS

GERUND	PARTICIPLE
potendo	potuto

RELATED WORDS

possibile	*possible*	potenziale	*potential*
potente	*powerful, influential*	potere	*power, authority*
potenza	*might, power*		

EXAMPLES OF VERB USAGE

Se non puoi venire dimmelo!	*If you can't come tell me!*
Posso andare al bagno?	*May I go to the bathroom?*
Non poté sciare perché aveva un braccio rotto.	*He couldn't ski because he had a broken arm.*

VERB CHART 157

io	noi
tu	voi
lui/lei	loro

Pranzare

to dine, to have dinner, to have lunch

INDICATIVE

PRESENT

pranzo	pranziamo
pranzi	pranzate
pranza	pranzano

IMPERFECT

pranzavo	pranzavamo
pranzavi	pranzavate
pranzava	pranzavano

ABSOLUTE PAST

pranzai	pranzammo
pranzasti	pranzaste
pranzò	pranzarono

FUTURE

pranzerò	pranzeremo
pranzerai	pranzerete
pranzerà	pranzeranno

PRESENT PERFECT

ho pranzato	abbiamo pranzato
hai pranzato	avete pranzato
ha pranzato	hanno pranzato

PAST PERFECT

avevo pranzato	avevamo pranzato
avevi pranzato	avevate pranzato
aveva pranzato	avevano pranzato

PRETERITE PERFECT

ebbi pranzato	avemmo pranzato
avesti pranzato	aveste pranzato
ebbe pranzato	ebbero pranzato

FUTURE PERFECT

avrò pranzato	avremo pranzato
avrai pranzato	avrete pranzato
avrà pranzato	avranno pranzato

SUBJUNCTIVE

PRESENT

pranzi	pranziamo
pranzi	pranziate
pranzi	pranzino

IMPERFECT

pranzassi	pranzassimo
pranzassi	pranzaste
pranzasse	pranzassero

PAST

abbia pranzato	abbiamo pranzato
abbia pranzato	abbiate pranzato
abbia pranzato	abbiano pranzato

PAST PERFECT

avessi pranzato	avessimo pranzato
avessi pranzato	aveste pranzato
avesse pranzato	avessero pranzato

CONDITIONAL

PRESENT

pranzerei	pranzeremmo
pranzeresti	pranzereste
pranzerebbe	pranzerebbero

PAST

avrei pranzato	avremmo pranzato
avresti pranzato	avreste pranzato
avrebbe pranzato	avrebbero pranzato

IMPERATIVE

	pranziamo!
pranza!	pranzate!
pranzi!	pranzino!

OTHER FORMS

GERUND	PARTICIPLE
pranzando	pranzato

RELATED WORDS

pranzo	*dinner, lunch*
dopo pranzo	*early afternoon*

EXAMPLES OF VERB USAGE

Stasera pranzerò presto.	*I'll dine early tonight.*
Nella mia famiglia pranzavamo sempre tutti insieme.	*In my family we always had dinner all together.*
Pranzerei a casa se il mio ufficio non fosse troppo lontano.	*I would have lunch at home if my office weren't so far away.*

Preferire

to prefer

VERB CHART **158**

io	noi
tu	voi
lui/lei	loro

INDICATIVE

PRESENT		PRESENT PERFECT	
preferisco	preferiamo	ho preferito	abbiamo preferito
preferisci	preferite	hai preferito	avete preferito
preferisce	preferiscono	ha preferito	hanno preferito

IMPERFECT		PAST PERFECT	
preferivo	preferivamo	avevo preferito	avevamo preferito
preferivi	preferivate	avevi preferito	avevate preferito
preferiva	preferivano	aveva preferito	avevano preferito

ABSOLUTE PAST		PRETERITE PERFECT	
preferii	preferimmo	ebbi preferito	avemmo preferito
preferisti	preferiste	avesti preferito	aveste preferito
preferì	preferirono	ebbe preferito	ebbero preferito

FUTURE		FUTURE PERFECT	
preferirò	preferiremo	avrò preferito	avremo preferito
preferirai	preferirete	avrai preferito	avrete preferito
preferirà	preferiranno	avrà preferito	avranno preferito

SUBJUNCTIVE

PRESENT		PAST	
preferisca	preferiamo	abbia preferito	abbiamo preferito
preferisca	preferiate	abbia preferito	abbiate preferito
preferisca	preferiscano	abbia preferito	abbiano preferito

IMPERFECT		PAST PERFECT	
preferissi	preferissimo	avessi preferito	avessimo preferito
preferissi	preferiste	avessi preferito	aveste preferito
preferisse	preferissero	avesse preferito	avessero preferito

CONDITIONAL

PRESENT		PAST	
preferirei	preferiremmo	avrei preferito	avremmo preferito
preferiresti	preferireste	avresti preferito	avreste preferito
preferirebbe	preferirebbero	avrebbe preferito	avrebbero preferito

IMPERATIVE

	preferiamo!
preferisci!	preferite!
preferisca!	preferiscano!

OTHER FORMS

GERUND	PARTICIPLE
preferendo	preferito

RELATED WORDS

preferenza	*preference*	preferito	*favorite*
preferibile	*preferable*		

EXAMPLES OF VERB USAGE

Preferisci il pesce o la carne?	*Do you prefer fish or meat?*
Quando ero più giovane, preferivo i Rolling Stones ai Beatles.	*When I was younger, I preferred the Rolling Stones to the Beatles.*
Preferirei non andare al cinema stasera.	*I would prefer not to go to the movies tonight.*

Verb Charts

VERB CHART 159

Pregare

to pray

io	noi
tu	voi
lui/lei	loro

INDICATIVE

PRESENT

prego	preghiamo
preghi	pregate
prega	pregano

PRESENT PERFECT

ho pregato	abbiamo pregato
hai pregato	avete pregato
ha pregato	hanno pregato

IMPERFECT

pregavo	pregavamo
pregavi	pregavate
pregava	pregavano

PAST PERFECT

avevo pregato	avevamo pregato
avevi pregato	avevate pregato
aveva pregato	avevano pregato

ABSOLUTE PAST

pregai	pregammo
pregasti	pregaste
pregò	pregarono

PRETERITE PERFECT

ebbi pregato	avemmo pregato
avesti pregato	aveste pregato
ebbe pregato	ebbero pregato

FUTURE

pregherò	pregheremo
pregherai	pregherete
pregherà	pregheranno

FUTURE PERFECT

avrò pregato	avremo pregato
avrai pregato	avrete pregato
avrà pregato	avranno pregato

SUBJUNCTIVE

PRESENT

preghi	preghiamo
preghi	preghiate
preghi	preghino

PAST

abbia pregato	abbiamo pregato
abbia pregato	abbiate pregato
abbia pregato	abbiano pregato

IMPERFECT

pregassi	pregassimo
pregassi	pregaste
pregasse	pregassero

PAST PERFECT

avessi pregato	avessimo pregato
avessi pregato	aveste pregato
avesse pregato	avessero pregato

CONDITIONAL

PRESENT

pregherei	pregheremmo
pregheresti	preghereste
pregherebbe	pregherebbero

PAST

avrei pregato	avremmo pregato
avresti pregato	avreste pregato
avrebbe pregato	avrebbero pregato

IMPERATIVE

	preghiamo!
prega!	pregate!
preghi!	preghino!

OTHER FORMS

GERUND	PARTICIPLE
pregando	pregato

RELATED WORDS

preghiera	*prayer*
Prego!	*Welcome!*

EXAMPLES OF VERB USAGE

Quando suo figlio era all'ospedale, pregò giorno e notte.
When his son was in the hospital, he prayed night and day.

Ti prego, smettila!
I beg you, stop it!

Pregherò per te.
I'll pray for you.

Prendere

to take, to fetch, to catch

VERB CHART 160

io	noi
tu	voi
lui/lei	loro

INDICATIVE

PRESENT		PRESENT PERFECT	
prendo	prendiamo	ho preso	abbiamo preso
prendi	prendete	hai preso	avete preso
prende	prendono	ha preso	hanno preso

IMPERFECT		PAST PERFECT	
prendevo	prendevamo	avevo preso	avevamo preso
prendevi	prendevate	avevi preso	avevate preso
prendeva	prendevano	aveva preso	avevano preso

ABSOLUTE PAST		PRETERITE PERFECT	
presi	prendemmo	ebbi preso	avemmo preso
prendesti	prendeste	avesti preso	aveste preso
prese	presero	ebbe preso	ebbero preso

FUTURE		FUTURE PERFECT	
prenderò	prenderemo	avrò preso	avremo preso
prenderai	prenderete	avrai preso	avrete preso
prenderà	prenderanno	avrà preso	avranno preso

SUBJUNCTIVE

PRESENT		PAST	
prenda	prendiamo	abbia preso	abbiamo preso
prenda	prendiate	abbia preso	abbiate preso
prenda	prendano	abbia preso	abbiano preso

IMPERFECT		PAST PERFECT	
prendessi	prendessimo	avessi preso	avessimo preso
prendessi	prendeste	avessi preso	aveste preso
prendesse	prendessero	avesse preso	avessero preso

CONDITIONAL

PRESENT		PAST	
prenderei	prenderemmo	avrei preso	avremmo preso
prenderesti	prendereste	avresti preso	avreste preso
prenderebbe	prenderebbero	avrebbe preso	avrebbero preso

IMPERATIVE

	prendiamo!
prendi!	prendete!
prenda!	prendano!

OTHER FORMS

GERUND	PARTICIPLE
prendendo	preso

RELATED WORDS

presa	*hold, grip, handle*	prendere un granchio	*to make a blunder*
prendere per il naso	*to lead by the nose*	prendersela con	*to become angry with*

EXAMPLES OF VERB USAGE

Prendi l'ombrello! Sta piovendo. — *Take the umbrella! It's raining.*

Dai non prendertela! — *Come on, don't get upset!*

Prenderei la macchina, ma è quasi impossibile trovare un parcheggio. — *I would take the car, but it's almost impossible to find a parking spot.*

Verb Charts

VERB CHART 161

io	noi
tu	voi
lui/lei	loro

Preoccuparsi

to worry

INDICATIVE

PRESENT		PRESENT PERFECT	
mi preoccupo	ci preoccupiamo	mi sono preoccupato(a)	ci siamo preoccupati(e)
ti preoccupi	vi preoccupate	ti sei preoccupato(a)	vi siete preoccupati(e)
si preoccupa	si preoccupano	si è preoccupato(a)	si sono preoccupati(e)
IMPERFECT		**PAST PERFECT**	
mi preoccupavo	ci preoccupavamo	mi ero preoccupato(a)	ci eravamo preoccupati(e)
ti preoccupavi	vi preoccupavate	ti eri preoccupato(a)	vi eravate preoccupati(e)
si preoccupava	si preoccupavano	si era preoccupato(a)	si erano preoccupati(e)
ABSOLUTE PAST		**PRETERITE PERFECT**	
mi preoccupai	ci preoccupammo	mi fui preoccupato(a)	ci fummo preoccupati(e)
ti preoccupasti	vi preoccupaste	ti fosti preoccupato(a)	vi foste preoccupati(e)
si preoccupò	si preoccuparono	si fu preoccupato(a)	si furono preoccupati(e)
FUTURE		**FUTURE PERFECT**	
mi preoccuperò	ci preoccuperemo	mi sarò preoccupato(a)	ci saremo preoccupati(e)
ti preoccuperai	vi preoccuperete	ti sarai preoccupato(a)	vi sarete preoccupati(e)
si preoccuperà	si preoccuperanno	si sarà preoccupato(a)	si saranno preoccupati(e)

SUBJUNCTIVE

PRESENT		PAST	
mi preoccupi	ci preoccupiamo	mi sia preoccupato(a)	ci siamo preoccupati(e)
ti preoccupi	vi preoccupiate	ti sia preoccupato(a)	vi siate preoccupati(e)
si preoccupi	si preoccupino	si sia preoccupato(a)	si siano preoccupati(e)
IMPERFECT		**PAST PERFECT**	
mi preoccupassi	ci preoccupassimo	mi fossi preoccupato(a)	ci fossimo preoccupati(e)
ti preoccupassi	vi preoccupaste	ti fossi preoccupato(a)	vi foste preoccupati(e)
si preoccupasse	si preoccupassero	si fosse preoccupato(a)	si fossero preoccupati(e)

CONDITIONAL

PRESENT		PAST	
mi preoccuperei	ci preoccuperemmo	mi sarei preoccupato(a)	ci saremmo preoccupati(e)
ti preoccuperesti	vi preoccupereste	ti saresti preoccupato(a)	vi sareste preoccupati(e)
si preoccuperebbe	si preoccuperebbero	si sarebbe preoccupato(a)	si sarebbero preoccupati(e)

IMPERATIVE

	preoccupiamoci!
preoccupati!	preoccupatevi!
si preoccupi!	si preoccupino!

OTHER FORMS

GERUND	PARTICIPLE
preoccupando	preoccupato

RELATED WORDS

preoccupazione	*worry*	preoccupante	*worrysome*

EXAMPLES OF VERB USAGE

Ma di che ti preoccupi?!	*What are you worrying about?!*
Preoccupati degli affari tuoi!	*Mind your own business!*
Quando lo vidi così agitato, mi preoccupai.	*When I saw him so upset, I got worried.*

Preparare
to prepare

VERB CHART **162**

io	noi
tu	voi
lui/lei	loro

INDICATIVE

PRESENT

preparo	prepariamo
prepari	preparate
prepara	preparano

IMPERFECT

preparavo	preparavamo
preparavi	preparavate
preparava	preparavano

ABSOLUTE PAST

preparai	preparammo
preparasti	preparaste
preparò	prepararono

FUTURE

preparerò	prepareremo
preparerai	preparerete
preparerà	prepareranno

PRESENT PERFECT

ho preparato	abbiamo preparato
hai preparato	avete preparato
ha preparato	hanno preparato

PAST PERFECT

avevo preparato	avevamo preparato
avevi preparato	avevate preparato
aveva preparato	avevano preparato

PRETERITE PERFECT

ebbi preparato	avemmo preparato
avesti preparato	aveste preparato
ebbe preparato	ebbero preparato

FUTURE PERFECT

avrò preparato	avremo preparato
avrai preparato	avrete preparato
avrà preparato	avranno preparato

SUBJUNCTIVE

PRESENT

prepari	prepariamo
prepari	prepariate
prepari	preparino

IMPERFECT

preparassi	preparassimo
preparassi	preparaste
preparasse	preparassero

PAST

abbia preparato	abbiamo preparato
abbia preparato	abbiate preparato
abbia preparato	abbiano preparato

PAST PERFECT

avessi preparato	avessimo preparato
avessi preparato	aveste preparato
avesse preparato	avessero preparato

CONDITIONAL

PRESENT

preparerei	prepareremmo
prepareresti	preparereste
preparerebbe	preparerebbero

PAST

avrei preparato	avremmo preparato
avresti preparato	avreste preparato
avrebbe preparato	avrebbero preparato

IMPERATIVE

	prepariamo!
prepara!	preparate!
prepari!	preparino!

OTHER FORMS

GERUND	**PARTICIPLE**
preparando	preparato

RELATED WORDS

preparativo	*preparatory*
preparato	*prepared*
preparatorio	*preparatory*
preparazione	*preparation*

EXAMPLES OF VERB USAGE

Preparati in fretta perché è tardi.	*Get ready quickly because it's late.*
Ho preparato una cena fantastica.	*I prepared a fantastic dinner.*
Preparerò la lezione quando finisco di leggere.	*I will prepare the lesson when I finish reading.*

VERB CHART 163

io	noi
tu	voi
lui/lei	loro

Presentare

to present, to introduce

INDICATIVE

PRESENT		PRESENT PERFECT	
presento	presentiamo	ho presentato	abbiamo presentato
presenti	presentate	hai presentato	avete presentato
presenta	presentano	ha presentato	hanno presentato

IMPERFECT		PAST PERFECT	
presentavo	presentavamo	avevo presentato	avevamo presentato
presentavi	presentavate	avevi presentato	avevate presentato
presentava	presentavano	aveva presentato	avevano presentato

ABSOLUTE PAST		PRETERITE PERFECT	
presentai	presentammo	ebbi presentato	avemmo presentato
presentasti	presentaste	avesti presentato	aveste presentato
presentò	presentarono	ebbe presentato	ebbero presentato

FUTURE		FUTURE PERFECT	
presenterò	presenteremo	avrò presentato	avremo presentato
presenterai	presenterete	avrai presentato	avrete presentato
presenterà	presenteranno	avrà presentato	avranno presentato

SUBJUNCTIVE

PRESENT		PAST	
presenti	presentiamo	abbia presentato	abbiamo presentato
presenti	presentiate	abbia presentato	abbiate presentato
presenti	presentino	abbia presentato	abbiano presentato

IMPERFECT		PAST PERFECT	
presentassi	presentassimo	avessi presentato	avessimo presentato
presentassi	presentaste	avessi presentato	aveste presentato
presentasse	presentassero	avesse presentato	avessero presentato

CONDITIONAL

PRESENT		PAST	
presenterei	presenteremmo	avrei presentato	avremmo presentato
presenteresti	presentereste	avresti presentato	avreste presentato
presenterebbe	presenterebbero	avrebbe presentato	avrebbero presentato

IMPERATIVE

	presentiamo!
presenta!	presentate!
presenti!	presentino!

OTHER FORMS

GERUND	PARTICIPLE
presentando	presentato

RELATED WORDS

presentarsi	*to introduce oneself*	presentabile	*presentable*
presentazione	*presentation, introduction*	presentemente	*presently, now*

EXAMPLES OF VERB USAGE

Vorrei presentarti mio cugino Giorgio. — *I'd like to introduce to you my cousin Giorgio.*

Ha presentato una collezione di vestiti stupenda. — *She presented a stupendous clothing collection.*

Perché non mi presenti ai tuoi amici? — *Why don't you introduce me to your friends?*

Prestare

to lend, to loan

VERB CHART 164

io	noi
tu	voi
lui/lei	loro

INDICATIVE

PRESENT		PRESENT PERFECT	
presto	prestiamo	ho prestato	abbiamo prestato
presti	prestate	hai prestato	avete prestato
presta	prestano	ha prestato	hanno prestato

IMPERFECT		PAST PERFECT	
prestavo	prestavamo	avevo prestato	avevamo prestato
prestavi	prestavate	avevi prestato	avevate prestato
prestava	prestavano	aveva prestato	avevano prestato

ABSOLUTE PAST		PRETERITE PERFECT	
prestai	prestammo	ebbi prestato	avemmo prestato
prestasti	prestaste	avesti prestato	aveste prestato
prestò	prestarono	ebbe prestato	ebbero prestato

FUTURE		FUTURE PERFECT	
presterò	presteremo	avrò prestato	avremo prestato
presterai	presterete	avrai prestato	avrete prestato
presterà	presteranno	avrà prestato	avranno prestato

SUBJUNCTIVE

PRESENT		PAST	
presti	prestiamo	abbia prestato	abbiamo prestato
presti	prestiate	abbia prestato	abbiate prestato
presti	prestino	abbia prestato	abbiano prestato

IMPERFECT		PAST PERFECT	
prestassi	prestassimo	avessi prestato	avessimo prestato
prestassi	prestaste	avessi prestato	aveste prestato
prestasse	prestassero	avesse prestato	avessero prestato

CONDITIONAL

PRESENT		PAST	
presterei	presteremmo	avrei prestato	avremmo prestato
presteresti	prestereste	avresti prestato	avreste prestato
presterebbe	presterebbero	avrebbe prestato	avrebbero prestato

IMPERATIVE

	prestiamo!
presta!	prestate!
presti!	prestino!

OTHER FORMS

GERUND	PARTICIPLE
prestando	prestato

RELATED WORDS

prestante	*good-looking, strong, vigorous*	prestito	*loan*
		prestatore d'opera	*laborer, employee*

EXAMPLES OF VERB USAGE

Mi presti venti euro per favore, ho lasciato il portafogli a casa?	*Can you please lend me twenty euro? I left my wallet at home.*
Mi presterebbero la macchina se gliela chiedessi.	*They would lend me their car if I asked.*
Gli ho prestato un libro un mese fa.	*I lent him a book a month ago.*

Verb Charts

VERB CHART 165

Produrre

to produce

io	noi
tu	voi
lui/lei	loro

INDICATIVE

PRESENT		PRESENT PERFECT	
produco	produciamo	ho prodotto	abbiamo prodotto
produci	producete	hai prodotto	avete prodotto
produce	producono	ha prodotto	hanno prodotto

IMPERFECT		PAST PERFECT	
producevo	producevamo	avevo prodotto	avevamo prodotto
producevi	producevate	avevi prodotto	avevate prodotto
produceva	producevano	aveva prodotto	avevano prodotto

ABSOLUTE PAST		PRETERITE PERFECT	
produssi	producemmo	ebbi prodotto	avemmo prodotto
producesti	produceste	avesti prodotto	aveste prodotto
produsse	produssero	ebbe prodotto	ebbero prodotto

FUTURE		FUTURE PERFECT	
produrrò	produrremo	avrò prodotto	avremo prodotto
produrrai	produrrete	avrai prodotto	avrete prodotto
produrrà	produrranno	avrà prodotto	avranno prodotto

SUBJUNCTIVE

PRESENT		PAST	
produca	produciamo	abbia prodotto	abbiamo prodotto
produca	produciate	abbia prodotto	abbiate prodotto
produca	producano	abbia prodotto	abbiano prodotto

IMPERFECT		PAST PERFECT	
producessi	producessimo	avessi prodotto	avessimo prodotto
producessi	produceste	avessi prodotto	aveste prodotto
producesse	producessero	avesse prodotto	avessero prodotto

CONDITIONAL

PRESENT		PAST	
produrrei	produrremmo	avrei prodotto	avremmo prodotto
produrresti	produrreste	avresti prodotto	avreste prodotto
produrrebbe	produrrebbero	avrebbe prodotto	avrebbero prodotto

IMPERATIVE

	produciamo!
produci!	producete!
produca!	producano!

OTHER FORMS

GERUND	PARTICIPLE
producendo	prodotto

RELATED WORDS

produzione	*production*	produttivo	*productive*
produttore	*producer*	prodotto	*product*

EXAMPLES OF VERB USAGE

Hanno prodotto quel film in Europa.	*They produced that movie in Europe.*
Produsse tante poesie quando scriveva in Italia.	*He produced a lot of poems when he used to write in Italy.*
In Giappone producono delle macchine molto buone.	*In Japan they produce very good cars.*

Progettare

to plan

VERB CHART 166

io	noi
tu	voi
lui/lei	loro

INDICATIVE

PRESENT

progetto	progettiamo
progetti	progettate
progetta	progettano

IMPERFECT

progettavo	progettavamo
progettavi	progettavate
progettava	progettavano

ABSOLUTE PAST

progettai	progettammo
progettasti	progettaste
progettò	progettarono

FUTURE

progetterò	progetteremo
progetterai	progetterete
progetterà	progetteranno

PRESENT PERFECT

ho progettato	abbiamo progettato
hai progettato	avete progettato
ha progettato	hanno progettato

PAST PERFECT

avevo progettato	avevamo progettato
avevi progettato	avevate progettato
aveva progettato	avevano progettato

PRETERITE PERFECT

ebbi progettato	avemmo progettato
avesti progettato	aveste progettato
ebbe progettato	ebbero progettato

FUTURE PERFECT

avrò progettato	avremo progettato
avrai progettato	avrete progettato
avrà progettato	avranno progettato

SUBJUNCTIVE

PRESENT

progetti	progettiamo
progetti	progettiate
progetti	progettino

IMPERFECT

progettassi	progettassimo
progettassi	progettaste
progettasse	progettassero

PAST

abbia progettato	abbiamo progettato
abbia progettato	abbiate progettato
abbia progettato	abbiano progettato

PAST PERFECT

avessi progettato	avessimo progettato
avessi progettato	aveste progettato
avesse progettato	avessero progettato

CONDITIONAL

PRESENT

progetterei	progetteremmo
progetteresti	progettereste
progetterebbe	progetterebbero

PAST

avrei progettato	avremmo progettato
avresti progettato	avreste progettato
avrebbe progettato	avrebbero progettato

IMPERATIVE

	progettiamo!
progetta!	progettate!
progetti!	progettino!

OTHER FORMS

GERUND
progettando

PARTICIPLE
progettato

RELATED WORDS

progetto	*project*
progettista	*planner*

EXAMPLES OF VERB USAGE

Il mio architetto ha progettato una casa funzionalissima. — *My architect planned a very functional house.*

Loro progettano un viaggio in Italia. — *They are planning a trip to Italy.*

Fu lei che progettò l'evento. — *She was the one who planned the event.*

Verb Charts

VERB CHART 167

io	noi
tu	voi
lui/lei	loro

Programmare

to program

INDICATIVE

PRESENT

programmo	programmiamo
programmi	programmate
programma	programmano

IMPERFECT

programmavo	programmavamo
programmavi	programmavate
programmava	programmavano

ABSOLUTE PAST

programmai	programmammo
programmasti	programmaste
programmò	programmarono

FUTURE

programmerò	programmeremo
programmerai	programmerete
programmerà	programmeranno

PRESENT PERFECT

ho programmato	abbiamo programmato
hai programmato	avete programmato
ha programmato	hanno programmato

PAST PERFECT

avevo programmato	avevamo programmato
avevi programmato	avevate programmato
aveva programmato	avevano programmato

PRETERITE PERFECT

ebbi programmato	avemmo programmato
avesti programmato	aveste programmato
ebbe programmato	ebbero programmato

FUTURE PERFECT

avrò programmato	avremo programmato
avrai programmato	avrete programmato
avrà programmato	avranno programmato

SUBJUNCTIVE

PRESENT

programmi	programmiamo
programmi	programmiate
programmi	programmino

IMPERFECT

programmassi	programmassimo
programmassi	programmaste
programmasse	programmassero

PAST

abbia programmato	abbiamo programmato
abbia programmato	abbiate programmato
abbia programmato	abbiano programmato

PAST PERFECT

avessi programmato	avessimo programmato
avessi programmato	aveste programmato
avesse programmato	avessero programmato

CONDITIONAL

PRESENT

programmerei	programmeremmo
programmeresti	programmereste
programmerebbe	programmerebbero

PAST

avrei programmato	avremmo programmato
avresti programmato	avreste programmato
avrebbe programmato	avrebbero programmato

IMPERATIVE

	programmiamo!
programma!	programmate!
programmi	programmino!

OTHER FORMS

GERUND

programmando

PARTICIPLE

programmato

RELATED WORDS

programma	*program*
programmazione	*programming*

EXAMPLES OF VERB USAGE

Ho programmato il mio orario per tutta la settimana. — *I programmed my schedule for the whole week.*

Il mio consulente ha programmato il mio computer. — *My consultant programmed my computer.*

Programmarono gli studi dei loro figli accuratamente. — *They programmed their children's studies carefully.*

Proporre

to propose, to suggest

VERB CHART **168**

io	noi
tu	voi
lui/lei	loro

INDICATIVE

PRESENT

propongo	proponiamo
proponi	proponete
propone	propongono

IMPERFECT

proponevo	proponevamo
proponevi	proponevate
proponeva	proponevano

ABSOLUTE PAST

proposi	proponemmo
proponesti	proponeste
propose	proposero

FUTURE

proporrò	proporremo
proporrai	proporrete
proporrà	proporranno

PRESENT PERFECT

ho proposto	abbiamo proposto
hai proposto	avete proposto
ha proposto	hanno proposto

PAST PERFECT

avevo proposto	avevamo proposto
avevi proposto	avevate proposto
aveva proposto	avevano proposto

PRETERITE PERFECT

ebbi proposto	avemmo proposto
avesti proposto	aveste proposto
ebbe proposto	ebbero proposto

FUTURE PERFECT

avrò proposto	avremo proposto
avrai proposto	avrete proposto
avrà proposto	avranno proposto

SUBJUNCTIVE

PRESENT

proponga	proponiamo
proponga	proponiate
proponga	propongano

IMPERFECT

proponessi	proponessimo
proponessi	proponeste
proponesse	proponessero

PAST

abbia proposto	abbiamo proposto
abbia proposto	abbiate proposto
abbia proposto	abbiano proposto

PAST PERFECT

avessi proposto	avessimo proposto
avessi proposto	aveste proposto
avesse proposto	avessero proposto

CONDITIONAL

PRESENT

proporrei	proporremmo
proporresti	proporreste
proporrebbe	proporrebbero

PAST

avrei proposto	avremmo proposto
avresti proposto	avreste proposto
avrebbe proposto	avrebbero proposto

IMPERATIVE

	proponiamo!
proponi!	proponete!
proponga!	propongano!

OTHER FORMS

GERUND

proponendo

PARTICIPLE

proposto

RELATED WORDS

proposta	*proposal*
proponibile	*proposable*
proposito	*purpose*

EXAMPLES OF VERB USAGE

Propongo di votare ora.	*I propose that we vote now.*
Quando le proposi di sposarmi, lei si commosse.	*When I asked her to marry me, she was moved.*
Io avrei proposto una soluzione diversa.	*I would have proposed a different solution.*

Verb Charts

VERB CHART 169

Protestare

to protest, to complain

io	noi
tu	voi
lui/lei	loro

INDICATIVE

PRESENT

protesto	protestiamo
protesti	protestate
protesta	protestano

IMPERFECT

protestavo	protestavamo
protestavi	protestavate
protestava	protestavano

ABSOLUTE PAST

protestai	protestammo
protestasti	protestaste
protestò	protestarono

FUTURE

protesterò	protesteremo
protesterai	protesterete
protesterà	protesteranno

PRESENT PERFECT

ho protestato	abbiamo protestato
hai protestato	avete protestato
ha protestato	hanno protestato

PAST PERFECT

avevo protestato	avevamo protestato
avevi protestato	avevate protestato
aveva protestato	avevano protestato

PRETERITE PERFECT

ebbi protestato	avemmo protestato
avesti protestato	aveste protestato
ebbe protestato	ebbero protestato

FUTURE PERFECT

avrò protestato	avremo protestato
avrai protestato	avrete protestato
avrà protestato	avranno protestato

SUBJUNCTIVE

PRESENT

protesti	protestiamo
protesti	protestiate
protesti	protestino

IMPERFECT

protestassi	protestassimo
protestassi	protestaste
protestasse	protestassero

PAST

abbia protestato	abbiamo protestato
abbia protestato	abbiate protestato
abbia protestato	abbiano protestato

PAST PERFECT

avessi protestato	avessimo protestato
avessi protestato	aveste protestato
avesse protestato	avessero protestato

CONDITIONAL

PRESENT

protesterei	protesteremmo
protesteresti	protestereste
protesterebbe	protesterebbero

PAST

avrei protestato	avremmo protestato
avresti protestato	avreste protestato
avrebbe protestato	avrebbero protestato

IMPERATIVE

	protestiamo!
protesta!	protestate!
protesti!	protestino!

OTHER FORMS

GERUND
protestando

PARTICIPLE
protestato

RELATED WORDS

protesta	*protest, complain*
protestantesimo	*Protestantism*
protestante	*Protestant (relig.)*

EXAMPLES OF VERB USAGE

Protestarono in migliaia contro la guerra. *Thousands of them protested against the war.*

Ha protestato perché non si è sentita rispettata. *She complained because she didn't feel respected.*

Se avessimo protestato allora, oggi le cose sarebbero diverse. *If we had protested then, things would be different today.*

Provare

to prove, to try, to rehearse

VERB CHART 170

io	noi
tu	voi
lui/lei	loro

INDICATIVE

PRESENT		PRESENT PERFECT	
provo	proviamo	ho provato	abbiamo provato
provi	provate	hai provato	avete provato
prova	provano	ha provato	hanno provato

IMPERFECT		PAST PERFECT	
provavo	provavamo	avevo provato	avevamo provato
provavi	provavate	avevi provato	avevate provato
provava	provavano	aveva provato	avevano provato

ABSOLUTE PAST		PRETERITE PERFECT	
provai	provammo	ebbi provato	avemmo provato
provasti	provaste	avesti provato	aveste provato
provò	provarono	ebbe provato	ebbero provato

FUTURE		FUTURE PERFECT	
proverò	proveremo	avrò provato	avremo provato
proverai	proverete	avrai provato	avrete provato
proverà	proveranno	avrà provato	avranno provato

SUBJUNCTIVE

PRESENT		PAST	
provi	proviamo	abbia provato	abbiamo provato
provi	proviate	abbia provato	abbiate provato
provi	provino	abbia provato	abbiano provato

IMPERFECT		PAST PERFECT	
provassi	provassimo	avessi provato	avessimo provato
provassi	provaste	avessi provato	aveste provato
provasse	provassero	avesse provato	avessero provato

CONDITIONAL

PRESENT		PAST	
proverei	proveremmo	avrei provato	avremmo provato
proveresti	provereste	avresti provato	avreste provato
proverebbe	proverebbero	avrebbe provato	avrebbero provato

IMPERATIVE

	proviamo!
prova!	provate!
provi!	provino!

OTHER FORMS

GERUND	PARTICIPLE
provando	provato

RELATED WORDS

prova	*proof, trial, test*	provabile	*provable*
provarsi	*to try on, to attempt*	provatamente	*surely, certainly*

EXAMPLES OF VERB USAGE

Ti credo assolutamente . . . se lo provi. — *I definitely believe you . . . if you prove it!*

Hanno provato tante volte prima dello spettacolo. — *They rehearsed so many times before the show.*

Prova questo vino, penso che ti piacerà. — *Try this wine, I think you'll like it.*

Verb Charts

VERB CHART 171

io	noi
tu	voi
lui/lei	loro

Pulire

to clean

INDICATIVE

PRESENT		PRESENT PERFECT	
pulisco	puliamo	ho pulito	abbiamo pulito
pulisci	pulite	hai pulito	avete pulito
pulisce	puliscono	ha pulito	hanno pulito

IMPERFECT		PAST PERFECT	
pulivo	pulivamo	avevo pulito	avevamo pulito
pulivi	pulivate	avevi pulito	avevate pulito
puliva	pulivano	aveva pulito	avevano pulito

ABSOLUTE PAST		PRETERITE PERFECT	
pulii	pulimmo	ebbi pulito	avemmo pulito
pulisti	puliste	avesti pulito	aveste pulito
pulì	pulirono	ebbe pulito	ebbero pulito

FUTURE		FUTURE PERFECT	
pulirò	puliremo	avrò pulito	avremo pulito
pulirai	pulirete	avrai pulito	avrete pulito
pulirà	puliranno	avrà pulito	avranno pulito

SUBJUNCTIVE

PRESENT		PAST	
pulisca	puliamo	abbia pulito	abbiamo pulito
pulisca	puliate	abbia pulito	abbiate pulito
pulisca	puliscano	abbia pulito	abbiano pulito

IMPERFECT		PAST PERFECT	
pulissi	pulissimo	avessi pulito	avessimo pulito
pulissi	puliste	avessi pulito	aveste pulito
pulisse	pulissero	avesse pulito	avessero pulito

CONDITIONAL

PRESENT		PAST	
pulirei	puliremmo	avrei pulito	avremmo pulito
puliresti	pulireste	avresti pulito	avreste pulito
pulirebbe	pulirebbero	avrebbe pulito	avrebbero pulito

IMPERATIVE

	puliamo!
pulisci!	pulite!
pulisca!	puliscano!

OTHER FORMS

GERUND	PARTICIPLE
pulendo	pulito

RELATED WORDS

pulitura	*cleaning*	pulizia	*cleanliness*
pulitura a secco	*dry cleaning*	pulito	*clean*

EXAMPLES OF VERB USAGE

Ieri ho pulito tutta la casa. — *Yesterday I cleaned the whole house.*

Spero che la pioggia pulisca le strade. — *I hope the rain is going to clean the roads.*

Quando arriverai, avrò già cucinato e pulito la cucina. — *When you arrive, I'll have already cooked and cleaned the kitchen.*

Raccontare

to tell, to narrate

VERB CHART 172

io	noi
tu	voi
lui/lei	loro

INDICATIVE

PRESENT

racconto	raccontiamo
racconti	raccontate
racconta	raccontano

IMPERFECT

raccontavo	raccontavamo
raccontavi	raccontavate
raccontava	raccontavano

ABSOLUTE PAST

raccontai	raccontammo
raccontasti	raccontaste
raccontò	raccontarono

FUTURE

racconterò	racconteremo
racconterai	racconterete
racconterà	racconteranno

PRESENT PERFECT

ho raccontato	abbiamo raccontato
hai raccontato	avete raccontato
ha raccontato	hanno raccontato

PAST PERFECT

avevo raccontato	avevamo raccontato
avevi raccontato	avevate raccontato
aveva raccontato	avevano raccontato

PRETERITE PERFECT

ebbi raccontato	avemmo raccontato
avesti raccontato	aveste raccontato
ebbe raccontato	ebbero raccontato

FUTURE PERFECT

avrò raccontato	avremo raccontato
avrai raccontato	avrete raccontato
avrà raccontato	avranno raccontato

SUBJUNCTIVE

PRESENT

racconti	raccontiamo
racconti	raccontiate
racconti	raccontino

IMPERFECT

raccontassi	raccontassimo
raccontassi	raccontaste
raccontasse	raccontassero

PAST

abbia raccontato	abbiamo raccontato
abbia raccontato	abbiate raccontato
abbia raccontato	abbiano raccontato

PAST PERFECT

avessi raccontato	avessimo raccontato
avessi raccontato	aveste raccontato
avesse raccontato	avessero raccontato

CONDITIONAL

PRESENT

racconterei	racconteremmo
racconteresti	raccontereste
racconterebbe	racconterebbero

PAST

avrei raccontato	avremmo raccontato
avresti raccontato	avreste raccontato
avrebbe raccontato	avrebbero raccontato

IMPERATIVE

	raccontiamo!
racconta!	raccontate!
racconti!	raccontino!

OTHER FORMS

GERUND	PARTICIPLE
raccontando	raccontato

RELATED WORDS

racconto	*tale, story*
raccontabile	*fit to be told*
raccontino	*(little) story*

EXAMPLES OF VERB USAGE

Cosa mi racconti di bello? — *What's up? (What pleasant thing can you tell me about?)*

Quando mio figlio era piccolo, gli raccontavo tante favole. — *When my son was little, I used to tell him so many fairy tales.*

Raccontami una bella storia! — *Tell me a nice story!*

Verb Charts

VERB CHART 173

Rallentare

to slow down

io	noi
tu	voi
lui/lei	loro

INDICATIVE

PRESENT		PRESENT PERFECT	
rallento	rallentiamo	ho rallentato	abbiamo rallentato
rallenti	rallentate	hai rallentato	avete rallentato
rallenta	rallentano	ha rallentato	hanno rallentato

IMPERFECT		PAST PERFECT	
rallentavo	rallentavamo	avevo rallentato	avevamo rallentato
rallentavi	rallentavate	avevi rallentato	avevate rallentato
rallentava	rallentavano	aveva rallentato	avevano rallentato

ABSOLUTE PAST		PRETERITE PERFECT	
rallentai	rallentammo	ebbi rallentato	avemmo rallentato
rallentasti	rallentaste	avesti rallentato	aveste rallentato
rallentò	rallentarono	ebbe rallentato	ebbero rallentato

FUTURE		FUTURE PERFECT	
rallenterò	rallenteremo	avrò rallentato	avremo rallentato
rallenterai	rallenterete	avrai rallentato	avrete rallentato
rallenterà	rallenteranno	avrà rallentato	avranno rallentato

SUBJUNCTIVE

PRESENT		PAST	
rallenti	rallentiamo	abbia rallentato	abbiamo rallentato
rallenti	rallentiate	abbia rallentato	abbiate rallentato
rallenti	rallentino	abbia rallentato	abbiano rallentato

IMPERFECT		PAST PERFECT	
rallentassi	rallentassimo	avessi rallentato	avessimo rallentato
rallentassi	rallentaste	avessi rallentato	aveste rallentato
rallentasse	rallentassero	avesse rallentato	avessero rallentato

CONDITIONAL

PRESENT		PAST	
rallenterei	rallenteremmo	avrei rallentato	avremmo rallentato
rallenteresti	rallentereste	avresti rallentato	avreste rallentato
rallenterebbe	rallenterebbero	avrebbe rallentato	avrebbero rallentato

IMPERATIVE

	rallentiamo!
rallenta!	rallentate!
rallenti!	rallentino!

OTHER FORMS

GERUND	PARTICIPLE
rallentando	rallentato

RELATED WORDS

rallentatore	*slow motion*	rallentamento	*slowing (down)*

EXAMPLES OF VERB USAGE

Rallenta, guidi troppo veloce! — *Slow down, you are driving too fast!*

Hanno rallentato il passo perché erano stanchi. — *They slowed the pace down because they were tired.*

Se i freni funzionassero, rallenterei! — *If the brakes worked, I would slow down.*

Rappresentare

to represent, to symbolize, to perform

VERB CHART 174

io	noi
tu	voi
lui/lei	loro

INDICATIVE

PRESENT		PRESENT PERFECT	
rappresento	rappresentiamo	ho rappresentato	abbiamo rappresentato
rappresenti	rappresentate	hai rappresentato	avete rappresentato
rappresenta	rappresentano	ha rappresentato	hanno rappresentato

IMPERFECT		PAST PERFECT	
rappresentavo	rappresentavamo	avevo rappresentato	avevamo rappresentato
rappresentavi	rappresentavate	avevi rappresentato	avevate rappresentato
rappresentava	rappresentavano	aveva rappresentato	avevano rappresentato

ABSOLUTE PAST		PRETERITE PERFECT	
rappresentai	rappresentammo	ebbi rappresentato	avemmo rappresentato
rappresentasti	rappresentaste	avesti rappresentato	aveste rappresentato
rappresentò	rappresentarono	ebbe rappresentato	ebbero rappresentato

FUTURE		FUTURE PERFECT	
rappresenterò	rappresenteremo	avrò rappresentato	avremo rappresentato
rappresenterai	rappresenterete	avrai rappresentato	avrete rappresentato
rappresenterà	rappresenteranno	avrà rappresentato	avranno rappresentato

SUBJUNCTIVE

PRESENT		PAST	
rappresenti	rappresentiamo	abbia rappresentato	abbiamo rappresentato
rappresenti	rappresentiate	abbia rappresentato	abbiate rappresentato
rappresenti	rappresentino	abbia rappresentato	abbiano rappresentato

IMPERFECT		PAST PERFECT	
rappresentassi	rappresentassimo	avessi rappresentato	avessimo rappresentato
rappresentassi	rappresentaste	avessi rappresentato	aveste rappresentato
rappresentasse	rappresentassero	avesse rappresentato	avessero rappresentato

CONDITIONAL

PRESENT		PAST	
rappresenterei	rappresenteremmo	avrei rappresentato	avremmo rappresentato
rappresenteresti	rappresentereste	avresti rappresentato	avreste rappresentato
rappresenterebbe	rappresenterebbero	avrebbe rappresentato	avrebbero rappresentato

IMPERATIVE

	rappresentiamo!
rappresenta!	rappresentate!
rappresenti!	rappresentino

OTHER FORMS

GERUND	PARTICIPLE
rappresentando	rappresentato

RELATED WORDS

rappresentazione	*representation*	rappresentativo	*representative*
rappresentante	*agent*		

EXAMPLES OF VERB USAGE

Il film non rappresenta veramente la situazione reale.

The movie doesn't really represent the real situation.

Se rappresentassi te stesso con un simbolo, chi o che cosa saresti?

If you were to represent yourself with a symbol, who or what would you be?

Verb Charts

VERB CHART 175

Rassicurare

to reassure, to encourage

io	noi
tu	voi
lui/lei	loro

INDICATIVE

PRESENT		PRESENT PERFECT	
rassicuro	rassicuriamo	ho rassicurato	abbiamo rassicurato
rassicuri	rassicurate	hai rassicurato	avete rassicurato
rassicura	rassicurano	ha rassicurato	hanno rassicurato

IMPERFECT		PAST PERFECT	
rassicuravo	rassicuravamo	avevo rassicurato	avevamo rassicurato
rassicuravi	rassicuravate	avevi rassicurato	avevate rassicurato
rassicurava	rassicuravano	aveva rassicurato	avevano rassicurato

ABSOLUTE PAST		PRETERITE PERFECT	
rassicurai	rassicurammo	ebbi rassicurato	avemmo rassicurato
rassicuraste	rassicuraste	avesti rassicurato	aveste rassicurato
rassicurò	rassicurarono	ebbe rassicurato	ebbero rassicurato

FUTURE		FUTURE PERFECT	
rassicurerò	rassicureremo	avrò rassicurato	avremo rassicurato
rassicurerai	rassicurerete	avrai rassicurato	avrete rassicurato
rassicurerà	rassicureranno	avrà rassicurato	avranno rassicurato

SUBJUNCTIVE

PRESENT		PAST	
rassicuri	rassicuriamo	abbia rassicurato	abbiamo rassicurato
rassicuri	rassicuriate	abbia rassicurato	abbiate rassicurato
rassicuri	rassicurino	abbia rassicurato	abbiano rassicurato

IMPERFECT		PAST PERFECT	
rassicurassi	rassicurassimo	avessi rassicurato	avessimo rassicurato
rassicurassi	rassicuraste	avessi rassicurato	aveste rassicurato
rassicurasse	rassicurassero	avesse rassicurato	avessero rassicurato

CONDITIONAL

PRESENT		PAST	
rassicurerei	rassicureremmo	avrei rassicurato	avremmo rassicurato
rassicureresti	rassicurereste	avresti rassicurato	avreste rassicurato
rassicurerebbe	rassicurerebbero	avrebbe rassicurato	avrebbero rassicurato

IMPERATIVE

	rassicuriamo!
rassicura!	rassicurate!
rassicuri!	rassicurino!

OTHER FORMS

GERUND	PARTICIPLE
rassicurando	rassicurato

RELATED WORDS

rassicurazione	*reassurance*	rassicurante	*reassuring*

EXAMPLES OF VERB USAGE

Mi rassicura che tu sia qui.	*It reassures me that you are here.*
Lo rassicurarono che sarebbero venuti puntuali.	*They reassured him they would come on time.*
Il dottore mi ha rassicurato sulla mia salute.	*The doctor reassured me about my health.*

Reagire
to react

VERB CHART 176

io	noi
tu	voi
lui/lei	loro

INDICATIVE

PRESENT

reagisco	reagiamo
reagisci	reagite
reagisce	reagiscono

IMPERFECT

reagivo	reagivamo
reagivi	reagivate
reagiva	reagivano

ABSOLUTE PAST

reagii	reagimmo
reagisti	reagiste
reagì	reagirono

FUTURE

reagirò	reagiremo
reagirai	reagirete
reagirà	reagiranno

PRESENT PERFECT

ho reagito	abbiamo reagito
hai reagito	avete reagito
ha reagito	hanno reagito

PAST PERFECT

avevo reagito	avevamo reagito
avevi reagito	avevate reagito
aveva reagito	avevano reagito

PRETERITE PERFECT

ebbi reagito	avemmo reagito
avesti reagito	aveste reagito
ebbe reagito	ebbero reagito

FUTURE PERFECT

avrò reagito	avremo reagito
avrai reagito	avrete reagito
avrà reagito	avranno reagito

SUBJUNCTIVE

PRESENT

reagisca	reagiamo
reagisca	reagiate
reagisca	reagiscano

IMPERFECT

reagissi	reagissimo
reagissi	reagiste
reagisse	reagissero

PAST

abbia reagito	abbiamo reagito
abbia reagito	abbiate reagito
abbia reagito	abbiano reagito

PAST PERFECT

avessi reagito	avessimo reagito
avessi reagito	aveste reagito
avesse reagito	avessero reagito

CONDITIONAL

PRESENT

reagirei	reagiremmo
reagiresti	reagireste
reagirebbe	reagirebbero

PAST

avrei reagito	avremmo reagito
avresti reagito	avreste reagito
avrebbe reagito	avrebbero reagito

IMPERATIVE

	reagiamo!
reagisci!	reagite!
reagisca!	reagiscano!

OTHER FORMS

GERUND	PARTICIPLE
reagendo	reagito

RELATED WORDS

reazione	*reaction*
reattivo	*reactive*
reagente	*reagent*

EXAMPLES OF VERB USAGE

Ha reagito bene alla brutta notizia.	*He reacted well to the bad news.*
Non reagisco alle tue provocazioni.	*I'm not reacting to your provocations.*
Reagivo male alle critiche, poi ho imparato.	*I used to react badly to criticism, then I learned.*

Verb Charts

VERB CHART 177

io	noi
tu	voi
lui/lei	loro

Recitare

to act, to recite, to perform

INDICATIVE

PRESENT		PRESENT PERFECT	
recito	recitiamo	ho recitato	abbiamo recitato
reciti	recitate	hai recitato	avete recitato
recita	recitano	ha recitato	hanno recitato

IMPERFECT		PAST PERFECT	
recitavo	recitavamo	avevo recitato	avevamo recitato
recitavi	recitavate	avevi recitato	avevate recitato
recitava	recitavano	aveva recitato	avevano recitato

ABSOLUTE PAST		PRETERITE PERFECT	
recitai	recitammo	ebbi recitato	avemmo recitato
recitasti	recitaste	avesti recitato	aveste recitato
recitò	recitarono	ebbe recitato	ebbero recitato

FUTURE		FUTURE PERFECT	
reciterò	reciteremo	avrò recitato	avremo recitato
reciterai	reciterete	avrai recitato	avrete recitato
reciterà	reciteranno	avrà recitato	avranno recitato

SUBJUNCTIVE

PRESENT		PAST	
reciti	recitiamo	abbia recitato	abbiamo recitato
reciti	recitiate	abbia recitato	abbiate recitato
reciti	recitino	abbia recitato	abbiano recitato

IMPERFECT		PAST PERFECT	
recitassi	recitassimo	avessi recitato	avessimo recitato
recitassi	recitaste	avessi recitato	aveste recitato
recitasse	recitassero	avesse recitato	avessero recitato

CONDITIONAL

PRESENT		PAST	
reciterei	reciteremmo	avrei recitato	avremmo recitato
reciteresti	recitereste	avresti recitato	avreste recitato
reciterebbe	reciterebbero	avrebbe recitato	avrebbero recitato

IMPERATIVE

	recitiamo!
recita!	recitate!
reciti!	recitino!

OTHER FORMS

GERUND	PARTICIPLE
recitando	recitato

RELATED WORDS

recitazione	*acting, recitation*	recita	*performance*

EXAMPLES OF VERB USAGE

Gli attori hanno recitato molto bene. — *The actors performed very well.*

Per favore non recitare con me, sii te stesso! — *Please don't act with me, be yourself!*

Quando andavo alla scuola elementare, recitavo le poesie a memoria davanti a tutta la classe. — *When I went to elementary school, I used to recite poems by heart in front of the whole class.*

Regalare

to make a present of, to give (as a present)

VERB CHART **178**

io	noi
tu	voi
lui/lei	loro

INDICATIVE

PRESENT		PRESENT PERFECT	
regalo	regaliamo	ho regalato	abbiamo regalato
regali	regalate	hai regalato	avete regalato
regala	regalano	ha regalato	hanno regalato

IMPERFECT		PAST PERFECT	
regalavo	regalavamo	avevo regalato	avevamo regalato
regalavi	regalavate	avevi regalato	avevate regalato
regalava	regalavano	aveva regalato	avevano regalato

ABSOLUTE PAST		PRETERITE PERFECT	
regalai	regalammo	ebbi regalato	avemmo regalato
regalasti	regalaste	avesti regalato	aveste regalato
regalò	regalarono	ebbe regalato	ebbero regalato

FUTURE		FUTURE PERFECT	
regalerò	regaleremo	avrò regalato	avremo regalato
regalerai	regalerete	avrai regalato	avrete regalato
regalerà	regaleranno	avrà regalato	avranno regalato

SUBJUNCTIVE

PRESENT		PAST	
regali	regaliamo	abbia regalato	abbiamo regalato
regali	regaliate	abbia regalato	abbiate regalato
regali	regalino	abbia regalato	abbiano regalato

IMPERFECT		PAST PERFECT	
regalassi	regalassimo	avessi regalato	avessimo regalato
regalassi	regalaste	avessi regalato	aveste regalato
regalasse	regalassero	avesse regalato	avessero regalato

CONDITIONAL

PRESENT		PAST	
regalerei	regaleremmo	avrei regalato	avremmo regalato
regaleresti	regalereste	avresti regalato	avreste regalato
regalerebbe	regalerebbero	avrebbe regalato	avrebbero regalato

IMPERATIVE

	regaliamo!
regala!	regalate!
regali!	regalino!

OTHER FORMS

GERUND	PARTICIPLE
regalando	regalato

RELATED WORDS

regalo	*present*	regalabile	*fit for a present*

EXAMPLES OF VERB USAGE

Che cosa ti hanno regalato per Natale?	*What did they give you for Chrismas?*
Le regalai un libro per il suo compleanno.	*I gave her a book as a present for her birthday.*
Ieri ai grandi magazzini regalavano campioni gratuiti ai clienti.	*Yesterday at the department store they were giving free samples to the customers.*

Verb Charts

VERB CHART 179

io	noi
tu	voi
lui/lei	loro

Rendere

to render, to yield, to give back

INDICATIVE

PRESENT		PRESENT PERFECT	
rendo	rendiamo	ho reso	abbiamo reso
rendi	rendete	hai reso	avete reso
rende	rendono	ha reso	hanno reso

IMPERFECT		PAST PERFECT	
rendevo	rendevamo	avevo reso	avevamo reso
rendevi	rendevate	avevi reso	avevate reso
rendeva	rendevano	aveva reso	avevano reso

ABSOLUTE PAST		PRETERITE PERFECT	
resi	rendemmo	ebbi reso	avemmo reso
rendesti	rendeste	avesti reso	aveste reso
rese	resero	ebbe reso	ebbero reso

FUTURE		FUTURE PERFECT	
renderò	renderemo	avrò reso	avremo reso
renderai	renderete	avrai reso	avrete reso
renderà	renderanno	avrà reso	avranno reso

SUBJUNCTIVE

PRESENT		PAST	
renda	rendiamo	abbia reso	abbiamo reso
renda	rendiate	abbia reso	abbiate reso
renda	rendano	abbia reso	abbiano reso

IMPERFECT		PAST PERFECT	
rendessi	rendessimo	avessi reso	avessimo reso
rendessi	rendeste	avessi reso	aveste reso
rendesse	rendessero	avesse reso	avessero reso

CONDITIONAL

PRESENT		PAST	
renderei	renderemmo	avrei reso	avremmo reso
renderesti	rendereste	avresti reso	avreste reso
renderebbe	renderebbero	avrebbe reso	avrebbero reso

IMPERATIVE

	rendiamo!
rendi!	rendete!
renda!	rendano!

OTHER FORMS

GERUND	PARTICIPLE
rendendo	reso

RELATED WORDS

rendita	*income*	rendimento	*rendering, production*
resa	*surrender, yield*	rendersi conto	*to realize*

EXAMPLES OF VERB USAGE

Questa situazione mi rende nervoso.	*This situation makes me nervous.*
Hai reso la videocassetta al negozio di video?	*Did you return the videocassette to the video rental place?*
Ti rendi conto di quello che dici?	*Do you realize what you are saying?*

Respirare

to breathe

VERB CHART **180**

io	noi
tu	voi
lui/lei	loro

INDICATIVE

PRESENT

respiro	respiriamo
respiri	respirate
respira	respirano

PRESENT PERFECT

ho respirato	abbiamo respirato
hai respirato	avete respirato
ha respirato	hanno respirato

IMPERFECT

respiravo	respiravamo
respiravi	respiravate
respirava	respiravano

PAST PERFECT

avevo respirato	avevamo respirato
avevi respirato	avevate respirato
aveva respirato	avevano respirato

ABSOLUTE PAST

respirai	respirammo
respirasti	respiraste
respirò	respirarono

PRETERITE PERFECT

ebbi respirato	avemmo respirato
avesti respirato	aveste respirato
ebbe respirato	ebbero respirato

FUTURE

respirerò	respireremo
respirerai	respirerete
respirerà	respireranno

FUTURE PERFECT

avrò respirato	avremo respirato
avrai respirato	avrete respirato
avrà respirato	avranno respirato

SUBJUNCTIVE

PRESENT

respiri	respiriamo
respiri	respiriate
respiri	respirino

PAST

abbia respirato	abbiamo respirato
abbia respirato	abbiate respirato
abbia respirato	abbiano respirato

IMPERFECT

respirassi	respirassimo
respirassi	respiraste
respirasse	respirassero

PAST PERFECT

avessi respirato	avessimo respirato
avessi respirato	aveste respirato
avesse respirato	avessero respirato

CONDITIONAL

PRESENT

respirerei	respireremmo
respireresti	respirereste
respirerebbe	respirerebbero

PAST

avrei respirato	avremmo respirato
avresti respirato	avreste respirato
avrebbe respirato	avrebbero respirato

IMPERATIVE

	respiriamo!
respira!	respirate!
respiri!	respirino!

OTHER FORMS

GERUND
respirando

PARTICIPLE
respirato

RELATED WORDS

respiro	*breath*
respirabile	*breathable*
senza respiro	*breathless*
respiratore	*respirator*
respirazione	*breathing*
respiratorio	*respiratory*

EXAMPLES OF VERB USAGE

In montagna respiro a pieni polmoni. — *In the mountains I breathe deeply.*

L'aria che respiriamo in città è sempre più inquinata. — *The air we breathe in the city is more and more polluted.*

Basta con queste sigarette, non si respira più! — *Enough with these cigarettes, one can't breathe anymore!*

Verb Charts

VERB CHART **181**

io	noi
tu	voi
lui/lei	loro

Restare

to stay, to remain

INDICATIVE

PRESENT

resto	restiamo
resti	restate
resta	restano

PRESENT PERFECT

sono restato(a)	siamo restati(e)
sei restato(a)	siete restati(e)
è restato(a)	sono restati(e)

IMPERFECT

restavo	restavamo
restavi	restavate
restava	restavano

PAST PERFECT

ero restato(a)	eravamo restati(e)
eri restato(a)	eravate restati(e)
era restato(a)	erano restati(e)

ABSOLUTE PAST

restai	restammo
restasti	restaste
restò	restarono

PRETERITE PERFECT

fui restato(a)	fummo restati(e)
fosti restato(a)	foste restati(e)
fu restato(a)	furono restati(e)

FUTURE

resterò	resteremo
resterai	resterete
resterà	resteranno

FUTURE PERFECT

sarò restato(a)	saremo restati(e)
sarai restato(a)	sarete restati(e)
sarà restato(a)	saranno restati(e)

SUBJUNCTIVE

PRESENT

resti	restiamo
resti	restiate
resti	restino

PAST

sia restato(a)	siamo restati(e)
sia restato(a)	siate restati(e)
sia restato(a)	siano restati(e)

IMPERFECT

restassi	restassimo
restassi	restaste
restasse	restassero

PAST PERFECT

fossi restato(a)	fossimo restati(e)
fossi restato(a)	foste restati(e)
fosse restato(a)	fossero restati(e)

CONDITIONAL

PRESENT

resterei	resteremmo
resteresti	restereste
resterebbe	resterebbero

PAST

sarei restato(a)	saremmo restati(e)
saresti restato(a)	sareste restati(e)
sarebbe restato(a)	sarebbero restati(e)

IMPERATIVE

	restiamo!
resta!	restate!
resti!	restino!

OTHER FORMS

GERUND
restando

PARTICIPLE
restato

RELATED WORDS

restante	*remaining*
resto	*change (money)*
restio	*balky, restive*

EXAMPLES OF VERB USAGE

Restò con noi tutta la notte.	*He stayed with us all night.*
Sono restato a casa sua perché me l'ha chiesto.	*I stayed at her place because she asked me to.*
Dai, restate ancora un po'!	*Come on, stay a little longer!*

Restituire

to return, to give back

VERB CHART **182**

io	noi
tu	voi
lui/lei	loro

INDICATIVE

PRESENT

restituisco	restituiamo
restituisci	restituite
restituisce	restituiscono

IMPERFECT

restituivo	restituivamo
restituivi	restituivate
restituiva	restituivano

ABSOLUTE PAST

restituii	restituimmo
restituisti	restituiste
restituì	restituirono

FUTURE

restituirò	restituiremo
restituirai	restituirete
restituirà	restituiranno

PRESENT PERFECT

ho restituito	abbiamo restituito
hai restituito	avete restituito
ha restituito	hanno restituito

PAST PERFECT

avevo restituito	avevamo restituito
avevi restituito	avevate restituito
aveva restituito	avevano restituito

PRETERITE PERFECT

ebbi restituito	avemmo restituito
avesti restituito	aveste restituito
ebbe restituito	ebbero restituito

FUTURE PERFECT

avrò restituito	avremo restituito
avrai restituito	avrete restituito
avrà restituito	avranno restituito

SUBJUNCTIVE

PRESENT

restituisca	restituiamo
restituisca	restituiate
restituisca	restituiscano

IMPERFECT

restituissi	restituissimo
restituissi	restituiste
restituisse	restituissero

PAST

abbia restituito	abbiamo restituito
abbia restituito	abbiate restituito
abbia restituito	abbiano restituito

PAST PERFECT

avessi restituito	avessimo restituito
avessi restituito	aveste restituito
avesse restituito	avessero restituito

CONDITIONAL

PRESENT

restituirei	restituiremmo
restituiresti	restituireste
restituirebbe	restituirebbero

PAST

avrei restituito	avremmo restituito
avresti restituito	avreste restituito
avrebbe restituito	avrebbero restituito

IMPERATIVE

	restituiamo!
restituisci!	restituite!
restituisca!	restituiscano!

OTHER FORMS

GERUND	PARTICIPLE
restituendo	restituito

RELATED WORDS

restituzione — *restitution, return*

EXAMPLES OF VERB USAGE

Ho restituito il libro alla biblioteca. — *I returned the book to the library.*

Mi presti la bicicletta? Te la restituirò domani. — *Can you lend me your bike? I'll give it back to you tomorrow.*

Per favore, mi restituisci i soldi che ti ho prestato? — *Can you please return me the money I loaned you?*

VERB CHART 183

io	noi
tu	voi
lui/lei	loro

Ricevere

to receive

INDICATIVE

PRESENT

ricevo	riceviamo
ricevi	ricevete
riceve	ricevono

IMPERFECT

ricevevo	ricevevamo
ricevevi	ricevevate
riceveva	ricevevano

ABSOLUTE PAST

ricevetti (ricevei)	ricevemmo
ricevesti	riceveste
ricevette (ricevé)	ricevettero (riceverono)

FUTURE

riceverò	riceveremo
riceverai	riceverete
riceverà	riceveranno

PRESENT PERFECT

ho ricevuto	abbiamo ricevuto
hai ricevuto	avete ricevuto
ha ricevuto	hanno ricevuto

PAST PERFECT

avevo ricevuto	avevamo ricevuto
avevi ricevuto	avevate ricevuto
aveva ricevuto	avevano ricevuto

PRETERITE PERFECT

ebbi ricevuto	avemmo ricevuto
avesti ricevuto	aveste ricevuto
ebbe ricevuto	ebbero ricevuto

FUTURE PERFECT

avrò ricevuto	avremo ricevuto
avrai ricevuto	avrete ricevuto
avrà ricevuto	avranno ricevuto

SUBJUNCTIVE

PRESENT

riceva	riceviamo
riceva	riceviate
riceva	ricevano

IMPERFECT

ricevessi	ricevessimo
ricevessi	riceveste
ricevesse	ricevessero

PAST

abbia ricevuto	abbiamo ricevuto
abbia ricevuto	abbiate ricevuto
abbia ricevuto	abbiano ricevuto

PAST PERFECT

avessi ricevuto	avessimo ricevuto
avessi ricevuto	aveste ricevuto
avesse ricevuto	avessero ricevuto

CONDITIONAL

PRESENT

riceverei	riceveremmo
riceveresti	ricevereste
riceverebbe	riceverebbero

PAST

avrei ricevuto	avremmo ricevuto
avresti ricevuto	avreste ricevuto
avrebbe ricevuto	avrebbero ricevuto

IMPERATIVE

	riceviamo!
ricevi!	ricevete!
riceva!	ricevano!

OTHER FORMS

GERUND

ricevendo

PARTICIPLE

ricevuto

RELATED WORDS

ricevimento	*reception*
ricevuta	*receipt*
ricezione	*reception (radio, TV)*

EXAMPLES OF VERB USAGE

Hai ricevuto la mia lettera?	*Did you receive my letter?*
È da tanto che non ricevo sue notizie.	*It has being a long time since I received news from him.*
Riceverò ciò che la vita ha da offrirmi.	*I will receive what life has to offer me.*

Ricominciare

to start again

VERB CHART 184

io	noi
tu	voi
lui/lei	loro

INDICATIVE

PRESENT

ricomincio	ricominciamo
ricominci	ricominciate
ricomincia	ricominciano

IMPERFECT

ricominciavo	ricominciavamo
ricominciavi	ricominciavate
ricominciava	ricominciavano

ABSOLUTE PAST

ricominciai	ricominciammo
ricominciasti	ricominciaste
ricominciò	ricominciarono

FUTURE

ricomincerò	ricominceremo
ricomincerai	ricomincerete
ricomincerà	ricominceranno

PRESENT PERFECT

ho ricominciato	abbiamo ricominciato
hai ricominciato	avete ricominciato
ha ricominciato	hanno ricominciato

PAST PERFECT

avevo ricominciato	avevamo ricominciato
avevi ricominciato	avevate ricominciato
aveva ricominciato	avevano ricominciato

PRETERITE PERFECT

ebbi ricominciato	avemmo ricominciato
avesti ricominciato	aveste ricominciato
ebbe ricominciato	ebbero ricominciato

FUTURE PERFECT

avrò ricominciato	avremo ricominciato
avrai ricominciato	avrete ricominciato
avrà ricominciato	avranno ricominciato

SUBJUNCTIVE

PRESENT

ricominci	ricominciamo
ricominci	ricominciate
ricominci	ricomincino

IMPERFECT

ricominciassi	ricominciassimo
ricominciassi	ricominciaste
ricominciasse	ricominciassero

PAST

abbia ricominciato	abbiamo ricominciato
abbia ricominciato	abbiate ricominciato
abbia ricominciato	abbiano ricominciato

PAST PERFECT

avessi ricominciato	avessimo ricominciato
avessi ricominciato	aveste ricominciato
avesse ricominciato	avessero ricominciato

CONDITIONAL

PRESENT

ricomincerei	ricominceremmo
ricominceresti	ricomincereste
ricomincerebbe	ricomincerebbero

PAST

avrei ricominciato	avremmo ricominciato
avresti ricominciato	avreste ricominciato
avrebbe ricominciato	avrebbero ricominciato

IMPERATIVE

	ricominciamo!
ricomincia!	ricominciate!
ricominci!	ricomincino!

OTHER FORMS

GERUND
ricominciando

PARTICIPLE
ricominciato

RELATED WORDS

ricominciamento — *starting over*

EXAMPLES OF VERB USAGE

La scuola ricomincia fra tre giorni. — *School starts again in three days.*

Ho ricominciato a correre alla fine dell'inverno scorso. — *I started running again at the end of last winter.*

Ricominciò a piovere appena fummo arrivati. — *It started raining again as soon as we had arrived.*

Verb Charts

VERB CHART 185

io	noi
tu	voi
lui/lei	loro

Ricompensare

to reward, to recompense

INDICATIVE

PRESENT

ricompenso	ricompensiamo
ricompensi	ricompensate
ricompensa	ricompensano

IMPERFECT

ricompensavo	ricompensavamo
ricompensavi	ricompensavate
ricompensava	ricompensavano

ABSOLUTE PAST

ricompensai	ricompensammo
ricompensasti	ricompensaste
ricompensò	ricompensarono

FUTURE

ricompenserò	ricompenseremo
ricompenserai	ricompenserete
ricompenserà	ricompenseranno

PRESENT PERFECT

ho ricompensato	abbiamo ricompensato
hai ricompensato	avete ricompensato
ha ricompensato	hanno ricompensato

PAST PERFECT

avevo ricompensato	avevamo ricompensato
avevi ricompensato	avevate ricompensato
aveva ricompensato	avevano ricompensato

PRETERITE PERFECT

ebbi ricompensato	avemmo ricompensato
avesti ricompensato	aveste ricompensato
ebbe ricompensato	ebbero ricompensato

FUTURE PERFECT

avrò ricompensato	avremo ricompensato
avrai ricompensato	avrete ricompensato
avrà ricompensato	avranno ricompensato

SUBJUNCTIVE

PRESENT

ricompensi	ricompensiamo
ricompensi	ricompensiate
ricompensi	ricompensino

IMPERFECT

ricompensassi	ricompensassimo
ricompensassi	ricompensaste
ricompensasse	ricompensassero

PAST

abbia ricompensato	abbiamo ricompensato
abbia ricompensato	abbiate ricompensato
abbia ricompensato	abbiano ricompensato

PAST PERFECT

avessi ricompensato	avessimo ricompensato
avessi ricompensato	aveste ricompensato
avesse ricompensato	avessero ricompensato

CONDITIONAL

PRESENT

ricompenserei	ricompenseremmo
ricompenseresti	ricompensereste
ricompenserebbe	ricompenserebbero

PAST

avrei ricompensato	avremmo ricompensato
avresti ricompensato	avreste ricompensato
avrebbe ricompensato	avrebbero ricompensato

IMPERATIVE

	ricompensiamo!
ricompensa!	ricompensate!
ricompensi!	ricompensino!

OTHER FORMS

GERUND	PARTICIPLE
ricompensando	ricompensato

RELATED WORDS

ricompensa	*reward*

EXAMPLES OF VERB USAGE

Lo ricompensai per tutto quello che aveva fatto.	*I repaid him for all he had done.*
Ricompensi tuo figlio quando si comporta bene?	*Do you reward your son when he behaves well?*
La sua generosità è stata ricompensata.	*His generosity has been rewarded.*

Riconoscere

to recognize, to acknowledge

VERB CHART **186**

io	noi
tu	voi
lui/lei	loro

INDICATIVE

PRESENT

riconosco	riconosciamo
riconosci	riconoscete
riconosce	riconoscono

PRESENT PERFECT

ho riconosciuto	abbiamo riconosciuto
hai riconosciuto	avete riconosciuto
ha riconosciuto	hanno riconosciuto

IMPERFECT

riconoscevo	riconoscevamo
riconoscevi	riconoscevate
riconosceva	riconoscevano

PAST PERFECT

avevo riconosciuto	avevamo riconosciuto
avevi riconosciuto	avevate riconosciuto
aveva riconosciuto	avevano riconosciuto

ABSOLUTE PAST

riconobbi	riconoscemmo
riconoscesti	riconosceste
riconobbe	riconobbero

PRETERITE PERFECT

ebbi riconosciuto	avemmo riconosciuto
avesti riconosciuto	aveste riconosciuto
ebbe riconosciuto	ebbero riconosciuto

FUTURE

riconoscerò	riconosceremo
riconoscerai	riconoscerete
riconoscerà	riconosceranno

FUTURE PERFECT

avrò riconosciuto	avremo riconosciuto
avrai riconosciuto	avrete riconosciuto
avrà riconosciuto	avranno riconosciuto

SUBJUNCTIVE

PRESENT

riconosca	riconosciamo
riconosca	riconosciate
riconosca	riconoscano

PAST

abbia riconosciuto	abbiamo riconosciuto
abbia riconosciuto	abbiate riconosciuto
abbia riconosciuto	abbiano riconosciuto

IMPERFECT

riconoscessi	riconoscessimo
riconoscessi	riconosceste
riconoscesse	riconoscessero

PAST PERFECT

avessi riconosciuto	avessimo riconosciuto
avessi riconosciuto	aveste riconosciuto
avesse riconosciuto	avessero riconosciuto

CONDITIONAL

PRESENT

riconoscerei	riconosceremmo
riconosceresti	riconoscereste
riconoscerebbe	riconoscerebbero

PAST

avrei riconosciuto	avremmo riconosciuto
avresti riconosciuto	avreste riconosciuto
avrebbe riconosciuto	avrebbero riconosciuto

IMPERATIVE

	riconosciamo!
riconosci!	riconoscete!
riconosca!	riconoscano!

OTHER FORMS

GERUND	PARTICIPLE
riconoscendo	riconosciuto

RELATED WORDS

riconoscenza	*gratitude*
riconoscente	*grateful*
riconoscimento	*recognition*
riconoscibile	*recognizable*

EXAMPLES OF VERB USAGE

Riconosco pienamente ciò che hai fatto per noi. — *I fully recognize what you did for us.*

Se ti avessi visto per strada, non ti avrei riconosciuto. — *If I had seen you in the street, I wouldn't have recognized you.*

Riconobbe di aver avuto torto. — *He acknowledged that he had been wrong.*

Verb Charts

VERB CHART 187

io	noi
tu	voi
lui/lei	loro

Ricordarsi

to remember

INDICATIVE

PRESENT

mi ricordo	ci ricordiamo
ti ricordi	vi ricordate
si ricorda	si ricordano

PRESENT PERFECT

mi sono ricordato(a)	ci siamo ricordati(e)
ti sei ricordato(a)	vi siete ricordati(e)
si è ricordato(a)	si sono ricordati(e)

IMPERFECT

mi ricordavo	ci ricordavamo
ti ricordavi	vi ricordavate
si ricordava	si ricordavano

PAST PERFECT

mi ero ricordato(a)	ci eravamo ricordati(e)
ti eri ricordato(a)	vi eravate ricordati(e)
si era ricordato(a)	si erano ricordati(e)

ABSOLUTE PAST

mi ricordai	ci ricordammo
ti ricordasti	vi ricordaste
si ricordò	si ricordarono

PRETERITE PERFECT

mi fui ricordato(a)	ci fummo ricordati(e)
ti fosti ricordato(a)	vi foste ricordati(e)
si fu ricordato(a)	si furono ricordati(e)

FUTURE

mi ricorderò	ci ricorderemo
ti ricorderai	vi ricorderete
si ricorderà	si ricorderanno

FUTURE PERFECT

mi sarò ricordato(a)	ci saremo ricordati(e)
ti sarai ricordato(a)	vi sarete ricordati(e)
si sarà ricordato(a)	si saranno ricordati(e)

SUBJUNCTIVE

PRESENT

mi ricordi	ci ricordiamo
ti ricordi	vi ricordiate
si ricordi	si ricordino

PAST

mi sia ricordato(a)	ci siamo ricordati(e)
ti sia ricordato(a)	vi siate ricordati(e)
si sia ricordato(a)	si siano ricordati(e)

IMPERFECT

mi ricordassi	ci ricordassimo
ti ricordassi	vi ricordaste
si ricordasse	si ricordassero

PAST PERFECT

mi fossi ricordato(a)	ci fossimo ricordati(e)
ti fossi ricordato(a)	vi foste ricordati(e)
si fosse ricordato(a)	si fossero ricordati(e)

CONDITIONAL

PRESENT

mi ricorderei	ci ricorderemmo
ti ricorderesti	vi ricordereste
si ricorderebbe	si ricorderebbero

PAST

mi sarei ricordato(a)	ci saremmo ricordati(e)
ti saresti ricordato(a)	vi sareste ricordati(e)
si sarebbe ricordato(a)	si sarebbero ricordati(e)

IMPERATIVE

	ricordiamoci!
ricordati!	ricordatevi!
si ricordi!	si ricordino!

OTHER FORMS

GERUND

ricordandosi

PARTICIPLE

ricordatosi

RELATED WORDS

ricordo	*memory*
ricordare	*to call to mind*

EXAMPLES OF VERB USAGE

Non mi ricordo mai quando è il loro anniversario.	*I never remember when their anniversary is.*
Ti ricordi come mi chiamo?	*Do you remember my name?*
Ricordatevi di portare i compiti domani!	*Remember to bring your homework tomorrow!*

Ridere

to laugh

VERB CHART 188

io	noi
tu	voi
lui/lei	loro

INDICATIVE

PRESENT

rido	ridiamo
ridi	ridete
ride	ridono

PRESENT PERFECT

ho riso	abbiamo riso
hai riso	avete riso
ha riso	hanno riso

IMPERFECT

ridevo	ridevamo
ridevi	ridevate
rideva	ridevano

PAST PERFECT

avevo riso	avevamo riso
avevi riso	avevate riso
aveva riso	avevano riso

ABSOLUTE PAST

risi	ridemmo
ridesti	rideste
rise	risero

PRETERITE PERFECT

ebbi riso	avemmo riso
avesti riso	aveste riso
ebbe riso	ebbero riso

FUTURE

riderò	rideremo
riderai	riderete
riderà	rideranno

FUTURE PERFECT

avrò riso	avremo riso
avrai riso	avrete riso
avrà riso	avranno riso

SUBJUNCTIVE

PRESENT

rida	ridiamo
rida	ridiate
rida	ridano

PAST

abbia riso	abbiamo riso
abbia riso	abbiate riso
abbia riso	abbiano riso

IMPERFECT

ridessi	ridessimo
ridessi	rideste
ridesse	ridessero

PAST PERFECT

avessi riso	avessimo riso
avessi riso	aveste riso
avesse riso	avessero riso

CONDITIONAL

PRESENT

riderei	rideremmo
rideresti	ridereste
riderebbe	riderebbero

PAST

avrei riso	avremmo riso
avresti riso	avreste riso
avrebbe riso	avrebbero riso

IMPERATIVE

	ridiamo!
ridi!	ridete!
rida!	ridano!

OTHER FORMS

GERUND

ridendo

PARTICIPLE

riso

RELATED WORDS

ridicolo	*ridiculous*
sorridere	*to smile*
risata	*laugh, burst of laughter*
sorriso	*smile*

EXAMPLES OF VERB USAGE

Ho riso tanto ieri al cinema. — *I laughed so much yesterday at the movies.*

Non mi potei trattenere, e gli risi in faccia. — *I couldn't hold it, and I laughed right in his face.*

Dicono che ridere faccia bene alla salute. — *People say that laughing is good for your health.*

Verb Charts

VERB CHART
189

io	noi
tu	voi
lui/lei	loro

Riempire

to fill

INDICATIVE

PRESENT

riempio	riempiamo
riempi	riempite
riempie	riempiono

PRESENT PERFECT

ho riempito	abbiamo riempito
hai riempito	avete riempito
ha riempito	hanno riempito

IMPERFECT

riempivo	riempivamo
riempivi	riempivate
riempiva	riempivano

PAST PERFECT

avevo riempito	avevamo riempito
avevi riempito	avevate riempito
aveva riempito	avevano riempito

ABSOLUTE PAST

riempii	riempimmo
riempisti	riempiste
riempì	riempirono

PRETERITE PERFECT

ebbi riempito	avemmo riempito
avesti riempito	aveste riempito
ebbe riempito	ebbero riempito

FUTURE

riempirò	riempiremo
riempirai	riempirete
riempirà	riempiranno

FUTURE PERFECT

avrò riempito	avremo riempito
avrai riempito	avrete riempito
avrà riempito	avranno riempito

SUBJUNCTIVE

PRESENT

riempia	riempiamo
riempia	riempiate
riempia	riempiano

PAST

abbia riempito	abbiamo riempito
abbia riempito	abbiate riempito
abbia riempito	abbiano riempito

IMPERFECT

riempissi	riempissimo
riempissi	riempiste
riempisse	riempissero

PAST PERFECT

avessi riempito	avessimo riempito
avessi riempito	aveste riempito
avesse riempito	avessero riempito

CONDITIONAL

PRESENT

riempirei	riempiremmo
riempiresti	riempireste
riempirebbe	riempirebbero

PAST

avrei riempito	avremmo
avresti riempito	avreste riempito
avrebbe riempito	avrebbero riempito

IMPERATIVE

	riempiamo!
riempi!	riempite!
riempia!	riempiano!

OTHER FORMS

GERUND
riempiendo

PARTICIPLE
riempito

RELATED WORDS

riempitivo	*filling*

EXAMPLES OF VERB USAGE

Abbiamo riempito la macchina del necessario e siamo partiti.	*We filled the car with what we needed, and we left.*
Riempiamo i bicchieri e brindiamo!	*Let's fill the glasses and toast!*
La nonna mi ha riempito le tasche di caramelle.	*My grandmother filled my pockets with candy.*

Rilassarsi

to relax

VERB CHART 190

io	noi
tu	voi
lui/lei	loro

INDICATIVE

PRESENT

mi rilasso	ci rilassiamo
ti rilassi	vi rilassate
si rilassa	si rilassano

IMPERFECT

mi rilassavo	ci rilassavamo
ti rilassavi	vi rilassavate
si rilassava	si rilassavano

ABSOLUTE PAST

mi rilassai	ci rilassammo
ti rilassasti	vi rilassaste
si rilassò	si rilassarono

FUTURE

mi rilasserò	ci rilasseremo
ti rilasserai	vi rilasserete
si rilasserà	si rilasseranno

PRESENT PERFECT

mi sono rilassato(a)	ci siamo rilassati(e)
ti sei rilassato(a)	vi siete rilassati(e)
si è rilassato(a)	si sono rilassati(e)

PAST PERFECT

mi ero rilassato(a)	ci eravamo rilassati(e)
ti eri rilassato(a)	vi eravate rilassati(e)
si era rilassato(a)	si erano rilassati(e)

PRETERITE PERFECT

mi fui rilassato(a)	ci fummo rilassati(e)
ti fosti rilassato(a)	vi foste rilassati(e)
si fu rilassato(a)	si furono rilassati(e)

FUTURE PERFECT

mi sarò rilassato(a)	ci saremo rilassati(e)
ti sarai rilassato(a)	vi sarete rilassati(e)
si sarà rilassato(a)	si saranno rilassati(e)

SUBJUNCTIVE

PRESENT

mi rilassi	ci rilassiamo
ti rilassi	vi rilassiate
si rilassi	si rilassino

IMPERFECT

mi rilassassi	ci rilassassimo
ti rilassassi	vi rilassaste
si rilassasse	si rilassassero

PAST

mi sia rilassato(a)	ci siamo rilassati(e)
ti sia rilassato(a)	vi siate rilassati(e)
si sia rilassato(a)	si siano rilassati(e)

PAST PERFECT

mi fossi rilassato(a)	ci fossimo rilassati(e)
ti fossi rilassato(a)	vi foste rilassati(e)
si fosse rilassato(a)	si fossero rilassati(e)

CONDITIONAL

PRESENT

mi rilasserei	ci rilasseremmo
ti rilasseresti	vi rilassereste
si rilasserebbe	si rilasserebbero

PAST

mi sarei rilassato(a)	ci saremmo rilassati(e)
ti saresti rilassato(a)	vi sareste rilassati(e)
si sarebbe rilassato(a)	si sarebbero rilassati(e)

IMPERATIVE

	rilassiamoci
rilassati	rilassatevi
si rilassi	si rilassino

OTHER FORMS

GERUND
rilassandosi

PARTICIPLE
rilassatosi

RELATED WORDS

rilassamento	*relaxation*	rilassante	*relaxing*

EXAMPLES OF VERB USAGE

Quando ero piccolo, mi rilassavo guardando le nuvole. — *When I was little, I used to relax by watching the clouds.*

Rilassati, vedrai che andrà tutto bene! — *Relax, you'll see that everything will be all right!*

Mi rilasserò quando tutto sarà finito. — *I'll relax when everything is finished.*

Verb Charts

VERB CHART 191

io	noi
tu	voi
lui/lei	loro

Rimanere

to remain, to stay

INDICATIVE

PRESENT

rimango	rimaniamo
rimani	rimanete
rimane	rimangono

IMPERFECT

rimanevo	rimanevamo
rimanevi	rimanevate
rimaneva	rimanevano

ABSOLUTE PAST

rimasi	rimanemmo
rimanesti	rimaneste
rimase	rimasero

FUTURE

rimarrò	rimarremo
rimarrai	rimarrete
rimarrà	rimarranno

PRESENT PERFECT

sono rimasto(a)	siamo rimasti(e)
sei rimasto(a)	siete rimasti(e)
è rimasto(a)	sono rimasti(e)

PAST PERFECT

ero rimasto(a)	eravamo rimasti(e)
eri rimasto(a)	eravate rimasti(e)
era rimasto(a)	erano rimasti(e)

PRETERITE PERFECT

fui rimasto(a)	fummo rimasti(e)
fosti rimasto(a)	foste rimasti(e)
fu rimasto(a)	furono rimasti(e)

FUTURE PERFECT

sarò rimasto(a)	saremo rimasti(e)
sarai rimasto(a)	sarete rimasti(e)
sarà rimasto(a)	saranno rimasti(e)

SUBJUNCTIVE

PRESENT

rimanga	rimaniamo
rimanga	rimaniate
rimanga	rimangano

IMPERFECT

rimanessi	rimanessimo
rimanessi	rimaneste
rimanesse	rimanessero

PAST

sia rimasto(a)	siamo rimasti(e)
sia rimasto(a)	siate rimasti(e)
sia rimasto(a)	siano rimasti(e)

PAST PERFECT

fossi rimasto(a)	fossimo rimasti(e)
fossi rimasto(a)	foste rimasti(e)
fosse rimasto(a)	fossero rimasti(e)

CONDITIONAL

PRESENT

rimarrei	rimarremmo
rimarresti	rimarreste
rimarrebbe	rimarrebbero

PAST

sarei rimasto(a)	saremmo rimasti(e)
saresti rimasto(a)	sareste rimasti(e)
sarebbe rimasto(a)	sarebbero rimasti(e)

IMPERATIVE

	rimaniamo!
rimani!	rimanete!
rimanga!	rimangano!

OTHER FORMS

GERUND	PARTICIPLE
rimanendo	rimasto

RELATED WORDS

rimanerci	*to die*	rimanenze	*remnants*

EXAMPLES OF VERB USAGE

Rimarrò giusto il tempo di salutarli.	*I'll stay enough time to say hello.*
Quando mi disse di no, ci rimasi proprio male.	*When he told me no, I felt really bad.*
Rimarrei volentieri, ma devo rientrare al lavoro.	*I would be happy to stay, but I have to get back to work.*

Ringraziare

to thank

io	noi
tu	voi
lui/lei	loro

INDICATIVE

PRESENT

ringrazio	ringraziamo
ringrazi	ringraziate
ringrazia	ringraziano

IMPERFECT

ringraziavo	ringraziavamo
ringraziavi	ringraziavate
ringraziava	ringraziavano

ABSOLUTE PAST

ringraziai	ringraziammo
ringraziasti	ringraziaste
ringraziò	ringraziarono

FUTURE

ringrazierò	ringrazieremo
ringrazierai	ringrazierete
ringrazierà	ringrazieranno

PRESENT PERFECT

ho ringraziato	abbiamo ringraziato
hai ringraziato	avete ringraziato
ha ringraziato	hanno ringraziato

PAST PERFECT

avevo ringraziato	avevamo ringraziato
avevi ringraziato	avevate ringraziato
aveva ringraziato	avevano ringraziato

PRETERITE PERFECT

ebbi ringraziato	avemmo ringraziato
avesti ringraziato	aveste ringraziato
ebbe ringraziato	ebbero ringraziato

FUTURE PERFECT

avrò ringraziato	avremo ringraziato
avrai ringraziato	avrete ringraziato
avrà ringraziato	avranno ringraziato

SUBJUNCTIVE

PRESENT

ringrazi	ringraziamo
ringrazi	ringraziate
ringrazi	ringrazino

IMPERFECT

ringraziassi	ringraziassimo
ringraziassi	ringraziaste
ringraziasse	ringraziassero

PAST

abbia ringraziato	abbiamo ringraziato
abbia ringraziato	abbiate ringraziato
abbia ringraziato	abbiano ringraziato

PAST PERFECT

avessi ringraziato	avessimo ringraziato
avessi ringraziato	aveste ringraziato
avesse ringraziato	avessero ringraziato

CONDITIONAL

PRESENT

ringrazierei	ringrazieremmo
ringrazieresti	ringraziereste
ringrazierebbe	ringrazierebbero

PAST

avrei ringraziato	avremmo ringraziato
avresti ringraziato	avreste ringraziato
avrebbe ringraziato	avrebbero ringraziato

IMPERATIVE

	ringraziamo!
ringrazia!	ringraziate!
ringrazi!	ringrazino!

OTHER FORMS

GERUND
ringraziando

PARTICIPLE
ringraziato

RELATED WORDS

Grazie!	*Thank you!*
ringraziamento	*thanks*

EXAMPLES OF VERB USAGE

Ringrazia il cielo che è andato tutto bene.	*Thank God everything went well.*
Ti ringrazio per essere venuto.	*Thank you for coming.*
Lo ringraziò profusamente per il regalo.	*He thanked him profusely for the present.*

Verb Charts

VERB CHART 193

io	noi
tu	voi
lui/lei	loro

Riparare

to repair, to fix

INDICATIVE

PRESENT

riparo	ripariamo
ripari	riparate
ripara	riparano

PRESENT PERFECT

ho riparato	abbiamo riparato
hai riparato	avete riparato
ha riparato	hanno riparato

IMPERFECT

riparavo	riparavamo
riparavi	riparavate
riparava	riparavano

PAST PERFECT

avevo riparato	avevamo riparato
avevi riparato	avevate riparato
aveva riparato	avevano riparato

ABSOLUTE PAST

riparai	riparammo
riparasti	riparaste
riparò	ripararono

PRETERITE PERFECT

ebbi riparato	avemmo riparato
avesti riparato	aveste riparato
ebbe riparato	ebbero riparato

FUTURE

riparerò	ripareremo
riparerai	riparerete
riparerà	ripareranno

FUTURE PERFECT

avrò riparato	avremo riparato
avrai riparato	avrete riparato
avrà riparato	avranno riparato

SUBJUNCTIVE

PRESENT

ripari	ripariamo
ripari	ripariate
ripari	riparino

PAST

abbia riparato	abbiamo riparato
abbia riparato	abbiate riparato
abbia riparato	abbiano riparato

IMPERFECT

riparassi	riparassimo
riparassi	riparaste
riparasse	riparassero

PAST PERFECT

avessi riparato	avessimo riparato
avessi riparato	aveste riparato
avesse riparato	avessero riparato

CONDITIONAL

PRESENT

riparerei	ripareremmo
ripareresti	riparereste
riparerebbe	riparerebbero

PAST

avrei riparato	avremmo riparato
avresti riparato	avreste riparato
avrebbe riparato	avrebbero riparato

IMPERATIVE

	ripariamo!
ripara!	riparate!
ripari!	riparino!

OTHER FORMS

GERUND

riparando

PARTICIPLE

riparato

RELATED WORDS

riparazione	*repairing*
riparabile	*repairable*

EXAMPLES OF VERB USAGE

Ho riparato la macchina da me.	*I fixed the car by myself.*
Spero che ripari i danni che hai causato.	*I hope you'll repair the damage you caused.*
Ripararono la ruota dal distributore di benzina.	*They repaired the tire at the gas station.*

Ripetere

to repeat

VERB CHART 194

io	noi
tu	voi
lui/lei	loro

INDICATIVE

PRESENT

ripeto	ripetiamo
ripeti	ripetete
ripete	ripetono

IMPERFECT

ripetevo	ripetevamo
ripetevi	ripetevate
ripeteva	ripetevano

ABSOLUTE PAST

ripetei	ripetemmo
ripetesti	ripeteste
ripeté	ripeterono

FUTURE

ripeterò	ripeteremo
ripeterai	ripeterete
ripeterà	ripeteranno

PRESENT PERFECT

ho ripetuto	abbiamo ripetuto
hai ripetuto	avete ripetuto
ha ripetuto	hanno ripetuto

PAST PERFECT

avevo ripetuto	avevamo ripetuto
avevi ripetuto	avevate ripetuto
aveva ripetuto	avevano ripetuto

PRETERITE PERFECT

ebbi ripetuto	avemmo ripetuto
avesti ripetuto	aveste ripetuto
ebbe ripetuto	ebbero ripetuto

FUTURE PERFECT

avrò ripetuto	avremo ripetuto
avrai ripetuto	avrete ripetuto
avrà ripetuto	avranno ripetuto

SUBJUNCTIVE

PRESENT

ripeta	ripetiamo
ripeta	ripetiate
ripeta	ripetano

IMPERFECT

ripetevo	ripetevamo
ripetevi	ripetevate
ripeteva	ripetevano

PAST

abbia ripetuto	abbiamo ripetuto
abbia ripetuto	abbiate ripetuto
abbia ripetuto	abbiano ripetuto

PAST PERFECT

avessi ripetuto	avessimo ripetuto
avessi ripetuto	aveste ripetuto
avesse ripetuto	avessero ripetuto

CONDITIONAL

PRESENT

ripeterei	ripeteremmo
ripeteresti	ripetereste
ripeterebbe	ripeterebbero

PAST

avrei ripetuto	avremmo ripetuto
avresti ripetuto	avreste ripetuto
avrebbe ripetuto	avrebbero ripetuto

IMPERATIVE

	ripetiamo!
ripeti!	ripetete!
ripeta!	ripetano!

OTHER FORMS

GERUND	PARTICIPLE
ripetendo	ripetuto

RELATED WORDS

ripetente	*student repeating the same grade*
ripetitore	*repeater*
ripetizione	*repetition*

EXAMPLES OF VERB USAGE

Ripeti per favore, non ho capito. — *Repeat please, I didn't understand.*

Ripetono sempre la stessa cosa. — *They keep repeating the same thing.*

Ascoltate e ripetete a voce alta le parole italiane. — *Listen and repeat the Italian words out loud.*

Verb Charts

VERB CHART 195

io	noi
tu	voi
lui/lei	loro

Riposarsi

to rest

INDICATIVE

PRESENT

mi riposo	ci riposiamo
ti riposi	vi riposate
si riposa	si riposano

IMPERFECT

mi riposavo	ci riposavamo
ti riposavi	vi riposavate
si riposava	si riposavano

ABSOLUTE PAST

mi riposai	ci riposammo
ti riposasti	vi riposaste
si riposò	si riposarono

FUTURE

mi riposerò	ci riposeremo
ti riposerai	vi riposerete
si riposerà	si riposeranno

PRESENT PERFECT

mi sono riposato(a)	ci siamo riposati(e)
ti sei riposato(a)	vi siete riposati(e)
si è riposato(a)	si sono riposati(e)

PAST PERFECT

mi ero riposato(a)	ci eravamo riposati(e)
ti eri riposato(a)	vi eravate riposati(e)
si era riposato(a)	si erano riposati(e)

PRETERITE PERFECT

mi fui riposato(a)	ci fummo riposati(e)
ti fosti riposato(a)	vi foste riposati(e)
si fu riposato(a)	si furono riposati(e)

FUTURE PERFECT

mi sarò riposato(a)	ci saremo riposati(e)
ti sarai riposato(a)	vi sarete riposati(e)
si sarà riposato(a)	si saranno riposati(e)

SUBJUNCTIVE

PRESENT

mi riposi	ci riposiamo
ti riposi	vi riposiate
si riposi	si riposino

IMPERFECT

mi riposassi	ci riposassimo
ti riposassi	vi riposaste
si riposasse	si riposassero

PAST

mi sia riposato(a)	ci siamo riposati(e)
ti sia riposato(a)	vi siate riposati(e)
si sia riposato(a)	si siano riposati(e)

PAST PERFECT

mi fossi riposato(a)	ci fossimo riposati(e)
ti fossi riposato(a)	vi foste riposati(e)
si fosse riposato(a)	si fossero riposati(e)

CONDITIONAL

PRESENT

mi riposerei	ci riposeremmo
ti riposeresti	vi riposereste
si riposerebbe	si riposerebbero

PAST

mi sarei riposato(a)	ci saremmo riposati(e)
ti saresti riposato(a)	vi sareste riposati(e)
si sarebbe riposato(a)	si sarebbero riposati(e)

IMPERATIVE

	riposiamoci!
riposati!	riposatevi!
si riposi!	si riposino!

OTHER FORMS

GERUND
riposandosi

PARTICIPLE
riposatosi

RELATED WORDS

riposo	*rest*	riposante	*restful*

EXAMPLES OF VERB USAGE

Sembri stanco. Va a casa e riposati!	*You look tired. Go home and rest!*
Dai, fermiamoci e riposiamoci un po'.	*Come on, let's stop and rest a bit.*
Se avessi il tempo, mi riposerei volentieri.	*If I had the time, I would gladly rest.*

Rispondere

to answer, to respond

VERB CHART **196**

io	noi
tu	voi
lui/lei	loro

INDICATIVE

PRESENT

rispondo	rispondiamo
rispondi	rispondete
risponde	rispondono

PRESENT PERFECT

ho risposto	abbiamo risposto
hai risposto	avete risposto
ha risposto	hanno risposto

IMPERFECT

rispondevo	rispondevamo
rispondevi	rispondevate
rispondeva	rispondevano

PAST PERFECT

avevo risposto	avevamo risposto
avevi risposto	avevate risposto
aveva risposto	avevano risposto

ABSOLUTE PAST

risposi	rispondemmo
rispondesti	rispondeste
rispose	risposero

PRETERITE PERFECT

ebbi risposto	avemmo risposto
avesti risposto	aveste risposto
ebbe risposto	ebbero risposto

FUTURE

risponderò	risponderemo
risponderai	risponderete
risponderà	risponderanno

FUTURE PERFECT

avrò risposto	avremo risposto
avrai risposto	avrete risposto
avrà risposto	avranno risposto

SUBJUNCTIVE

PRESENT

risponda	rispondiamo
risponda	rispondiate
risponda	rispondano

PAST

abbia risposto	abbiamo risposto
abbia risposto	abbiate risposto
abbia risposto	abbiano risposto

IMPERFECT

rispondessi	rispondessimo
rispondessi	rispondeste
rispondesse	rispondessero

PAST PERFECT

avessi risposto	avessimo risposto
avessi risposto	aveste risposto
avesse risposto	avessero risposto

CONDITIONAL

PRESENT

risponderei	risponderemmo
risponderesti	rispondereste
risponderebbe	risponderebbero

PAST

avrei risposto	avremmo risposto
avresti risposto	avreste risposto
avrebbe risposto	avrebbero risposto

IMPERATIVE

	rispondiamo!
rispondi!	rispondete!
risponda!	rispondano!

OTHER FORMS

GERUND	PARTICIPLE
rispondendo	risposto

RELATED WORDS

risposta	*answer*
rispondenza	*correspondence*
rispondere picche	*to say no*

EXAMPLES OF VERB USAGE

Rispose alla domanda molto chiaramente. — *She answered the question very clearly.*

Non ha ancora risposto alla mia lettera. — *He didn't answer my letter yet.*

Rispose bene al mio incoraggiamento. — *He responded well to my encouragement.*

Verb Charts

VERB CHART 197

Ritornare

to return, to give back, to become again

io	noi
tu	voi
lui/lei	loro

INDICATIVE

PRESENT		PRESENT PERFECT	
ritorno	ritorniamo	sono ritornato(a)	siamo ritornati(e)
ritorni	ritornate	sei ritornato(a)	siete ritornati(e)
ritorna	ritornano	è ritornato(a)	sono ritornati(e)

IMPERFECT		PAST PERFECT	
ritornavo	ritornavamo	ero ritornato(a)	eravamo ritornati(e)
ritornavi	ritornavate	eri ritornato(a)	eravate ritornati(e)
ritornava	ritornavano	era ritornato(a)	erano ritornati(e)

ABSOLUTE PAST		PRETERITE PERFECT	
ritornai	ritornammo	fui ritornato(a)	fummo ritornati(e)
ritornasti	ritornaste	fosti ritornato(a)	foste ritornati(e)
ritornò	ritornarono	fu ritornato(a)	furono ritornati(e)

FUTURE		FUTURE PERFECT	
ritornerò	ritorneremo	sarò ritornato(a)	saremo ritornati(e)
ritornerai	ritornerete	sarai ritornato(a)	sarete ritornati(e)
ritornerà	ritorneranno	sarà ritornato(a)	saranno ritornati(e)

SUBJUNCTIVE

PRESENT		PAST	
ritorni	ritorniamo	sia ritornato(a)	siamo ritornati(e)
ritorni	ritorniate	sia ritornato(a)	siate ritornati(e)
ritorni	ritornino	sia ritornato(a)	siano ritornati(e)

IMPERFECT		PAST PERFECT	
ritornassi	ritornassimo	fossi ritornato(a)	fossimo ritornati(e)
ritornassi	ritornaste	fossi ritornato(a)	foste ritornati(e)
ritornasse	ritornassero	fosse ritornato(a)	fossero ritornati(e)

CONDITIONAL

PRESENT		PAST	
ritornerei	ritorneremmo	sarei ritornato(a)	saremmo ritornati(e)
ritorneresti	ritornereste	saresti ritornato(a)	sareste ritornati(e)
ritornerebbe	ritornerebbero	sarebbe ritornato(a)	sarebbero ritornati(e)

IMPERATIVE

	ritorniamo!
ritorna!	ritornate!
ritorni!	ritornino!

OTHER FORMS

GERUND	PARTICIPLE
ritornando	ritornato

RELATED WORDS

ritorno	*return*	ritornello	*refrain*

EXAMPLES OF VERB USAGE

A che ora sei ritornato a casa ieri notte?	*What time did you come back home last night?*
Dopo una bella doccia ritornai tranquillo.	*After a nice shower I became calm again.*
Se ritorni prima tu, lascia la porta aperta.	*If you come back before me, leave the door open.*

Rivoltare

to turn inside out, to upset

VERB CHART 198

io	noi
tu	voi
lui/lei	loro

INDICATIVE

PRESENT

rivolto	rivoltiamo
rivolti	rivoltate
rivolta	rivoltano

IMPERFECT

rivoltavo	rivoltavamo
rivoltavi	rivoltavate
rivoltava	rivoltavano

ABSOLUTE PAST

rivoltai	rivoltammo
rivoltasti	rivoltaste
rivoltò	rivoltarono

FUTURE

rivolterò	rivolteremo
rivolterai	rivolterete
rivolterà	rivolteranno

PRESENT PERFECT

ho rivoltato	abbiamo rivoltato
hai rivoltato	avete rivoltato
ha rivoltato	hanno rivoltato

PAST PERFECT

avevo rivoltato	avevamo rivoltato
avevi rivoltato	avevate rivoltato
aveva rivoltato	avevano rivoltato

PRETERITE PERFECT

ebbi rivoltato	avemmo rivoltato
avesti rivoltato	aveste rivoltato
ebbe rivoltato	ebbero rivoltato

FUTURE PERFECT

avrò rivoltato	avremo rivoltato
avrai rivoltato	avrete rivoltato
avrà rivoltato	avranno rivoltato

SUBJUNCTIVE

PRESENT

rivolti	rivoltiamo
rivolti	rivoltiate
rivolti	rivoltino

IMPERFECT

rivoltassi	rivoltassimo
rivoltassi	rivoltaste
rivoltasse	rivoltassero

PAST

abbia rivoltato	abbiamo rivoltato
abbia rivoltato	abbiate rivoltato
abbia rivoltato	abbiano rivoltato

PAST PERFECT

avessi rivoltato	avessimo rivoltato
avessi rivoltato	aveste rivoltato
avesse rivoltato	avessero rivoltato

CONDITIONAL

PRESENT

rivolterei	rivolteremmo
rivolteresti	rivoltereste
rivolterebbe	rivolterebbero

PAST

avrei rivoltato	avremmo rivoltato
avresti rivoltato	avreste rivoltato
avrebbe rivoltato	avrebbero rivoltato

IMPERATIVE

	rivoltiamo!
rivolta!	rivoltate!
rivolti!	rivoltino!

OTHER FORMS

GERUND
rivoltando

PARTICIPLE
rivoltato

RELATED WORDS

risvolto	*cuff, lapel, inside flap*
rivolta	*revolt*
rivoltante	*revolting, disgusting*
rivoltella	*revolver*

EXAMPLES OF VERB USAGE

Il suo comportamento mi rivolta lo stomaco. — *His behavior makes my stomach turn.*

Se rivolti la maglietta, non si scolorisce al sole. — *If you turn the T-shirt inside out, it won't lose its color in the sun.*

Verb Charts

VERB CHART 199

Rompere

to break

io	noi
tu	voi
lui/lei	loro

INDICATIVE

PRESENT

rompo	rompiamo
rompi	rompete
rompe	rompono

PRESENT PERFECT

ho rotto	abbiamo rotto
hai rotto	avete rotto
ha rotto	hanno rotto

IMPERFECT

rompevo	rompevamo
rompevi	rompevate
rompeva	rompevano

PAST PERFECT

avevo rotto	avevamo rotto
avevi rotto	avevate rotto
aveva rotto	avevano rotto

ABSOLUTE PAST

ruppi	rompemmo
rompesti	rompeste
ruppe	ruppero

PRETERITE PERFECT

ebbi rotto	avemmo rotto
avesti rotto	aveste rotto
ebbe rotto	ebbero rotto

FUTURE

romperò	romperemo
romperai	romperete
romperà	romperanno

FUTURE PERFECT

avrò rotto	avremo rotto
avrai rotto	avrete rotto
avrà rotto	avranno rotto

SUBJUNCTIVE

PRESENT

rompa	rompiamo
rompa	rompiate
rompa	rompano

PAST

abbia rotto	abbiamo rotto
abbia rotto	abbiate rotto
abbia rotto	abbiano rotto

IMPERFECT

rompessi	rompessimo
rompessi	rompeste
rompesse	rompessero

PAST PERFECT

avessi rotto	avessimo rotto
avessi rotto	aveste rotto
avesse rotto	avessero rotto

CONDITIONAL

PRESENT

romperei	romperemmo
romperesti	rompereste
romperebbe	romperebbero

PAST

avrei rotto	avremmo rotto
avresti rotto	avreste rotto
avrebbe rotto	avrebbero rotto

IMPERATIVE

	rompiamo!
rompi!	rompete!
rompa!	rompano!

OTHER FORMS

GERUND	PARTICIPLE
rompendo	rotto

RELATED WORDS

rompersi	*to break, to be broken*	rompibile	*breakable*
rompicapo	*annoyance, worry*	rompitesta	*puzzle, riddle*
corrompere	*to corrupt*	interrompere	*to interrupt*

EXAMPLES OF VERB USAGE

La fata ruppe l'incantesimo con la sua bacchetta magica. — *The fairy broke the spell with her magic wand.*

Per tradizione rompiamo l'uovo di Pasqua dopo pranzo. — *By tradition we break the Easter egg after dinner.*

Chi rompe paga! — *You break it, you buy it!*

Rubare

to steal

VERB CHART 200

io	noi
tu	voi
lui/lei	loro

INDICATIVE

PRESENT

rubo	rubiamo
rubi	rubate
ruba	rubano

PRESENT PERFECT

ho rubato	abbiamo rubato
hai rubato	avete rubato
ha rubato	hanno rubato

IMPERFECT

rubavo	rubavamo
rubavi	rubavate
rubava	rubavano

PAST PERFECT

avevo rubato	avevamo rubato
avevi rubato	avevate rubato
aveva rubato	avevano rubato

ABSOLUTE PAST

rubai	rubammo
rubasti	rubaste
rubò	rubarono

PRETERITE PERFECT

ebbi rubato	avemmo rubato
avesti rubato	aveste rubato
ebbe rubato	ebbero rubato

FUTURE

ruberò	ruberemo
ruberai	ruberete
ruberà	ruberanno

FUTURE PERFECT

avrò rubato	avremo rubato
avrai rubato	avrete rubato
avrà rubato	avranno rubato

SUBJUNCTIVE

PRESENT

rubi	rubiamo
rubi	rubiate
rubi	rubino

PAST

abbia rubato	abbiamo rubato
abbia rubato	abbiate rubato
abbia rubato	abbiano rubato

IMPERFECT

rubassi	rubassimo
rubassi	rubaste
rubasse	rubassero

PAST PERFECT

avessi rubato	avessimo rubato
avessi rubato	aveste rubato
avesse rubato	avessero rubato

CONDITIONAL

PRESENT

ruberei	ruberemmo
ruberesti	rubereste
ruberebbe	ruberebbero

PAST

avrei rubato	avremmo rubato
avresti rubato	avreste rubato
avrebbe rubato	avrebbero rubato

IMPERATIVE

	rubiamo!
ruba!	rubate!
rubi!	rubino!

OTHER FORMS

GERUND

rubando

PARTICIPLE

rubato

RELATED WORDS

rubacuori	*lady-killer, vamp*
andar a ruba	*to sell like hot cakes*
ruberia	*theft, robbery*
rubato	*stolen*

EXAMPLES OF VERB USAGE

Mi hanno rubato il portafogli! — *They stole my wallet!*

La concorrenza gli rubò l'idea. — *The competition stole his idea.*

Non posso fare a meno di pensarti, mi hai rubato il cuore! — *I can't stop thinking about you, you stole my heart!*

Verb Charts

VERB CHART 201

io	noi
tu	voi
lui/lei	loro

Salutare

to greet, to say hello/good-bye

INDICATIVE

PRESENT

saluto	salutiamo
saluti	salutate
saluta	salutano

IMPERFECT

salutavo	salutavamo
salutavi	salutavate
salutava	salutavano

ABSOLUTE PAST

salutai	salutammo
salutasti	salutaste
salutò	salutarono

FUTURE

saluterò	saluteremo
saluterai	saluterete
saluterà	saluteranno

PRESENT PERFECT

ho salutato	abbiamo salutato
hai salutato	avete salutato
ha salutato	hanno salutato

PAST PERFECT

avevo salutato	avevamo salutato
avevi salutato	avevate salutato
aveva salutato	avevano salutato

PRETERITE PERFECT

ebbi salutato	avemmo salutato
avesti salutato	aveste salutato
ebbe salutato	ebbero salutato

FUTURE PERFECT

avrò salutato	avremo salutato
avrai salutato	avrete salutato
avrà salutato	avranno salutato

SUBJUNCTIVE

PRESENT

saluti	salutiamo
saluti	salutiate
saluti	salutino

IMPERFECT

salutassi	salutassimo
salutassi	salutaste
salutasse	salutassero

PAST

abbia salutato	abbiamo salutato
abbia salutato	abbiate salutato
abbia salutato	abbiano salutato

PAST PERFECT

avessi salutato	avessimo salutato
avessi salutato	aveste salutato
avesse salutato	avessero salutato

CONDITIONAL

PRESENT

saluterei	saluteremmo
saluteresti	salutereste
saluterebbe	saluterebbero

PAST

avrei salutato	avremmo salutato
avresti salutato	avreste salutato
avrebbe salutato	avrebbero salutato

IMPERATIVE

	salutiamo!
saluta!	salutate!
saluti!	salutino!

OTHER FORMS

GERUND	PARTICIPLE
salutando	salutato

RELATED WORDS

saluto — *greeting*

EXAMPLES OF VERB USAGE

Salutalo da parte mia. — *Say hello to him for me.*

L'ho salutata prima di partire. — *I said good-bye to her before I left.*

Se arrivasse prima delle tre, lo saluterei. — *If he came before three, I would say hello to him.*

Salvare

to save

io	noi
tu	voi
lui/lei	loro

INDICATIVE

PRESENT

salvo	salviamo
salvi	salvate
salva	salvano

IMPERFECT

salvavo	salvavamo
salvavi	salvavate
salvava	salvavano

ABSOLUTE PAST

salvai	salvammo
salvasti	salvaste
salvò	salvarono

FUTURE

salverò	salveremo
salverai	salverete
salverà	salveranno

PRESENT PERFECT

ho salvato	abbiamo salvato
hai salvato	avete salvato
ha salvato	hanno salvato

PAST PERFECT

avevo salvato	avevamo salvato
avevi salvato	avevate salvato
aveva salvato	avevano salvato

PRETERITE PERFECT

ebbi salvato	avemmo salvato
avesti salvato	aveste salvato
ebbe salvato	ebbero salvato

FUTURE PERFECT

avrò salvato	avremo salvato
avrai salvato	avrete salvato
avrà salvato	avranno salvato

SUBJUNCTIVE

PRESENT

salvi	salviamo
salvi	salviate
salvi	salvino

IMPERFECT

salvassi	salvassimo
salvassi	salvaste
salvasse	salvassero

PAST

abbia salvato	abbiamo salvato
abbia salvato	abbiate salvato
abbia salvato	abbiano salvato

PAST PERFECT

avessi salvato	avessimo salvato
avessi salvato	aveste salvato
avesse salvato	avessero salvato

CONDITIONAL

PRESENT

salverei	salveremmo
salveresti	salvereste
salverebbe	salverebbero

PAST

avrei salvato	avremmo salvato
avresti salvato	avreste salvato
avrebbe salvato	avrebbero salvato

IMPERATIVE

	salviamo!
salva!	salvate!
salvi!	salvino!

OTHER FORMS

GERUND
salvando

PARTICIPLE
salvato

RELATED WORDS

salvadanaio	*piggy bank*
salvagente	*life preserver*
salvataggio	*rescue*
salvezza	*salvation, safety*

EXAMPLES OF VERB USAGE

Si salvi chi può!	*Run for your life!*
Mi hai salvato la vita!	*You saved my life!*
Almeno ha salvato la faccia.	*At least he saved face.*

VERB CHART 203

io	noi
tu	voi
lui/lei	loro

Sapere

to know

INDICATIVE

PRESENT		PRESENT PERFECT	
so	sappiamo	ho saputo	abbiamo saputo
sai	sapete	hai saputo	avete saputo
sa	sanno	ha saputo	hanno saputo

IMPERFECT		PAST PERFECT	
sapevo	sapevamo	avevo saputo	avevamo saputo
sapevi	sapevate	avevi saputo	avevate saputo
sapeva	sapevano	aveva saputo	avevano saputo

ABSOLUTE PAST		PRETERITE PERFECT	
seppi	sapemmo	ebbi saputo	avemmo saputo
sapesti	sapeste	avesti saputo	aveste saputo
seppe	seppero	ebbe saputo	ebbero saputo

FUTURE		FUTURE PERFECT	
saprò	sapremo	avrò saputo	avremo saputo
saprai	saprete	avrai saputo	avrete saputo
saprà	sapranno	avrà saputo	avranno saputo

SUBJUNCTIVE

PRESENT		PAST	
sappia	sappiamo	abbia saputo	abbiamo saputo
sappia	sappiate	abbia saputo	abbiate saputo
sappia	sappiano	abbia saputo	abbiano saputo

IMPERFECT		PAST PERFECT	
sapessi	sapessimo	avessi saputo	avessimo saputo
sapessi	sapeste	avessi saputo	aveste saputo
sapesse	sapessero	avesse saputo	avessero saputo

CONDITIONAL

PRESENT		PAST	
saprei	sapremmo	avrei saputo	avremmo saputo
sapresti	sapreste	avresti saputo	avreste saputo
saprebbe	saprebbero	avrebbe saputo	avrebbero saputo

IMPERATIVE

	sappiamo!
sappi!	sappiate!
sappia!	sappiano!

OTHER FORMS

GERUND	PARTICIPLE
sapendo	saputo

RELATED WORDS

sapiente	*wise, talented*	sapienza	*knowledge*

EXAMPLES OF VERB USAGE

Nanda sa suonare il piano molto bene. — *Nanda can play the piano very well.*

—Sai cosa è successo in Italia ieri?
—No, non lo so.

—Do you know what happened in Italy yesterday?
—No I don't know.

Quando ero al liceo, sapevo le poesie di Dante a memoria. — *When I was in high school, I knew Dante's poems by heart.*

Sbagliare

to do wrong, to make a mistake

VERB CHART 204

io	noi
tu	voi
lui/lei	loro

INDICATIVE

PRESENT

sbaglio	sbagliamo
sbagli	sbagliate
sbaglia	sbagliano

PRESENT PERFECT

ho sbagliato	abbiamo sbagliato
hai sbagliato	avete sbagliato
ha sbagliato	hanno sbagliato

IMPERFECT

sbagliavo	sbagliavamo
sbagliavi	sbagliavate
sbagliava	sbagliavano

PAST PERFECT

avevo sbagliato	avevamo sbagliato
avevi sbagliato	avevate sbagliato
aveva sbagliato	avevano sbagliato

ABSOLUTE PAST

sbagliai	sbagliammo
sbagliasti	sbagliaste
sbagliò	sbagliarono

PRETERITE PERFECT

ebbi sbagliato	avemmo sbagliato
avesti sbagliato	aveste sbagliato
ebbe sbagliato	ebbero sbagliato

FUTURE

sbaglierò	sbaglieremo
sbaglierai	sbaglierete
sbaglierà	sbaglieranno

FUTURE PERFECT

avrò sbagliato	avremo sbagliato
avrai sbagliato	avrete sbagliato
avrà sbagliato	avranno sbagliato

SUBJUNCTIVE

PRESENT

sbagli	sbagliamo
sbagli	sbagliate
sbagli	sbaglino

PAST

abbia sbagliato	abbiamo sbagliato
abbia sbagliato	abbiate sbagliato
abbia sbagliato	abbiano sbagliato

IMPERFECT

sbagliassi	sbagliassimo
sbagliassi	sbagliaste
sbagliasse	sbagliassero

PAST PERFECT

avessi sbagliato	avessimo sbagliato
avessi sbagliato	aveste sbagliato
avesse sbagliato	avessero sbagliato

CONDITIONAL

PRESENT

sbaglierei	sbaglieremmo
sbaglieresti	sbagliereste
sbaglierebbe	sbaglierebbero

PAST

avrei sbagliato	avremmo sbagliato
avresti sbagliato	avreste sbagliato
avrebbe sbagliato	avrebbero sbagliato

IMPERATIVE

	sbagliamo!
sbaglia!	sbagliate!
sbagli!	sbaglino!

OTHER FORMS

GERUND	PARTICIPLE
sbagliando	sbagliato

RELATED WORDS

sbaglio — *mistake*

EXAMPLES OF VERB USAGE

Purtroppo ho sbagliato tutto l'esame scritto. — *Unfortunately I did the whole written test wrong.*

Sbagliando s'impara. — *One learns by making mistakes.*

Scusi, ho sbagliato numero. — *Sorry, I dialed the wrong number.*

Verb Charts

VERB CHART 205

Sceglière

to choose, to pick

io	noi
tu	voi
lui/lei	loro

INDICATIVE

PRESENT		PRESENT PERFECT	
scelgo	scegliamo	ho scelto	abbiamo scelto
scegli	scegliete	hai scelto	avete scelto
sceglie	scelgono	ha scelto	hanno scelto

IMPERFECT		PAST PERFECT	
sceglievo	sceglievamo	avevo scelto	avevamo scelto
sceglievi	sceglievate	avevi scelto	avevate scelto
sceglieva	sceglievano	aveva scelto	avevano scelto

ABSOLUTE PAST		PRETERITE PERFECT	
scelsi	scegliemmo	ebbi scelto	avemmo scelto
scegliesti	sceglieste	avesti scelto	aveste scelto
scelse	scelsero	ebbe scelto	ebbero scelto

FUTURE		FUTURE PERFECT	
sceglierò	sceglieremo	avrò scelto	avremo scelto
sceglierai	sceglierete	avrai scelto	avrete scelto
sceglierà	sceglieranno	avrà scelto	avranno scelto

SUBJUNCTIVE

PRESENT		PAST	
scelga	scegliamo	abbia scelto	abbiamo scelto
scelga	scegliate	abbia scelto	abbiate scelto
scelga	scelgano	abbia scelto	abbiano scelto

IMPERFECT		PAST PERFECT	
scegliessi	scegliessimo	avessi scelto	avessimo scelto
scegliessi	sceglieste	avessi scelto	aveste scelto
scegliesse	scegliessero	avesse scelto	avessero scelto

CONDITIONAL

PRESENT		PAST	
sceglierei	sceglieremmo	avrei scelto	avremmo scelto
sceglieresti	scegliereste	avresti scelto	avreste scelto
sceglierebbe	sceglierebbero	avrebbe scelto	avrebbero scelto

IMPERATIVE

	scegliamo!
scegli!	scegliete!
scelga!	scelgano!

OTHER FORMS

GERUND	PARTICIPLE
scegliendo	scelto

RELATED WORDS

scelta — *choice*

EXAMPLES OF VERB USAGE

Allora, che cosa scegli? — *So, what do you choose?*

Secondo me ha scelto la giacca sbagliata. — *In my opinion he chose the wrong jacket.*

Loro scelgono sempre lo stesso tipo di film. — *They always choose the same kind of movie.*

Scendere

to go down, to come down

VERB CHART **206**

io	noi
tu	voi
lui/lei	loro

INDICATIVE

PRESENT

scendo	scendiamo
scendi	scendete
scende	scendono

PRESENT PERFECT

sono sceso(a)	siamo scesi(e)
sei sceso(a)	siete scesi(e)
è sceso(a)	sono scesi(e)

IMPERFECT

scendevo	scendevamo
scendevi	scendevate
scendeva	scendevano

PAST PERFECT

ero sceso(a)	eravamo scesi(e)
eri sceso(a)	eravate scesi(e)
era sceso(a)	erano scesi(e)

ABSOLUTE PAST

scesi	scendemmo
scendesti	scendeste
scese	scesero

PRETERITE PERFECT

fui sceso(a)	fummo scesi(e)
fosti sceso(a)	foste scesi(e)
fu sceso(a)	furono scesi(e)

FUTURE

scenderò	scenderemo
scenderai	scenderete
scenderà	scenderanno

FUTURE PERFECT

sarò sceso(a)	saremo scesi(e)
sarai sceso(a)	sarete scesi(e)
sarò sceso(a)	saranno scesi(e)

SUBJUNCTIVE

PRESENT

scenda	scendiamo
scenda	scendiate
scenda	scendano

PAST

sia sceso(a)	siamo scesi(e)
sia sceso(a)	siate scesi(e)
sia sceso(a)	siano scesi(e)

IMPERFECT

scendessi	scendessimo
scendessi	scendeste
scendesse	scendessero

PAST PERFECT

fossi sceso(a)	fossimo scesi(e)
fossi sceso(a)	foste scesi(e)
fosse sceso(a)	fossero scesi(e)

CONDITIONAL

PRESENT

scenderei	scenderemmo
scenderesti	scendereste
scenderebbe	scenderebbero

PAST

sarei sceso(a)	saremmo scesi(e)
saresti sceso(a)	sareste scesi(e)
sarebbe sceso(a)	sarebbero scesi(e)

IMPERATIVE

	scendiamo!
scendi!	scendete!
scenda!	scendano!

OTHER FORMS

GERUND

scendendo

PARTICIPLE

sceso

RELATED WORDS

discesa	*slope, descent*
scendiletto	*bedside carpet*

EXAMPLES OF VERB USAGE

Siamo scesi tutti insieme con l'ascensore. — *We all came down together in the elevator.*

Quando scende il sole, vado a fare una passeggiata. — *When the sun goes down, I'll go take a walk.*

Sono sceso dall'autobus alla fermata sbagliata. — *I got off the bus at the wrong stop.*

Verb Charts

VERB CHART 207

Scherzare

to mock, to joke

io	noi
tu	voi
lui/lei	loro

INDICATIVE

PRESENT		PRESENT PERFECT	
scherzo	scherziamo	ho scherzato	abbiamo scherzato
scherzi	scherzate	hai scherzato	avete scherzato
scherza	scherzano	ha scherzato	hanno scherzato

IMPERFECT		PAST PERFECT	
scherzavo	scherzavamo	avevo scherzato	avevamo scherzato
scherzavi	scherzavate	avevi scherzato	avevate scherzato
scherzava	scherzavano	aveva scherzato	avevano scherzato

ABSOLUTE PAST		PRETERITE PERFECT	
scherzai	scherzammo	ebbi scherzato	avemmo scherzato
scherzasti	scherzaste	avesti scherzato	aveste scherzato
scherzò	scherzarono	ebbe scherzato	ebbero scherzato

FUTURE		FUTURE PERFECT	
scherzerò	scherzeremo	avrò scherzato	avremo scherzato
scherzerai	scherzerete	avrai scherzato	avrete scherzato
scherzerà	scherzeranno	avrà scherzato	avranno scherzato

SUBJUNCTIVE

PRESENT		PAST	
scherzi	scherziamo	abbia scherzato	abbiamo scherzato
scherzi	scherziate	abbia scherzato	abbiate scherzato
scherzi	scherzino	abbia scherzato	abbiano scherzato

IMPERFECT		PAST PERFECT	
scherzassi	scherzassimo	avessi scherzato	avessimo scherzato
scherzassi	scherzaste	avessi scherzato	aveste scherzato
scherzasse	scherzassero	avesse scherzato	avessero scherzato

CONDITIONAL

PRESENT		PAST	
scherzerei	scherzeremmo	avrei scherzato	avremmo scherzato
scherzeresti	scherzereste	avresti scherzato	avreste scherzato
scherzerebbe	scherzerebbero	avrebbe scherzato	avrebbero scherzato

IMPERATIVE

	scherziamo!
scherza!	scherzate!
scherzi!	scherzino!

OTHER FORMS

GERUND	PARTICIPLE
scherzando	scherzato

RELATED WORDS

scherzo	*joke*	scherzoso	*playful*

EXAMPLES OF VERB USAGE

Scherzi?!	*Are you kidding?!*
Quando scherzo con i bambini, mi diverto davvero.	*I really have fun when I joke with kids.*
Per favore non scherzare, parlo sul serio.	*Please stop joking, I'm speaking seriously.*

Sciare
to ski

VERB CHART 208

io	noi
tu	voi
lui/lei	loro

INDICATIVE

PRESENT

scio	sciamo
scii	sciate
scia	sciano

IMPERFECT

sciavo	sciavamo
sciavi	sciavate
sciava	sciavano

ABSOLUTE PAST

sciai	sciammo
sciasti	sciaste
sciò	sciarono

FUTURE

scierò	scieremo
scierai	scierete
scierà	scieranno

PRESENT PERFECT

ho sciato	abbiamo sciato
hai sciato	avete sciato
ha sciato	hanno sciato

PAST PERFECT

avevo sciato	avevamo sciato
avevi sciato	avevate sciato
aveva sciato	avevano sciato

PRETERITE PERFECT

ebbi sciato	avemmo sciato
avesti sciato	aveste sciato
ebbe sciato	ebbero sciato

FUTURE PERFECT

avrò sciato	avremo sciato
avrai sciato	avrete sciato
avrà sciato	avranno sciato

SUBJUNCTIVE

PRESENT

scii	sciamo
scii	sciate
scii	sciino

IMPERFECT

sciassi	sciassimo
sciassi	sciaste
sciasse	sciassero

PAST

abbia sciato	abbiamo sciato
abbia sciato	abbiate sciato
abbia sciato	abbiano sciato

PAST PERFECT

avessi sciato	avessimo sciato
avessi sciato	aveste sciato
avesse sciato	avessero sciato

CONDITIONAL

PRESENT

scierei	scieremmo
scieresti	sciereste
scierebbe	scierebbero

PAST

avrei sciato	avremmo sciato
avresti sciato	avreste sciato
avrebbe sciato	avrebbero sciato

IMPERATIVE

	sciamo!
scia!	sciate!
scii!	sciino!

OTHER FORMS

GERUND	PARTICIPLE
sciando	sciato

RELATED WORDS

sci	*ski*
sciatore	*skier*

EXAMPLES OF VERB USAGE

Scio da quando avevo dieci anni. *I have been skiing since I was ten.*

Scierei se non fosse quasi buio. *I would ski if it weren't almost dark.*

Hanno sciato fino al tramonto. *They skied until sunset.*

Verb Charts

VERB CHART 209

Scoprire

to discover, to uncover, to find out

io	noi
tu	voi
lui/lei	loro

INDICATIVE

PRESENT		PRESENT PERFECT	
scopro	scopriamo	ho scoperto	abbiamo scoperto
scopri	scoprite	hai scoperto	avete scoperto
scopre	scoprono	ha scoperto	hanno scoperto

IMPERFECT		PAST PERFECT	
scoprivo	scoprivamo	avevo scoperto	avevamo scoperto
scoprivi	scoprivate	avevi scoperto	avevate scoperto
scopriva	scoprivano	aveva scoperto	avevano scoperto

ABSOLUTE PAST		PRETERITE PERFECT	
scoprii (scopersi)	scoprimmo	ebbi scoperto	avemmo scoperto
scopristi	scopriste	avesti scoperto	aveste scoperto
scoprì (scoperse)	scoprirono (scopersero)	ebbe scoperto	ebbero scoperto

FUTURE		FUTURE PERFECT	
scoprirò	scopriremo	avrò scoperto	avremo scoperto
scoprirai	scoprirete	avrai scoperto	avrete scoperto
scoprirà	scopriranno	avrà scoperto	avranno scoperto

SUBJUNCTIVE

PRESENT		PAST	
scopra	scopriamo	abbia scoperto	abbiamo scoperto
scopra	scopriate	abbia scoperto	abbiate scoperto
scopra	scoprano	abbia scoperto	abbiano scoperto

IMPERFECT		PAST PERFECT	
scoprissi	scoprissimo	avessi scoperto	avessimo scoperto
scoprissi	scopriste	avessi scoperto	aveste scoperto
scoprisse	scoprissero	avesse scoperto	avessero scoperto

CONDITIONAL

PRESENT		PAST	
scoprirei	scopriremmo	avrei scoperto	avremmo scoperto
scopriresti	scoprireste	avresti scoperto	avreste scoperto
scoprirebbe	scoprirebbero	avrebbe scoperto	avrebbero scoperto

IMPERATIVE

	scopriamo!
scopri!	scoprite!
scopra!	scoprano!

OTHER FORMS

GERUND	PARTICIPLE
scoprendo	scoperto

RELATED WORDS

scoperta	*discovery*	scopritore	*discoverer*

EXAMPLES OF VERB USAGE

Indovina cosa ho scoperto! — *Guess what I discovered!*

Non sappiamo per certo che Cristoforo Colombo scoprì l'America per primo. — *We don't know for sure that Christopher Columbus was the first one to discover America.*

Chissà cos'altro scoprirò nella mia vita! — *Who knows what else I will discover in my life!*

Scrivere

to write

VERB CHART 210

io	noi
tu	voi
lui/lei	loro

INDICATIVE

PRESENT

scrivo	scriviamo
scrivi	scrivete
scrive	scrivono

PRESENT PERFECT

ho scritto	abbiamo scritto
hai scritto	avete scritto
ha scritto	hanno scritto

IMPERFECT

scrivevo	scrivevamo
scrivevi	scrivevate
scriveva	scrivevano

PAST PERFECT

avevo scritto	avevamo scritto
avevi scritto	avevate scritto
aveva scritto	avevano scritto

ABSOLUTE PAST

scrissi	scrivemmo
scrivesti	scriveste
scrisse	scrissero

PRETERITE PERFECT

ebbi scritto	avemmo scritto
avesti scritto	aveste scritto
ebbe scritto	ebbero scritto

FUTURE

scriverò	scriveremo
scriverai	scriverete
scriverà	scriveranno

FUTURE PERFECT

avrò scritto	avremo scritto
avrai scritto	avrete scritto
avrà scritto	avranno scritto

SUBJUNCTIVE

PRESENT

scriva	scriviamo
scriva	scriviate
scriva	scrivano

PAST

abbia scritto	abbiamo scritto
abbia scritto	abbiate scritto
abbia scritto	abbiano scritto

IMPERFECT

scrivessi	scrivessimo
scrivessi	scriveste
scrivesse	scrivessero

PAST PERFECT

avessi scritto	avessimo scritto
avessi scritto	aveste scritto
avesse scritto	avessero scritto

CONDITIONAL

PRESENT

scriverei	scriveremmo
scriveresti	scrivereste
scriverebbe	scriverebbero

PAST

avrei scritto	avremmo scritto
avresti scritto	avreste scritto
avrebbe scritto	avrebbero scritto

IMPERATIVE

	scriviamo!
scrivi!	scrivete!
scriva!	scrivano!

OTHER FORMS

GERUND	PARTICIPLE
scrivendo	scritto

RELATED WORDS

scritto	*writing, written work*
scritta	*(written) sign*
scrivania	*desk*
scrittura	*handwriting*
scrittore	*writer*
iscrivere	*to register, to sign up*

EXAMPLES OF VERB USAGE

Durante la vacanza ho scritto tante cartoline. *During my vacation I wrote many postcards.*

Scrivo solo quando sono ispirato. *I write only when I am inspired.*

Se avessi avuto più tempo, ti avrei scritto una lettera. *If I'd had more time, I would have written a letter to you.*

Verb Charts

VERB CHART 211

io	noi
tu	voi
lui/lei	loro

Scusare

to excuse, to forgive

INDICATIVE

PRESENT

scuso	scusiamo
scusi	scusate
scusa	scusano

PRESENT PERFECT

ho scusato	abbiamo scusato
hai scusato	avete scusato
ha scusato	hanno scusato

IMPERFECT

scusavo	scusavamo
scusavi	scusavate
scusava	scusavano

PAST PERFECT

avevo scusato	avevamo scusato
avevi scusato	avevate scusato
aveva scusato	avevano scusato

ABSOLUTE PAST

scusai	scusammo
scusasti	scusaste
scusò	scusarono

PRETERITE PERFECT

ebbi scusato	avemmo scusato
avesti scusato	aveste scusato
ebbe scusato	ebbero scusato

FUTURE

scuserò	scuseremo
scuserai	scuserete
scuserà	scuseranno

FUTURE PERFECT

avrò scusato	avremo scusato
avrai scusato	avrete scusato
avrà scusato	avranno scusato

SUBJUNCTIVE

PRESENT

scusi	scusiamo
scusi	scusiate
scusi	scusino

PAST

abbia scusato	abbiamo scusato
abbia scusato	abbiate scusato
abbia scusato	abbiano scusato

IMPERFECT

scusassi	scusassimo
scusassi	scusaste
scusasse	scusassero

PAST PERFECT

avessi scusato	avessimo scusato
avessi scusato	aveste scusato
avesse scusato	avessero scusato

CONDITIONAL

PRESENT

scuserei	scuseremmo
scuseresti	scusereste
scuserebbe	scuserebbero

PAST

avrei scusato	avremmo scusato
avresti scusato	avreste scusato
avrebbe scusato	avrebbero scusato

IMPERATIVE

	scusiamo!
scusa!	scusate!
scusi!	scusino!

OTHER FORMS

GERUND	PARTICIPLE
scusando	scusato

RELATED WORDS

scusa	*excuse*

EXAMPLES OF VERB USAGE

Va bene ti scuso, ma non farlo più. — *All right, I forgive you, but don't do it again.*

Scusi, può ripetere per favore? — *Excuse me, can you repeat that please?*

Scusate il ritardo! — *I'm sorry I'm late!*

Sedersi

to sit down

VERB CHART 212

io	noi
tu	voi
lui/lei	loro

INDICATIVE

PRESENT

mi siedo (seggo)	ci sediamo
ti siedi	vi sedete
si siede	si siedono (seggono)

IMPERFECT

mi sedevo	ci sedevamo
ti sedevi	vi sedevate
si sedeva	si sedevano

ABSOLUTE PAST

mi sedei (sedetti)	ci sedemmo
ti sedesti	vi sedeste
si sedé (sedette)	si sederono (sedettero)

FUTURE

mi sederò	ci sederemo
ti sederai	vi sederete
si sederà	si sederanno

PRESENT PERFECT

mi sono seduto(a)	ci siamo seduti(e)
ti sei seduto(a)	vi siete seduti(e)
si è seduto(a)	si sono seduti(e)

PAST PERFECT

mi ero seduto(a)	ci eravamo seduti(e)
ti eri seduto(a)	vi eravate seduti(e)
si era seduto(a)	si erano seduti(e)

PRETERITE PERFECT

mi fui seduto(a)	ci fummo seduti(e)
ti fosti seduto(a)	vi foste seduti(e)
si fu seduto(a)	si furono seduti(e)

FUTURE PERFECT

mi sarò seduto(a)	ci saremo seduti(e)
ti sarai seduto(a)	vi sarete seduti(e)
si sarà seduto(a)	si saranno seduti(e)

SUBJUNCTIVE

PRESENT

mi sieda (segga)	ci sediamo
ti sieda (segga)	vi sediate
si sieda (segga)	si siedano (seggano)

IMPERFECT

mi sedessi	ci sedessimo
ti sedessi	vi sedeste
si sedesse	si sedessero

PAST

mi sia seduto(a)	ci siamo seduti(e)
ti sia seduto(a)	vi siate seduti(e)
si sia seduto(a)	si siano seduti(e)

PAST PERFECT

mi fossi seduto(a)	ci fossimo seduti(e)
ti fossi seduto(a)	vi foste seduti(e)
si fosse seduto(a)	si fossero seduti(e)

CONDITIONAL

PRESENT

mi sederei	ci sederemmo
ti sederesti	vi sedereste
si sederebbe	si sederebbero

PAST

mi sarei seduto(a)	ci saremmo seduti(e)
ti saresti seduto(a)	vi sareste seduti(e)
si sarebbe seduto(a)	si sarebbero seduti(e)

IMPERATIVE

	sediamoci!
siediti!	sedetevi!
si sieda (si segga)!	si siedano (si seggano)!

OTHER FORMS

GERUND
sedendosi

PARTICIPLE
sedutosi

RELATED WORDS

sedia / seggiola	*chair*
sede	*seat*
possedere	*to possess, to own*
seggiolone	*high chair*
sedere	*to sit, to be sitting*
sedentario	*sedentary*

EXAMPLES OF VERB USAGE

Sediamoci qui. Da qui vediamo bene il palco.	*Let's sit here. We can see the stage well from here.*
Accomodatevi e sedetevi pure dove volete.	*Come in and feel free to sit where you want.*
Mi sono seduta all'ombra per riposarmi un po'.	*I sat in the shade to rest a little.*

Verb Charts

VERB CHART 213

io	noi
tu	voi
lui/lei	loro

Sembrare

to seem, to appear, to look like

INDICATIVE

PRESENT		PRESENT PERFECT	
sembro	sembriamo	sono sembrato(a)	siamo sembrati(e)
sembri	sembrate	sei sembrato(a)	siete sembrati(e)
sembra	sembrano	è sembrato(a)	sono sembrati(e)

IMPERFECT		PAST PERFECT	
sembravo	sembravamo	ero sembrato(a)	eravamo sembrati(e)
sembravi	sembravate	eri sembrato(a)	eravate sembrati(e)
sembrava	sembravano	era sembrato(a)	erano sembrati(e)

ABSOLUTE PAST		PRETERITE PERFECT	
sembrai	sembrammo	fui sembrato(a)	fummo sembrati(e)
sembrasti	sembraste	fosti sembrato(a)	foste sembrati(e)
sembrò	sembrarono	fu sembrato(a)	furono sembrati(e)

FUTURE		FUTURE PERFECT	
sembrerò	sembreremo	sarò sembrato(a)	saremo sembrati(e)
sembrerai	sembrerete	sarai sembrato(a)	sarete sembrati(e)
sembrerà	sembreranno	sarà sembrato(a)	saranno sembrati(e)

SUBJUNCTIVE

PRESENT		PAST	
sembri	sembriamo	sia sembrato(a)	siamo sembrati(e)
sembri	sembriate	sia sembrato(a)	siate sembrati(e)
sembri	sembrino	sia sembrato(a)	siano sembrati(e)

IMPERFECT		PAST PERFECT	
sembrassi	sembrassimo	fossi sembrato(a)	fossimo sembrati(e)
sembrassi	sembraste	fossi sembrato(a)	foste sembrati(e)
sembrasse	sembrassero	fosse sembrato(a)	fossero sembrati(e)

CONDITIONAL

PRESENT		PAST	
sembrerei	sembreremmo	sarei sembrato(a)	saremmo sembrati(e)
sembreresti	sembrereste	saresti sembrato(a)	sareste sembrati(e)
sembrerebbe	sembrerebbero	sarebbe sembrato(a)	sarebbero sembrati(e)

IMPERATIVE

	sembriamo!
sembra!	sembrate!
sembri!	sembrino!

OTHER FORMS

GERUND	PARTICIPLE
sembrando	sembrato

RELATED WORDS

sembiante	*semblance, appearance*	sembianza	*look, features*

EXAMPLES OF VERB USAGE

Luisa sembra proprio simpatica.	*Luisa seems really nice.*
Mi sembra giusto!	*It seems right to me!*
Sembri un po' pallido. Stai bene?	*You seem a little pale. Are you all right?*

Sentire

to feel, to hear

VERB CHART 214

io	noi
tu	voi
lui/lei	loro

INDICATIVE

PRESENT

sento	sentiamo
senti	sentite
sente	sentono

PRESENT PERFECT

ho sentito	abbiamo sentito
hai sentito	avete sentito
ha sentito	hanno sentito

IMPERFECT

sentivo	sentivamo
sentivi	sentivate
sentiva	sentivano

PAST PERFECT

avevo sentito	avevamo sentito
avevi sentito	avevate sentito
aveva sentito	avevano sentito

ABSOLUTE PAST

sentii	sentimmo
sentisti	sentiste
sentì	sentirono

PRETERITE PERFECT

ebbi sentito	avemmo sentito
avesti sentito	aveste sentito
ebbe sentito	ebbero sentito

FUTURE

sentirò	sentiremo
sentirai	sentirete
sentirà	sentiranno

FUTURE PERFECT

avrò sentito	avremo sentito
avrai sentito	avrete sentito
avrà sentito	avranno sentito

SUBJUNCTIVE

PRESENT

senta	sentiamo
senta	sentiate
senta	sentano

PAST

abbia sentito	abbiamo sentito
abbia sentito	abbiate sentito
abbia sentito	abbiano sentito

IMPERFECT

sentissi	sentissimo
sentissi	sentiste
sentisse	sentissero

PAST PERFECT

avessi sentito	avessimo sentito
avessi sentito	aveste sentito
avesse sentito	avessero sentito

CONDITIONAL

PRESENT

sentirei	sentiremmo
sentiresti	sentireste
sentirebbe	sentirebbero

PAST

avrei sentito	avremmo sentito
avresti sentito	avreste sentito
avrebbe sentito	avrebbero sentito

IMPERATIVE

	sentiamo!
senti!	sentite!
senta!	sentano!

OTHER FORMS

GERUND

sentendo

PARTICIPLE

sentito

RELATED WORDS

sentenza	*sentence, judgement*
sentimento	*feeling*
consentire	*to allow, to permit*
sentirsi	*to feel*
sentore	*inkling, feeling*

EXAMPLES OF VERB USAGE

Oggi mi sento proprio bene! — *Today I really feel well!*

Dalla mia stanza sento gli uccelli cantare. — *From my room I can hear the birds singing.*

Puoi alzare il volume, non sento bene. — *Can you turn up the volume, I can't hear well.*

Verb Charts

VERB CHART 215

io	noi
tu	voi
lui/lei	loro

Separare

to separate, to part

INDICATIVE

PRESENT

separo	separiamo
separi	separate
separa	separano

IMPERFECT

separavo	separavamo
separavi	separavate
separava	separavano

ABSOLUTE PAST

separai	separammo
separasti	separaste
separò	separarono

FUTURE

separerò	separeremo
separerai	separereste
separerà	separeranno

PRESENT PERFECT

ho separato	abbiamo separato
hai separato	avete separato
ha separato	hanno separato

PAST PERFECT

avevo separato	avevamo separato
avevi separato	avevate separato
aveva separato	avevano separato

PRETERITE PERFECT

ebbi separato	avemmo separato
avesti separato	aveste separato
ebbe separato	ebbero separato

FUTURE PERFECT

avrò separato	avremo separato
avrai separato	avrete separato
avrà separato	avranno separato

SUBJUNCTIVE

PRESENT

separi	separiamo
separi	separiate
separi	separino

IMPERFECT

separassi	separassimo
separassi	separaste
separasse	separassero

PAST

abbia separato	abbiamo separato
abbia separato	abbiate separato
abbia separato	abbiano separato

PAST PERFECT

avessi separato	avessimo separato
avessi separato	aveste separato
avesse separato	avessero separato

CONDITIONAL

PRESENT

separerei	separeremmo
separeresti	separereste
separerebbe	separerebbero

PAST

avrei separato	avremmo separato
avresti separato	avreste separato
avrebbe separato	avrebbero separato

IMPERATIVE

	separiamo!
separa!	separate!
separi!	separino!

OTHER FORMS

GERUND
separando

PARTICIPLE
separato

RELATED WORDS

separazione	*separation*
separatamente	*separately*
separatista	*separatist*

EXAMPLES OF VERB USAGE

Mosè separò le acque con un atto di fede. — *Moses parted the sea with an act of faith.*

Nelle valigie ho separato i miei vestiti dai tuoi. — *I separated my clothes from yours in the suitcases.*

Se non li separiamo, i bambini continueranno a bisticciarsi. — *If we don't separate them, the kids will continue to fight.*

Servire

to serve, to be of use to

VERB CHART 216

io	noi
tu	voi
lui/lei	loro

INDICATIVE

PRESENT

servo	serviamo
servi	servite
serve	servono

PRESENT PERFECT

ho servito	abbiamo servito
hai servito	avete servito
ha servito	hanno servito

IMPERFECT

servivo	servivamo
servivi	servivate
serviva	servivano

PAST PERFECT

avevo servito	avevamo servito
avevi servito	avevate servito
aveva servito	avevano servito

ABSOLUTE PAST

servii	servimmo
servisti	serviste
servì	servirono

PRETERITE PERFECT

ebbi servito	avemmo servito
avesti servito	aveste servito
ebbe servito	ebbero servito

FUTURE

servirò	serviremo
servirai	servirete
servirà	serviranno

FUTURE PERFECT

avrò servito	avremo servito
avrai servito	avrete servito
avrà servito	avranno servito

SUBJUNCTIVE

PRESENT

serva	serviamo
serva	serviate
serva	servano

PAST

abbia servito	abbiamo servito
abbia servito	abbiate servito
abbia servito	abbiano servito

IMPERFECT

servissi	servissimo
servissi	serviste
servisse	servissero

PAST PERFECT

avessi servito	avessimo servito
avessi servito	aveste servito
avesse servito	avessero servito

CONDITIONAL

PRESENT

servirei	serviremmo
serviresti	servireste
servirebbe	servirebbero

PAST

avrei servito	avremmo servito
avresti servito	avreste servito
avrebbe servito	avrebbero servito

IMPERATIVE

	serviamo!
servi!	servite!
serva!	servano!

OTHER FORMS

GERUND

servendo

PARTICIPLE

servito

RELATED WORDS

servito	*served*
servizio	*service*
servo / servitore	*servant*
gli serve	*he needs it*

EXAMPLES OF VERB USAGE

A questo ristorante servono il pranzo fino alle tre.	*They serve lunch until three o'clock in this restaurant.*
Ti serve questa penna?	*Do you need this pen?*
Come posso servirla?	*How may I help you?*

Verb Charts

VERB CHART 217

Sgridare

to scold, to rebuke

io	noi
tu	voi
lui/lei	loro

INDICATIVE

PRESENT

sgrido	sgridiamo
sgridi	sgridate
sgrida	sgridano

IMPERFECT

sgridavo	sgridavamo
sgridavi	sgridavate
sgridava	sgridavano

ABSOLUTE PAST

sgridai	sgridammo
sgridasti	sgridaste
sgridò	sgridarono

FUTURE

sgriderò	sgrideremo
sgriderai	sgriderete
sgriderà	sgrideranno

PRESENT PERFECT

ho sgridato	abbiamo sgridato
hai sgridato	avete sgridato
ha sgridato	hanno sgridato

PAST PERFECT

avevo sgridato	avevamo sgridato
avevi sgridato	avevate sgridato
aveva sgridato	avevano sgridato

PRETERITE PERFECT

ebbi sgridato	avemmo sgridato
avesti sgridato	aveste sgridato
ebbe sgridato	ebbero sgridato

FUTURE PERFECT

avrò sgridato	avremo sgridato
avrai sgridato	avrete sgridato
avrà sgridato	avranno sgridato

SUBJUNCTIVE

PRESENT

sgridi	sgridiamo
sgridi	sgridiate
sgridi	sgridino

IMPERFECT

sgridassi	sgridassimo
sgridassi	sgridaste
sgridasse	sgridassero

PAST

abbia sgridato	abbiamo sgridato
abbia sgridato	abbiate sgridato
abbia sgridato	abbiano sgridato

PAST PERFECT

avessi sgridato	avessimo sgridato
avessi sgridato	aveste sgridato
avesse sgridato	avessero sgridato

CONDITIONAL

PRESENT

sgriderei	sgrideremmo
sgrideresti	sgridereste
sgriderebbe	sgriderebbero

PAST

avrei sgridato	avremmo sgridato
avresti sgridato	avreste sgridato
avrebbe sgridato	avrebbero sgridato

IMPERATIVE

	sgridiamo!
sgrida!	sgridate!
sgridi!	sgridino!

OTHER FORMS

GERUND
sgridando

PARTICIPLE
sgridato

RELATED WORDS

sgridata	*scolding*

EXAMPLES OF VERB USAGE

Non sgridarlo! Povero bambino, non è colpa sua. — *Don't scold him! Poor kid, it's not his fault.*

Quando ero piccolo, i miei genitori mi sgridavano continuamente. — *When I was little, my parents used to scold me constantly.*

La sgridai perché si rifiutava di fare il letto. — *I scolded her because she refused to make her bed.*

Significare

to mean, to signify

VERB CHART 218

io	noi
tu	voi
lui/lei	loro

INDICATIVE

PRESENT

significo	significhiamo
significhi	significate
significa	significano

IMPERFECT

significavo	significavamo
significavi	significavate
significava	significavano

ABSOLUTE PAST

significai	significammo
significasti	significaste
significò	significarono

FUTURE

significherò	significheremo
significherai	significherete
significherà	significheranno

PRESENT PERFECT

ho significato	abbiamo significato
hai significato	avete significato
ha significato	hanno significato

PAST PERFECT

avevo significato	avevamo significato
avevi significato	avevate significato
aveva significato	avevano significato

PRETERITE PERFECT

ebbi significato	avemmo significato
avesti significato	aveste significato
ebbe significato	ebbero significato

FUTURE PERFECT

avrò significato	avremo significato
avrai significato	avrete significato
avrà significato	avranno significato

SUBJUNCTIVE

PRESENT

significhi	significhiamo
significhi	significhiate
significhi	significhino

IMPERFECT

significassi	significassimo
significassi	significaste
significasse	significassero

PAST

abbia significato	abbiamo significato
abbia significato	abbiate significato
abbia significato	abbiano significato

PAST PERFECT

avessi significato	avessimo significato
avessi significato	aveste significato
avesse significato	avessero significato

CONDITIONAL

PRESENT

significherei	significheremmo
significheresti	significhereste
significherebbe	significherebbero

PAST

avrei significato	avremmo significato
avresti significato	avreste significato
avrebbe significato	avrebbero significato

IMPERATIVE

	significhiamo!
significa!	significhiate!
significhi!	significhino!

OTHER FORMS

GERUND
significando

PARTICIPLE
significato

RELATED WORDS

significato	*meaning*
significativo	*meaningful*
significante	*significant*

EXAMPLES OF VERB USAGE

Il fatto che esca con lui non significa che sia il mio ragazzo.
The fact that I go out with him doesn't mean that he is my boyfriend.

Cosa significano quei cartelli stradali?
What do those road signs mean?

L'appoggio dei miei genitori significava moltissimo per me.
The support of my parents meant a lot to me.

Verb Charts

VERB CHART 219

Soffrire

to suffer

io	noi
tu	voi
lui/lei	loro

INDICATIVE

PRESENT

soffro	soffriamo
soffri	soffrite
soffre	soffrono

IMPERFECT

soffrivo	soffrivamo
soffrivi	soffrivate
soffriva	soffrivano

ABSOLUTE PAST

soffrii (soffersi)	soffrimmo
soffristi	soffriste
soffrì (sofferse)	soffrirono (soffersero)

FUTURE

soffrirò	soffriremo
soffrirai	soffrirete
soffrirà	soffriranno

PRESENT PERFECT

ho sofferto	abbiamo sofferto
hai sofferto	avete sofferto
ha sofferto	hanno sofferto

PAST PERFECT

avevo sofferto	avevamo sofferto
avevi sofferto	avevate sofferto
aveva sofferto	avevano sofferto

PRETERITE PERFECT

ebbi sofferto	avemmo sofferto
avesti sofferto	aveste sofferto
ebbe sofferto	ebbero sofferto

FUTURE PERFECT

avrò sofferto	avremo sofferto
avrai sofferto	avrete sofferto
avrà sofferto	avranno sofferto

SUBJUNCTIVE

PRESENT

soffra	soffriamo
soffra	soffriate
soffra	soffrano

IMPERFECT

soffrissi	soffrissimo
soffrissi	soffriste
soffrisse	soffrissero

PAST

abbia sofferto	abbiamo sofferto
abbia sofferto	abbiate sofferto
abbia sofferto	abbiano sofferto

PAST PERFECT

avessi sofferto	avessimo sofferto
avessi sofferto	aveste sofferto
avesse sofferto	avessero sofferto

CONDITIONAL

PRESENT

soffrirei	soffriremmo
soffriresti	soffrireste
soffrirebbe	soffrirebbero

PAST

avrei sofferto	avremmo sofferto
avresti sofferto	avreste sofferto
avrebbe sofferto	avrebbero sofferto

IMPERATIVE

	soffriamo!
soffri!	soffrite!
soffra!	soffrano!

OTHER FORMS

GERUND
soffrendo

PARTICIPLE
sofferto

RELATED WORDS

sofferenza	*suffering*
sofferto	*suffered, endured*

EXAMPLES OF VERB USAGE

Durante la guerra soffrirono veramente la fame. *During the war they really suffered from hunger.*

Non salgo lassù perché soffro di vertigini. *I'm not going up there because I'm afraid of heights.*

Ha sofferto molto per la morte del cane. *He suffered a lot because of the death of his dog.*

Sognare

to dream

VERB CHART 220

io	noi
tu	voi
lui/lei	loro

INDICATIVE

PRESENT		PRESENT PERFECT	
sogno	sogniamo	ho sognato	abbiamo sognato
sogni	sognate	hai sognato	avete sognato
sogna	sognano	ha sognato	hanno sognato

IMPERFECT		PAST PERFECT	
sognavo	sognavamo	avevo sognato	avevamo sognato
sognavi	sognavate	avevi sognato	avevate sognato
sognava	sognavano	aveva sognato	avevano sognato

ABSOLUTE PAST		PRETERITE PERFECT	
sognai	sognammo	ebbi sognato	avemmo sognato
sognasti	sognaste	avesti sognato	aveste sognato
sognò	sognarono	ebbe sognato	ebbero sognato

FUTURE		FUTURE PERFECT	
sognerò	sogneremo	avrò sognato	avremo sognato
sognerai	sognerete	avrai sognato	avrete sognato
sognerà	sogneranno	avrà sognato	avranno sognato

SUBJUNCTIVE

PRESENT		PAST	
sogni	sogniamo	abbia sognato	abbiamo sognato
sogni	sogniate	abbia sognato	abbiate sognato
sogni	sognino	abbia sognato	abbiano sognato

IMPERFECT		PAST PERFECT	
sognassi	sognassimo	avessi sognato	avessimo sognato
sognassi	sognaste	avessi sognato	aveste sognato
sognasse	sognassero	avesse sognato	avessero sognato

CONDITIONAL

PRESENT		PAST	
sognerei	sogneremmo	avrei sognato	avremmo sognato
sogneresti	sognereste	avresti sognato	avreste sognato
sognerebbe	sognerebbero	avrebbe sognato	avrebbero sognato

IMPERATIVE

	sogniamo!
sogna!	sognate!
sogni!	sognino!

OTHER FORMS

GERUND	PARTICIPLE
sognando	sognato

RELATED WORDS

sognabile	*imaginable, conceivable*	sognatore	*dreamer*
sogno	*dream*	Tu ti sogni!	*You're dreaming!*

EXAMPLES OF VERB USAGE

Ieri notte ho sognato che ero al supermercato tutto nudo.
Last night I dreamed that I was in the supermarket completely naked.

L'estate scorsa sognavo di essere con te!
Last summer I used to dream of being with you.

Sognare di fare grandi cose è il primo passo per realizzarle.
To dream about doing great things is the first step to accomplishing them.

Verb Charts

VERB CHART 221

io	noi
tu	voi
lui/lei	loro

Spegnere

to extinguish, to turn off

INDICATIVE

PRESENT

spengo	spegniamo
spegni	spegnete
spegne	spengono

IMPERFECT

spegnevo	spegnevamo
spegnevi	spegnevate
spegneva	spegnevano

ABSOLUTE PAST

spensi	spegnemmo
spegnesti	spegneste
spense	spensero

FUTURE

spegnerò	spegneremo
spegnerai	spegnerete
spegnerà	spegneranno

PRESENT PERFECT

ho spento	abbiamo spento
hai spento	avete spento
ha spento	hanno spento

PAST PERFECT

avevo spento	avevamo spento
avevi spento	avevate spento
aveva spento	avevano spento

PRETERITE PERFECT

ebbi spento	avemmo spento
avesti spento	aveste spento
ebbe spento	ebbero spento

FUTURE PERFECT

avrò spento	avremo spento
avrai spento	avrete spento
avrà spento	avranno spento

SUBJUNCTIVE

PRESENT

spenga	spegniamo
spenga	spegniate
spenga	spengano

IMPERFECT

spegnessi	spegnessimo
spegnessi	spegneste
spegnesse	spegnessero

PAST

abbia spento	abbiamo spento
abbia spento	abbiate spento
abbia spento	abbiano spento

PAST PERFECT

avessi spento	avessimo spento
avessi spento	aveste spento
avesse spento	avessero spento

CONDITIONAL

PRESENT

spegnerei	spegneremmo
spegneresti	spegnereste
spegnerebbe	spegnerebbero

PAST

avrei spento	avremmo spento
avresti spento	avreste spento
avrebbe spento	avrebbero spento

IMPERATIVE

	spegniamo!
spegni!	spegnete!
spenga!	spengano!

OTHER FORMS

GERUND	PARTICIPLE
spegnendo	spento

RELATED WORDS

spento	*turned off*
spegnere il motore	*to turn off the engine*
spegnere la luce	*to turn off the light*
spegnere una sigaretta	*to put a cigarette out*

EXAMPLES OF VERB USAGE

Ricevere quella brutta notizia spense il suo entusiasmo.	*Receiving the bad news turned off his enthusiasm.*
Spegni le luci prima di uscire!	*Turn off the lights before you leave!*
I pompieri hanno spento l'incendio in sei ore.	*The firemen extinguished the fire in six hours.*

Sporcare

to dirty, to soil

io	noi
tu	voi
lui/lei	loro

INDICATIVE

PRESENT

sporco	sporchiamo
sporchi	sporcate
sporca	sporcano

IMPERFECT

sporcavo	sporcavamo
sporcavi	sporcavate
sporcava	sporcavano

ABSOLUTE PAST

sporcai	sporcammo
sporcasti	sporcaste
sporcò	sporcarono

FUTURE

sporcherò	sporcheremo
sporcherai	sporcherete
sporcherà	sporcheranno

PRESENT PERFECT

ho sporcato	abbiamo sporcato
hai sporcato	avete sporcato
ha sporcato	hanno sporcato

PAST PERFECT

avevo sporcato	avevamo sporcato
avevi sporcato	avevate sporcato
aveva sporcato	avevano sporcato

PRETERITE PERFECT

ebbi sporcato	avemmo sporcato
avesti sporcato	aveste sporcato
ebbe sporcato	ebbero sporcato

FUTURE PERFECT

avrò sporcato	avremo sporcato
avrai sporcato	avrete sporcato
avrà sporcato	avranno sporcato

SUBJUNCTIVE

PRESENT

sporchi	sporchiamo
sporchi	sporchiate
sporchi	sporchino

IMPERFECT

sporcassi	sporcassimo
sporcassi	sporcaste
sporcasse	sporcassero

PAST

abbia sporcato	abbiamo sporcato
abbia sporcato	abbiate sporcato
abbia sporcato	abbiano sporcato

PAST PERFECT

avessi sporcato	avessimo sporcato
avessi sporcato	aveste sporcato
avesse sporcato	avessero sporcato

CONDITIONAL

PRESENT

sporcherei	sporcheremmo
sporcheresti	sporchereste
sporcherebbe	sporcherebbero

PAST

avrei sporcato	avremmo sporcato
avresti sporcato	avreste sporcato
avrebbe sporcato	avrebbero sporcato

IMPERATIVE

	sporchiamo!
sporca!	sporcate!
sporchi!	sporchino!

OTHER FORMS

GERUND
sporcando

PARTICIPLE
sporcato

RELATED WORDS

sporcizia	*dirt, filth*
sporcaccione	*filthy person*
farla sporca	*to pull a dirty trick*
sporco	*dirty*

EXAMPLES OF VERB USAGE

Non sporcate il pavimento! L'ho appena lavato. — *Don't get the floors dirty! I just washed them.*

Guarda, ho sporcato la giacca nuova! — *Look, I got my new jacket dirty!*

Credimi, se l'avessi sporcato l'avrei pulito. — *Believe me, if I'd gotten it dirty, I would have cleaned it.*

VERB CHART **223**

io	noi
tu	voi
lui/lei	loro

Sposarsi

to get married

INDICATIVE

PRESENT		PRESENT PERFECT	
mi sposo	ci sposiamo	mi sono sposato(a)	ci siamo sposati(e)
ti sposi	vi sposate	ti sei sposato(a)	vi siete sposati(e)
si sposa	si sposano	si è sposato(a)	si sono sposati(e)

IMPERFECT		PAST PERFECT	
mi sposavo	ci sposavamo	mi ero sposato(a)	ci eravamo sposati(e)
ti sposavi	vi sposavate	ti eri sposato(a)	vi eravate sposati(e)
si sposava	si sposavano	si era sposato(a)	si erano sposati(e)

ABSOLUTE PAST		PRETERITE PERFECT	
mi sposai	ci sposammo	mi fui sposato(a)	ci fummo sposati(e)
ti sposasti	vi sposaste	ti fosti sposato(a)	vi foste sposati(e)
si sposò	si sposarono	si fu sposato(a)	si furono sposati(e)

FUTURE		FUTURE PERFECT	
mi sposerò	ci sposeremo	mi sarò sposato(a)	ci saremo sposati(e)
ti sposerai	vi sposerete	ti sarai sposato(a)	vi sarete sposati(e)
si sposerà	si sposeranno	si sarà sposato(a)	si saranno sposati(e)

SUBJUNCTIVE

PRESENT		PAST	
mi sposi	ci sposiamo	mi sia sposato(a)	ci siamo sposati(e)
ti sposi	vi sposiate	ti sia sposato(a)	vi siate sposati(e)
si sposi	si sposino	si sia sposato(a)	si siano sposati(e)

IMPERFECT		PAST PERFECT	
mi sposassi	ci sposassimo	mi fossi sposato(a)	ci fossimo sposati(e)
ti sposassi	vi sposaste	ti fossi sposato(a)	vi foste sposati(e)
si sposasse	si sposassero	si fosse sposato(a)	si fossero sposati(e)

CONDITIONAL

PRESENT		PAST	
mi sposerei	ci sposeremmo	mi sarei sposato(a)	ci saremmo sposati(e)
ti sposeresti	vi sposereste	ti saresti sposato(a)	vi sareste sposati(e)
si sposerebbe	si sposerebbero	si sarebbe sposato(a)	si sarebbero sposati(e)

IMPERATIVE

	sposiamoci!
sposati!	sposatevi!
si sposi!	si sposino!

OTHER FORMS

GERUND	PARTICIPLE
sposandosi	sposatosi

RELATED WORDS

sposa	*bride, wife*	sposo	*bridegroom, husband*
sposare	*to give in marriage*	sposato	*married*

EXAMPLES OF VERB USAGE

Allora, quando vi sposate?	*So, when are you going to get married?*
Si sposarono in segreto.	*They got married in secret.*
Se non avessi voluto avere figli, non mi sarei sposata.	*If I had not wanted to have children, I would not have gotten married.*

Spostare

to move sth., to shift

VERB CHART **224**

io	noi
tu	voi
lui/lei	loro

INDICATIVE

PRESENT

sposto	spostiamo
sposti	spostate
sposta	spostano

PRESENT PERFECT

ho spostato	abbiamo spostato
hai spostato	avete spostato
ha spostato	hanno spostato

IMPERFECT

spostavo	spostavamo
spostavi	spostavate
spostava	spostavano

PAST PERFECT

avevo spostato	avevamo spostato
avevi spostato	avevate spostato
aveva spostato	avevano spostato

ABSOLUTE PAST

spostai	spostammo
spostasti	spostaste
spostò	spostarono

PRETERITE PERFECT

ebbi spostato	avemmo spostato
avesti spostato	aveste spostato
ebbe spostato	ebbero spostato

FUTURE

sposterò	sposteremo
sposterai	sposterete
sposterà	sposteranno

FUTURE PERFECT

avrò spostato	avremo spostato
avrai spostato	avrete spostato
avrà spostato	avranno spostato

SUBJUNCTIVE

PRESENT

sposti	spostiamo
sposti	spostiate
sposti	spostino

PAST

abbia spostato	abbiamo spostato
abbia spostato	abbiate spostato
abbia spostato	abbiano spostato

IMPERFECT

spostassi	spostassimo
spostassi	spostaste
spostasse	spostassero

PAST PERFECT

avessi spostato	avessimo spostato
avessi spostato	aveste spostato
avesse spostato	avessero spostato

CONDITIONAL

PRESENT

sposterei	sposteremmo
sposteresti	spostereste
sposterebbe	sposterebbero

PAST

avrei spostato	avremmo spostato
avresti spostato	avreste spostato
avrebbe spostato	avrebbero spostato

IMPERATIVE

	spostiamo!
sposta!	spostate!
sposti!	spostino!

OTHER FORMS

GERUND
spostando

PARTICIPLE
spostato

RELATED WORDS

spostamento	*shift*	posto	*place*

EXAMPLES OF VERB USAGE

Spostiamo il tavolo per stare più comodi. — *Let's move the table to be more comfortable.*

Ho spostato la macchina per evitare una multa. — *I moved the car to avoid (getting) a ticket.*

Se sposti la tenda, puoi vedere meglio. — *If you move the curtain, you can see better.*

Verb Charts

VERB CHART 225

io	noi
tu	voi
lui/lei	loro

Stare

to stay, to remain, to be

INDICATIVE

PRESENT		PRESENT PERFECT	
sto	stiamo	sono stato(a)	siamo stati(e)
stai	state	sei stato(a)	siete stati(e)
sta	stanno	è stato(a)	sono stati(e)

IMPERFECT		PAST PERFECT	
stavo	stavamo	ero stato(a)	eravamo stati(e)
stavi	stavate	eri stato(a)	eravate stati(e)
stava	stavano	era stato(a)	erano stati(e)

ABSOLUTE PAST		PRETERITE PERFECT	
stetti	stemmo	fui stato(a)	fummo stati(e)
stesti	steste	fosti stato(a)	foste stati(e)
stette	stettero	fu stato(a)	furono stati(e)

FUTURE		FUTURE PERFECT	
starò	staremo	sarò stato(a)	saremo stati(e)
starai	starete	sarai stato(a)	sarete stati(e)
starà	staranno	sarà stato(a)	saranno stati(e)

SUBJUNCTIVE

PRESENT		PAST	
stia	stiamo	sia stato(a)	siamo stati(e)
stia	stiate	sia stato(a)	siate stati(e)
stia	stiano (stieno)	sia stato(a)	siano stati(e)

IMPERFECT		PAST PERFECT	
stessi	stessimo	fossi stato(a)	fossimo stati(e)
stessi	steste	fossi stato(a)	foste stati(e)
stesse	stessero	fosse stato(a)	fossero stati(e)

CONDITIONAL

PRESENT		PAST	
starei	staremmo	sarei stato(a)	saremmo stati(e)
staresti	stareste	saresti stato(a)	sareste stati(e)
starebbe	starebbero	sarebbe stato(a)	sarebbero stati(e)

IMPERATIVE

	stiamo!
sta!/ stai!/ sta'!	state!
stia!	stiano (stieno)!

OTHER FORMS

GERUND	PARTICIPLE
stando	stato

RELATED WORDS

stare bene	*to be well*	starci	*to agree*
stare a cuore	*to deem important*	stato	*state, status*

EXAMPLES OF VERB USAGE

Sono stato a Roma tre giorni.	*I was in Rome for three days.*
Come stai?	*How are you?*
Quando stavo con Sonia, non ero contento.	*When I was staying with Sonia, I wasn't happy.*

Studiare

to study

VERB CHART 226

io	noi
tu	voi
lui/lei	loro

INDICATIVE

PRESENT

studio	studiamo
studi	studiate
studia	studiano

PRESENT PERFECT

ho studiato	abbiamo studiato
hai studiato	avete studiato
ha studiato	hanno studiato

IMPERFECT

studiavo	studiavamo
studiavi	studiavate
studiava	studiavano

PAST PERFECT

avevo studiato	avevamo studiato
avevi studiato	avevate studiato
aveva studiato	avevano studiato

ABSOLUTE PAST

studiai	studiammo
studiasti	studiaste
studiò	studiarono

PRETERITE PERFECT

ebbi studiato	avemmo studiato
avesti studiato	aveste studiato
ebbe studiato	ebbero studiato

FUTURE

studierò	studieremo
studierai	studierete
studierà	studieranno

FUTURE PERFECT

avrò studiato	avremo studiato
avrai studiato	avrete studiato
avrà studiato	avranno studiato

SUBJUNCTIVE

PRESENT

studi	studiamo
studi	studiate
studi	studino

PAST

abbia studiato	abbiamo studiato
abbia studiato	abbiate studiato
abbia studiato	abbiano studiato

IMPERFECT

studiassi	studiassimo
studiassi	studiaste
studiasse	studiassero

PAST PERFECT

avessi studiato	avessimo studiato
avessi studiato	aveste studiato
avesse studiato	avessero studiato

CONDITIONAL

PRESENT

studierei	studieremmo
studieresti	studiereste
studierebbe	studierebbero

PAST

avrei studiato	avremmo studiato
avresti studiato	avreste studiato
avrebbe studiato	avrebbero studiato

IMPERATIVE

	studiamo!
studia!	studiate!
studi!	studino!

OTHER FORMS

GERUND	PARTICIPLE
studiando	studiato

RELATED WORDS

studente	*student*
studiato	*studied, affected*
studio	*study, study hall*
studioso	*studious, diligent*

EXAMPLES OF VERB USAGE

Quando ero all'università studiavo sodo. — *I studied hard when I was at the university.*

Hanno studiato tutto il giorno. — *They studied all day long.*

Domani studierò le formule a memoria. — *Tomorrow I'll study the formulas by heart.*

Verb Charts

VERB CHART 227

Succedere

to happen

io	noi
tu	voi
lui/lei	loro

INDICATIVE

PRESENT

—	—
—	—
succede	—

PRESENT PERFECT

—	—
—	—
è successo	—

IMPERFECT

—	—
—	—
succedeva	—

PAST PERFECT

—	—
—	—
era successo	—

ABSOLUTE PAST

—	—
—	—
successe	—

PRETERITE PERFECT

—	—
—	—
fu successo	—

FUTURE

—	—
—	—
succederà	—

FUTURE PERFECT

—	—
—	—
sarà successo	—

SUBJUNCTIVE

PRESENT

—	—
—	—
succeda	—

PAST

—	—
—	—
sia successo	—

IMPERFECT

—	—
—	—
succedesse	—

PAST PERFECT

—	—
—	—
fosse successo	—

CONDITIONAL

PRESENT

—	—
—	—
succederebbe	—

PAST

—	—
—	—
sarebbe successo	—

IMPERATIVE

	—
—	—
succeda!	—

OTHER FORMS

GERUND
succedendo

PARTICIPLE
successo

RELATED WORDS

successivo	*successive*
successione	*succession*
successo	*success*

EXAMPLES OF VERB USAGE

Che cosa è successo? — *What happened?*

Te l'ho detto che prima o poi sarebbe successo. — *I told you that would happen sooner or later.*

Sono cose che succedono! — *Things happen!*

Suonare
to play (music), to sound

VERB CHART **228**

io	noi
tu	voi
lui/lei	loro

INDICATIVE

PRESENT

suono	suoniamo
suoni	suonate
suona	suonano

IMPERFECT

suonavo	suonavamo
suonavi	suonavate
suonava	suonavano

ABSOLUTE PAST

suonai	suonammo
suonasti	suonaste
suonò	suonarono

FUTURE

suonerò	suoneremo
suonerai	suonerete
suonerà	suoneranno

PRESENT PERFECT

ho suonato	abbiamo suonato
hai suonato	avete suonato
ha suonato	hanno suonato

PAST PERFECT

avevo suonato	avevamo suonato
avevi suonato	avevate suonato
aveva suonato	avevano suonato

PRETERITE PERFECT

ebbi suonato	avemmo suonato
avesti suonato	aveste suonato
ebbe suonato	ebbero suonato

FUTURE PERFECT

avrò suonato	avremo suonato
avrai suonato	avrete suonato
avrà suonato	avranno suonato

SUBJUNCTIVE

PRESENT

suoni	suoniamo
suoni	suoniate
suoni	suonino

IMPERFECT

suonassi	suonassimo
suonassi	suonaste
suonasse	suonassero

PAST

abbia suonato	abbiamo suonato
abbia suonato	abbiate suonato
abbia suonato	abbiano suonato

PAST PERFECT

avessi suonato	avessimo suonato
avessi suonato	aveste suonato
avesse suonato	avessero suonato

CONDITIONAL

PRESENT

suonerei	suoneremmo
suoneresti	suonereste
suonerebbe	suonerebbero

PAST

avrei suonato	avremmo suonato
avresti suonato	avreste suonato
avrebbe suonato	avrebbero suonato

IMPERATIVE

	suoniamo!
suona!	suonate!
suoni!	suonino!

OTHER FORMS

GERUND	PARTICIPLE
suonando	suonato

RELATED WORDS

suono — *sound*

EXAMPLES OF VERB USAGE

Loredana suona il piano e il violino. — *Loredana plays the piano and the violin.*

Scendo appena suoni il campanello. — *I'll come down as soon as you ring the bell.*

Chi ha suonato al concerto? — *Who played at the concert?*

Verb Charts

VERB CHART 229

io	noi
tu	voi
lui/lei	loro

Svegliarsi

to wake up

INDICATIVE

PRESENT

mi sveglio	ci svegliamo
ti svegli	vi svegliate
si sveglia	si svegliano

PRESENT PERFECT

mi sono svegliato(a)	ci siamo svegliati(e)
ti sei svegliato(a)	vi siete svegliati(e)
si è svegliato(a)	si sono svegliati(e)

IMPERFECT

mi svegliavo	ci svegliavamo
ti svegliavi	vi svegliavate
si svegliava	si svegliavano

PAST PERFECT

mi ero svegliato(a)	ci eravamo svegliati(e)
ti eri svegliato(a)	vi eravate svegliati(e)
si era svegliato(a)	si erano svegliati(e)

ABSOLUTE PAST

mi svegliai	ci svegliammo
ti svegliasti	vi svegliaste
si svegliò	si svegliarono

PRETERITE PERFECT

mi fui svegliato(a)	ci fummo svegliati(e)
ti fosti svegliato(a)	vi foste svegliati(e)
si fu svegliato(a)	si furono svegliati(e)

FUTURE

mi sveglierò	ci sveglieremo
ti sveglierai	vi sveglierete
si sveglierà	si sveglieranno

FUTURE PERFECT

mi sarò svegliato(a)	ci saremo svegliati(e)
ti sarai svegliato(a)	vi sarete svegliati(e)
si sarà svegliato(a)	si saranno svegliati(e)

SUBJUNCTIVE

PRESENT

mi svegli	ci svegliamo
ti svegli	vi svegliate
si svegli	si sveglino

PAST

mi sia svegliato(a)	ci siamo svegliati(e)
ti sia svegliato(a)	vi siate svegliati(e)
si sia svegliato(a)	si siano svegliati(e)

IMPERFECT

mi svegliassi	ci svegliassimo
ti svegliassi	vi svegliaste
si svegliasse	si svegliassero

PAST PERFECT

mi fossi svegliato(a)	ci fossimo svegliati(e)
ti fossi svegliato(a)	vi foste svegliati(e)
si fosse svegliato(a)	si fossero svegliati(e)

CONDITIONAL

PRESENT

mi sveglierei	ci sveglieremmo
ti sveglieresti	vi svegliereste
si sveglierebbe	si sveglierebbero

PAST

mi sarei svegliato(a)	ci saremmo svegliati(e)
ti saresti svegliato(a)	vi sareste svegliati(e)
si sarebbe svegliato(a)	si sarebbero svegliati(e)

IMPERATIVE

	svegliamoci!
svegliati!	svegliatevi!
si svegli!	si sveglino!

OTHER FORMS

GERUND	PARTICIPLE
svegliandosi	svegliatosi

RELATED WORDS

sveglia	*alarm clock*
sveglio	*awake, alert*

EXAMPLES OF VERB USAGE

Domani svegliami alle otto!	*Wake me up at eight o'clock tomorrow!*
A che ora ti svegli di solito la domenica?	*What time do you usually wake up on Sundays?*
Se non dovessi lavorare, mi sveglierei tardi.	*If I didn't have to work, I would wake up late.*

Tagliare

to cut

VERB CHART 230

io	noi
tu	voi
lui/lei	loro

INDICATIVE

PRESENT

taglio	tagliamo
tagli	tagliate
taglia	tagliano

PRESENT PERFECT

ho tagliato	abbiamo tagliato
hai tagliato	avete tagliato
ha tagliato	hanno tagliato

IMPERFECT

tagliavo	tagliavamo
tagliavi	tagliavate
tagliava	tagliavano

PAST PERFECT

avevo tagliato	avevamo tagliato
avevi tagliato	avevate tagliato
aveva tagliato	avevano tagliato

ABSOLUTE PAST

tagliai	tagliammo
tagliasti	tagliaste
tagliò	tagliarono

PRETERITE PERFECT

ebbi tagliato	avemmo tagliato
avesti tagliato	aveste tagliato
ebbe tagliato	ebbero tagliato

FUTURE

taglierò	taglieremo
taglierai	taglierete
taglierà	taglieranno

FUTURE PERFECT

avrò tagliato	avremo tagliato
avrai tagliato	avrete tagliato
avrà tagliato	avranno tagliato

SUBJUNCTIVE

PRESENT

tagli	tagliamo
tagli	tagliate
tagli	taglino

PAST

abbia tagliato	abbiamo tagliato
abbia tagliato	abbiate tagliato
abbia tagliato	abbiano tagliato

IMPERFECT

tagliassi	tagliassimo
tagliassi	tagliaste
tagliasse	tagliassero

PAST PERFECT

avessi tagliato	avessimo tagliato
avessi tagliato	aveste tagliato
avesse tagliato	avessero tagliato

CONDITIONAL

PRESENT

taglierei	taglieremmo
taglieresti	tagliereste
taglierebbe	taglierebbero

PAST

avrei tagliato	avremmo tagliato
avresti tagliato	avreste tagliato
avrebbe tagliato	avrebbero tagliato

IMPERATIVE

	tagliamo!
taglia!	tagliate!
tagli!	taglino!

OTHER FORMS

GERUND

tagliando

PARTICIPLE

tagliato

RELATED WORDS

taglio	*cut*
tagliente	*sharp, cutting*
tagliatelle	*thin, flat, long noodles*
taglierina	*cutter*

EXAMPLES OF VERB USAGE

Taglia corto! — *Cut it short!*

Quel coltello è così affilato che taglia la carne come se fosse burro. — *That knife is so sharp that it cuts through the meat as if it were butter.*

Ho tagliato la torta in otto fette. — *I cut the cake into eight slices.*

Verb Charts

VERB CHART 231

io	noi
tu	voi
lui/lei	loro

Telefonare

to telephone, to call

INDICATIVE

PRESENT

telefono	telefoniamo
telefoni	telefonate
telefona	telefonano

IMPERFECT

telefonavo	telefonavamo
telefonavi	telefonavate
telefonava	telefonavano

ABSOLUTE PAST

telefonai	telefonammo
telefonasti	telefonaste
telefonò	telefonarono

FUTURE

telefonerò	telefoneremo
telefonerai	telefonerete
telefonerà	telefoneranno

PRESENT PERFECT

ho telefonato	abbiamo telefonato
hai telefonato	avete telefonato
ha telefonato	hanno telefonato

PAST PERFECT

avevo telefonato	avevamo telefonato
avevi telefonato	avevate telefonato
aveva telefonato	avevano telefonato

PRETERITE PERFECT

ebbi telefonato	avemmo telefonato
avesti telefonato	aveste telefonato
ebbe telefonato	ebbero telefonato

FUTURE PERFECT

avrò telefonato	avremo telefonato
avrai telefonato	avrete telefonato
avrà telefonato	avranno telefonato

SUBJUNCTIVE

PRESENT

telefoni	telefoniamo
telefoni	telefoniate
telefoni	telefonino

IMPERFECT

telefonassi	telefonassimo
telefonassi	telefonaste
telefonasse	telefonassero

PAST

abbia telefonato	abbiamo telefonato
abbia telefonato	abbiate telefonato
abbia telefonato	abbiano telefonato

PAST PERFECT

avessi telefonato	avessimo telefonato
avessi telefonato	aveste telefonato
avesse telefonato	avessero telefonato

CONDITIONAL

PRESENT

telefonerei	telefoneremmo
telefoneresti	telefonereste
telefonerebbe	telefonerebbero

PAST

avrei telefonato	avremmo telefonato
avresti telefonato	avreste telefonato
avrebbe telefonato	avrebbero telefonato

IMPERATIVE

	telefoniamo!
telefona!	telefonate!
telefoni!	telefonino!

OTHER FORMS

GERUND	PARTICIPLE
telefonando	telefonato

RELATED WORDS

telefonata	*telephone call*
telefonista	*operator*
telefono	*telephone*

EXAMPLES OF VERB USAGE

Ti telefono domani mattina, va bene?

I'm going to call you tomorrow morning, is that all right?

Quando erano fidanzati, lei gli telefonava ogni giorno.

When they were engaged, she used to call him every day.

Ha telefonato qualcuno per me?

Did anybody call for me?

Temere

to be afraid of

VERB CHART 232	
io	noi
tu	voi
lui/lei	loro

INDICATIVE

PRESENT

temo	temiamo
temi	temete
teme	temono

PRESENT PERFECT

ho temuto	abbiamo temuto
hai temuto	avete temuto
ha temuto	hanno temuto

IMPERFECT

temevo	temevamo
temevi	temevate
temeva	temevano

PAST PERFECT

avevo temuto	avevamo temuto
avevi temuto	avevate temuto
aveva temuto	avevano temuto

ABSOLUTE PAST

temei (temetti)	tememmo
temesti	temeste
temé (temette)	temerono (temettero)

PRETERITE PERFECT

ebbi temuto	avemmo temuto
avesti temuto	aveste temuto
ebbe temuto	ebbero temuto

FUTURE

temerò	temeremo
temerai	temerete
temerà	temeranno

FUTURE PERFECT

avrò temuto	avremo temuto
avrai temuto	avrete temuto
avrà temuto	avranno temuto

SUBJUNCTIVE

PRESENT

tema	temiamo
tema	temiate
tema	temano

PAST

abbia temuto	abbiamo temuto
abbia temuto	abbiate temuto
abbia temuto	abbiano temuto

IMPERFECT

temessi	temessimo
temessi	temeste
temesse	temessero

PAST PERFECT

avessi temuto	avessimo temuto
avessi temuto	aveste temuto
avesse temuto	avessero temuto

CONDITIONAL

PRESENT

temerei	temeremmo
temeresti	temereste
temerebbe	temerebbero

PAST

avrei temuto	avremmo temuto
avresti temuto	avreste temuto
avrebbe temuto	avrebbero temuto

IMPERATIVE

	temiamo!
temi!	temete!
tema!	temano!

OTHER FORMS

GERUND	PARTICIPLE
temendo	temuto

RELATED WORDS

timore	*fear*	temerario	*reckless*

EXAMPLES OF VERB USAGE

Temo che sia troppo tardi. — *I'm afraid that's too late.*

Non dissi quelle cose perché temevo di offenderla. — *I didn't say those things because I was afraid to offend her.*

Quando ho sentito quei rumori, ho temuto che ci fossero dei fantasmi. — *When I heard those noises, I feared that there were ghosts.*

Verb Charts

VERB CHART 233

io	noi
tu	voi
lui/lei	loro

Tenere

to hold, to keep

INDICATIVE

PRESENT

tengo	teniamo
tieni	tenete
tiene	tengono

PRESENT PERFECT

ho tenuto	abbiamo tenuto
hai tenuto	avete tenuto
ha tenuto	hanno tenuto

IMPERFECT

tenevo	tenevamo
tenevi	tenevate
teneva	tenevano

PAST PERFECT

avevo tenuto	avevamo tenuto
avevi tenuto	avevate tenuto
aveva tenuto	avevano tenuto

ABSOLUTE PAST

tenni	tenemmo
tenesti	teneste
tenne	tennero

PRETERITE PERFECT

ebbi tenuto	avemmo tenuto
avesti tenuto	aveste tenuto
ebbe tenuto	ebbero tenuto

FUTURE

terrò	terremo
terrai	terrete
terrà	terranno

FUTURE PERFECT

avrò tenuto	avremo tenuto
avrai tenuto	avrete tenuto
avrà tenuto	avranno tenuto

SUBJUNCTIVE

PRESENT

tenga	teniamo
tenga	teniate
tenga	tengano

PAST

abbia tenuto	abbiamo tenuto
abbia tenuto	abbiate tenuto
abbia tenuto	abbiano tenuto

IMPERFECT

tenessi	tenessimo
tenessi	teneste
tenesse	tenessero

PAST PERFECT

avessi tenuto	avessimo tenuto
avessi tenuto	aveste tenuto
avesse tenuto	avessero tenuto

CONDITIONAL

PRESENT

terrei	terremmo
terresti	terreste
terrebbe	terrebbero

PAST

avrei tenuto	avremmo tenuto
avresti tenuto	avreste tenuto
avrebbe tenuto	avrebbero tenuto

IMPERATIVE

	teniamo!
tieni!	tenete!
tenga!	tengano!

OTHER FORMS

GERUND	PARTICIPLE
tenendo	tenuto

RELATED WORDS

tenuta	*estate*
tenere a	*to care about*

EXAMPLES OF VERB USAGE

Tieni questa borsa mentre apro la porta, per favore.	*Hold this bag while I open the door, please.*
A questo ci tengo proprio.	*I really care about this.*
Tenga pure il resto.	*Please keep the change.*

Tirare

to pull, to draw, to throw

VERB CHART **234**

io	noi
tu	voi
lui/lei	loro

INDICATIVE

PRESENT

tiro	tiriamo
tiri	tirate
tira	tirano

PRESENT PERFECT

ho tirato	abbiamo tirato
hai tirato	avete tirato
ha tirato	hanno tirato

IMPERFECT

tiravo	tiravamo
tiravi	tiravate
tirava	tiravano

PAST PERFECT

avevo tirato	avevamo tirato
avevi tirato	avevate tirato
aveva tirato	avevano tirato

ABSOLUTE PAST

tirai	tirammo
tirasti	tiraste
tirò	tirarono

PRETERITE PERFECT

ebbi tirato	avemmo tirato
avesti tirato	aveste tirato
ebbe tirato	ebbero tirato

FUTURE

tirerò	tireremo
tirerai	tirerete
tirerà	tireranno

FUTURE PERFECT

avrò tirato	avremo tirato
avrai tirato	avrete tirato
avrà tirato	avranno tirato

SUBJUNCTIVE

PRESENT

tiri	tiriamo
tiri	tiriate
tiri	tirino

PAST

abbia tirato	abbiamo tirato
abbia tirato	abbiate tirato
abbia tirato	abbiano tirato

IMPERFECT

tiravo	tiravamo
tiravi	tiravate
tirava	tiravano

PAST PERFECT

avessi tirato	avessimo tirato
avessi tirato	aveste tirato
avesse tirato	avessero tirato

CONDITIONAL

PRESENT

tirerei	tireremmo
tireresti	tirereste
tirerebbe	tirerebbero

PAST

avrei tirato	avremmo tirato
avresti tirato	avreste tirato
avrebbe tirato	avrebbero tirato

IMPERATIVE

	tiriamo!
tira!	tirate!
tiri!	tirino!

OTHER FORMS

GERUND	**PARTICIPLE**
tirando	tirato

RELATED WORDS

tirato	*tense, tired*
tiratura	*printing*
tiro	*throw, cast*
tiratore	*shooter*

EXAMPLES OF VERB USAGE

Per aprire tira la porta.	*Pull the door to open.*
Tirando le somme, mi sembra di aver fatto bene.	*Summing up, I seem to have done well.*
Ma chi pensi di tirare per il naso?!	*Who do you think you are fooling?!*

Verb Charts

VERB CHART 235

io	noi
tu	voi
lui/lei	loro

Tornare

to return, to go back

INDICATIVE

PRESENT		PRESENT PERFECT	
torno	torniamo	sono tornato(a)	siamo tornati(e)
torni	tornate	sei tornato(a)	siete tornati(e)
torna	tornano	è tornato(a)	sono tornati(e)

IMPERFECT		PAST PERFECT	
tornavo	tornavamo	ero tornato(a)	eravamo tornati(e)
tornavi	tornavate	eri tornato(a)	eravate tornati(e)
tornava	tornavano	era tornato(a)	erano tornati(e)

ABSOLUTE PAST		PRETERITE PERFECT	
tornai	tornammo	fui tornato(a)	fummo tornati(e)
tornasti	tornaste	fosti tornato(a)	foste tornati(e)
tornò	tornarono	fu tornato(a)	furono tornati(e)

FUTURE		FUTURE PERFECT	
tornerò	torneremo	sarò tornato(a)	saremo tornati(e)
tornerai	tornerete	sarai tornato(a)	sarete tornati(e)
tornerà	torneranno	sarà tornato(a)	saranno tornati(e)

SUBJUNCTIVE

PRESENT		PAST	
torni	torniamo	sia tornato(a)	siamo tornati(e)
torni	torniate	sia tornato(a)	siate tornati(e)
torni	tornino	sia tornato(a)	siano tornati(e)

IMPERFECT		PAST PERFECT	
tornassi	tornassimo	fossi tornato(a)	fossimo tornati(e)
tornassi	tornaste	fossi tornato(a)	foste tornati(e)
tornasse	tornassero	fosse tornato(a)	fossero tornati(e)

CONDITIONAL

PRESENT		PAST	
tornerei	torneremmo	sarei tornato(a)	saremmo tornati(e)
torneresti	tornereste	saresti tornato(a)	sareste tornati(e)
tornerebbe	tornerebbero	sarebbe tornato(a)	sarebbero tornati(e)

IMPERATIVE

	torniamo!
torna!	tornate!
torni!	tornino!

OTHER FORMS

GERUND	PARTICIPLE
tornando	tornato

RELATED WORDS

tornante	*curve*	torneo	*tournament*
tornasole	*litmus*		

EXAMPLES OF VERB USAGE

Non preoccuparti, torniamo presto.	*Don't worry, we'll come back early.*
Ha detto che sarebbe tornata, ma non l'ho vista.	*She said she would come back, but I didn't see her.*
Tornarono dalla partita felici e vittoriosi.	*They came back from the game happy and victorious.*

Tradurre

to translate

VERB CHART 236

io	noi
tu	voi
lui/lei	loro

INDICATIVE

PRESENT

traduco	traduciamo
traduci	traducete
traduce	traducono

PRESENT PERFECT

ho tradotto	abbiamo tradotto
hai tradotto	avete tradotto
ha tradotto	hanno tradotto

IMPERFECT

traducevo	traducevamo
traducevi	traducevate
traduceva	traducevano

PAST PERFECT

avevo tradotto	avevamo tradotto
avevi tradotto	avevate tradotto
aveva tradotto	avevano tradotto

ABSOLUTE PAST

tradussi	traducemmo
traducesti	traduceste
tradusse	tradussero

PRETERITE PERFECT

ebbi tradotto	avemmo tradotto
avesti tradotto	aveste tradotto
ebbe tradotto	ebbero tradotto

FUTURE

tradurrò	tradurremo
tradurrai	tradurrete
tradurrà	tradurranno

FUTURE PERFECT

avrò tradotto	avremo tradotto
avrai tradotto	avrete tradotto
avrà tradotto	avranno tradotto

SUBJUNCTIVE

PRESENT

traduca	traduciamo
traduca	traduciate
traduca	traducano

PAST

abbia tradotto	abbiamo tradotto
abbia tradotto	abbiate tradotto
abbia tradotto	abbiano tradotto

IMPERFECT

traducessi	traducessimo
traducessi	traduceste
traducesse	traducessero

PAST PERFECT

avessi tradotto	avessimo tradotto
avessi tradotto	aveste tradotto
avesse tradotto	avessero tradotto

CONDITIONAL

PRESENT

tradurrei	tradurremmo
tradurresti	tradurreste
tradurrebbe	tradurrebbero

PAST

avrei tradotto	avremmo tradotto
avresti tradotto	avreste tradotto
avrebbe tradotto	avrebbero tradotto

IMPERATIVE

	traduciamo!
traduci!	traducete!
traduca!	traducano!

OTHER FORMS

GERUND	PARTICIPLE
traducendo	tradotto

RELATED WORDS

traduttore	*translator*
traducibile	*translatable*
traduzione	*translation*

EXAMPLES OF VERB USAGE

Ho tradotto un racconto dall'italiano all'inglese. — *I translated a story from Italian into English.*

Non è facile tradurre le intenzioni in realtà. — *It is not easy to translate intentions into reality.*

In Italia mio cugino traduceva tutto per me perché io non ci capivo un accidente. — *In Italy my cousin would translate everything for me because I couldn't understand a thing.*

Verb Charts

VERB CHART 237

io	noi
tu	voi
lui/lei	loro

Tremare

to tremble, to shake

INDICATIVE

PRESENT

tremo	tremiamo
tremi	tremate
trema	tremano

PRESENT PERFECT

ho tremato	abbiamo tremato
hai tremato	avete tremato
ha tremato	hanno tremato

IMPERFECT

tremavo	tremavamo
tremavi	tremavate
tremava	tremavano

PAST PERFECT

avevo tremato	avevamo tremato
avevi tremato	avevate tremato
aveva tremato	avevano tremato

ABSOLUTE PAST

tremai	tremammo
tremasti	tremaste
tremò	tremarono

PRETERITE PERFECT

ebbi tremato	avemmo tremato
avesti tremato	aveste tremato
ebbe tremato	ebbero tremato

FUTURE

tremerò	tremeremo
tremerai	tremerete
tremerà	tremeranno

FUTURE PERFECT

avrò tremato	avremo tremato
avrai tremato	avrete tremato
avrà tremato	avranno tremato

SUBJUNCTIVE

PRESENT

tremi	tremiamo
tremi	tremiate
tremi	tremino

PAST

abbia tremato	abbiamo tremato
abbia tremato	abbiate tremato
abbia tremato	abbiano tremato

IMPERFECT

tremassi	tremassimo
tremassi	tremaste
tremasse	tremassero

PAST PERFECT

avessi tremato	avessimo tremato
avessi tremato	aveste tremato
avesse tremato	avessero tremato

CONDITIONAL

PRESENT

tremerei	tremeremmo
tremeresti	tremereste
tremerebbe	tremerebbero

PAST

avrei tremato	avremmo tremato
avresti tremato	avreste tremato
avrebbe tremato	avrebbero tremato

IMPERATIVE

	tremiamo!
trema!	tremate!
tremi!	tremino!

OTHER FORMS

GERUND	PARTICIPLE
tremando	tremato

RELATED WORDS

tremulo	*tremolous*
tremacuore	*palpitation, anxiety*
tremore	*shaking*

EXAMPLES OF VERB USAGE

Quando sono andata in montagna, tremavo dal freddo.

When I went to the mountains, I was shaking from the cold.

È così bello guardare le foglie che tremano al vento!

It's so beautiful to look at the leaves trembling in the wind!

La terra ha tremato per un minuto durante il terremoto.

The ground shook for a whole minute during the earthquake.

Trovare
to find

VERB CHART 238

io	noi
tu	voi
lui/lei	loro

INDICATIVE

PRESENT

trovo	troviamo
trovi	trovate
trova	trovano

PRESENT PERFECT

ho trovato	abbiamo trovato
hai trovato	avete trovato
ha trovato	hanno trovato

IMPERFECT

trovavo	trovavamo
trovavi	trovavate
trovava	trovavano

PAST PERFECT

avevo trovato	avevamo trovato
avevi trovato	avevate trovato
aveva trovato	avevano trovato

ABSOLUTE PAST

trovai	trovammo
trovasti	trovaste
trovò	trovarono

PRETERITE PERFECT

ebbi trovato	avemmo trovato
avesti trovato	aveste trovato
ebbe trovato	ebbero trovato

FUTURE

troverò	troveremo
troverai	troverete
troverà	troveranno

FUTURE PERFECT

avrò trovato	avremo trovato
avrai trovato	avrete trovato
avrà trovato	avranno trovato

SUBJUNCTIVE

PRESENT

trovi	troviamo
trovi	troviate
trovi	trovino

PAST

abbia trovato	abbiamo trovato
abbia trovato	abbiate trovato
abbia trovato	abbiano trovato

IMPERFECT

trovassi	trovassimo
trovassi	trovaste
trovasse	trovassero

PAST PERFECT

avessi trovato	avessimo trovato
avessi trovato	aveste trovato
avesse trovato	avessero trovato

CONDITIONAL

PRESENT

troverei	troveremmo
troveresti	trovereste
troverebbe	troverebbero

PAST

avrei trovato	avremmo trovato
avresti trovato	avreste trovato
avrebbe trovato	avrebbero trovato

IMPERATIVE

	troviamo!
trova!	trovate!
trovi!	trovino!

OTHER FORMS

GERUND	PARTICIPLE
trovando	trovato

RELATED WORDS

trovarsi *to be situated*

EXAMPLES OF VERB USAGE

Ho trovato un regalo bellissimo per te. *I found a beautiful present for you.*

Dopo giorni di studio finalmente trovai la soluzione. *After days of study I finally found a solution.*

Che cosa hai trovato nell'uovo di Pasqua? *What did you find in the Easter egg?*

Verb Charts

VERB CHART 239

io	noi
tu	voi
lui/lei	loro

Usare

to use

INDICATIVE

PRESENT		PRESENT PERFECT	
uso	usiamo	ho usato	abbiamo usato
usi	usate	hai usato	avete usato
usa	usano	ha usato	hanno usato

IMPERFECT		PAST PERFECT	
usavo	usavamo	avevo usato	avevamo usato
usavi	usavate	avevi usato	avevate usato
usava	usavano	aveva usato	avevano usato

ABSOLUTE PAST		PRETERITE PERFECT	
usai	usammo	ebbi usato	avemmo usato
usasti	usaste	avesti usato	aveste usato
usò	usarono	ebbe usato	ebbero usato

FUTURE		FUTURE PERFECT	
userò	useremo	avrò usato	avremo usato
userai	userete	avrai usato	avrete usato
userà	useranno	avrà usato	avranno usato

SUBJUNCTIVE

PRESENT		PAST	
usi	usiamo	abbia usato	abbiamo usato
usi	usiate	abbia usato	abbiate usato
usi	usino	abbia usato	abbiano usato

IMPERFECT		PAST PERFECT	
usassi	usassimo	avessi usato	avessimo usato
usassi	usaste	avessi usato	aveste usato
usasse	usassero	avesse usato	avessero usato

CONDITIONAL

PRESENT		PAST	
userei	useremmo	avrei usato	avremmo usato
useresti	usereste	avresti usato	avreste usato
userebbe	userebbero	avrebbe usato	avrebbero usato

IMPERATIVE

	usiamo!
usa!	usate!
usi!	usino!

OTHER FORMS

GERUND	PARTICIPLE
usando	usato

RELATED WORDS

usarsi	*to be customary, to be used*	usanza	*usage, custom*
		usato	*used, secondhand*

EXAMPLES OF VERB USAGE

Hai usato la macchina spesso quando eri in Italia? — *Did you use the car often when you were in Italy?*

Che olio usi per cucinare? — *What oil do you use to cook?*

Se usassi le scale invece dell'ascensore, sarei più in forma. — *If I used the stairs instead of the elevator, I would be more fit.*

Uscire

to go out, to leave

VERB CHART **240**

io	noi
tu	voi
lui/lei	loro

INDICATIVE

PRESENT		PRESENT PERFECT	
esco	usciamo	sono uscito(a)	siamo usciti(e)
esci	uscite	sei uscito(a)	siete usciti(e)
esce	escono	è uscito(a)	sono usciti(e)

IMPERFECT		PAST PERFECT	
uscivo	uscivamo	ero uscito(a)	eravamo usciti(e)
uscivi	uscivate	eri uscito(a)	eravate usciti(e)
usciva	uscivano	era uscito(a)	erano usciti(e)

ABSOLUTE PAST		PRETERITE PERFECT	
uscii	uscimmo	fui uscito(a)	fummo usciti(e)
uscisti	usciste	fosti uscito(a)	foste usciti(e)
uscì	uscirono	fu uscito(a)	furono usciti(e)

FUTURE		FUTURE PERFECT	
uscirò	usciremo	sarò uscito(a)	saremo usciti(e)
uscirai	uscirete	sarai uscito(a)	sarete usciti(e)
uscirà	usciranno	sarà uscito(a)	saranno usciti(e)

SUBJUNCTIVE

PRESENT		PAST	
esca	usciamo	sia uscito(a)	siamo usciti(e)
esca	usciate	sia uscito(a)	siate usciti(e)
esca	escano	sia uscito(a)	siano usciti(e)

IMPERFECT		PAST PERFECT	
uscissi	uscissimo	fossi uscito(a)	fossimo usciti(e)
uscissi	usciste	fossi uscito(a)	foste usciti(e)
uscisse	uscissero	fosse uscito(a)	fossero usciti(e)

CONDITIONAL

PRESENT		PAST	
uscirei	usciremmo	sarei uscito(a)	saremmo usciti(e)
usciresti	uscireste	saresti uscito(a)	sareste usciti(e)
uscirebbe	uscirebbero	sarebbe uscito(a)	sarebbero usciti(e)

IMPERATIVE

	usciamo!
esci!	uscite!
esca!	escano!

OTHER FORMS

GERUND	PARTICIPLE
uscendo	uscito

RELATED WORDS

uscio	*door*
uscita	*exit*
uscire dai gangheri	*to get mad, to fly off the handle*

EXAMPLES OF VERB USAGE

Siamo usciti insieme, ma poi ci siamo separati. — *We left together, but then we separated.*

Domani mattina uscirò prestissimo. — *Tomorrow morning I'm going to go out very early.*

Le fotografie sono uscite benissimo. — *The pictures came out really beautiful.*

Verb Charts

VERB CHART 241

Vantarsi

to brag, to boast

io	noi
tu	voi
lui/lei	loro

INDICATIVE

PRESENT		PRESENT PERFECT	
mi vanto	ci vantiamo	mi sono vantato(a)	ci siamo vantati(e)
ti vanti	vi vantate	ti sei vantato(a)	vi siete vantati(e)
si vanta	si vantano	si è vantato(a)	si sono vantati(e)

IMPERFECT		PAST PERFECT	
mi vantavo	ci vantavamo	mi ero vantato(a)	ci eravamo vantati(e)
ti vantavi	vi vantavate	ti eri vantato(a)	vi eravate vantati(e)
si vantava	si vantavano	si era vantato(a)	si erano vantati(e)

ABSOLUTE PAST		PRETERITE PERFECT	
mi vantai	ci vantammo	mi fui vantato(a)	ci fummo vantati(e)
ti vantasti	vi vantaste	ti fosti vantato(a)	vi foste vantati(e)
si vantò	si vantarono	si fu vantato(a)	si furono vantati(e)

FUTURE		FUTURE PERFECT	
mi vanterò	ci vanteremo	mi sarò vantato(a)	ci saremo vantati(e)
ti vanterai	vi vanterete	ti sarai vantato(a)	vi sarete vantati(e)
si vanterà	si vanteranno	si sarà vantato(a)	si saranno vantati(e)

SUBJUNCTIVE

PRESENT		PAST	
mi vanti	ci vantiamo	mi sia vantato(a)	ci siamo vantati(e)
ti vanti	vi vantiate	ti sia vantato(a)	vi siate vantati(e)
si vanti	si vantino	si sia vantato(a)	si siano vantati(e)

IMPERFECT		PAST PERFECT	
mi vantassi	ci vantassimo	mi fossi vantato(a)	ci fossimo vantati(e)
ti vantassi	vi vantaste	ti fossi vantato(a)	vi foste vantati(e)
si vantasse	si vantassero	si fosse vantato(a)	si fossero vantati(e)

CONDITIONAL

PRESENT		PAST	
mi vanterei	ci vanteremmo	mi sarei vantato(a)	ci saremmo vantati(e)
ti vanteresti	vi vantereste	ti saresti vantato(a)	vi sareste vantati(e)
si vanterebbe	si vanterebbero	si sarebbe vantato(a)	si sarebbero vantati(e)

IMPERATIVE

	vantiamoci!
vantati!	vantatevi!
si vanti!	si vantino!

OTHER FORMS

GERUND	PARTICIPLE
vantandosi	vantatosi

RELATED WORDS

vanto	*brag, boast*	vantaggio	*advantage*

EXAMPLES OF VERB USAGE

Si vantavano di avere una casa efficientissima.	*They boasted of having a very efficient house.*
Sì, l'ho fatto e me ne vanto!	*Yes, I did it and I'm proud of it!*
Ma di che si vantano?	*What are they bragging about?*

Vedere

to see, to visit

VERB CHART 242

io	noi
tu	voi
lui/lei	loro

INDICATIVE

PRESENT

vedo	vediamo
vedi	vedete
vede	vedono

PRESENT PERFECT

ho visto	abbiamo visto
hai visto	avete visto
ha visto	hanno visto

IMPERFECT

vedevo	vedevamo
vedevi	vedevate
vedeva	vedevano

PAST PERFECT

avevo visto	avevamo visto
avevi visto	avevate visto
aveva visto	avevano visto

ABSOLUTE PAST

vidi	vedemmo
vedesti	vedeste
vide	videro

PRETERITE PERFECT

ebbi visto	avemmo visto
avesti visto	aveste visto
ebbe visto	ebbero visto

FUTURE

vedrò	vedremo
vedrai	vedrete
vedrà	vedranno

FUTURE PERFECT

avrò visto	avremo visto
avrai visto	avrete visto
avrà visto	avranno visto

SUBJUNCTIVE

PRESENT

veda	vediamo
veda	vediate
veda	vedano

PAST

abbia visto	abbiamo visto
abbia visto	abbiate visto
abbia visto	abbiano visto

IMPERFECT

vedessi	vedessimo
vedessi	vedeste
vedesse	vedessero

PAST PERFECT

avessi visto	avessimo visto
avessi visto	aveste visto
avesse visto	avessero visto

CONDITIONAL

PRESENT

vedrei	vedremmo
vedresti	vedreste
vedrebbe	vedrebbero

PAST

avrei visto	avremmo visto
avresti visto	avreste visto
avrebbe visto	avrebbero visto

IMPERATIVE

	vediamo!
vedi!	vedete!
veda!	vedano!

OTHER FORMS

GERUND	PARTICIPLE
vedendo	visto (veduto)

RELATED WORDS

vista	*sight, eyesight*
visto	*visa*
prevedere	*to foresee*

EXAMPLES OF VERB USAGE

È tanto che non ci vediamo! — *We haven't seen each other in so long!*

Ieri ho visto due film alla televisione. — *Yesterday I saw two movies on TV.*

Loro vedevano le cose con ottimismo. — *They used to see things with optimism.*

Verb Charts

VERB CHART 243

io	noi
tu	voi
lui/lei	loro

Vendere

to sell

INDICATIVE

PRESENT		PRESENT PERFECT	
vendo	vendiamo	ho venduto	abbiamo venduto
vendi	vendete	hai venduto	avete venduto
vende	vendono	ha venduto	hanno venduto

IMPERFECT		PAST PERFECT	
vendevo	vendevamo	avevo venduto	avevamo venduto
vendevi	vendevate	avevi venduto	avevate venduto
vendeva	vendevano	aveva venduto	avevano venduto

ABSOLUTE PAST		PRETERITE PERFECT	
vendei (vendetti)	vendemmo	ebbi venduto	avemmo venduto
vendesti	vendeste	avesti venduto	aveste venduto
vendé (vendette)	venderono (vendettero)	ebbe venduto	ebbero venduto

FUTURE		FUTURE PERFECT	
venderò	venderemo	avrò venduto	avremo venduto
venderai	venderete	avrai venduto	avrete venduto
venderà	venderanno	avrà venduto	avranno venduto

SUBJUNCTIVE

PRESENT		PAST	
venda	vendiamo	abbia venduto	abbiamo venduto
venda	vendiate	abbia venduto	abbiate venduto
venda	vendano	abbia venduto	abbiano venduto

IMPERFECT		PAST PERFECT	
vendessi	vendessimo	avessi venduto	avessimo venduto
vendessi	vendeste	avessi venduto	aveste venduto
vendesse	vendessero	avesse venduto	avessero venduto

CONDITIONAL

PRESENT		PAST	
venderei	venderemmo	avrei venduto	avremmo venduto
venderesti	vendereste	avresti venduto	avreste venduto
venderebbe	venderebbero	avrebbe venduto	avrebbero venduto

IMPERATIVE

	vendiamo!
vendi!	vendete!
venda!	vendano!

OTHER FORMS

GERUND	PARTICIPLE
vendendo	venduto

RELATED WORDS

vendifumo	*influence peddler, cheat, swindler*	in vendita	*for sale*
vendita	*sale*	venditore	*seller*

EXAMPLES OF VERB USAGE

Hai venduto la macchina?	*Did you sell your car?*
Se vendessi la casa ora, farei un sacco di soldi.	*If I sold my house now, I would make a lot of money.*
In Italia vendono il vino anche nei supermercati.	*In Italy they sell wine in the supermarkets too.*

Venire

to come, to turn out

VERB CHART 244

io	noi
tu	voi
lui/lei	loro

INDICATIVE

PRESENT

vengo	veniamo
vieni	venite
viene	vengono

IMPERFECT

venivo	venivamo
venivi	venivate
veniva	venivano

ABSOLUTE PAST

venni	venimmo
venisti	veniste
venne	vennero

FUTURE

verrò	verremo
verrai	verrete
verrà	verranno

PRESENT PERFECT

sono venuto(a)	siamo venuti(e)
sei venuto(a)	siete venuti(e)
è venuto(a)	sono venuti(e)

PAST PERFECT

ero venuto(a)	eravamo venuti(e)
eri venuto(a)	eravate venuti(e)
era venuto(a)	erano venuti(e)

PRETERITE PERFECT

fui venuto(a)	fummo venuti(e)
fosti venuto(a)	foste venuti(e)
fu venuto(a)	furono venuti(e)

FUTURE PERFECT

sarò venuto(a)	saremo venuti(e)
sarai venuto(a)	sarete venuti(e)
sarà venuto(a)	saranno venuti(e)

SUBJUNCTIVE

PRESENT

venga	veniamo
venga	veniate
venga	vengano

IMPERFECT

venissi	venissimo
venissi	veniste
venisse	venissero

PAST

sia venuto(a)	siamo venuti(e)
sia venuto(a)	siate venuti(e)
sia venuto(a)	siano venuti(e)

PAST PERFECT

fossi venuto(a)	fossimo venuti(e)
fossi venuto(a)	foste venuti(e)
fosse venuto(a)	fossero venuti(e)

CONDITIONAL

PRESENT

verrei	verremmo
verresti	verreste
verrebbe	verrebbero

PAST

sarei venuto(a)	saremmo venuti(e)
saresti venuto(a)	sareste venuti(e)
sarebbe venuto(a)	sarebbero venuti(e)

IMPERATIVE

	veniamo!
vieni!	venite!
venga!	vengano!

OTHER FORMS

GERUND	PARTICIPLE
venendo	venuto

RELATED WORDS

avvenente	*attractive*
venire ai ferri corti	*to come to grips*
venir via	*to give way*
venir meno alla parola	*to fail to keep one's word*

EXAMPLES OF VERB USAGE

Quando vieni a trovarci?	*When will you come visit us?*
La torta non è venuta molto bene.	*The cake didn't come out very well.*
La settimana scorsa sono venuti a scuola un giorno sì e un giorno no.	*Last week they came to school every other day.*

Verb Charts

VERB CHART 245

io	noi
tu	voi
lui/lei	loro

Vestirsi

to dress oneself

INDICATIVE

PRESENT		PRESENT PERFECT	
mi vesto	ci vestiamo	mi sono vestito(a)	ci siamo vestiti(e)
ti vesti	vi vestite	ti sei vestito(a)	vi siete vestiti(e)
si veste	si vestono	si è vestito(a)	si sono vestiti(e)
IMPERFECT		**PAST PERFECT**	
mi vestivo	ci vestivamo	mi ero vestito(a)	ci eravamo vestiti(e)
ti vestivi	vi vestivate	ti eri vestito(a)	vi eravate vestiti(e)
si vestiva	si vestivano	si era vestito(a)	si erano vestiti(e)
ABSOLUTE PAST		**PRETERITE PERFECT**	
mi vestii	ci vestimmo	mi fui vestito(a)	ci fummo vestiti(e)
ti vestisti	vi vestiste	ti fosti vestito(a)	vi foste vestiti(e)
si vestì	si vestirono	si fu vestito(a)	si furono vestiti(e)
FUTURE		**FUTURE PERFECT**	
mi vestirò	ci vestiremo	mi sarò vestito(a)	ci saremo vestiti(e)
ti vestirai	vi vestirete	ti sarai vestito(a)	vi sarete vestiti(e)
si vestirà	si vestiranno	si sarà vestito(a)	si saranno vestiti(e)

SUBJUNCTIVE

PRESENT		PAST	
mi vesta	ci vestiamo	mi sia vestito(a)	ci siamo vestiti(e)
ti vesta	vi vestiate	ti sia vestito(a)	vi siate vestiti(e)
si vesta	si vestano	si sia vestito(a)	si siano vestiti(e)
IMPERFECT		**PAST PERFECT**	
mi vestissi	ci vestissimo	mi fossi vestito(a)	ci fossimo vestiti(e)
ti vestissi	vi vestiste	ti fossi vestito(a)	vi foste vestiti(e)
si vestisse	si vestissero	si fosse vestito(a)	si fossero vestiti(e)

CONDITIONAL

PRESENT		PAST	
mi vestirei	ci vestiremmo	mi sarei vestito(a)	ci saremmo vestiti(e)
ti vestiresti	vi vestireste	ti saresti vestito(a)	vi sareste vestiti(e)
si vestirebbe	si vestirebbero	si sarebbe vestito(a)	si sarebbero vestiti(e)

IMPERATIVE

	vestiamoci!
vestiti!	vestitevi!
si vesta!	si vestano!

OTHER FORMS

GERUND	PARTICIPLE
vestendosi	vestitosi

RELATED WORDS

investitura	*investiture*	in veste di	*in quality of*
vestito, veste	*dress*		

EXAMPLES OF VERB USAGE

Come ti vesti per andare alla festa di Paolo?	*What are you going to wear to go to Paolo's party?*
Si vestirono elegantissimi per la notte di capodanno.	*They dressed up very elegantly for New Year's Eve.*
La mattina mi vesto in dieci minuti per andare al lavoro.	*In the morning I get dressed in ten minutes to go to work.*

Viaggiare
to travel

VERB CHART 246

io	noi
tu	voi
lui/lei	loro

INDICATIVE

PRESENT

viaggio	viaggiamo
viaggi	viaggiate
viaggia	viaggiano

IMPERFECT

viaggiavo	viaggiavamo
viaggiavi	viaggiavate
viaggiava	viaggiavano

ABSOLUTE PAST

viaggiai	viaggiammo
viaggiasti	viaggiaste
viaggiò	viaggiarono

FUTURE

viaggerò	viaggeremo
viaggerai	viaggerete
viaggerà	viaggeranno

PRESENT PERFECT

ho viaggiato	abbiamo viaggiato
hai viaggiato	avete viaggiato
ha viaggiato	hanno viaggiato

PAST PERFECT

avevo viaggiato	avevamo viaggiato
avevi viaggiato	avevate viaggiato
aveva viaggiato	avevano viaggiato

PRETERITE PERFECT

ebbi viaggiato	avemmo viaggiato
avesti viaggiato	aveste viaggiato
ebbe viaggiato	ebbero viaggiato

FUTURE PERFECT

avrò viaggiato	avremo viaggiato
avrai viaggiato	avrete viaggiato
avrà viaggiato	avranno viaggiato

SUBJUNCTIVE

PRESENT

viaggi	viaggiamo
viaggi	viaggiate
viaggi	viaggino

IMPERFECT

viaggiassi	viaggiassimo
viaggiassi	viaggiaste
viaggiasse	viaggiassero

PAST

abbia viaggiato	abbiamo viaggiato
abbia viaggiato	abbiate viaggiato
abbia viaggiato	abbiano viaggiato

PAST PERFECT

avessi viaggiato	avessimo viaggiato
avessi viaggiato	aveste viaggiato
avesse viaggiato	avessero viaggiato

CONDITIONAL

PRESENT

viaggerei	viaggeremmo
viaggeresti	viaggereste
viaggerebbe	viaggerebbero

PAST

avrei viaggiato	avremmo viaggiato
avresti viaggiato	avreste viaggiato
avrebbe viaggiato	avrebbero viaggiato

IMPERATIVE

	viaggiamo!
viaggia!	viaggiate!
viaggi!	viaggino!

OTHER FORMS

GERUND
viaggiando

PARTICIPLE
viaggiato

RELATED WORDS

viaggio	*journey, trip*
viaggiatore	*traveler*
viaggetto	*jaunt*

EXAMPLES OF VERB USAGE

Io viaggio sempre in prima classe.
I always travel in first class.

Viaggiarono per giorni e giorni prima di vedere terra.
They traveled for days and days before they could see land.

Questa volta ha viaggiato leggero: solo una piccola borsa.
This time he traveled light: only one small bag.

Verb Charts

VERB CHART 247

Vincere

to win

io	noi
tu	voi
lui/lei	loro

INDICATIVE

PRESENT

vinco	vinciamo
vinci	vincete
vince	vincono

PRESENT PERFECT

ho vinto	abbiamo vinto
hai vinto	avete vinto
ha vinto	hanno vinto

IMPERFECT

vincevo	vincevamo
vincevi	vincevate
vinceva	vincevano

PAST PERFECT

avevo vinto	avevamo vinto
avevi vinto	avevate vinto
aveva vinto	avevano vinto

ABSOLUTE PAST

vinsi	vincemmo
vincesti	vinceste
vinse	vinsero

PRETERITE PERFECT

ebbi vinto	avemmo vinto
avesti vinto	aveste vinto
ebbe vinto	ebbero vinto

FUTURE

vincerò	vinceremo
vincerai	vincerete
vincerà	vinceranno

FUTURE PERFECT

avrò vinto	avremo vinto
avrai vinto	avrete vinto
avrà vinto	avranno vinto

SUBJUNCTIVE

PRESENT

vinca	vinciamo
vinca	vinciate
vinca	vincano

PAST

abbia vinto	abbiamo vinto
abbia vinto	abbiate vinto
abbia vinto	abbiano vinto

IMPERFECT

vincessi	vincessimo
vincessi	vinceste
vincesse	vincessero

PAST PERFECT

avessi vinto	avessimo vinto
avessi vinto	aveste vinto
avesse vinto	avessero vinto

CONDITIONAL

PRESENT

vincerei	vinceremmo
vinceresti	vincereste
vincerebbe	vincerebbero

PAST

avrei vinto	avremmo vinto
avresti vinto	avreste vinto
avrebbe vinto	avrebbero vinto

IMPERATIVE

	vinciamo!
vinci!	vincete!
vinca!	vincano!

OTHER FORMS

GERUND

vincendo

PARTICIPLE

vinto

RELATED WORDS

vittoria	*victory*
vincitore	*winner*
vittorioso	*victorious*

EXAMPLES OF VERB USAGE

Ho vinto un centomila euro giocando al lotto. — *I won about one hundred thousand euro playing lotto.*

Quando giocavo a carte con i miei amici, vincevo raramente. — *When I played cards with my friends, I rarely won.*

Se avessero giocato con più concentrazione, avrebbero vinto la partita. — *If they had played with more concentration, they would have won the game.*

Visitare

to visit

VERB CHART 248

io	noi
tu	voi
lui/lei	loro

INDICATIVE

PRESENT

visito	visitiamo
visiti	visitate
visita	visitano

PRESENT PERFECT

ho visitato	abbiamo visitato
hai visitato	avete visitato
ha visitato	hanno visitato

IMPERFECT

visitavo	visitavamo
visitavi	visitavate
visitava	visitavano

PAST PERFECT

avevo visitato	avevamo visitato
avevi visitato	avevate visitato
aveva visitato	avevano visitato

ABSOLUTE PAST

visitai	visitammo
visitasti	visitaste
visitò	visitarono

PRETERITE PERFECT

ebbi visitato	avemmo visitato
avesti visitato	aveste visitato
ebbe visitato	ebbero visitato

FUTURE

visiterò	visiteremo
visiterai	visiterete
visiterà	visiteranno

FUTURE PERFECT

avrò visitato	avremo visitato
avrai visitato	avrete visitato
avrà visitato	avranno visitato

SUBJUNCTIVE

PRESENT

visiti	visitiamo
visiti	visitiate
visiti	visitino

PAST

abbia visitato	abbiamo visitato
abbia visitato	abbiate visitato
abbia visitato	abbiano visitato

IMPERFECT

visitassi	visitassimo
visitassi	visitaste
visitasse	visitassero

PAST PERFECT

avessi visitato	avessimo visitato
avessi visitato	aveste visitato
avesse visitato	avessero visitato

CONDITIONAL

PRESENT

visiterei	visiteremmo
visiteresti	visitereste
visiterebbe	visiterebbero

PAST

avrei visitato	avremmo visitato
avresti visitato	avreste visitato
avrebbe visitato	avrebbero visitato

IMPERATIVE

	visitiamo!
visita!	visitate!
visiti!	visitino!

OTHER FORMS

GERUND

visitando

PARTICIPLE

visitato

RELATED WORDS

visita	*visit*
visitatore	*visitor*
biglietto da visita	*business card*

EXAMPLES OF VERB USAGE

Quando vado in una città per la prima volta, visito tutti i musei.

When I go to a city for the first time, I visit all the museums.

Il primo giorno che ero a Roma ho visitato il Colosseo.

The first day I was in Rome I visited the Colosseum.

Il vecchio dottore visitava i pazienti solo la mattina.

The old doctor used to visit the patients only in the morning.

Verb Charts

VERB CHART 249

io	noi
tu	voi
lui/lei	loro

Vivere

to live

INDICATIVE

PRESENT

vivo	viviamo
vivi	vivete
vive	vivono

PRESENT PERFECT

ho vissuto	abbiamo vissuto
hai vissuto	avete vissuto
ha vissuto	hanno vissuto

IMPERFECT

vivevo	vivevamo
vivevi	vivevate
viveva	vivevano

PAST PERFECT

avevo vissuto	avevamo vissuto
avevi vissuto	avevate vissuto
aveva vissuto	avevano vissuto

ABSOLUTE PAST

vissi	vivemmo
vivesti	viveste
visse	vissero

PRETERITE PERFECT

ebbi vissuto	avemmo vissuto
avesti vissuto	aveste vissuto
ebbe vissuto	ebbero vissuto

FUTURE

vivrò	vivremo
vivrai	vivrete
vivrà	vivranno

FUTURE PERFECT

avrò vissuto	avremo vissuto
avrai vissuto	avrete vissuto
avrà vissuto	avranno vissuto

SUBJUNCTIVE

PRESENT

viva	viviamo
viva	viviate
viva	vivano

PAST

abbia vissuto	abbiamo vissuto
abbia vissuto	abbiate vissuto
abbia vissuto	abbiano vissuto

IMPERFECT

vivessi	vivessimo
vivessi	viveste
vivesse	vivessero

PAST PERFECT

avessi vissuto	avessimo vissuto
avessi vissuto	aveste vissuto
avesse vissuto	avessero vissuto

CONDITIONAL

PRESENT

vivrei	vivremmo
vivresti	vivreste
vivrebbe	vivrebbero

PAST

avrei vissuto	avremmo vissuto
avresti vissuto	avreste vissuto
avrebbe vissuto	avrebbero vissuto

IMPERATIVE

	viviamo!
vivi!	vivete!
viva!	vivano!

OTHER FORMS

GERUND	PARTICIPLE
vivendo	vissuto

RELATED WORDS

vita	*life*
vitale	*vital, basic, essential*
vivace	*vivacious*
vivo	*alive*
vivificare	*vivify*

EXAMPLES OF VERB USAGE

Rosanna ha vissuto una vita piena di eventi. — *Rosanna lived a very eventful life.*

A Firenze vivevo con mio fratello. — *I lived with my brother in Florence.*

Quanti anni hai vissuto all'estero? — *How many years did you live abroad?*

Volere

to want to, to wish

VERB CHART **250**

io	noi
tu	voi
lui/lei	loro

INDICATIVE

PRESENT

voglio	vogliamo
vuoi	volete
vuole	vogliono

IMPERFECT

volevo	volevamo
volevi	volevate
voleva	volevano

ABSOLUTE PAST

volli	volemmo
volesti	voleste
volle	vollero

FUTURE

vorrò	vorremo
vorrai	vorrete
vorrà	vorranno

PRESENT PERFECT

ho voluto	abbiamo voluto
hai voluto	avete voluto
ha voluto	hanno voluto

PAST PERFECT

avevo voluto	avevamo voluto
avevi voluto	avevate voluto
aveva voluto	avevano voluto

PRETERITE PERFECT

ebbi voluto	avemmo voluto
avesti voluto	aveste voluto
ebbe voluto	ebbero voluto

FUTURE PERFECT

avrò voluto	avremo voluto
avrai voluto	avrete voluto
avrà voluto	avranno voluto

SUBJUNCTIVE

PRESENT

voglia	vogliamo
voglia	vogliate
voglia	vogliano

IMPERFECT

volessi	volessimo
volessi	voleste
volesse	volessero

PAST

abbia voluto	abbiamo voluto
abbia voluto	abbiate voluto
abbia voluto	abbiano voluto

PAST PERFECT

avessi voluto	avessimo voluto
avessi voluto	aveste voluto
avesse voluto	avessero voluto

CONDITIONAL

PRESENT

vorrei	vorremmo
vorresti	vorreste
vorrebbe	vorrebbero

PAST

avrei voluto	avremmo voluto
avresti voluto	avreste voluto
avrebbe voluto	avrebbero voluto

IMPERATIVE

	vogliamo!
vogli!	vogliate!
voglia!	vogliano!

OTHER FORMS

GERUND
volendo

PARTICIPLE
voluto

RELATED WORDS

volente o nolente	*willy-nilly*
volentieri	*gladly, willingly*
volere	*will, wish*
volontà	*will, volition*
volontario	*volunteer*
volenteroso	*willing, eager*

EXAMPLES OF VERB USAGE

Che cosa vuoi fare stasera?	*What do you want to do tonight?*
Volevo andare al cinema, ma poi ho cambiato idea.	*I wanted to go to the movies, but then I changed my mind.*
Vorrei venire ma non posso perché devo lavorare.	*I would like to come but I can't because I have to work.*

Verb Charts

Part II

ITALIAN VERBS IN ACTION

Introduction

Italian Verbs in Action details the formation and usage of all the most important Italian tenses and moods and more than 100 essential Italian verbs. Numerous examples and everyday dialogues show how tenses, moods, and specific verbs are used in conversation. You can check your progress and reinforce what you've learned with 80 exercises. Each practice section consists of three subsections: Section A introduces a particular tense or mood and the different forms of one or more model verbs, and demonstrates their use in natural examples. Section B reinforces and expands upon what you've learned by showing the verbs in the context of real-life conversations. Section C contains two exercises, providing you with the opportunity to apply what you've learned. You can find the solutions to the exercises in Section D, Answer Key. Go over the practice sections as many times as you need to review the newly acquired verbs and tenses, and then use them in conversation as soon as you can for reinforcement. Now, let's begin.

TALKING ABOUT PRESENT ACTIONS

The Present Indicative of *essere*

A.

The present indicative is used in statements about the present and expresses certainty, fact, or objectivity. It is the equivalent of such English forms as "I speak, I am speaking," and "I do speak," but it may often translate as "I will speak" and "I am going to speak," as well.

The singular subject pronouns in Italian are: *io*—"I," *tu*—"you (familiar)," *lui*—"he," *lei*—"she" or "you (formal)." The formal "you" has the same verbal form as the third person singular, "he" and "she," and will, therefore, not be written separately. Instead, "he", "she" and the formal "you" will alternate. The plural subject pronouns are: *noi*—"we," *voi*—"you (both familiar and formal)," and *loro*—"they" or "you (formal)." In Italian, subject pronouns are usually omitted, as the form of the verb reveals who is speaking or is being addressed. They may, however, be used for emphasis or clarity.

The *tu* form of the verb is used for informal address: with children, friends, relatives, and among young people of the same age. The *Lei* form is used for formal or polite address: with business associates, acquaintances, and most daily encounters among adults. In Italian, there is no corresponding pronoun for the English "it." Instead, the third person singular form of the verb is used alone.

And now let's begin working with our first verb: *essere*, "to be." Read and repeat out loud the following sentences.

I am	*io sono*
I am Italian.	*Sono italiano.*
you are	*tu sei*
Are you American?	*Sei americana?*
he is	*lui è*
Marco is nice.	*Marco è simpatico.*
she is	*lei è*
Francesca is a nice girl.	*Francesca è una ragazza simpatica.*
you are	*Lei è*
Mr. Rossi, are you ready?	*Signor Rossi, è pronto?*
we are	*noi siamo*
We are foreigners.	*Siamo stranieri.*
you are	*voi siete*
Are you Lorenzo's friends?	*Siete gli amici di Lorenzo?*

they are	*loro sono*
They are not very tired.	*Loro non sono molto stanchi.*

A very useful construction with the verb *essere* is: *c'è*, "there is," and *ci sono*, "there are." Read and repeat out loud the following examples.

There is a museum nearby.	*C'è un museo qui vicino.*
There are several frescoes.	*Ci sono parecchi affreschi.*

C'è and *ci sono* can also mean "to be in" or "to be here/there."

Will you be in on Monday?	*Ci sei lunedì?*
No, I won't.	*No, non ci sono.*

On the telephone you might hear:

Hello, is Andrea there, please?	*Pronto, c'è Andrea, per favore?*

Essere can also be used to say:

What time is it?	*Che ore sono?*
It's ten o' clock.	*Sono le dieci.*

Notice that in Italian, "time" is plural because it refers to the number of hours. The singular form of *essere, è,* is used only with one o'clock, noon, and midnight.

It's one o'clock.	*È l'una.*
It's noon.	*È mezzogiorno.*
It's midnight.	*È mezzanotte.*

To make a simple negative statement in Italian, place the word *non* directly before the verb. Compare:

Marco is American.	*Marco è americano.*
Marco is not American.	*Marco non è americano.*

There are two basic ways to ask a question in Italian. First, you can simply raise the tone of your voice at the end of the sentence, as in English.

Marco is American?	*Marco è americano?*

Second, you can place the verb at the beginning of the sentence. The subject may either directly follow the verb or come at the very end of the sentence.

Is Marco American?	*È Marco americano?*
	È americano Marco?

B.

Now read the following dialogue and see if you can guess what the conversation is about.

Il turista:	*Dov'è la stazione ferroviaria, per favore?*
Il passante:	*È in fondo al viale, a destra.*
Il turista:	*È molto lontana?*
Il passante:	*No, è a cinque minuti da qui.*
Il turista:	*Grazie mille! Lei è molto gentile.*
Il passante:	*Prego.*

Now let's go through the same dialogue step by step.

Where is the train station, please?	*Dov'è la stazione ferroviaria, per favore?*
It's at the end of the street, to the right.	*È in fondo al viale, a destra.*
Is it very far?	*È molto lontana?*
No, it is five minutes from here.	*No, è a cinque minuti da qui.*
Thank you very much.	*Grazie mille!*
You are very kind.	*Lei è molto gentile.*
You're welcome.	*Prego.*

C. Now it's time to check your progress.

1. Please answer the following questions with a full sentence, using the cues provided.

1. Sei italiano? (sì)
2. Sono contenti loro? (sì)
3. Che ore sono? (le otto)
4. È simpatico Luigi? (no)
5. È vicina la stazione? (sì . . . molto . . .)
6. Siete americani voi? (no)
7. C'è la signora Franca? (sì)

2. Fill in the blanks with the appropriate forms of the verb *essere*.

1. Paolo e Francesco _______ molto simpatici.
2. _______ le otto e mezzo.
3. _______ Francesi voi?
4. Io _______ molto contenta.
5. La stazione _______ molto lontana da qui.
6. Marco, _______ pronto?
7. Grazie, Lei _______ molto gentile!

D. Answer Key

1. 1. Sì, sono italiano.
2. Sì, loro sono contenti.

3. Sono le otto.
4. No, Luigi non è simpatico.
5. Sì, la stazione è molto vicina.
6. No, noi non siamo americani.
7. Sì, la signora Franca c'è.

2.
1. sono
2. Sono
3. Siete
4. sono
5. è
6. sei
7. è

The Present Indicative of *avere*

A.

The verb *avere,* "to have," is irregular in the present indicative.

I have	*io ho*
I have many friends.	*Ho molti amici.*
you have	*tu hai*
You have little experience in this field.	*Hai poca esperienza in questo settore.*
she has	*lei ha*
Does Francesca have many questions?	*Ha molte domande Francesca?*
we have	*noi abbiamo*
We have no money.	*Non abbiamo soldi.*
you have	*voi avete*
You have a very good reputation.	*Voi avete una buona reputazione.*
they have	*loro hanno*
They have a bad attitude.	*Hanno un atteggiamento ostile.*

Avere is also used in many common idiomatic expressions, indicating feelings or temporary physical states.

Are you hot?	*Avete caldo?*
I'm very cold.	*Ho molto freddo.*
Paolo is always hungry.	*Paolo ha sempre fame.*
After this jog, I'm very thirsty.	*Dopo questa corsa ho molta sete.*
In the morning, we're always in a hurry.	*Di mattina abbiamo sempre fretta.*

Do you feel like having strawberries with whipped cream?	*Hai voglia di fragole e panna?*

Avere is also used to tell your age.

How old are you?	*Quanti anni hai?*
I'm 18 years old.	*Ho diciotto anni.*

B.

Now read through the following conversation and keep track of the words you can recognize.

Signora Mancini:	*Hai fretta?*
Signor Ranieri:	*Sì, ho molta fretta. Ho il treno per Roma a mezzogiorno e mezzo.*
Signora Mancini:	*Così hai un'ora di tempo. Hai voglia di uno spuntino veloce?*
Signor Ranieri:	*No, grazie, è tardi.*
Signora Mancini:	*Hai bisogno di un passaggio fino alla stazione?*
Signor Ranieri:	*Grazie mille!*
Signora Mancini:	*Prego.*

Now, please read and repeat.

Are you in a hurry?	*Hai fretta?*
Yes, I'm in a big hurry.	*Sì, ho molta fretta.*
I have a train for Rome at 12:30.	*Ho il treno per Roma a mezzogiorno e mezzo.*
So you have one hour.	*Così hai un'ora di tempo.*
Do you feel like having a quick bite?	*Hai voglia di uno spuntino veloce?*
No, thank you, it's late.	*No, grazie, è tardi.*
Do you need a ride to the train station?	*Hai bisogno di un passaggio fino alla stazione?*
Thank you so much!	*Grazie mille!*
You're welcome.	*Prego.*

Verbs in Action

C. Let's put into practice what you have just learned.

1. Answer the questions using the cues provided.

1. Avete voglia di una cioccolata calda? (no, grazie)
2. Hanno fretta Maria e Anna? (sì, molta)
3. Quanti anni ha la tua amica? (venticinque)
4. Lei ha molta esperienza in questo campo? (no)
5. Hai bisogno di aiuto? (sì)
6. Hai caldo o freddo? (molto freddo)
7. Avete tempo per un caffè? (no, ci dispiace)

2. Fill in the blanks with the appropriate forms of the verb *avere.*

1. Paolo e Luisa _______ una casa al mare.
2. Quanti bambini _______ voi?
3. Io _______ un cane bellissimo
4. È tardi, andiamo, (noi) _______ il treno alle quattro!
5. Povero Giorgio, _______ un grande mal di testa.
6. Il bambino _______ bisogno di mangiare.
7. Pino, (tu) _______ voglia di andare al cinema?

D. Answer Key

1.
1. No, grazie, non abbiamo voglia di una cioccolata calda.
2. Sì, hanno molta fretta.
3. La mia amica ha venticinque anni.
4. No, non ho molta esperienza in questo campo.
5. Sì, ho bisogno di aiuto.
6. Ho molto freddo.
7. No, ci dispiace, non abbiamo tempo.

2.
1. hanno
2. avete
3. ho
4. abbiamo
5. ha
6. ha
7. hai

The Present Indicative of Regular *-are* Verbs

A.

Italian verbs belong to one of three groups which are determined by the ending of the infinitive form. Verbs ending in *-are,* such as *parlare,* "to speak," belong to the first conjugation. To form the present tense of *-are* verbs, delete the infinitive *-are* ending and replace it with the appropriate present indicative endings: *-o, -i, -a, -iamo, -ate, -ano.* Let's see how it works with *parlare.*

I speak	*io parlo*
I speak Italian.	*Parlo l'italiano.*
you speak	*tu parli*
You speak very well.	*Parli molto bene.*
you speak	*Lei parla*
You speak many languages.	*Lei parla molte lingue.*
we speak	*noi parliamo*
We are only talking to you.	*Parliamo solo con te.*

you speak	*voi parlate*
You speak to her several times a day.	*Parlate con lei parecchie volte al giorno.*
they speak	*loro parlano*
They are talking about their vacation.	*Loro parlano delle loro vacanze.*

Let's try a few more regular *-are* verbs.

I live in Florence.	*Io abito a Firenze.*
We love the Italian landscape.	*Amiamo i paesaggi italiani.*
The airplane arrives at five.	*L'aereo arriva alle cinque.*
Tonight they're having dinner at home.	*Stasera cenano a casa.*
Do you buy many clothes in Italy?	*Compra molti vestiti in Italia?*
Do you also work in the evening?	*Lavori anche di sera?*
Do you learn verbs easily?	*Imparate facilmente i verbi?*
Monday we will have lunch together.	*Lunedì pranziamo insieme.*

Several groups of verbs are conjugated like *parlare* but undergo some minor spelling changes. For instance, verbs ending in *-care* and *-gare*, like *mancare* "to miss, to lack," *dimenticare* "to forget," and *pagare* "to pay," add an *-h* to their stem in the second person singular and first person plural forms, in order to retain the hard *c* and *g* sounds.

You always pay late.	*Paghi sempre in ritardo.*
We don't pay much in that restaurant.	*Non paghiamo molto in quel ristorante.*
You lack courage.	*Manchi di coraggio.*
We always forget the suitcase on the train.	*Dimentichiamo sempre la valigia in treno.*
You often forget her telephone number.	*Dimentichi spesso il suo numero di telefono.*

Some common verbs ending in *-ciare, -giare* and *-iare,* such as *baciare* "to kiss," *cominciare* "to begin," *mangiare* "to eat," *lasciare* "to leave," and *studiare* "to study," drop the final *-i* from their stem in the second person singular and first person plural forms. Others, such as *avviare* "to start," *inviare* "to send," and *sciare* "to ski," retain the *-i* in the second person singular form but drop it in the first person plural form. Compare:

You always kiss your friends.	*Tu baci sempre i tuoi amici.*

You're not starting the car engine.	*Tu non avvii il motore della macchina.*
We are starting the morning off well!	*Cominciamo bene la mattina!*
You send a letter to your brother every week.	*Tu invii una lettera a tuo fratello ogni settimana.*
What do you eat for breakfast?	*Cosa mangi a colazione?*
You ski every weekend.	*Tu scii tutti i fine settimana.*
You don't study enough.	*Tu non studi abbastanza.*

B.

Read the following conversation.

Paolo:	*Parli spesso con tua cugina Valeria?*
Marina:	*Sì, parlo spesso con Valeria, ma al telefono.*
Paolo:	*Lei non abita qui in città?*
Marina:	*No, abita in periferia.*
Paolo:	*Però lavora in città, vero?*
Marina:	*Sì, certo. Ma non ci incontriamo mai. Lei mi manca molto.*
Paolo:	*E tu sicuramente manchi a lei.*

Now let's take a look at the translation.

Do you often talk to your cousin Valeria?	*Parli spesso con tua cugina Valeria?*
Yes, I talk to Valeria often, but over the phone.	*Sì, parlo spesso con Valeria, ma al telefono.*
She doesn't live in the city?	*Lei non abita qui in città?*
No, she lives in the outskirts.	*No, abita in periferia.*
But she works in the city, right?	*Però lavora in città, vero?*
Yes, of course.	*Sì, certo.*
But we never see each other.	*Ma non ci incontriamo mai.*
I miss her a lot.	*Lei mi manca molto.*
And she surely misses you.	*E tu sicuramente manchi a lei.*

C.

1. Let's see how more familiar you are now with the –*are* verbs. Answer the following questions with full sentences, using the cues provided.

1. A che ora arriva il treno da New York? (a mezzogiorno)
2. Dove abiti? (a Milano)
3. Cosa mangiate a colazione? (pane, burro e marmellata)

4. Quando ritorna a casa Francesca? (stasera alle sette)
5. Scii tutti gli inverni? (sì)
6. Pagate voi il conto? (sì)
7. Guardate la televisione domani notte? (no)

2. Conjugate the verbs in parentheses to complete the following sentences.

1. Domani io e Lucia (mangiare) _______ al ristorante
2. Lucy (parlare) _______ l'italiano benissimo.
3. (ascoltare) spesso la radio (voi) _______?
4. Loro (cucinare) _______ le lasagne per cena.
5. Gianni (abitare) _______ a New York da dieci anni.
6. Noi (pagare) _______ l'affitto puntualmente ogni mese.
7. Giorgio, (portare) _______ il cane in campagna?

D. Answer Key

1.
1. Il treno da New York arriva a mezzogiorno.
2. Abito a Milano.
3. A colazione mangiamo pane, burro e marmellata.
4. Francesca ritorna a casa stasera alle sette.
5. Sì, scio tutti gli inverni.
6. Sì, paghiamo noi il conto.
7. No, domani notte non guardiamo la televisione.

2.
1. mangiamo
2. parla
3. Ascoltate
4. cucinano
5. abita
6. paghiamo
7. porti

Verbs in Action

The Present Indicative of Regular *-ere* Verbs

A.

Verbs of the second conjugation, ending in *-ere,* also replace their infinitive ending with the proper personal endings. In the present indicative, they are: *-o, -i, -e, -iamo, -ete, -ono.* We'll use *vedere,* "to see," as an example.

I see	*io vedo*
I see the stars very well.	*Vedo molto bene le stelle.*
you see	*tu vedi*
Don't you see me?	*Non mi vedi?*
he sees	*lui vede*
Paolo sees his friends every evening.	*Paolo vede i suoi amici ogni sera.*

we see	*noi vediamo*
Now we see everything much more clearly.	*Adesso vediamo tutto più chiaro.*
you see	*voi vedete*
Don't you see they are right!	*Non vedete che hanno ragione!*
they see	*loro vedono*
They are looking forward to seeing you.	*Non vedono l'ora di vederti.*

Let's try a few more regular *-ere* verbs.

Why don't you ask him if he drinks wine?	*Perché non gli chiedete se beve vino?*
Maria reads and writes all day.	*Maria legge e scrive tutto il giorno.*
I'm taking an aspirin for my cold.	*Prendo un'aspirina per il raffreddore.*
You receive many letters every day.	*Ricevi molte lettere ogni giorno.*
They always answer every question correctly.	*Rispondono sempre correttamente a ogni domanda.*

B.

Read the following dialogue.

Massimo:	*Telefono alla stazione ferroviaria . . . Ma non risponde nessuno. Ah, ecco.*
Livia:	*Perché non chiedi a che ora è il prossimo treno per Venezia?*
Massimo:	*È alle dieci.*
Livia:	*Allora, prendiamo il treno alle dieci.*
Massimo:	*Va bene.*

Let's take a closer look.

I'm calling the train station.	*Telefono alla stazione ferroviaria.*
But no one's answering.	*Ma non risponde nessuno.*
Oh, here they are.	*Ah, ecco.*
Why don't you ask when the next train for Venice leaves?	*Perché non chiedi a che ora è il prossimo treno per Venezia?*
It's at ten.	*È alle dieci.*
So, we're taking the train at ten o'clock!	*Allora, prendiamo il treno alle dieci!*
All right.	*Va bene.*

C.

1. Time to check how much more you know now. Answer the following questions using the cues provided.

1. Chi vedete stasera? (tutti i nostri amici)
2. Lei riceve molte lettere dalla sua amica Elena? (sì, molte)
3. Quando prendono il treno i signori Borghese? (alle dieci di sera)
4. Cosa legge Mario di mattina? (il giornale)
5. Scrivete molte cartoline quando siete in vacanza? (no, poche)
6. Ricevi il giornale a casa tua tutti i giorni? (sì)
7. Prende la metropolitana per ritornare a casa Gina? (no, l'autobus)

2. Fill in the blanks with the appropriate forms of the verbs suggested in parentheses.

1. Io (leggere) _______ molte riviste di moda.
2. Roberto (prendere) _______ l'autobus tutti i giorni.
3. Loro (vedere) _______ pochissimi film.
4. Noi (scrivere) _______ molte e-mail per lavoro.
5. Liliana quando non lavora (dipingere) _______.
6. Tu (mettere) _______ lo zucchero nel caffè?
7. Che bambino contento! (lui, ridere) _______ sempre.

D. Answer Key

1.
1. Stasera vediamo tutti i nostri amici.
2. Sì, ricevo molte lettere dalla mia amica Elena.
3. I signori Borghese prendono il treno alle dieci di sera.
4. Di mattina Mario legge il giornale.
5. No, quando siamo in vacanza scriviamo poche cartoline.
6. Sì, ricevo il giornale a casa tutti i giorni.
7. No, Gina prende l'autobus per ritornare a casa.

2.
1. leggo
2. prende
3. vedono
4. scriviamo
5. dipinge
6. metti
7. ride

The Present Indicative of Regular *-ire* Verbs

A.

Let's turn to the third conjugation: verbs ending in *-ire.* These verbs are divided in two groups according to how many consonants precede the ending *-ire.* The first group of verbs usually has two consonants before the ending *-ire,* such as *sentire, servire, offrire, partire,* etc. These are conjugated with the following personal endings in the present indicative: *-o, -i, -e, -iamo, -ite, -ono.* The other group of verbs usually has only one consonant before *-ire* , such as *capire, finire, pulire,* etc. We'll look at the second group in a later lesson. Let's first conjugate *sentire,* "to hear" or "to feel."

I hear	*io sento*
I don't hear very well.	*Io non sento molto bene.*
you hear	*tu senti*
Don't you hear all this noise?	*Non senti che confusione?*
she feels	*lei sente*
Maria feels that Paolo is not sincere.	*Maria sente che Paolo non è sincero.*
we feel	*noi sentiamo*
We feel the fatigue of the trip.	*Sentiamo la stanchezza del viaggio.*
you feel	*voi sentite*
You don't feel his absence.	*Non sentite la sua mancanza.*
they listen	*loro sentono*
First they listen to your opinion.	*Prima sentono il tuo parere.*

Let's try a few more regular *-ire* verbs.

Do you always sleep in the afternoon?	*Dormi sempre di pomeriggio?*
Dinner is on us tonight.	*Offriamo noi la cena stasera.*
Are you all leaving from Milan at five?	*Partite tutti alle cinque da Milano?*

B.

Read through the following dialogue.

Manuela: *Parti questa sera?*
Alberto: *Sì, parto per l'Italia.*
Manuela: *Perché non dormi un paio d'ore?*
Alberto: *Non dormo mai di pomeriggio.*
Manuela: *Allora, ti servo la cena adesso?*
Alberto: *Sì, grazie. Non offre niente di buono il menù dell'aereo.*

Now read again with the English translation.

Are you leaving this evening?	*Parti questa sera?*
Yes, I am leaving for Italy.	*Sì, parto per l'Italia.*
Why don't you sleep for a couple of hours?	*Perché non dormi un paio d'ore?*

I never sleep in the afternoon.	*Non dormo mai di pomeriggio.*
I'll serve you dinner now, then?	*Allora, ti servo la cena adesso?*
Yes, thank you.	*Sì, grazie.*
They don't offer anything good on the plane.	*Non offre niente di buono il menù dell'aereo.*

C.

1. Answer the questions using the cues provided.

1. Sentite la stanchezza del viaggio? (sì, molto)
2. Chi offre la cena stasera? (noi)
3. Signor Ranieri quante ore dorme per notte? (sette)
4. Senti meglio la radio adesso? (sì)

2. Conjugate the *io* form of the following verbs.

1. Partire Io _______
2. Offrire Io _______
3. Dormire Io _______
4. Sentire Io _______

D. Answer Key

1.
1. Sì, sentiamo molto la stanchezza del viaggio.
2. Offriamo la cena noi stasera.
3. Dormo sette ore per notte.
4. Sì, adesso sento meglio la radio.

2.
1. parto
2. offro
3. dormo
4. sento

The Present Indicative of Common Irregular Verbs

A.

In this and the following chapters, we will cover many irregular verbs common to everyday conversation. Let's start with *andare,* "to go."

I go	*io vado*
I'm going home in an hour.	*Vado a casa tra un'ora.*
you go	*tu vai*
You walk to work.	*Tu vai al lavoro a piedi.*
you go	*Lei va*
You're going to Venice by train?	*Lei va a Venezia in treno?*

we go	*noi andiamo*
We are going on vacation to Italy.	*Andiamo in vacanza in Italia.*
you go	*voi andate*
You are going to the theater tonight.	*Andate a teatro stasera.*
they go	*loro vanno*
They are going to the shore in July.	*Vanno al mare in luglio.*

Andare is commonly used to say:

How's it going?	*Come va?*
Fine, thank you.	*Va bene, grazie.*

Andare can also be followed by an infinitive introduced by the preposition *a*.

When are you going to study in Italy?	*Quando vai a studiare in Italia?*
I am going shopping this afternoon.	*Vado a fare le spese oggi pomeriggio.*

The conjugation of *dare,* "to give," resembles that of *andare*.

I give	*io do*
you give	*tu dai*
he gives	*lui dà*
we give	*noi diamo*
you give	*voi date*
they give	*loro danno*

Now let's conjugate *fare,* "to do, to make."

I do, I make	*io faccio*
I am doing the exercises.	*Io faccio gli esercizi.*
you do, you make	*tu fai*
You're going for a walk downtown?	*Fai una passeggiata in centro?*
she does, she makes	*lei fa*
Paola takes a nap in the afternoon.	*Paola fa un sonnellino di pomeriggio.*
we do, we make	*noi facciamo*
We usually don't make many mistakes.	*Di solito, non facciamo molti errori.*
you do, you make	*voi fate*
Are you doing Laura a favor?	*Fate un favore a Laura?*

they do, they make	*loro fanno*
They take many trips.	*Loro fanno molti viaggi.*

Fare is used in many idiomatic expressions.

to take a walk	*fare una passeggiata*
to take a nap	*fare un sonnellino*
to take a trip	*fare un viaggio*
to have breakfast	*fare colazione*
to take a photograph	*fare una fotografia*
to ask a question	*fare una domanda*

Fare is also used to express elapsed time. For example, "twenty years ago" corresponds to *venti anni fa.*

And now we'll conjugate *stare*, "to stay" or "to feel," which, in the present indicative, is irregular only in the *tu* and *loro* forms.

I stay	*io sto*
you stay	*tu stai*
he stays	*lui sta*
we stay	*noi stiamo*
you stay	*voi state*
they stay	*loro stanno*

B.

Read the dialogue.

Anna:	*Cosa fai stasera?*
Roberto:	*Maria fa una festa a casa sua. Vai anche tu?*
Anna:	*Sì, vado anch'io. Mi dai un passaggio fino a casa dopo la festa?*
Roberto:	*Certo, ma perché non stai da me stanotte?*
Anna:	*Va bene.*

Now let's make sure we understood it correctly.

What are you doing tonight?	*Cosa fai stasera?*
Maria's having a party at her house.	*Maria fa una festa a casa sua.*
Are you going too?	*Vai anche tu?*
Yes, I'll go too.	*Sì, vado anch'io.*
Will you give me a ride home after the party?	*Mi dai un passaggio fino a casa dopo la festa?*
Certainly, but why don't you stay with me tonight?	*Certo, ma perché non stai da me stanotte?*
Okay.	*Va bene.*

C.

1. Answer the questions using the cues provided.

1. Come va il lavoro? (molto bene)
2. Come sta Lei? (non molto bene)
3. Mi dai una mano? (sì, con piacere)
4. Chi va al cinema oggi pomeriggio? (Marco e Luisa)
5. Come stanno i tuoi genitori? (benissimo)
6. Fai colazione a casa domenica? (sì)
7. Andate al museo con Giacomo? (no)

2. Fill in the blanks with the appropriate forms of the verbs suggested in parentheses.

1. Oggi io (andare) _______ al mare in motocicletta.
2. Cosa (fare) _______ stasera voi?
3. Quanti giorni (stare) _______ in Italia Franco?
4. Loro (fare) _______ una passeggiata nel parco con i bambini.
5. (Fare) _______ un sonnellino di solito dopo pranzo tu?
6. Quando Gino e Massimo vanno a Roma, (stare) _______ con i loro cugini.
7. Dopo cena (noi fare) _______ delle fotografie.

D. Answer Key

1.
1. Il lavoro va molto bene.
2. Non sto molto bene.
3. Sì, ti do una mano con piacere.
4. Marco e Luisa vanno al cinema oggi pomeriggio.
5. I miei genitori stanno benissimo.
6. Sì, domenica faccio colazione a casa.
7. No, non andiamo al museo con Giacomo.

2.
1. vado
2. fate
3. sta
4. fanno
5. Fai
6. stanno
7. facciamo

The Present Indicative of the Modal Verbs

A.

Dovere, "to have to," *potere,* "to be able to," and *volere,* "to want" are known as modals. They are usually followed by another verb in the infinitive. Let's begin with *dovere.*

I have to	*io devo*
I have to leave tomorrow.	*Devo partire domani.*

you have to You have to come this evening.	*tu devi* *Devi venire stasera.*
he has to He has to take the train.	*lui deve* *Deve prendere il treno.*
we have to We have to go now.	*noi dobbiamo* *Ora dobbiamo andare.*
you have to You have to listen to the lesson.	*voi dovete* *Dovete ascoltare la lezione.*
they have to They have to know the truth.	*loro devono* *Devono sapere la verità.*

Dovere can also mean "to owe."

Does he owe you some money?	*Le deve dei soldi?*

Now let's turn to *potere.*

I can I can come with you.	*io posso* *Posso venire con te.*
you can You can do something for him.	*tu puoi* *Puoi fare qualcosa per lui.*
you can Can you go out this evening?	*Lei può* *Lei può uscire stasera?*
we can We can help you tomorrow.	*noi possiamo* *Possiamo aiutarvi domani.*
you can Can you listen to us for a while?	*voi potete* *Potete ascoltarci un po'?*
they can They can stay for dinner.	*loro possono* *Possono stare a cena.*

Useful idiomatic expressions with *potere* include:

May I come in?	*Posso entrare?*
I've had enough!	*Non ne posso più!*

And last, but not least, *volere*.

I want	*io voglio*
I want to understand your problem.	*Voglio capire il tuo problema.*
you want	*tu vuoi*
Do you want a cup of coffee?	*Vuoi un caffè?*
she wants	*lei vuole*
Anna wants to leave with us.	*Anna vuole partire con noi.*
we want	*noi vogliamo*
We want to hear his opinion.	*Vogliamo sentire il suo parere.*
you want	*voi volete*
Do you want some sugar?	*Volete dello zucchero?*
they want	*loro vogliono*
They want to listen to music.	*Vogliono ascoltare la musica.*

B.

Read the following dialogue.

Mario Valli:	*Deve venire alla festa domani sera. D'accordo?*
Lucia D'Angio:	*Se posso . . . voglio tanto venire, ma devo lavorare fino a tardi.*
Mario Valli:	*Come vuole.*
Lucia D'Angio:	*Può prendermi alla stazione prima della festa?*
Mario Valli:	*Sì, certo.*
Lucia D'Angio:	*Grazie mille. Allora, vado sicuramente.*

Let's make sure we have a clear understanding of it.

You have to come to the party tomorrow night.	*Deve venire alla festa domani sera.*
All right?	*D'accordo?*
If I can . . . I really want to come, but I have to work late.	*Se posso . . . voglio tanto venire, ma devo lavorare fino a tardi.*
As you wish.	*Come vuole.*
Can you pick me up at the station before the party?	*Può prendermi alla stazione prima della festa?*
Yes, of course.	*Sì, certo.*
Thanks a million.	*Grazie mille.*
Then I'll surely go.	*Allora, vado sicuramente.*

C.

1. Answer according to the cues provided.

1. Devi partire domani mattina? (sì)
2. Signore vuole fare un giro in macchina? (no, a piedi)
3. Potete prendere un caffè con me? (no)
4. Possono assaggiare il dolce i bambini? (sì)
5. Volete venire al cinema con noi stasera? (sì)

2. Fill in the blanks with the appropriate forms of the verbs suggested in parentheses.

1. Oggi io (volere) _______ mangiare una bella pizza.
2. Domani Lina (dovere) _______ andare al lavoro presto.
3. (Potere) _______ venire anche Mario e Carlo con voi?
4. Quanti soldi ti (dovere) _______ Tonio?
5. (Voi volere) _______ davvero imparare l'italiano?

D. Answer Key

1. 1. Sì, devo partire domani mattina.
2. No, voglio fare un giro a piedi.
3. No, non possiamo prendere un caffè con te.
4. Sì, i bambini possono assaggiare il dolce.
5. Sì, stasera vogliamo venire al cinema con voi.

2. 1. voglio
2. deve
3. Possono
4. deve
5. Volete

Verbs in Action

The Present Indicative of *conoscere* and *sapere*

A.

Both *conoscere* and *sapere* mean "to know," but they have different connotations. *Conoscere* is used when referring to knowing a person or a city, and being familiar with something. *Sapere*, on the other hand, means knowing how to do something or implies knowing a fact. Let's start with *conoscere*.

I know	*io conosco*
I know Florence well.	*Conosco bene Firenze.*
you know	*tu conosci*
Do you know Mr. Rossini?	*Conosci il signor Rossini?*
she knows	*lei conosce*
Antonia knows geography very well.	*Antonia conosce molto bene la geografia.*

we know	*noi conosciamo*
We know his habits quite well!	*Conosciamo bene le sue abitudini!*
you know	*voi conoscete*
Do you know that restaurant?	*Conoscete quel ristorante?*
they know	*loro conoscono*
They don't know Francesca's family.	*Non conoscono la famiglia di Francesca.*

Conoscere is also used to say:

Nice to meet you.	*Piacere di conoscerla.* (fml.) *Piacere di conoscerti.* (infml.)

Crescere, "to grow," is conjugated like *conoscere.*

This baby is growing very fast.	*Questo bambino cresce molto in fretta.*

Now, let's conjugate *sapere.*

I know	*io so*
I know how to speak Italian.	*So parlare l'italiano.*
you know	*tu sai*
Do you know where my book is?	*Sai dov'è il mio libro?*
you know	*Lei sa*
You know how to write very well.	*Lei sa scrivere molto bene.*
we know	*noi sappiamo*
We don't know how to dance at all.	*Non sappiamo ballare affatto.*
you know	*voi sapete*
Do you know the latest news?	*Sapete le ultime notizie?*
they know	*loro sanno*
They know everything about him.	*Sanno tutto sul suo conto.*

Sapere can also mean "to have a certain flavor or smell."

This ice cream tastes like lemon.	*Questo gelato sa di limone.*
This room smells of lavender.	*Questa stanza sa di lavanda.*

B.

Read the following dialogue.

Signorina Gatto:	*Sa dov'è San Gimignano?*
Signor Rossi:	*Sì, lo so. È vicino a Siena.*
Signorina Gatto:	*Ah, sì! E sa qual è il vino tipico locale?*
Signor Rossi:	*Certo che lo so: è la Vernaccia.*
Signorina Gatto:	*Sì, la Vernaccia di San Gimignano.*

Now let's focus on the translation.

Do you know where San Gimignano is?	*Sa dov'è San Gimignano?*
Yes, I know.	*Sì, lo so.*
It's near Siena.	*È vicino a Siena.*
Oh, yes!	*Ah, sì!*
And do you know what the typical local wine is?	*E sa qual è il vino tipico locale?*
Of course I know: it's the *Vernaccia*.	*Certo che lo so: è la Vernaccia.*
Yes, the *Vernaccia* of San Gimignano.	*Sì, la Vernaccia di San Gimignano.*

C.

1. Answer the following questions according to the cues provided.

1. Conosci Gianni? (sì, molto bene)
2. Signora, sa parlare l'italiano? (no)
3. Conoscete Milano molto bene? (sì)
4. Cresce bene il bambino? (sì, molto bene)
5. Sapete quando ritorna Enzo? (no)

2. Fill in the blanks with the appropriate forms of either *sapere* or *conoscere*.

1. (tu) _______ a che ora parte il treno per Milano?
2. (io) _______ bene questo vino.
3. (loro) _______ giocare a tennis abbastanza bene.
4. (noi) _______ Luigi.
5. (Ugo) _______ questa città come le sue tasche.

Verbs in Action

D. Answer Key

1.
1. Sì, conosco Gianni molto bene.
2. No, non so parlare l'italiano.
3. Sì, conosciamo Milano molto bene.
4. Sì, il bambino cresce molto bene.
5. No, non sappiamo quando Enzo ritorna.

2.
1. Sai
2. Conosco

3. Sanno
4. Conosciamo
5. Conosce

The Present Indicative of *tradurre* and *bere*

A.

Let's continue with more irregular verbs. First, *tradurre,* "to translate."

I translate	*io traduco*
I'm translating this book.	*Traduco questo libro.*
you translate	*tu traduci*
Will you translate this word for us?	*Traduci per noi questa parola?*
you translate	*Lei traduce*
You translate literally.	*Lei traduce alla lettera.*
we translate	*noi traduciamo*
We are translating a poem by Ungaretti.	*Traduciamo una poesia di Ungaretti.*
you translate	*voi traducete*
Do you translate documents?	*Traducete documenti?*
they translate	*loro traducono*
They don't translate contracts well.	*Non traducono bene i contratti.*

Now let's do *bere,* "to drink."

I drink	*io bevo*
I do not drink mineral water.	*Non bevo acqua minerale.*
you drink	*tu bevi*
You drink only red wine.	*Tu bevi soltanto vino rosso.*
he drinks	*lui beve*
He drinks too many soft drinks.	*Lui beve troppe bibite gasate.*
we drink	*noi beviamo*
We drink to forget.	*Noi beviamo per dimenticare.*
they drink	*loro bevono*
They always drink very good wine.	*Bevono sempre dell'ottimo vino.*

B.

Read the dialogue.

Maria:	*Michele traduce tutto il giorno.*
Federico:	*Sì, e di sera beve troppo.*
Maria:	*Ultimamente il suo lavoro non è più come una volta!*
Federico:	*È vero. Ora traduco meglio io.*
Maria:	*Sì, ma tu non bevi!*

Now read again with the translation.

Michele translates all day.	*Michele traduce tutto il giorno.*
Yes, and at night he drinks too much.	*Sì, e di sera beve troppo.*
Lately his work is not like it used to be!	*Ultimamente il suo lavoro non è più come una volta!*
It's true.	*È vero.*
Now I translate better.	*Ora traduco meglio io.*
Yes, but you don't drink!	*Sì, ma tu non bevi!*

C.

1. Answer according to the cues provided.

1. Cosa bevete a cena? (solo vino bianco)
2. Traducete i contratti? (sì)
3. Bevi un Campari con me? (sì, volentieri)
4. Chi traduce questo libro? (loro)
5. Bevono molto fuori dai pasti? (no, mai)

2. Fill in the blanks with the appropriate forms of the verbs suggested in parentheses.

1. Con la carne io (bere) _______ sempre il vino rosso.
2. Lui (tradurre) _______ le poesie troppo letteralmente.
3. (Tradurre, voi) _______ queste frasi senza il dizionario?
4. Loro (bere) _______ sempre un aperitivo prima di cenare.
5. (Bere, tu) _______ il caffè prima di andare a letto?

D. Answer Key

1.
1. A cena beviamo solo vino bianco.
2. Sì, traduciamo i contratti.
3. Sì, bevo volentieri un Campari con te.
4. Loro traducono questo libro.
5. No, non bevono mai fuori dai pasti.

2.
1. bevo
2. traduce
3. traducete
4. bevono
5. bevi

Verbs in Action

The Present indicative of *rimanere, spegnere* and *tenere*

A.

Now let's conjugate *rimanere,* "to remain" or "to stay."

I stay	*io rimango*
I am staying home tonight.	*Rimango a casa stasera.*
you stay	*tu rimani*
You are staying at the beach all summer.	*Rimani al mare per tutta l'estate.*
he stays	*lui rimane*
Massimo often stays in the city in August.	*Massimo rimane spesso in città in agosto.*
we remain	*noi rimaniamo*
We all remain in silence when he speaks.	*Rimaniamo tutti in silenzio quando lui parla.*
you stay	*voi rimanete*
Are you staying for dinner at our house?	*Rimanete a cena da noi?*
they stay	*loro rimangono*
They stay in bed until late.	*Rimangono a letto fino a tardi.*

Let's try *spegnere,* "to turn off, to extinguish."

I turn off	*io spengo*
I always turn off the light.	*Spengo sempre la luce.*
you turn off	*tu spegni*
Don't you turn off the car engine?	*Non spegni il motore della macchina?*
she turns off	*lei spegne*
Maria is putting out her cigarette.	*Maria spegne la sigaretta.*
we turn off	*noi spegniamo*
We turn off the fire in the fireplace.	*Spegniamo il fuoco nel caminetto.*
you turn off	*voi spegnete*
You never turn off the television.	*Non spegnete mai il televisore.*
they turn off	*loro spengono*
They turn off the air conditioning at night.	*Loro spengono l'aria condizionata di notte.*

And finally, let's do *tenere*, "to keep, to hold."

I keep	*io tengo*
I keep everything inside myself.	*Tengo tutto dentro di me.*
you keep	*tu tieni*
Will you hold my bag?	*Tieni la mia borsa?*
you keep	*Lei tiene*
You are holding the lecture, right?	*Lei tiene la conferenza, vero?*
we keep	*noi teniamo*
We keep his needs in mind.	*Teniamo presente le sue esigenze.*
you keep	*voi tenete*
You care about appearances a lot.	*Tenete molto alle apparenze.*
they keep	*loro tengono*
The children don't behave themselves.	*I bambini tengono un comportamento scorretto.*

A useful idiomatic construction with *tenere* is *tenere a*, meaning "to care about."

B.

Read the following dialogue.

Il fratello: *Se spegni la luce, io rimango al buio.*
La sorella: *No, non spengo la luce. Ma tu hai paura del buio?*
Il fratello: *Sì, ma se rimani con me tengo gli occhi chiusi e mi addormento in fretta.*
La sorella: *Va bene, rimango dieci minuti.*
Il fratello: *Allora come spegni la luce siediti vicino a me.*
La sorella: *Ti tengo compagnia finché ti addormenti. Buona notte!*
Il fratello *Grazie. Buona notte.*

Now let's look at the dialogue step by step.

If you turn off the light, I'll be left in the dark.	*Se spegni la luce, io rimango al buio.*
I am not turning off the light.	*No, non spengo la luce.*
But are you afraid of the dark?	*Ma tu hai paura del buio?*
Yes, but if you stay with me I'll keep my eyes closed and I'll fall asleep qickly.	*Sì, ma se rimani con me tengo gli occhi chiusi e mi addormento in fretta.*

OK, I'll stay for ten minutes.	*Va bene, rimango dieci minuti.*
Then, as you turn off the light sit near me and hold my hand.	*Allora, come spegni la luce siediti vicino a me e tienimi la mano.*
All right, I'll keep you company until you fall asleep.	*Va bene, ti tengo compagnia finché ti addormenti.*
Good night!	*Buona notte!*
Thank you. Good night.	*Grazie. Buona notte.*

C.

1. Answer the following questions according to the cues in parentheses.

1. Per favore, spenga la sigaretta. (certo, subito)
2. Prima di uscire spegnete la luce? (sì, sempre)
3. Chi tiene la conferenza all'università? (il professor Basaglia)
4. Tieni al tuo lavoro? (sì, molto)
5. Rimangono a cena da noi stasera? (no)

2. Fill in the blanks with the appropriate form of the verbs in parentheses.

1. Loro (rimanere) _______ al ristorante fino a tardi.
2. (tu spegnere) _______ la luce prima di addormentarti?
3. Quando canto (tenere) _______ a fare una bella figura.
4. Se Maria (spegnere) _______ la luce non posso vedere nulla.
5. (voi tenere) _______ il condizionatore acceso tutto il giorno quando fa caldo?

D. Answer Key

1.
1. Certo, spengo subito la sigaretta.
2. Sì, spegniamo sempre la luce prima di uscire.
3. Il professor Basaglia tiene la conferenza all'università.
4. Sì, tengo molto al mio lavoro.
5. No, stasera non rimangono a cena da noi.

2.
1. rimangono
2. spegni
3. tengo
4. spegne
5. tenete

The Present Indicative of *scegliere* and *cogliere*

A.

We'll begin with *scegliere*, "to choose."

I choose	*io scelgo*
I always choose a dress with great care.	*Scelgo un vestito sempre con molta cura.*
you choose	*tu scegli*
You always choose the right words.	*Scegli sempre le parole adatte.*
she chooses	*lei sceglie*
She chooses loneliness over their company.	*Lei sceglie la solitudine piuttosto che la loro compagnia.*
we choose	*noi scegliamo*
Tonight we choose a restaurant.	*Stasera scegliamo un ristorante.*
you choose	*voi scegliete*
Won't you choose something as a memento?	*Non scegliete qualcosa come ricordo?*
they choose	*loro scelgono*
Tommasina and Anna never choose a good movie.	*Tommasina e Anna non scelgono mai un buon film.*

Now, let's do *cogliere*, "to catch, to pick."

I catch/pick	*io colgo*
I pick some flowers from my garden.	*Colgo dei fiori dal mio giardino.*
you catch/pick	*tu cogli*
Are you picking all the fruit off the tree?	*Cogli tutti i frutti dell'albero?*
you catch/pick	*Lei coglie*
You never catch the full meaning of a word.	*Lei non coglie mai il significato di una parola.*
we catch/pick	*noi cogliamo*
We always catch him in his weak spot.	*Noi cogliamo sempre il suo punto debole.*
you catch/pick	*voi cogliete*
Do you get the importance of this sentence?	*Cogliete l'importanza di questa frase?*

Verbs in Action

they catch/pick	*loro colgono*
They always pick the right moment.	*Colgono sempre l'occasione opportuna.*

B.

Read the following dialogue.

Antonio: *Cogli sempre l'occasione per andare a fare spese?*
Francesca: *Certo che colgo l'occasione, e scelgo anche i vestiti più belli.*
Antonio: *Che abiti e che colori scegli?*
Francesca: *Di solito abiti dal taglio semplice e poi scelgo sempre tinte unite.*

Let's take a closer look.

You always grab the opportunity to go shopping?	*Cogli sempre l'occasione per fare spese?*
Of course I grab the opportunity, and I also choose the most beautiful clothes.	*Certo che colgo l'occasione, e scelgo anche i vestiti più belli.*
What clothes and colors do you choose?	*Che abiti e che colori scegli?*
Usually clean-cut dresses, and then I always choose solid colors.	*Di solito abiti dal taglio semplice e poi scelgo sempre tinte unite.*

C.

1. Respond according to the cues provided.

1. Che vestito scegli? (un vestito rosso)
2. Signora, coglie il senso delle mie parole? (no)
3. Cosa scegliete per secondo? (pesce alla griglia)
4. Chi coglie i frutti? (Marco e Marianna)
5. Scegliete un ristorante italiano? (no, francese)

2. Fill in the blanks.

1. Perché non (scegliere, voi) _______? È il vostro turno.
2. Quando andiamo in campagna (cogliere) _______ sempre dei fiori.
3. (Scegliere) _______ il ristorante noi stasera?
4. (Cogliere, io) _______ questa occasione per ringraziarvi.
5. Loro non (cogliere) _______ mai il vero significato di quello che dico.

D. Answer Key

1.
1. Scelgo un vestito rosso.
2. No, non colgo il senso delle sue parole.
3. Scegliamo pesce alla griglia.
4. Marco e Marianna colgono i frutti.
5. No, scegliamo un ristorante francese.

2. 1. scegliete
2. cogliamo
3. scegliamo
4. colgo
5. colgono

The Present Indicative of *-isc* Verbs

A.

A group of *-ire* verbs insert *-isc-* in the present indicative between the stem and the endings in all but the first and second person plural. As we saw previously, you can identify these verbs by the fact that most of them have a single consonant before the *-ire* stem. Let's see how it works with *capire,* "to understand."

I understand	*io capisco*
I understand Italian very well.	*Capisco l'italiano molto bene.*
you understand	*tu capisci*
Do you understand this sentence?	*Capisci questa frase?*
you understand	*Lei capisce*
You understand what the problem is.	*Lei capisce qual è il problema.*
we understand	*noi capiamo*
We only understand English.	*Capiamo solo l'inglese.*
you understand	*voi capite*
You don't understand my ideas.	*Non capite le mie idee.*
they understand	*loro capiscono*
Do they understand the reason?	*Capiscono la ragione?*

Other common *-isc-* verbs are: *finire,* "to finish," *preferire,* "to prefer," *guarire,* "to cure," and *favorire,* "to favor."

I'm finishing the Italian exercise.	*Finisco l'esercizio d'italiano.*
Professors favor serious students.	*I professori favoriscono gli studenti seri.*
A nice vacation cures every illness.	*Una bella vacanza guarisce da tutti i mali.*
I prefer the shore to the mountains.	*Preferisco il mare alla montagna.*

B.

Read the following dialogue.

Il portiere	*Quale camera preferisce?*
Signor Altman:	*Preferisco quella con vista su Piazza di Spagna.*
Il portiere:	*Capisco, allora stanza 212.*
Signor Altman:	*Grazie. Ora posso stare a letto. E guarisco da questo terribile raffreddore!*
Il portiere:	*Quest'anno quando finiscono le sue vacanze, Signor Altman?*
Signor Altman:	*Non sono sicuro. Le chiarisco tutto domani.*

Now take a look at the translation.

Which room do you prefer?	*Quale stanza preferisce?*
I prefer the one with a view of *Piazza di Spagna.*	*Preferisco quella con vista su Piazza di Spagna.*
I understand; so, room 212.	*Capisco, allora stanza 212.*
Thank you.	*Grazie.*
Now I can stay in bed.	*Ora posso stare a letto.*
And I'll recover from this terrible cold.	*E guarisco da questo terribile raffreddore.*
When will your vacation finish this year, Mr. Altman?	*Quest'anno quando finiscono le sue vacanze, Signor Altman?*
I'm not sure.	*Non sono sicuro.*
I'll clear everything up tomorrow.	*Le chiarisco tutto domani.*

C.

1. Answer the questions using the cues provided.

1. Preferisci il mare o la montagna? (il mare)
2. Dottore, Marco guarisce bene dall'influenza? (sì, molto)
3. Quando finisce l'inverno? (il venti marzo)
4. Capiscono l'italiano? (no, non)
5. Con che cosa condisci l'insalata? (con l'olio e l'aceto)

2. Fill in the blanks by conjugating the verbs in parentheses.

1. Quando Maria (finire) _______ di studiare va al cinema.
2. Io (pulire) _______ la mia camera se tu lavi la cucina.
3. Voi (capire) _______ bene i film in italiano?
4. Giorgio e Carlo (preferire) _______ guidare di giorno invece che di notte.
5. Franco, (finire) _______ di mangiare in fretta, è tardi!

D. Answer Key

1. 1. Preferisco il mare.
2. Sì, Marco guarisce molto bene dall'influenza.

3. L'inverno finisce il venti marzo.
4. No, non capiscono l'italiano.
5. Condisco l'insalata con l'olio e l'aceto.

2.
1. finisce
2. pulisco
3. capite
4. preferiscono
5. finisci

The Present Indicative of *dire* and *morire*

A.

In this chapter we'll learn two more irregular verbs: *dire,* "to say, to tell," and *morire,* "to die." Let's begin with *dire.*

I say	*io dico*
I always tell you everything.	*Le dico sempre tutto.*
you say	*tu dici*
What do you say about some coffee?	*Cosa ne dici di un caffè?*
he says	*lui dice*
He always says what he thinks.	*Dice sempre ciò che pensa.*
we say	*noi diciamo*
We never say stupid things.	*Non diciamo mai stupidaggini.*
you say	*voi dite*
You never say no.	*Voi non dite mai di no.*
they say	*loro dicono*
They are telling the truth.	*Loro dicono la verità.*

And now let's do *morire.*

I die	*io muoio*
I am dying of boredom!	*Muoio di noia!*
you die	*tu muori*
You are starving.	*Tu muori di fame.*
she dies	*lei muore*
Marta is dying to see you.	*Marta muore dalla voglia di vederti.*
we die	*noi moriamo*
We are terribly angry.	*Noi moriamo di rabbia.*

Verbs in Action

you die	*voi morite*
You are very sleepy.	*Morite di sonno.*
they die	*loro muoiono*
The plants are dying because of the drought.	*Le piante muoiono a causa della siccità.*

B.

Read the following dialogue between two friends.

Salvatore:	*Cosa ne dici di una passeggiata?*
Elena:	*Volentieri, ma io muoio dal caldo.*
Salvatore:	*E io muoio di noia se sto a casa.*
Elena:	*D'accordo, ma dico io dove andiamo.*
Salvatore:	*Va bene.*

Now read it again with the translation.

What do you say we go for a walk?	*Cosa ne dici di una passeggiata?*
Sure, but I'm dying of heat.	*Volentieri, ma io muoio dal caldo.*
And I'll die of boredom if I stay at home.	*E io muoio di noia se sto a casa.*
O.K. but I'll say where we're going.	*D'accordo, ma dico io dove andiamo.*
Sure.	*Va bene.*

C.

1. Answer the questions using the cues provided.

1. Chi muore dal caldo? (io)
2. Dicono la verità? (sì)
3. Dite sempre ciò che pensate? (sì, sempre)
4. Perché muoiono le piante? (a causa della siccità)
5. Dici che ha ragione Gloria? (no, non . . . affatto)

2. Fill in the blanks in the following exercise.

1. Io (morire) _______ dalla voglia di rivederlo.
2. Luigi e Carla (dire) _______ che non possono venire.
3. Se proprio volete saperlo, noi vi (dire) _______ che non siamo d'accordo.
4. Chi non (morire) _______ si rivede!
5. Loredana (dire) _______ che è troppo tardi per andare al cinema.

D. Answer Key

1. 1. Io muoio da caldo.
2. Sì, loro dicono la verità.
3. Sì, diciamo sempre ciò che pensiamo.

4. Le piante muoiono a causa della siccità.
5. No, dico che Gloria non ha affatto ragione.

2. 1. muoio
2. dicono
3. diciamo
4. muore
5. dice

The Present Indicative of *venire* and *uscire*

A.

Here are two more useful irregular verbs. First, *venire,* "to come."

I come	*io vengo*
I am coming tonight.	*Vengo stasera.*
you come	*tu vieni*
Are you coming to the restaurant for dinner?	*Vieni a cena al ristorante?*
she comes	*lei viene*
Does Lucia come from Florence?	*Lucia viene da Firenze?*
we come	*noi veniamo*
We're coming from Spoleto.	*Veniamo da Spoleto.*
you come	*voi venite*
How are you getting here?	*Come venite qui?*
they come	*loro vengono*
They come to Italy twice a year.	*Loro vengono in Italia due volte all'anno.*

Now let's turn to uscire, *"to go out, to exit."*

I go out	*io esco*
I am going out in an hour.	*Esco fra un'ora.*
you go out	*tu esci*
At what time are you going out?	*A che ora esci?*
he goes out	*lui esce*
He never goes out in the evening.	*Lui non esce mai di sera.*
we go out	*noi usciamo*
We are going out without an umbrella.	*Usciamo senza ombrello.*

Verbs in Action

you go out	*voi uscite*
You go out too late.	*Uscite troppo tardi.*
they go out	*loro escono*
They always go out together.	*Escono sempre insieme.*

B.

Read the following dialogue.

Pietro:	*Marco, Luisa, venite con noi al teatro stasera?*
Luisa:	*Io non esco perché devo lavorare.*
Marco:	*Ma io sono libero. Quando usciamo?*
Pietro:	*Lo spettacolo comincia alle otto. Allora vieni da me alle sette.*
Marco:	*Chi viene con noi?*
Pietro:	*Vengono anche Maria e Paolo.*

Now read the same dialogue again with its translation.

Marco, Luisa, come with us to the theater tonight?	*Marco, Luisa, venite con noi al teatro stasera?*
I'm not going out because I have to work.	*Io non esco perché devo lavorare.*
But I'm free.	*Ma io sono libero.*
When are we going out?	*Quando usciamo?*
The performance begins at eight.	*Lo spettacolo comincia alle otto.*
So, come to my house at seven.	*Allora vieni da me alle sette.*
Who's coming with us?	*Chi viene con noi?*
Maria and Paolo are coming too.	*Vengono anche Maria e Paolo.*

C.

1. Respond according to the cues provided.

1. Quando vieni a casa mia? (domani mattina)
2. Da dove vengono? (da Torino)
3. A che ora uscite? (alle due di pomeriggio)
4. Venite subito? (no, tra un'ora).
5. Perché non esce stasera, signor Castelli? (perché ho la febbre).

2. Ask the questions appropriate to the following answers.

1. Mario viene alle quattro.
2. Sì, quando finisco di studiare esco.
3. Sì, vengono anche Nando e Giulia.
4. No, domenica mattina non usciamo presto.
5. No, non vengo al teatro in macchina, vengo in autobus.

D. Answer Key

1.
1. Vengo a casa tua domani mattina.
2. Vengono da Torino.
3. Usciamo alle due di pomeriggio.
4. No, veniamo tra un'ora.
5. Stasera non esco perché ho la febbre.

2.
1. A che ora viene Mario?
2. Esci quando finisci di studiare?
3. Vengono anche Nando e Giulia?
4. Uscite presto domenica mattina?
5. Vieni al teatro in macchina?

The Present Indicative of Reflexive Verbs

A.

A verb is reflexive if the action refers back to the subject. For example: "I wash myself" corresponds to *io mi lavo*. Reflexive verbs are conjugated like regular verbs, but they always take a reflexive pronoun: *mi*, "myself," *ti*, "yourself," *si*, "himself, herself," or "yourself (formal)"; *ci*, "ourselves," *vi*, "yourselves," *si*, "themselves" or "yourselves (very formal)." Let's conjugate *lavarsi*, "to wash oneself."

I wash myself	*io mi lavo*
I wash myself every morning.	*Mi lavo ogni mattina.*
you wash yourself	*tu ti lavi*
You wash yourself every evening.	*Tu ti lavi tutte le sere.*
you wash yourself	*Lei si lava*
You wash yourself only with bath foam?	*Lei si lava solo con il bagno schiuma?*
we wash ourselves	*noi ci laviamo*
We wash ourselves with neutral soap.	*Noi ci laviamo con sapone neutro.*
you wash yourselves	*voi vi lavate*
Do you wash yourselves with this soap?	*Vi lavate con questo sapone?*
they wash themselves	*loro si lavano*
They wash themselves after the game.	*Loro si lavano dopo la partita.*

Verbs in Action

Let's try a few more reflexive verbs: *vestirsi*, "to get dressed," *mettersi*, "to put something on," *pettinarsi*, "to comb one's hair."

They're always combing themselves at work.	*Loro si pettinano sempre al lavoro.*
You always dress yourself in the latest fashion.	*Lei si veste sempre all'ultima moda.*
Are you going to put on your evening gown?	*Tu ti metti l'abito da sera?*

And here's another group: *alzarsi*, "to get up," *svegliarsi*, "to wake up," and *sedersi*, "to sit down."

At what time do you get up?	*A che ora ti alzi?*
Maria wakes up at eight.	*Maria si sveglia alle otto.*
We are going to sit down by the window.	*Noi ci sediamo vicino alla finestra.*

B.

Read the dialogue.

Signor Rossi:	*Allora, sei pronta? I tuoi cugini si mettono a tavola tra un'ora.*
Signora Rossi:	*Un momento, per favore!*
Signor Rossi:	*Ti svegli sempre tardi.*
Signora Rossi:	*Mi lavo e mi vesto in venti minuti.*
Signor Rossi:	*D'accordo. Mi siedo qui e aspetto.*

Now read it again, this time with the translation.

So, are you ready?	*Allora, sei pronta?*
Your cousins are going to start dinner in an hour.	*I tuoi cugini si mettono a tavola tra un'ora.*
One moment, please!	*Un momento, per favore!*
You always wake up late.	*Ti svegli sempre tardi.*
I'll wash myself and get dressed in twenty minutes.	*Mi lavo e mi vesto in venti minuti.*
Okay.	*D'accordo.*
I'll sit down here and wait.	*Mi siedo qui e aspetto.*

C.

1. Respond using the cues provided.

1. Quando vi mettete a tavola? (tra cinque minuti)
2. Ti lavi con il sapone o con il bagno schiuma? (sapone)
3. Signora, Lei si veste sempre di rosso? (no, anche di blu)
4. Cosa si mettono stasera le tue sorelle? (i vestiti da sera)
5. Quando vi svegliate di mattina? (alle sei)

2. **Fill in the blanks using the cues in parentheses.**

1. Quando piove _______ (mettersi, io) l'impermeabile.
2. La domenica _______ (alzarsi, loro) sempre molto tardi.
3. Tina _______ (lavarsi) i capelli ogni giorno.
4. _______ (pettinarsi, voi) con la spazzola o con il pettine?
5. Quando finiamo di mangiare _______ (mettersi, noi) subito a studiare.

D. Answer Key

1.
1. Ci mettiamo a tavola tra cinque minuti.
2. Mi lavo con il sapone.
3. No, mi vesto anche di blu.
4. Stasera si mettono i vestiti da sera.
5. Di mattina ci svegliamo alle sei.

2.
1. mi metto
2. si alzano
3. si lava
4. Vi pettinate
5. ci mettiamo

The Present Indicative of Reciprocal Verbs

A.

Reciprocal verbs express actions that the subjects, which are always plural, perform on or to each other. Many verbs can express reciprocal actions by using the plural reflexive pronouns *ci, vi,* and *si.* Let's look at a few examples.

to kiss each other	*baciarsi*
They kiss each other on the cheeks.	*Si baciano sulle guance.*
to understand each other	*capirsi*
They understand each other very well.	*Si capiscono molto bene.*
to run into, to meet each other	*incontrarsi*
They meet every Tuesday at the coffee shop.	*Si incontrano ogni martedì al caffè.*
to write to each other	*scriversi*
Do you write to each other every week?	*Vi scrivete ogni settimana?*
to talk over the phone	*sentirsi*
We are going to talk next week.	*Ci sentiamo la settimana prossima.*

to see each other	*vedersi*
When are we going to see each other?	*Quando ci vediamo?*

B.

Read the following dialogue.

Lorenzo:	*Ciao, Gioia.*
Gioia:	*Ciao, Lorenzo.*
Lorenzo:	*Allora, quando ci vediamo?*
Gioia:	*Domani pomeriggio, ma ci sentiamo prima per telefono.*
Lorenzo:	*E dove ci incontriamo?*
Gioia:	*Ci troviamo al "Caffè degli artisti."*
Lorenzo:	*Va bene.*

Now let's look at the translation.

Hi, Gioia.	*Ciao, Gioia.*
Hi, Lorenzo.	*Ciao, Lorenzo.*
So, when are we seeing each other?	*Allora, quando ci vediamo?*
Tomorrow afternoon, but let's talk on the phone first.	*Domani pomeriggio, ma ci sentiamo prima per telefono.*
And where are we going to meet?	*E dove ci incontriamo?*
We'll meet at the *Caffè degli Artisti.*	*Ci troviamo al "Caffè degli Artisti."*
All right.	*Va bene.*

C.

1. Answer the questions using the cues provided.

1. Vi scrivete spesso? (sì, una volta al mese)
2. Ci sentiamo questa sera? (no, domani sera)
3. Si capiscono bene quando parlano in italiano? (no, non molto bene)
4. Quante volte alla settimana si vedono? (tre volte)
5. Quando si sposano? (il mese prossimo)

2. Fill in the missing reciprocal verbs and pronouns.

1. Quando Pino e Daniela _______ (vedere) alle feste parlano tantissimo.
2. _______ (dare) del tu quando parlate in italiano?
3. Quando parto, Gianna e io _______ (abbracciare) con tanto affetto.
4. _______ (noi, vedere) alla partita?
5. Ho notato che il professore e gli studenti _______ (rispettare) molto.

D. Answer Key

1. 1. Sì, ci scriviamo una volta al mese.
   2. No, ci sentiamo domani sera.
   3. No, non si capiscono molto bene quando parlano in italiano.
   4. Si vedono tre volte alla settimana.
   5. Si sposano il mese prossimo.

2. 1. si vedono
   2. vi date
   3. ci abbracciamo
   4. ci vediamo
   5. si rispettano

The Present Indicative of *piacere*

A.

The irregular verb *piacere,* "to like," is used differently than its English counterpart. For example: "I like fruit" translates into Italian as *la frutta mi piace,* or literally: "fruit is pleasing to me." The subject in English becomes an indirect object in Italian. *Piacere* is used primarily in its third person singular and plural forms, though it does have a full conjugation. Let's see how it works:

I like I like Rome.	*mi piace* *Mi piace Roma.*
I like I like museums.	*mi piacciono* *Mi piacciono i musei.*

Notice that if what you like is singular, you use *piace,* and if it is plural, you use *piacciono*.

you like Do you like these roses?	*ti piacciono* *Ti piacciono queste rose?*
he likes He likes Italy.	*gli piace* *Gli piace l'Italia.*
she likes She likes these clothes.	*le piacciono* *Le piacciono questi vestiti.*
you like Do you like Brahms?	*Le piace* *Le piace Brahms?*
we like We like Italian wines.	*ci piacciono* *Ci piacciono i vini italiani.*
you like Do you like this movie?	*vi piace* *Vi piace questo film?*
they like Sabina and Livia like Italian shoes.	*a loro piacciono* *A Sabina e Livia piacciono le scarpe italiane.*

Piacere can also take another verb in the infinitive, in which case *piacere* is always used in the third person singular form.

I like to travel.	*Mi piace viaggiare.*
We like to take the plane.	*A noi piace prendere l'aereo.*
Luca and Gianni like to go to the beach.	*A Luca e Gianni piace andare al mare.*

B.

Read the following dialogue.

Marco:	*Cosa vi piace di questo menù?*
Alessandra:	*A me piace la pasta ai tartufi.*
Marco:	*E a te, Francesco?*
Francesco:	*Non mi piace niente. Non mi piace mangiare al ristorante.*

Now let's look at what they are saying.

What do you like on this menu?	*Cosa vi piace di questo menù?*
I like the pasta with truffles.	*A me piace la pasta ai tartufi.*
And you, Francesco?	*E a te, Francesco?*
I don't like anything.	*Non mi piace niente.*
I don't like eating in restaurants.	*Non mi piace mangiare al ristorante.*

C.

1. Respond using the cues.

1. A loro piace questo vino? (no)
2. Ti piacciono queste scarpe? (non molto)
3. A Marco piace andare in vacanza in Italia? (sì, molto)
4. Vi piacciono questi affreschi? (sì, molto)
5. Ti piacciono i funghi? (no, affatto)

2. *Piace* or *piacciono*?

1. Mi _______ gli spaghetti.
2. Gli _______ moltissimo andare al mare.
3. Vi _______ i formaggi francesi?
4. Ci _______ ascoltare la musica jazz e anche la musica classica.
5. Ti _______ il caffè italiano o preferisci quello americano?

D. Answer Key

1. 1. No, a loro non piace questo vino.
2. Non mi piacciono molto queste scarpe.
3. Sì, a Marco piace molto andare in vacanza in Italia.
4. Sì, ci piacciono molto questi affreschi.
5. No, i funghi non mi piacciono affatto.

2. 1. piacciono
2. piace
3. piacciono
4. piace
5. piace

The Present Indicative of Impersonal Verbs

A.

Impersonal verbs are used only in the third person singular. They express an action or condition with a general subject. In English, the subject in impersonal constructions is usually "it."

It's raining.	*Piove.*
It rains a lot here during the spring.	*Piove molto qui durante la primavera.*
It's snowing.	*Nevica.*
In the mountains it snows all year.	*In montagna nevica tutto l'anno.*

Impersonal expressions are quite common in daily conversation. Some of the most common are followed by an infinitive.

it's necessary	*bisogna*
It's necessary to go to the airport.	*Bisogna andare all'aeroporto.*
it's necessary	*occorre*
It's necessary to buy olive oil.	*Occorre comprare l'olio d'oliva.*
it's necessary	*è necessario*
It's necessary to reserve the flight.	*È necessario prenotare il volo.*
it's easy	*è facile*
It's easy to understand Italian.	*È facile capire l'italiano.*
it suffices, it's enough	*basta*
It's enough to listen carefully.	*Basta ascoltare attentamente.*

Sometimes impersonal constructions of verbs in the third person singular are used as impersonal expressions.

one eats	*si mangia*
One eats well in this restaurant.	*In questo ristorante si mangia bene.*

one sees	*si vede*
From here one sees the stage very well.	*Da qui si vede il palco molto bene.*

B.

Read to the following dialogue.

Signora Ruggieri:	*Oggi fa molto freddo e nevica.*
Signor Ruggieri:	*Sì, ma bisogna uscire lo stesso.*
Signora Ruggieri:	*Perché?*
Signor Ruggieri:	*È necessario andare all'ufficio postale.*
Signora Ruggieri:	*Bisogna proprio andare?*
Signor Ruggieri:	*Sì, bisogna inviare il pacco oggi.*

Now let's take a closer look.

Today it's very cold and it's snowing.	*Oggi fa molto freddo e nevica.*
Yes, but it's necessary to go out anyway.	*Sì, ma bisogna uscire lo stesso.*
Why?	*Perché?*
It's necessary to go to the post office.	*È necessario andare all'ufficio postale.*
Is it really necessary to go?	*Bisogna proprio andare?*
Yes, we have to send the package today.	*Sì, bisogna inviare il pacco oggi.*

C.

1. Answer the following questions according to the cues in parentheses.

1. Piove molto qui in primavera? (no, poco)
2. Qui nevica tutto l'anno? (no, solo d'inverno)
3. Cosa occorre comprare? (il caffè)
4. È necessario prenotare il volo per Miami? (sì)
5. Cosa bisogna prendere? (il dolce)

2. Now let's translate some impersonal statements into Italian.

1. It is necessary to go out now.
2. It is easy to understand Italian.
3. One can hear very well from here.
4. It is not easy to skate (*pattinare*).
5. One always eats well in Italy.

D. Answer Key

1. 1. No, piove poco qui in primavera.
2. No, qui nevica solo d'inverno.
3. Occorre comprare il caffè.
4. Sì, è necessario prenotare il volo per Miami.
5. Bisogna prendere il dolce.

2. 1. È necessario uscire ora.
2. È facile capire l'italiano.
3. Si sente molto bene da qui.
4. Non è facile pattinare.
5. In Italia si mangia sempre bene.

TALKING ABOUT THE PAST

The Present Perfect (*passato prossimo*) with *essere*

A.

The present perfect expresses an action that happened and was completed in the past. For example:

Yesterday I met Paolo.	*Ieri ho incontrato Paolo.*

It can also express an action that occurred a long time ago, but whose effects continue in the present.

Antonio moved here ten years ago.	*Antonio si è trasferito qui dieci anni fa.*

The present perfect is a compound tense. It is formed with the present indicative of the auxiliary verb, *avere* or *essere*, and the past participle of the main verb. To form the past participle of a regular verb, drop the infinitive ending and replace it with the appropriate past participle ending: *-ato* for *-are* verbs, *-uto* for *-ere* verbs, and *-ito* for *-ire* verbs. Let's take *parlare* as an example: drop the infinitive ending, *-are,* and replace it with *-ato*. We now have the past participle: *parlato.* Likewise, *ricevere* becomes *ricevuto,* and *dormire—dormito.*

While most verbs take *avere* as their auxiliary, a few important ones take *essere*. Keep in mind that the past participle of the verbs that take *essere* must agree in gender and number with the subject. If the subject in the plural is a combination of men and women the masculin plural ending *–i* will be used. Let's begin with *andare,* "to go."

I went	*io sono andato/a*
I (Maria) went to Milan.	*io (Maria) sono andata a Milano.*
you went	*tu sei andato/a*
Maria, did you go to the piano lesson?	*Maria, sei andata a lezione di pianoforte?*
he went	*lui è andato*
Francesco went out for dinner.	*Francesco è andato fuori a cena.*
Maria went to the movies.	*Maria è andata al cinema.*
Signor Rossi, did you go to the performance?	*Signor Rossi, è andato allo spettacolo?*
Signora Rossi, when did you leave?	*Signora Rossi, quando è andata via?*

we went	*noi siamo andati*
We went to the theater last week.	*Siamo andati a teatro la settimana scorsa.*
you went	*voi siete andati*
Maria e Luisa, did you go to the library?	*Maria e Luisa, siete andate in biblioteca?*
Maria and Franco, where did you go yesterday?	*Maria e Franco, dove siete andati ieri?*
they went	*loro sono andati*
Mr. and Mrs. Rossi went to Florence by car.	*I signori Rossi sono andati a Firenze in macchina.*

Here are some other verbs that take *essere* as their auxiliary. Notice that none of them take a direct object and that many are verbs of movement.

to arrive	*arrivare*
Anna and Roberto arrived late.	*Anna e Roberto sono arrivati tardi.*
to become	*diventare*
I became skeptical.	*Sono diventata scettica.*
to enter	*entrare*
Federico entered the movie theater with us.	*Federico è entrato al cinema con noi.*
to be born	*nascere*
He was born in Italy.	*Lui è nato in Italia.*
to leave	*partire*
You left quite early.	*Tu sei partito abbastanza presto.*
to return	*tornare* or *ritornare*
Anna, when did you come back?	*Anna, quando sei ritornata?*
to go out	*uscire*
Last month we went out every night.	*Il mese scorso siamo usciti tutte le sere.*
to come	*venire*
I have come to this museum before.	*Sono venuta altre volte in questo museo.*
to stay	*stare*
You stayed at home?	*Siete stati a casa?*

Essere itself also takes *essere* as its auxiliary, as do all reflexive verbs.

Were you at the opera?	*Siete stati all'opera?*
I washed early this morning.	*Mi sono lavata presto questa mattina.*

You got up at eight.	*Ti sei alzata alle otto.*
You sat in the first row.	*Si è seduta in prima fila.*

Essere is also used with reciprocal and impersonal verbs.

They saw each other yesterday at the lecture.	*Si sono incontrati ieri alla conferenza.*
Did you write to each other last year?	*Vi siete scritti l'anno scorso?*
It occurred yesterday.	*È successo ieri.*
It rained all day.	*È piovuto tutto il giorno.*

B.

Read the following dialogue.

Marcella: *Ciao, ragazzi, dove siete andati in vacanza?*
Michele: *Siamo andati in Puglia.*
Marcella: *Quando siete partiti?*
Michele: *Siamo partiti ai primi di luglio.*
Marcella: *Siete andati soli?*
Michele: *No, Livia e Francesca sono venute con noi.*
Marcella: *Ah, benissimo!*

Now let's take a more detailed look.

Hi, guys, where did you go on vacation?	*Ciao, ragazzi, dove siete andati in vacanza?*
We went to Puglia.	*Siamo andati in Puglia.*
When did you leave?	*Quando siete partiti?*
We left at the beginning of July.	*Siamo partiti ai primi di luglio.*
Did you go alone?	*Siete andati soli?*
No, Livia and Francesca came with us.	*No, Livia e Francesca sono venute con noi.*
Oh, great!	*Ah, benissimo!*

C.

1. Respond using the cues provided.

1. Sono tornati dal viaggio in Europa? (no, non)
2. A che ora sei uscita di casa? (a mezzogiorno)
3. Signora Ranieri, con chi è stata al cinema? (con Laura)
4. È nevicato ieri mattina? (no, ieri sera)
5. Dove sei nato? (a Milano)

2. Write the questions for the following answers.

1. Siamo arrivati alle sette.
2. Gioia è nata in agosto.
3. Domenica sono andata al mare.

4. Giorgio è andato al cinema in macchina.
5. Sono partito con Valerio.

D. Answer Key

1. 1. No, non sono tornati dal viaggio in Europa.
2. Sono uscita di casa a mezzogiorno.
3. Sono stata al cinema con Laura.
4. No, è nevicato ieri sera.
5. Sono nato a Milano

2. 1. Quando siete arrivati?
2. Quando è nata Gioia?
3. Dove sei andata domenica?
4. Come è andato al cinema Giorgio?
5. Con chi sei partito?

The Present Perfect with *avere*

A.

Now let's turn to verbs that take *avere* as their auxiliary. Remember that, unlike with *essere*, the past participles of these verbs DO NOT agree with the subject. Let's conjugate *parlare* in the present perfect.

I spoke	*io ho parlato*
I spoke Italian during the trip.	*Ho parlato in italiano durante il viaggio.*
you spoke	*tu hai parlato*
Have you talked to them?	*Hai parlato con loro?*
she spoke	*lei ha parlato*
Lucia never talked about this problem.	*Lucia non ha mai parlato di questo problema.*
we spoke	*noi abbiamo parlato*
We spoke only to them.	*Abbiamo parlato solo con loro.*
you spoke	*voi avete parlato*
You spoke in vain.	*Avete parlato per niente.*
they spoke	*loro hanno parlato*
They didn't even talk with us.	*Non hanno neppure parlato con noi.*

Avere itself is regular in the present perfect and takes *avere* as its auxiliary.

I didn't have time.	*Non ho avuto tempo.*

Now let's learn some useful verbs with irregular past participles.

to drink/drunk	*bere/bevuto*
You drank too much wine last night.	*Hai bevuto troppo vino ieri sera.*
to ask/asked	*chiedere/chiesto*
Who asked for a coffee?	*Chi ha chiesto un caffè?*
to say/said	*dire/detto*
What did you say to your friends?	*Cosa avete detto ai vostri amici?*
to do/done	*fare/fatto*
What did you do yesterday evening?	*Cosa avete fatto ieri sera?*
to read/read	*leggere/letto*
Did you read the review of the book?	*Hai letto la recensione del libro?*
to put/put	*mettere/messo*
Did you put sugar in the coffee?	*Hai messo lo zucchero nel caffè?*
to take/taken	*prendere/preso*
What did you have as an entrée?	*Cosa hai preso per secondo?*
to answer/answered	*rispondere/risposto*
She didn't answer his letter.	*Non ha risposto alla sua lettera.*
to see/seen	*vedere/visto*
Did you see the last Fellini movie?	*Hai visto l'ultimo film di Fellini?*

When used alone, *dovere, potere,* and *volere* are also conjugated with *avere.*

Lucia wanted that necklace.	*Lucia ha voluto quella collana.*

If, on the other hand, they are followed by another verb in the infinitive, they take the auxiliary required by that verb. Compare:

I couldn't leave early.	*Non sono potuto partire presto.*
She wanted to buy that dress.	*Ha voluto comprare quel vestito.*

B.

Read the following dialogue.

Luigi:	*Hai risposto alla lettera di Martina?*
Cristina:	*Sì, ho scritto la lettera due giorni fa.*

Luigi:	*Ho inviato anch'io una cartolina a Martina, ma una settimana fa.*
Cristina:	*Senza dire nulla!*
Luigi:	*Non ho avuto il tempo di telefonarti.*
Cristina:	*Certo. Ti capisco.*

Now let's look at the meaning of the dialogue.

Did you answer Martina's letter?	*Hai risposto alla lettera di Martina?*
Yes, I wrote the letter two days ago.	*Sì, ho scritto la lettera due giorni fa.*
I sent a postcard to Martina, too, but a week ago.	*Ho inviato anch'io una cartolina a Martina, ma una settimana fa.*
Without saying anything!	*Senza dire nulla!*
I didn't have the time to call you.	*Non ho avuto il tempo di telefonarti.*
Of course.	*Certo.*
I understand.	*Ti capisco.*

C.

1. Answer the following questions.

1. Avete inviato la cartolina a vostra cugina? (no, non)
2. Hai detto a Emanuele di venire a cena? (no, non . . . nulla)
3. Hanno portato i fiori? (sì)
4. Hai messo lo zucchero nel caffè? (no, non)
5. Hai mangiato la pizza con i funghi? (no, quella al prosciutto)

2. Ask the following questions in Italian.

1. Where did you buy the newspaper?
2. Did you write the letter to your mother?
3. Did you have time to wash the dishes?
4. Did they watch television last night?
5. What did she tell Lina?

D. Answer Key

1.
1. No, non abbiamo inviato la cartolina a nostra cugina.
2. No, non ho detto nulla a Emanuele.
3. Sì, hanno portato i fiori.
4. No, non ho messo lo zucchero nel caffè.
5. No, ho mangiato quella al prosciutto.

2.
1. Dove hai comprato il giornale?
2. Hai scritto la lettera a tua madre?
3. Hai avuto il tempo di lavare i piatti?
4. Hanno guardato la televisione ieri notte?
5. Che cosa ha detto a Lina?

The Imperfect of *essere* and *avere*

A.

The imperfect expresses a past action that occurred over a period of time. It describes what was happening or what used to happen, as well as habitual actions in the past. Let's start with *essere*, which is irregular in the imperfect.

I was When I was a child . . .	*io ero* *Quando ero bambino . . .*
you were That year you were always in Rome.	*tu eri* *Quell'anno eri sempre a Roma.*
you were Were you on the phone?	*Lei era* *Lei era al telefono?*
we used to be We used to be very good friends.	*noi eravamo* *Noi eravamo molto amici.*
you were Were you in Italy last month?	*voi eravate* *Eravate in Italia il mese scorso?*
they were They were always glad to see him.	*loro erano* *Erano sempre contenti di vederlo.*

Avere is regular in the imperfect.

I had As a child, I was afraid of the dark.	*io avevo* *Da piccolo, avevo paura del buio.*
you had You were always in a hurry.	*tu avevi* *Tu avevi sempre fretta.*
he had He had many friends in Italy.	*lui aveva* *Lui aveva molti amici in Italia.*
we had We always used to have the same hotel room.	*noi avevamo* *Avevamo sempre la stessa camera d'hotel.*
you had When you were ten years old . . .	*voi avevate* *Quando avevate dieci anni . . .*
they had At one time they had more money.	*loro avevano* *Una volta avevano più soldi.*

B.

Read the following dialogue.

Signor Martin:	*A Bologna, eravamo in giro dalla mattina alla sera.*
Signora Gabriele:	*Avevate una pianta della città?*
Signor Martin:	*Sì, ma andavamo a destra e a sinistra un po' a caso . . . E poi la gente era così gentile . . .*
Signora Gabriele:	*Ah, sì? Vi sono piaciuti gli italiani?*
Signor Martin:	*Sì, certo. Avevano molta pazienza con noi.*

Let's take a closer look.

In Bologna, we were sightseeing from morning until evening.	*A Bologna, eravamo in giro dalla mattina alla sera.*
Did you have a map of the city?	*Avevate una pianta della città?*
Yes, but we were wandering around at random . . .	*Sì, ma andavamo a destra e a sinistra un po' a caso . . .*
And the people were so nice . . .	*E poi la gente era così gentile . . .*
Is that so?	*Ah, sì?*
You liked the Italians?	*Vi sono piaciuti gli italiani?*
Certainly.	*Sì, certo.*
They were very patient with us.	*Avevano molta pazienza con noi.*

C.

1. Answer the following questions according to the given cues.

1. Quando eri in Italia avevi molti amici? (sì)
2. Dov'eri ieri pomeriggio? (dal medico)
3. Eravate in vacanza in Grecia? (sì)
4. I bambini avevano paura del buio? (sì)
5. Eri biondo quando avevi tre anni? (sì)

2. Fill in the blanks with the imperfect.

1. Ieri notte (io avere) _______ un gran mal di testa.
2. Domenica notte alle tre Marisa (essere) _______ ancora sveglia.
3. A dieci anni loro (avere) _______ tutti e due una bicicletta rossa.
4. L'estate scorsa (tu essere) _______ contento di abitare in Italia?
5. Siamo usciti perché (avere) _______ molto caldo.

D. Answer Key

1.
1. Sì, quando ero in Italia avevo molti amici.
2. Ieri pomeriggio ero dal medico.
3. Sì, eravamo in vacanza in Grecia.
4. Sì, i bambini avevano paura del buio.
5. Sì, quando avevo tre anni ero biondo.

2. 1. avevo
   2. era
   3. avevano
   4. eri
   5. avevamo

The Imperfect of Regular and Irregular Verbs

A.

To form the imperfect tense of regular verbs, drop the *-re* ending from the infinitive and replace it with the appropriate imperfect endings, which are the same for all three verb groups: *-vo, -vi, -va, -vamo, -vate, -vano.* Let's begin with an *-are* verb: *parlare.*

I was speaking	*io parlavo*
you were speaking	*tu parlavi*
he was speaking	*lui parlava*
we were speaking	*noi parlavamo*
you were speaking	*voi parlavate*
they were speaking	*loro parlavano*
I was speaking in Italian every day.	*Parlavo in italiano ogni giorno.*
They used to speak constantly.	*Parlavano in continuazione.*

Now let's try an *-ere* verb: *vivere,* "to live."

I was living	*io vivevo*
you were living	*tu vivevi*
she was living	*lei viveva*
we were living	*noi vivevamo*
you were living	*voi vivevate*
they were living	*loro vivevano*
You used to live in Italy.	*Vivevi in Italia.*
We were living alone.	*Vivevamo da soli.*

Finally let's do an *-ire* verb: *dormire.*

I was sleeping	*io dormivo*
you were sleeping	*tu dormivi*
you were sleeping	*Lei dormiva*
we were sleeping	*noi dormivamo*
you were sleeping	*voi dormivate*
they were sleeping	*loro dormivano*
On Mondays you used to sleep until seven.	*Il lunedì dormivate fino alle sette.*
Marta was sleeping on the beach.	*Marta dormiva sulla spiaggia.*

Many of the irregular verbs we studied in previous lessons are regular in the imperfect. For example:

We used to go to Florence by train every month.	*Andavamo a Firenze in treno ogni mese.*
They were staying in that hotel.	*Stavano in quell'hotel.*
I could not go to the post office.	*Non potevo andare all'ufficio postale.*

Now let's turn to verbs that are irregular in the imperfect. They have irregular imperfect stems but take regular imperfect endings. We'll demonstrate with *bere*, "to drink," whose imperfect stem is *beve-*.

I used to drink mineral water.	*Bevevo acqua minerale.*
We used to drink white wine at dinner.	*A cena bevevamo vino bianco.*

The stem for *fare* is *face-* in the imperfect:

I used to make many trips.	*Facevo molti viaggi.*

And the stem for *dire* is *dice-*:

They always told the truth.	*Dicevano sempre la verità.*

B.

Read the following dialogue.

La nonna: *Da bambina venivi spesso a casa mia di sabato . . . Dormivi fino a tardi.*

La nipote: *Mi ricordo . . . e tu preparavi delle ottime colazioni. . . .*

La nonna: *E tu non ti potevi fermare la domenica perché dovevi studiare . . .*

La nipote: *È vero, ma molte volte invece andavo in piscina a nuotare.*

Let's take a closer look.

As a little girl, you often used to come to my house on Saturday . . .	*Da bambina venivi spesso a casa mia di sabato . . .*
You used to sleep late.	*Dormivi fino a tardi.*
I remember . . . and you used to make wonderful breakfasts . . .	*Mi ricordo . . . e tu preparavi delle ottime colazioni . . .*
And you couldn't stay on Sunday because you had to study . . .	*E tu non ti potevi fermare la domenica perché dovevi studiare . . .*
It's true, but many times I would go to the pool to swim, instead.	*È vero, ma molte volte invece andavo in piscina a nuotare.*

C.

1. Answer the following questions.

1. Signore, di solito cosa beveva? (spremuta d'arancia)
2. Facevate molte vacanze da ragazzi? (sì)
3. Dove andavano Francesca e Paolo al mare? (in Sardegna)
4. Lui viveva a Venezia da bambino? (sì)
5. Con chi giocavi quando eri piccolo? (con mio fratello)

2. Write the questions for the following answers. Use the clues in parentheses if provided.

1. Quando avevo quindici anni abitavo a Napoli. (Dove . . . ?)
2. Ieri alle tre studiavo l'italiano. (Che cosa . . . .?)
3. Sì, ieri notte alle undici dormivo.
4. No, mia nonna non abitava con noi.
5. Sì, da piccoli per colazione bevevamo il caffellatte.

D. Answer Key

1.
1. Di solito bevevo spremuta d'arancia.
2. Sì, facevamo molte vacanze da ragazzi.
3. Francesca e Paolo andavano al mare in Sardegna.
4. Sì, lui viveva a Venezia da bambino.
5. Quando ero piccolo giocavo con mio fratello.

2.
1. Dove abitavi quando avevi quindici anni?
2. Che cosa facevi ieri alle tre?
3. Dormivi ieri notte alle undici?
4. Abitava con voi tua nonna?
5. Bevevate il caffellatte per colazione da piccoli?

Usage of the Imperfect

A.

The imperfect is a much used tense in Italian. It has three main uses.

It indicates a habitual or repeated action in the past.

We used to go to the movies every Saturday.	*Andavamo al cinema ogni sabato.*
We would come home at seven every night.	*Tornavamo a casa alle sette ogni sera.*

It describes on-going actions in the past.

He was talking and laughing.	*Parlava e rideva.*
While I was watching TV, the children were sleeping.	*Mentre io guardavo la TV, i bambini dormivano.*

It describes physical conditions and emotional states in the past. This includes weather, age, and time.

It was a silent, hot day in August.	*Era una silenziosa, calda giornata d'agosto.*
It was around five in the afternoon.	*Erano circa le cinque del pomeriggio.*
When you were young, you were very happy.	*Quando eravate giovani, eravate molto allegri.*
When you were ten years old, I was thirty.	*Quando tu avevi dieci anni, io ne avevo trenta.*

The preposition *da* plus a time expression and a verb in the imperfect express the duration of an action in the past.

How long had you been working in Rome?	*Da quanto tempo lavoravi a Roma?*
I had been going to the opera for ten years.	*Andavo all'opera da dieci anni.*

In addition, the imperfect may be used instead of the present conditional to make a request more polite,

I would like a kilo of peaches.	*Volevo un chilo di pesche.*
We would like to rent a car.	*Volevamo noleggiare una macchina.*

and instead of the past conditional to express a desire or possibility in the past.

I wanted to talk to you, but you were never at home.	*Volevo parlare con te, ma non eri mai a casa.*
You could have thought of it earlier.	*Potevi pensarci prima.*

B.

Read the following dialogue.

Giovanna:	*Ieri era una giornata molto bella.*
Mario:	*Sì, però faceva troppo caldo. Erano le sette di sera e il sole scottava ancora.*
Giovanna:	*È vero, ma dopo un lungo inverno, ero molto felice di vedere il sole.*
Mario:	*Amavi l'estate anche quando avevi dieci anni.*
Giovanna:	*Certo. Andavamo alla spiaggia quasi ogni giorno.*

Let's take a closer look.

Yesterday was a very beautiful day.	*Ieri era una giornata molto bella.*

Yes, but it was too hot.	*Sì, però faceva troppo caldo.*
It was 7 p.m. and the sun was still burning.	*Erano le sette di sera e il sole scottava ancora.*
That's true, but after a long winter, I was very happy to see the sun.	*È vero, ma dopo un lungo inverno, ero molto felice di vedere il sole.*
Even when you were ten years old, you loved the sun.	*Amavi l'estate anche quando avevi dieci anni.*
Of course.	*Certo.*
We would go to the beach almost every day.	*Andavamo alla spiaggia quasi ogni giorno.*

C.

1. Now answer the following questions.

1. L'estate scorsa faceva caldo a Roma? (sì, molto)
2. Da quanto tempo abitava Massimo a Firenze? (due anni)
3. Eravate contenti di essere in Italia? (sì)
4. In che lingua parlava Marta di solito? (inglese)
5. Che cosa studiavi mentre Gianni leggeva il giornale? (l'italiano)

2. Ask the following questions.

1. Ask Gino and Lucia if they were going back home yesterday at six.
2. Ask Carmela what she used to drink for dinner when she was on vacation.
3. Ask Delio if he used to play soccer in Italy.
4. Ask Luca and Pina if they wanted to go to the movies last night.
5. Ask Luisa if she ate at the restaurant every day in France.

D. Answer Key

1.
1. Sì, l'estate scorsa faceva molto caldo a Roma.
2. Massimo abitava a Firenze da due anni.
3. Sì, eravamo contenti di essere in Italia.
4. Di solito Marta parlava in inglese.
5. Mentre Gianni leggeva il giornale io studiavo l'italiano.

2.
1. Gino e Lucia, ritornavate a casa ieri alle sei?
2. Carmela, che cosa bevevi a cena quando eri in vacanza?
3. Delio, giocavi a calcio in Italia?
4. Luca e Pina, volevate andare al cinema ieri sera?
5. Luisa, mangiavi al ristorante ogni giorno in Francia?

The Past Perfect

A.

The past perfect indicates an action that took place prior to another action in the past. It also implies the idea of repetition in the distant past. It is a compound tense formed with the imperfect of *essere* or *avere* and the past participle of the main verb. It translates into English as "I had" + past participle of the verb—for example, "I had spoken."

I had been	*io ero stato*
I had never been in Italy.	*Non ero mai stato in Italia.*
you had had	*tu avevi avuto*
You had had many problems.	*Avevi avuto molti problemi.*
you had left	*Lei era partito*
You had left before dinner.	*Era partito prima di cena.*
we had been	*noi eravamo stati*
We had never been so happy.	*Non eravamo mai stati così contenti.*
you had written	*voi avevate scritto*
You had written to him before leaving.	*Avevate scritto a lui prima di partire.*
they had spoken	*loro avevano parlato*
They had spoken for two hours.	*Avevano parlato per due ore.*

B.

Read the following dialogue.

Signora Gatto: *Eravate stati altre volte in questa città?*
Signor Rossi: *Sì, eravamo venuti l'anno scorso. E voi?*
Signora Gatto: *No, noi non eravamo mai stati qui prima d'ora.*
Signor Rossi: *Vi avevamo detto che era un posto da visitare.*
Signora Gatto: *Avevamo sempre pensato di venire, prima o poi.*

Let's see the same dialogue in more detail.

Had you been in this city before?	*Eravate stati altre volte in questa città?*
Yes, we had come last year.	*Sì, eravamo venuti l'anno scorso.*
And you?	*E voi?*
No, we had never been here before now.	*No, noi non eravamo mai stati qui prima d'ora.*
We had told you that it was a place to visit.	*Vi avevamo detto che era un posto da visitare.*
We had always thought of coming, sooner or later.	*Avevamo sempre pensato di venire, prima o poi.*

C.

1. Answer the following questions.

1. Eravate andati anche voi al cinema? (sì)
2. Chi aveva parlato per primo? (il professore)
3. Quante lettere avevi scritto? (due)
4. Erano usciti prima di voi? (no)
5. Avevi già mangiato quando sei arrivato? (no, non ancora)

2. Conjugate the verbs in parentheses in the past perfect.

1. Voi (finire) _______ il compito quando siete arrivati a scuola?
2. Quando ho finito di spiegare, gli studenti (capire) _______ tutto.
3. Io (leggere) _______ tutto il giornale quando sei arrivato.
4. Dino (bere) _______ tutto il vino quando ha finito di mangiare.
5. Loro (partire) _______ già _______ quando sono arrivato alla stazione.

D. Answer Key

1.
1. Sì, eravamo andati anche noi al cinema.
2. Il professore aveva parlato per primo.
3. Avevo scritto due lettere.
4. No, non erano usciti prima di noi.
5. No, quando sono arrivato non avevo ancora mangiato.

2.
1. avevate finito
2. avevano capito
3. avevo letto
4. aveva bevuto
5. erano [. . .] partiti

The Absolute Past

A.

The absolute past expresses an action that happened and was completed in the past, with no relation to the present. It is a tense used primarily in written Italian. In spoken Italian, the present perfect takes its place, except in certain regions of Southern Italy and in Tuscany, where the absolute past is used in daily speech. Let's conjugate *parlare.*

I spoke	*io parlai*
you spoke	*tu parlasti*
he spoke	*lui parlò*
we spoke	*noi parlammo*
you spoke	*voi parlaste*
they spoke	*loro parlarono*

And now *credere.*

I believed	*io credetti**
you believed	*tu credesti*
she believed	*lei credette*
we believed	*noi credemmo*
you believed	*voi credeste*
they believed	*loro credettero*

And, finally, *dormire.*

I slept	*io dormii*
you slept	*tu dormisti*
she slept	*lei dormì*
we slept	*noi dormimmo*
you slept	*voi dormiste*
they slept	*loro dormirono*

The absolute past is, unfortunately, very rich in irregular forms. Here are the full conjugations of *essere* and *avere* and example sentences with the more important irregular verbs. For the full conjugations, refer to the verb conjugation tables.

I was	*io fui*
you were	*tu fosti*
he was	*lui fu*
we were	*noi fummo*
you were	*voi foste*
they were	*loro furono*

I had	*io ebbi*
you had	*tu avesti*
she had	*lei ebbe*
we had	*noi avemmo*
you had	*voi aveste*
they had	*loro ebbero*

Italo gave Livia his ticket.	*Italo diede a Livia il suo biglietto.*
We gave him good advice.	*Noi gli demmo un buon consiglio.*
He played the role of Othello.	*Lui fece la parte di Otello.*
You made great progress that year.	*Quell'anno faceste molti progressi.*
You were sick for a long time.	*Stesti male per molto tempo.*

*Certain verbs, such as *credere*, have alternate conjugations in the absolute past for first person singular, third person singular, and third person plural. In this case, the alternates for *credere* would be *io credei, lei credé*, and *loro crederono.* For more alternates, see the verb charts.

Verbs in Action

I had to leave early.	*Io dovetti partire presto.*
Caravaggio was born in 1573.	*Caravaggio nacque nel millecinquecentosettantatré.*
You were born in the suburbs.	*Nasceste in periferia.*
You lost control.	*Tu perdesti il controllo.*
They lost the esteem of everyone.	*Persero la stima di tutti.*
I liked that idea a lot.	*Mi piacque molto quell'idea.*
The poet lived in Venice.	*Il poeta visse a Venezia.*
We wanted to move.	*Noi volemmo traslocare.*

B.

Read the following dialogue.

Lucia:	*Questo scrittore fu una mia grande passione giovanile!*
Marco:	*Scrisse molti romanzi, vero?*
Lucia:	*Sì! Ebbe gran talento! Volle cambiare il mondo!*
Marco:	*Sì, ma non piacque molto ai suoi contemporanei.*
Lucia:	*Naturalmente, fu poi riconosciuto dai posteri.*
Marco:	*Come al solito.*

Now read it again, this time with the translation.

This writer was one of my great passions of youth!	*Questo scrittore fu una mia grande passione giovanile!*
He wrote many novels, right?	*Scrisse molti romanzi, vero?*
Yes!	*Sì!*
He had great talent!	*Ebbe gran talento!*
He wanted to change the world!	*Volle cambiare il mondo!*
Yes, but he wasn't well liked by his contemporaries.	*Sì, ma non piacque molto ai suoi contemporanei.*
Of course, he was later recognized by posterity.	*Naturalmente, fu poi riconosciuto dai posteri.*
As usual.	*Come al solito.*

C.

1. Respond using the cues provided.

1. Avesti molti problemi con lui? (sì)
2. Chi fu presente alla riunione? (tutti)
3. Dove dormiste quella notte? (a casa di amici)
4. Dove nacque Raffaello? (a Urbino)
5. Dove morì Napoleone? (all'isola d'Elba)

2. **Turn the verbs in parentheses into the absolute past.**

1. Giovanni (avere) _______ una grande idea per risolvere il problema.
2. Dante (scrivere) _______ *La Divina Commedia* in esilio.
3. Carlo e Francesca (essere) _______ molto fortunati a conoscerlo.
4. Molti passeggeri del Titanic (perdere) _______ la vita.
5. Cristoforo Colombo (morire) _______ povero.

D. Answer Key

1. 1. Sì, ebbi molti problemi con lui.
2. Tutti furono presenti alla riunione.
3. Quella notte dormimmo a casa di amici.
4. Raffaello nacque a Urbino.
5. Napoleone morì all'isola d'Elba.

2. 1. ebbe
2. scrisse
3. furono
4. persero (perdettero)
5. morì

The Sequence of Tenses

A.

Many students of Italian find it difficult to choose the appropriate past tense. Here is a brief overview:

The imperfect expresses what was going on in the past over a period of time, without any specific reference to the beginning or end of the action. It generally expresses actions beginning but not finishing in the past, as well as past conditions.

The present perfect and the absolute past, on the other hand, both express what took place at a specific moment in time. However, actions expressed with the present perfect happened in the recent past and usually relate to the present, while actions expressed in the absolute past fully belong to the past: it is a historical tense predominantly used in writing. Compare:

My brother was born in 1960.	*Mio fratello è nato nel millenovecentosessanta.*
Dante was born in 1265.	*Dante nacque nel milleduecentosessantacinque.*

The past perfect expresses an action that occurred prior to another action in the past.

I had left when Laura came in.	*Ero partito quando Laura è entrata.*
He had already bought the book I gave him.	*Aveva già comprato il libro che gli ho dato.*

When two actions occur at the same time and both express an ongoing action or condition, both verbs should be in the imperfect.

I was reading and writing.	*Leggevo e scrivevo.*
They were singing and dancing.	*Cantavano e ballavano.*

When two actions occur at the same time, but one is interrupted by another, the ongoing, or background, action should be in the imperfect; the other, in the present perfect or absolute past.

I was reading when you arrived.	*Leggevo quando tu sei arrivato.*
It was raining when Dante was born.	*Pioveva quando Dante nacque.*
Giovanni left while we were having lunch.	*Giovanni è andato via mentre pranzavamo.*

B.

Read the following dialogue.

Maria:	*Cosa facevi quando è arrivato Paolo?*
Francesco:	*Facevo colazione e leggevo il giornale.*
Maria:	*Facevi colazione così tardi?*
Francesco:	*Sì, ma mi ero già lavato quando è venuto.*

Let's look more closely now at the dialogue.

What were you doing when Paolo arrived?	*Cosa facevi quando è arrivato Paolo?*
I was having breakfast and reading the paper.	*Facevo colazione e leggevo il giornale.*
You were having breakfast that late?	*Facevi colazione così tardi?*
Yes, but I had already washed when he came.	*Sì, ma mi ero già lavato quando è venuto.*

C.

1. Change the verb in the infinitive to the imperfect or the present perfect, according to the context.

1. La domenica (andare, noi) _______ sempre al mare.
2. Quando (arrivare, tu) _______ ieri?
3. (andare, noi) _______ al mare tutte le estati.
4. (guardare, io) _______ la televisione quando Andrea _______ (entrare).
5. Anna (scrivere) _______ una lettera quando la madre la _______ (chiamare).

2. Let's do a few more.

1. Ieri alle cinque Francesco (leggere) _______ il giornale.
2. Venerdì io (studiare) _______ dalle dieci a mezzogiorno.
3. Quando ero all'università di solito (incontrare) _______ i miei amici al caffè.
4. Quando ero piccolo mia madre mi (raccontare) _______ le fiabe ogni notte.
5. Lorenzo il Magnifico (abitare) _______ a Firenze tutta la sua vita.

D. Answer Key

1. 1. andavamo
   2. sei arrivato/a
   3. andavamo
   4. guardavo / è entrato
   5. scriveva / ha chiamata

2. 1. leggeva
   2. ho studiato
   3. incontravo
   4. raccontava
   5. abitò

The Gerund

A.

The gerund is an invariable verbal form. It always appears in dependent clauses and shares the subject of the main verb. The present gerund expresses an action that is or was going on simultaneously with the action of the main verb. Its English equivalent is the "-ing" form of a verb, often introduced by the prepositions "while" or "by." To form the present gerund, drop the infinitive ending of a verb, and replace it with the appropriate gerund ending: *-ando* for *-are* verbs, and *-endo* for *-ere* and *-ire* verbs. Here are a few examples:

He comes in running.	*Entra correndo.*
We met Nicola while walking in the park.	*Abbiamo incontrato Nicola camminando nel parco.*
She learned the verbs by repeating them.	*Ha imparato i verbi ripetendoli.*
By leaving at 5:00 we will arrive at 8:00.	*Partendo alle cinque arriveremo alle otto.*

The past gerund expresses an action that occurred prior to the one of the main verb. It is formed with the gerund of *essere* or *avere* and the past participle of the verb.

Verbs in Action

Anna having left, I remained alone.	*Essendo partita Anna, sono rimasta sola.*
Having had coffee, I couldn't sleep.	*Avendo bevuto un caffè, non ho potuto dormire.*

An important construction with the gerund is the progressive tense, which is formed with *stare* and the gerund of the main verb. To indicate an action in progress in the present, *stare* should be used in the present indicative.

I'm joking.	*Sto scherzando.*
Paola is reading.	*Paola sta leggendo.*

To indicate an action in progress in the past, *stare* should be in the imperfect.

When Marco called, Paola was reading.	*Quando Marco ha telefonato, Paola stava leggendo.*

B.

Read the following dialogue.

Signora Antonelli:	*Ti hanno salutato uscendo.*
Signor Antonelli:	*Ah, sì? Non ho sentito.*
Signora Antonelli:	*Andando via hanno detto arrivederci.*
Signor Antonelli:	*Perché sono andati via così presto?*
Signora Antonelli:	*Perché partendo alle quattro arriveranno a casa alle otto.*

Now let's focus on the meaning.

They said good-bye on their way out.	*Ti hanno salutato uscendo.*
Oh, yes?	*Ah, sì?*
I didn't hear.	*Non ho sentito.*
While leaving, they said "See you."	*Andando via hanno detto arrivederci.*
Why did they leave so early?	*Perché sono andati via così presto?*
Because by leaving at four, they will arrive home at eight.	*Perché partendo alle quattro arriveranno a casa alle otto.*

C.

1. **Change the verb in the infinitive to the present or past gerund, as indicated.**

   Example:
   Q. (Camminare / presente) _______ nel parco, ho incontrato Elisabetta.
   A. Camminando nel parco ho incontrato Elisabetta.

Now it's your turn.

1. (Uscire / presente) _______ ho salutato tutti.
2. (Correre / passato) _______ per due ore, mi sono stancato.
3. (Partire / presente) _______ alle due, arriveremo alle otto.
4. (Camminare / presente) _______ nel parco, hanno incontrato Nicola.
5. (Finire / passato) _______ di studiare finalmente mi posso riposare.

2. Turn the present tense or the imperfect tense into the progressive form using *stare*.

1. Loro *lavoro* _______ a un progetto importante.
2. Quando Gianni è arrivato noi *mangiavo* _______.
3. Il dottore mi ha detto che *bevo* _______ troppo.
4. Non posso ascoltarti mentre *faccio* _______ gli esercizi.
5. Mi *facevo* _______ la barba quando ho sentito il telefono squillare.

D. Answer Key

1.
1. Uscendo
2. Avendo corso
3. Partendo
4. Camminando
5. Avendo finito

2.
1. stanno lavorando
2. stavamo mangiando
3. sto bevendo
4. sto facendo
5. stavo facendo

Verbs in Action

TALKING ABOUT THE FUTURE

The Future Tense of Regular Verbs

A.

The future tense of all regular verbs is formed by dropping the final *-e* from the infinitive and replacing it with the appropriate future endings: *-ò, -ai, à, -emo, -ete, -anno.* Verbs ending in *-are* also change the *-a* in the infinitive ending to an *-e*. Let's conjugate *parlare* in the future tense.

I will speak	*io parlerò*
I will speak Italian during the trip.	*Parlerò in italiano durante il viaggio.*
you will speak	*tu parlerai*
You will speak fluently within a year.	*Tu parlerai correntemente tra un anno.*
he will speak	*lui parlerà*
The professor will speak tomorrow.	*Il professore parlerà domani.*
we will speak	*noi parleremo*
We will speak about that topic.	*Parleremo di quell'argomento.*
you will talk	*voi parlerete*
You won't talk to them, right?	*Non parlerete con loro, vero?*
they will talk	*loro parleranno*
They will talk on the train.	*Loro parleranno in treno.*

Now let's do an *-ere* verb: *scrivere.*

I will write	*io scriverò*
I will write to my friend.	*Scriverò al mio amico.*
you will write	*tu scriverai*
Are you going to write the article?	*Scriverai tu l'articolo?*
she will write	*lei scriverà*
She will write a novel soon.	*Scriverà presto un romanzo.*
we will write	*noi scriveremo*
We will write some postcards.	*Noi scriveremo delle cartoline.*

you will write	*voi scriverete*
You will type the application.	*Voi scriverete la domanda a macchina.*
they will write	*loro scriveranno*
They are going to write a journal of their trip.	*Scriveranno un diario del loro viaggio.*

Finally, let's conjugate an *-ire* verb: *partire.*

I will leave	*io partirò*
I will leave tomorrow morning.	*Partirò domani mattina.*
you will leave	*tu partirai*
Will you leave with them?	*Partirai con loro?*
you will leave	*Lei partirà*
You are going to leave on a cruise in two days.	*Partirà per una crociera tra due giorni.*
we will leave	*noi partiremo*
We are going to leave within a few days.	*Partiremo tra pochi giorni.*
you will leave	*voi partirete*
You won't leave because of the weather.	*Voi non partirete a causa del tempo.*
they will leave	*loro partiranno*
They will leave on time.	*Partiranno in orario.*

B.

Now read the following dialogue.

Federico: *Allora quando partirete?*
Martina: *Partiremo domani mattina molto presto.*
Federico: *E quando tornerete?*
Martina: *Torneremo tra un mese.*
Federico: *Scriverete qualche cartolina, vero?*
Martina: *Certo, invieremo almeno una cartolina a tutti.*

Let's take a closer look at the dialogue and its translation.

So, when are you going to leave?	*Allora quando partirete?*
We are going to leave tomorrow morning, very early.	*Partiremo domani mattina molto presto.*
And when are you going to come back?	*E quando tornerete?*

We will be back in one month.	*Torneremo tra un mese.*
You will write some postcards, right?	*Scriverete qualche cartolina, vero?*
Of course, we'll send at least one postcard to everyone.	*Certo, invieremo almeno una cartolina a tutti.*

C.

1. Respond using the cues provided.

1. Quando partirete? (domani mattina)
2. Quale lingua parleranno alla conferenza? (francese)
3. Signora, quando vedrà suo figlio? (fra due mesi)
4. Chi crederà a questa storia? (nessuno)
5. A che ora arriverete a Roma? (alle sette di mattina)

2. Fill in the blanks using the future tense.

1. In vacanza (io leggere) _______ almeno tre libri.
2. L'anno prossimo (io lavorare) _______ con più determinazione.
3. Da ora in poi (voi smettere) _______ di insultarvi.
4. Se vinci la partita di tennis, (noi brindare) _______ alla tua vittoria.
5. Sono sicuro che a Madrid Lidia (conoscere) _______ molte persone simpatiche.

D. Answer Key

1.
1. Partiremo domani mattina.
2. Parleranno francese alla conferenza.
3. Vedrò mio figlio fra due mesi.
4. Nessuno crederà a questa storia.
5. Arriveremo a Roma alle sette di mattina.

2.
1. leggerò
2. lavorerò
3. smetterete
4. brinderemo
5. conoscerà

The Future Tense of Irregular Verbs

A.

Irregular verbs in the future tense have irregular stems but take the regular future endings. Let's begin with *essere.*

I will be	*io sarò*
you will be	*tu sarai*
she will be	*lei sarà*

we will be	*noi saremo*
you will be	*voi sarete*
they will be	*loro saranno*

And now let's conjugate *avere.*

I will have	*io avrò*
you will have	*tu avrai*
he will have	*lui avrà*
we will have	*noi avremo*
you will have	*voi avrete*
they will have	*loro avranno*

Let's try a few more example sentences with common irregular verbs.

I will go to the country next week.	*Andrò in campagna la settimana prossima.*
You'll have to renew the visa next month.	*Il mese prossimo dovrà rinnovare il visto.*
We will only be able to see you tomorrow.	*Noi potremo vederti solo domani.*
Tomorrow you will know the departure time.	*Domani saprete l'ora della partenza.*
I will see the play tomorrow night.	*Vedrò la commedia domani sera.*
She will keep the keys in her purse.	*Lei terrà le chiavi in borsa.*
They will come tomorrow.	*Loro verranno domani.*
Luigi will always want to see you.	*Luigi vorrà sempre vederti.*
Will you always live in Italy?	*Vivrete sempre in Italia?*

B.

Read the following dialogue.

Tommasina: *Andrete al cinema domani sera?*
Salvatore: *No, andremo dopodomani sera, venerdì.*
Tommasina: *Avete già i biglietti?*
Salvatore: *No, compreremo i biglietti domani, quando avremo i soldi.*
Tommasina: *Ci sarà molta gente, dovrete fare la fila.*
Salvatore: *Verrai anche tu?*
Tommasina: *Verrò se mi terrete un posto a sedere vicino a voi.*

Now let's take a closer look.

Are you going to the movies tomorrow night?	*Andrete al cinema domani sera?*

No, we'll go the day after tomorrow, on Friday evening.	*No, andremo dopodomani sera, venerdì.*
Do you have the tickets already?	*Avete già i biglietti?*
No, we're going to buy the tickets tomorrow, when we have the money.	*No, compreremo i biglietti domani, quando avremo i soldi.*
There will be a lot of people, you will have to wait in line.	*Ci sarà molta gente, dovrete fare la fila.*
Are you going to come, too?	*Verrai anche tu?*
I'll come if you save me a seat near you.	*Verrò se mi terrete un posto a sedere vicino a voi.*

C.

1. Answer the following questions.

1. Dove andrai la settimana prossima? (al mare)
2. Quando dovrò rinnovare il visto? (fra una settimana)
3. Mi terrete un posto a sedere alla conferenza? (sì)
4. Vivranno sempre in Italia? (sì)
5. Con chi andrete al museo? (con Enzo)

2. Change verbs from the past tense to the future tense, introducing the future statements with *Domani.*

1. Domenica *ho visto* i miei genitori. Domani . . .
2. *Sei andato* al cinema da solo ieri? Domani . . .
3. Ieri a cena *abbiamo bevuto* del vino rosso. Domani . . .
4. Sabato scorso Laura *ha dovuto* lavorare. Domani . . .
5. Ieri Federico e Gigi *sono venuti* a trovarmi. Domani . . .

D. Answer Key

1.
1. La settimana prossima andrò al mare.
2. Dovrà/dovrai rinnovare il visto fra una settimana.
3. Sì, ti terremo un posto a sedere alla conferenza.
4. Sì, vivranno/vivremo sempre in Italia.
5. Andremo con Enzo.

2.
1. Domani vedrò i miei genitori.
2. Domani andrai al cinema da solo?
3. Domani a cena berremo del vino rosso.
4. Domani Laura dovrà lavorare.
5. Domani Federico e Gigi verranno a trovarmi.

THE SUBJUNCTIVE, CONDITIONAL, AND IMPERATIVE

The Present Subjunctive of Regular Verbs

A.

While the indicative mood expresses objectivity and certainty, the subjunctive mood expresses possibility, doubt, and uncertainty. It refers to an event that may be possible, desirable, or feared.

In independent clauses it is used to express doubt,

Could it be about to rain?!	*Che stia per piovere?!*

a polite request,

Please, be nice.	*Per favore, sia gentile.*

or a command.

Go out immediately.	*Esca immediatamente.*

The subjunctive is most often used in dependent clauses that are governed by a main clause expressing doubt, uncertainty, hope, desire, the opinion of the subject, or an absolute superlative.

I believe that Alberto is happy.	*Credo che Alberto sia felice.*
It seems to me that Laura is leaving tomorrow.	*Mi sembra che Laura parta domani.*

The present subjunctive of regular verbs is formed by dropping the infinitive endings, *-are, -ere,* and *-ire,* and replacing them with the appropriate subjunctive endings for each verb group. The endings for all three singular forms in each group are identical. Verbs ending in *-ire* that insert an *-isc* in the present indicative do so in the subjunctive as well, in all but the first and second persons plural. Let's first conjugate an *-are* verb: *parlare.* The subjunctive endings are: *-i* for the singular forms, *-iamo, -iate,* and *-ino* for the plural.

that I speak	*che io parli*
that you speak	*che tu parli*
that you speak	*che Lei parli*
that we speak	*che noi parliamo*
that you speak	*che voi parliate*
that they speak	*che loro parlino*

Verbs in Action

Let's do an *-ere* verb: *vivere*. The singular ending is: *-a,* and the plural endings are: *-iamo, -iate, -ano.*

that I live	*che io viva*
that you live	*che tu viva*
that he live	*che lui viva*
that we live	*che noi viviamo*
that you live	*che voi viviate*
that they live	*che loro vivano*

Now let's conjugate *partire*, an *-ire* verb. The endings are the same as for *-ere* verbs.

that I leave	*che io parta*
that you leave	*che tu parta*
that she leave	*che lei parta*
that we leave	*che noi partiamo*
that you leave	*che voi partiate*
that they leave	*che loro partano*

Finally, let's look at an *-ire* verb that inserts an *-isc* in the present indicative: *capire.* The endings follow the pattern of a regular *-ire* verb, but note carefully the change in stem for the *noi* and *voi* forms:

that I understand	*che io capisca*
that you understand	*che tu capisca*
that she understand	*che lei capisca*
that we understand	*che noi capiamo*
that you understand	*che voi capiate*
that they understand	*che loro capiscano*

B.

Read the following dialogue.

Marta:	*Credi che parlino l'italiano?*
Riccardo:	*Non credo.*
Marta:	*Che peccato! Sembra che siano molto simpatici.*
Riccardo:	*Sì, però è un peccato che noi non parliamo una parola d'inglese.*
Marta:	*È possibile che vivano qui in Italia?*
Riccardo:	*No. Sono turisti. Credo che partano fra due settimane.*

Now, it's time to look at it more closely.

Do you think that they speak Italian?	*Credi che parlino l'italiano?*
I don't think so.	*Non credo.*
What a pity!	*Che peccato!*
It seems they're very nice.	*Sembra che siano molto simpatici.*

Yes, but it's also a pity that we don't speak a word of English.	*Sì, però è un peccato che noi non parliamo una parola d'inglese.*
Is it possible that they live here in Italy?	*È possibile che vivano qui in Italia?*
No. They're tourists.	*No. Sono turisti.*
I believe they're leaving in two weeks.	*Credo che partano fra due settimane.*

C.

1. Answer the following questions.

1. Credi che vivano in Italia? (sì)
2. È meglio che lei telefoni più tardi? (sì)
3. Desiderate che noi restiamo qui? (sì)
4. Credi che Anna capisca quando parlo? (no)
5. Pensi che sia meglio che io le telefoni oggi? (no)

2. Change the infinitive form of the verbs into the appropriate form of the subjunctive.

1. Pensi che Mario (arrivare) _______ con Sonia?
2. Credi che loro (abitare) _______ insieme?
3. Immagino che voi (preferire) _______ andare in Sardegna in aereo.
4. Lui crede che io (lavorare) _______ al computer tutti i giorni.
5. Loro pensano che i bambini (imparare) _______ le lingue facilmente.

D. Answer Key

1.
1. Sì, credo che vivano in Italia.
2. Sì, è meglio che lei telefoni più tardi.
3. Sì, desideriamo che voi restiate qui.
4. No, non credo che Anna capisca quando parli.
5. No, non penso che sia meglio che tu le telefoni oggi.

2.
1. arrivi
2. abitino
3. preferiate
4. lavori
5. imparino

Verbs in Action

The Present Subjunctive of *essere* and *avere*

A.

Now let's conjugate *essere,* which is irregular in the present subjunctive.

that I be	*che io sia*
Do you think that I am the only one who knows Gianni?	*Credi che io sia l'unica a conoscere Gianni?*

that you be	*che tu sia*
It's essential that you be stronger.	*Bisogna che tu sia più forte.*
that he be	*che lui sia*
Do you think that he's Italian?	*Pensi che lui sia italiano?*
that we be	*che noi siamo*
It's essential that we not be late.	*È essenziale che noi non siamo in ritardo.*
that you be	*che voi siate*
It's important that you be sincere.	*È importante che voi siate sinceri.*
that they be	*che loro siano*
We wish that they be happy.	*Desideriamo che loro siano contenti.*

Now let's do *avere,* which is also irregular.

that I have	*che io abbia*
He believes that I am twenty-three.	*Lui crede che io abbia ventitré anni.*
that you have	*che tu abbia*
It's important that you have patience.	*È importante che tu abbia pazienza.*
that she have	*che lei abbia*
It's essential that she take more care.	*Bisogna che lei abbia più cura.*
that we have	*che noi abbiamo*
It's impossible that we don't have the keys.	*È impossibile che noi non abbiamo le chiavi.*
that you have	*che voi abbiate*
It's important that you have a map of the city.	*È importante che voi abbiate una pianta della città.*
that they have	*che loro abbiano*
Do you think that they need help?	*Pensi che abbiano bisogno di aiuto?*

B.

Read the following dialogue.

Pietro:	*Crede che Massimo abbia molta fretta?*
Anna:	*Sì, credo che sia in ritardo. Penso che abbia un appuntamento tra un'ora.*
Pietro:	*Spero che sia al corrente di tutti i problemi!*
Anna:	*Lo spero anch'io, ma penso che sia bene informato.*

Let's look at it again with the English translation.

Do you think Massimo is in a hurry?	*Crede che Massimo abbia molta fretta?*
Yes, I think he is late.	*Sì, credo che sia in ritardo.*
I think he has an appointment in an hour.	*Penso che abbia un appuntamento tra un'ora.*
I hope he's up to date on all the problems!	*Spero che sia al corrente di tutti i problemi!*
I hope so, too, but I think he's well informed.	*Lo spero anch'io, ma penso che sia bene informato.*

C.

1. Respond using the cues provided.

1. Pensi che abbiano fretta? (sì)
2. Quanti anni credi che abbia Alberto? (trenta)
3. È importante che Marina sia al corrente di questo problema? (no, non)
4. Bisogna che noi non siamo in ritardo? (sì)
5. Credi che Silvia sia sincera? (no)

2. Fill in the blanks with either *essere* or *avere* in the subjunctive present tense.

1. Credo che Gianna _______ tre televisori a casa.
2. Spero che loro non _______ mal di testa alla fine del concerto.
3. Bisogna che Paolo _______ più diligente negli studi.
4. Immagino che tu _______ ragione.
5. È importante che voi _______ pazienti con lui.

D. Answer Key

1.
1. Sì, penso che abbiano fretta.
2. Credo che Alberto abbia trent'anni.
3. No, non è importante che Marina sia al corrente di questo problema.
4. Sì, bisogna che voi non siate in ritardo.
5. No, non credo che Silvia sia sincera.

2.
1. abbia
2. abbiano
3. sia
4. abbia
5. siate

The Present Subjunctive of Irregular Verbs

A.

Many common verbs are irregular in the present subjunctive. Let's begin with *andare.*

that I go	*che io vada*
It's better that I go.	*È meglio che io vada.*

that we go	*che noi andiamo*
They think that we are going away.	*Credono che noi andiamo via.*
that you go	*che voi andiate*
I hope that you are going to see that movie.	*Spero che voi andiate a vedere quel film.*
that they go	*che loro vadano*
I don't think that they are going to Italy.	*Non credo che loro vadano in Italia.*

Here are examples of other common irregular verbs.

It's necessary for you to give an example.	*Bisogna che tu dia un esempio.*
It seems that he does everything.	*Sembra che lui faccia tutto.*
I hope we stay happy.	*Spero che stiamo contenti.*
I think that they say interesting things.	*Penso che loro dicano cose interessanti.*
She believes that I have to leave now.	*Crede che io debba partire ora.*
I think we have to go on foot.	*Penso che dobbiamo andare a piedi.*
Do you think that he can leave at eight?	*Credi che lui possa partire alle otto?*
I think that they are going out too.	*Penso che escano anche loro.*
It's necessary for me to come too.	*Bisogna che venga anch'io.*
I hope that you are coming for dinner.	*Spero che veniate a cena.*
I think they want something to drink.	*Credo che vogliano qualcosa da bere.*

B.

Read the following dialogue.

Nicola:	*Pensi che Alberto vada in Italia?*
Alfredo:	*Sì, credo che voglia seguire un corso all'Università di Bologna.*
Nicola:	*Per quanto tempo?*
Alfredo:	*Penso che stia in Italia per un anno.*

Let's take a closer look.

Do you think that Alberto is going to Italy?	*Pensi che Alberto vada in Italia?*

Yes, I think he wants to take a course at the University of Bologna.	*Sì, credo che voglia seguire un corso all'Università di Bologna.*
For how long?	*Per quanto tempo?*
I think he is going to stay in Italy for one year.	*Penso che stia in Italia per un anno.*

C.

1. Answer the following questions.

1. Credi che Maria dica la verità? (sì)
2. Bisogna proprio che tu vada via stasera? (sì)
3. È necessario che loro escano con noi domani? (no)
4. Pensi che vengano a cena? (sì)
5. Volete che Elisa ritorni a casa presto? (sì)

2. Now is your turn to ask the questions to the following answers.

1. Penso che lui non faccia troppo per lei.
2. Sì, voglio che lui si diverta di più.
3. No, non credo che Luciano stia bene.
4. Sì, bisogna che facciano più compiti.
5. Sì, penso che Salvatore sia simpatico.

D. Answer Key

1.
1. Sì, credo che Maria dica la verità.
2. Sì, bisogna proprio che io vada via stasera.
3. No, non è necessario che loro escano con noi domani.
4. Sì, penso che vengano a cena.
5. Sì, vogliamo che Elisa ritorni a casa presto.

2.
1. Pensi che lui faccia troppo per lei?
2. Vuoi che lui si diverta di più?
3. Credi che Luciano stia bene?
4. Bisogna che facciano più compiti?
5. Pensi che Salvatore sia simpatico?

The Past Subjunctive

A.

The past subjunctive is formed with the present subjunctive of *essere* or *avere* and the past participle of the main verb. Use of the past versus the present subjunctive is determined by the sequence of events in a given sentence. If the action in the dependent clause occurred prior to the action in the main clause, the past subjunctive should be used.

I believe that you have already been to this restaurant.	*Credo che tu sia già stato in questo ristorante.*

Anna will think that you didn't want to talk to her.	*Anna penserà che tu non abbia voluto parlarle.*

Let's now conjugate *essere* in the past subjunctive.

that I was	*che io sia stato*
that you were	*che tu sia stato*
that you were	*che Lei sia stato*
that we were	*che noi siamo stati*
that you were	*che voi siate stati*
that they were	*che loro siano stati*

Now let's try *avere.*

that I had	*che io abbia avuto*
that you had	*che tu abbia avuto*
that he had	*che lui abbia avuto*
that we had	*che noi abbiamo avuto*
that you had	*che voi abbiate avuto*
that they had	*che loro abbiano avuto*

If the subject of both clauses is the same, the past infinitive is used in place of the past subjunctive. The past infinitive is formed with the infinitive of *essere* or *avere* and the past participle of the main verb. Here's how it works:

I think I talked too much.	*Credo di aver parlato troppo.*
They don't think they made many mistakes.	*Non pensano di aver fatto molti errori.*

The past infinitive can also be used instead of the present perfect and the simple past. It then often follows expressions such as *dopo,* and *dopo di.*

After having written the letter, he went to the post office.	*Dopo aver scritto la lettera, è andato all'ufficio postale.*
After getting up, he had breakfast.	*Dopo essersi alzato, ha fatto colazione.*

B.

Read the following dialogue.

Massimo: *Sembra che Paolo non sia mai stato molto onesto.*
Rosanna: *Davvero?*
Massimo: *Sì, e sembra che abbia avuto anche molti debiti.*
Rosanna: *Ah, sì: dicono che sia andato all'estero per quella ragione.*
Massimo: *Credo di aver avuto torto nella mia opinione di lui.*

Now let's focus more closely on the meaning.

It seems that Paolo was never very honest.	*Sembra che Paolo non sia mai stato molto onesto.*
Really?	*Davvero?*
Yes, and it seems that he also had many debts.	*Sì, e sembra che abbia avuto anche molti debiti.*
Oh, yes: they say that he went abroad for that reason.	*Ah, sì: dicono che sia andato all'estero per quella ragione.*
I think I was wrong in my opinion of him.	*Credo di aver avuto torto nella mia opinione di lui.*

C.

1. Now answer the following questions.

1. Pensi che Maria abbia scritto la lettera? (sì)
2. Quando credi che siano stati a Venezia? (un mese fa)
3. Pensano che siamo partiti per Roma? (sì)
4. Credi di aver parlato troppo? (sì)
5. Perché pensi che sia arrivato tardi? (per il brutto tempo)

2. Present or past subjunctive? Fill in the blanks with the appropriate tense.

1. Penso che Marco (arrivare) _______ ieri sera.
2. Luisa spera che quando arrivano (mangiare) _______ già _______.
3. Immagino che voi (essere) _______ contenti di rivedere Luigi più tardi stasera.
4. Credo che George non (parlare) _______ ancora bene l'italiano.
5. È impossibile che il bambino (cominciare) _______ a giocare tre ore fa.

D. Answer Key

1.
1. Sì, penso che Maria abbia scritto la lettera.
2. Credo che siano stati a Venezia un mese fa.
3. Sì, pensano che siamo/siate partiti per Roma.
4. Sì, credo di aver parlato troppo.
5. Penso che sia arrivato tardi per il brutto tempo.

2.
1. sia arrivato
2. abbiano [. . .] mangiato
3. siate
4. parli
5. abbia cominciato

The Imperfect Subjunctive Of Regular Verbs

A.

In an independent clause, the imperfect subjunctive expresses a wish—often impossible—or an unlikely event.

If only Emanuele would ask me to go out with him!	*Se Emanuele mi chiedesse di uscire con lui!*
If only we would win the game!	*Magari vincessimo la partita!*

In a dependent clause, it expresses an action occurring simultaneously or following that of the main verb. The verb in the main clause is either in the imperfect indicative, in the past perfect, or sometimes in the present indicative. When the main verb is in the present the action of the dependent clause occurred prior to the action in the main clause.

I thought she was still living in Paris.	*Credevo che vivesse ancora a Parigi.*
I think that she was living in Paris then.	*Credo che allora vivesse a Parigi.*

To form the imperfect subjunctive of regular verbs, drop the final *-re* from the infinitive in all three verb groups, and replace it with the appropriate endings: *-ssi, -ssi, -sse, -ssimo, -ste, -ssero.*

Let's begin with an *-are* verb: *parlare.*

that I was speaking	*che io parlassi*
that you were speaking	*che tu parlassi*
that he was speaking	*che lui parlasse*
that we were speaking	*che noi parlassimo*
that you were speaking	*che voi parlaste*
that they were speaking	*che loro parlassero*
I thought that they were talking about literature.	*Credevo che parlassero di letteratura.*
He thought that I was speaking Italian.	*Credeva che io parlassi l'italiano.*

Here's an *-ere* verb: *scrivere.*

that I was writing	*che io scrivessi*
that you were writing	*che tu scrivessi*
that you were writing	*che Lei scrivesse*
that we were writing	*che noi scrivessimo*
that you were writing	*che voi scriveste*
that they were writing	*che loro scrivessero*

He thought that I was going to write more often.	*Pensava che io scrivessi più spesso.*
She believed that you were writing in Italian.	*Credeva che voi scriveste in italiano.*

And finally an *-ire* verb: *partire.*

that I was leaving	*che io partissi*
that you were leaving	*che tu partissi*
that she was leaving	*che lei partisse*
that we were leaving	*che noi partissimo*
that you were leaving	*che voi partiste*
that they were leaving	*che loro partissero*
I didn't know that you were leaving, too.	*Non sapevo che partissi anche tu.*
He thought we were leaving together.	*Pensava che partissimo insieme.*

B.

Read the following dialogue.

Tommaso: *Non sapevo che Andrew parlasse l'italiano.*
Elizabeth: *Io non credevo che lo scrivesse così bene.*
Tommaso: *Anche Margaret, però non sapevo che anche lei studiasse l'italiano.*
Elizabeth: *Ah, se io parlassi l'italiano un po' di più . . .*

Now let's see more closely what it means.

I didn't know that Andrew spoke Italian.	*Non sapevo che Andrew parlasse l'italiano.*
I didn't realize that he wrote it so well.	*Io non credevo che lo scrivesse così bene.*
Margaret, too, but I didn't know that she was also studying Italian.	*Anche Margaret, però non sapevo che anche lei studiasse l'italiano.*
Ah, if I only spoke Italian a little more . . . !	*Ah, se io parlassi l'italiano un po' di più . . . !*

Verbs in Action

C.

1. Respond using the cues provided.

1. Speravi che ti scrivesse? (sì)
2. Maria pensava che parlassimo di te? (no)
3. Sapevi che lui scrivesse così bene? (no)
4. Pensavate che partissero insieme? (sì, noi)
5. Hai voluto tu che smettessero di giocare? (sì)

2. Change the sentences into the past.

1. Penso che Franco arrivi da solo.
2. Credo che Frank parli molto bene l'italiano.

3. Immagino che guardiate la televisione di sera.
4. È tardi! Bisogna che finiamo di mangiare in fretta.
5. Voglio che tu venga con me al supermercato.

D. Answer Key

1. 1. Sì, speravo che mi scrivesse.
2. No, Maria non pensava che parlaste di me.
3. No, non sapevo che scrivesse così bene.
4. Sì, pensavamo che partissero insieme
5. Sì, ho voluto io che smettessero di giocare.

2. 1. Pensavo che Franco arrivasse da solo.
2. Credevo che Frank parlasse molto bene l'italiano.
3. Immaginavo che guardaste la televisione di sera.
4. Era tardi! Bisognava che finissimo di mangiare in fretta.
5. Volevo che tu venissi con me al supermercato.

The Imperfect Subjunctive of Irregular Verbs

A.

Now let's conjugate some irregular verbs in the imperfect subjunctive. These verbs have irregular stems but use the regular endings. Let's begin with *essere.*

that I was	*che io fossi*
that you were	*che tu fossi*
that he was	*che lui fosse*
that we were	*che noi fossimo*
that you were	*che voi foste*
that they were	*che loro fossero*
I thought you were American.	*Pensavo che fossi americano.*
We seemed to be tired.	*Sembrava che fossimo stanchi.*

Now let's do *avere.*

that I had	*che io avessi*
that you had	*che tu avessi*
that you had	*che Lei avesse*
that we had	*che noi avessimo*
that you had	*che voi aveste*
that they had	*che loro avessero*
He thought that I was twenty-five.	*Credeva che io avessi venticinque anni.*
I think that they didn't have their passports.	*Penso che non avessero il passaporto.*

Here are some more examples of irregular verbs.

He thought that I would give him a kiss.	*Pensava che io gli dessi un bacio.*
They thought we were going to take pictures.	*Pensavano che noi facessimo delle fotografie.*
He thought that I was drinking water.	*Pensava che io bevessi acqua.*
He believed that I was staying at your house.	*Pensava che io stessi a casa vostra.*
I thought they were telling the truth.	*Pensavo che loro dicessero la verità.*

Some verbs that are usually irregular are regular in the imperfect subjunctive.

If only I could leave now!	*Ah, se potessi partire ora!*
I thought that he knew the truth.	*Pensavo che lui sapesse la verità.*
He hoped that you wanted to come, too.	*Sperava che volessi venire anche tu.*

B.

Read the following conversation.

Manuela: *Se tu sapessi quante volte ti ho pensato . . .*
Michele: *Davvero?*
Manuela: *Speravo che tu stessi qualche giorno con me.*
Michele: *Devo lavorare.*
Manuela: *Credevo che facessi un po' di vacanza.*
Michele: *Se fossi ricco, non avrei bisogno di lavoro!*

Now let's look at it again in more detail.

If you knew how many times I thought of you . . .	*Se tu sapessi quante volte ti ho pensato . . .*
Really?	*Davvero?*
I was hoping you'd stay with me for a few days.	*Speravo che tu stessi qualche giorno con me.*
I have to work.	*Devo lavorare.*
I thought you would take a little vacation.	*Credevo che facessi un po' di vacanza.*
If I were rich, I wouldn't need to work!	*Se fossi ricco, non avrei bisogno di lavoro!*

C.

1. Respond using the cues provided.

1. Pensavi che io dessi ragione a lui? (sì)
2. Credeva che tu dicessi la verità? (sì)

3. Speravate che noi stessimo più a lungo? (sì)
4. Pensavi che fossero americani? (no)
5. Non volevi che si sposassero? (no)

2. Translate the following sentences into Italian.

1. I hoped you (*tu*) would stay until late.
2. I believed that you (*tu*) knew her name.
3. I thought they had a car.
4. It was important that he behaved kindly.
5. I wanted you to give her some help.

D. Answer Key

1.
1. Sì, pensavo che tu dessi ragione a lui.
2. Sì, credeva che io dicessi la verità.
3. Sì, speravamo che voi steste più a lungo.
4. No, non pensavo che fossero americani.
5. No, non volevo che si sposassero.

2.
1. Speravo che tu stessi fino a tardi.
2. Credevo che tu sapessi il suo nome.
3. Pensavo che loro avessero la macchina.
4. Era importante che lui si comportasse gentilmente.
5. Volevo che tu le dessi un po' d'aiuto.

The Past Perfect Subjunctive

A.

In an independent clause, the past perfect subjunctive expresses an unfulfilled possibility or a wish referring to the past.

If only I had been more careful!	*Magari fossi stato più attento!*

In a dependent clause, the past perfect subjunctive expresses an action that might have occurred before the action in the main clause, but probably didn't.

I thought that you had eaten already.	*Credevo che tu avessi già mangiato.*

The past perfect subjunctive is formed with the imperfect subjunctive of *essere* or *avere* and the past participle of the main verb. Let's see how it works with both regular and irregular verbs.

I thought you had been at the beach.	*Pensavo che voi foste stati alla spiaggia.*
I thought he had been in a hurry.	*Pensavo che lui avesse avuto fretta.*

He thought that I had already spoken with them.	*Pensava che avessi già parlato con loro.*
I thought that you had written the letter.	*Pensavo che tu avessi scritto la lettera.*
I thought that they would have left from the office.	*Pensavo che fossero partiti dall'ufficio.*
I was hoping they had read the newspaper.	*Speravo che avessero letto il giornale.*
I thought you had already gotten dressed.	*Credevo che tu ti fossi già vestita.*

B.

Read the dialogue.

Anna: *Non mi rendevo conto che avessimo ancora molta strada da percorrere.*
Francesco: *Credevi che fossimo quasi arrivati?*
Anna: *Sì, credevo che avessimo passato abbastanza tempo in macchina.*
Francesco: *Ah, se fossi uscito dall'autostrada un'ora fa . . .*

Now let's look at it with the translation.

I didn't realize that we still had many miles to go.	*Non mi rendevo conto che avessimo ancora molta strada da percorrere.*
Did you think that we had almost arrived?	*Credevi che fossimo quasi arrivati?*
Yes, I thought that we had already spent enough time in the car.	*Sì, credevo che avessimo passato abbastanza tempo in macchina.*
Oh, if I only had exited the highway one hour ago . . .	*Ah, se fossi uscito dall'autostrada un'ora fa . . .*

C.

1. Answer with *sì* or *no*, as indicated.

1. Credevi che lui fosse stato in vacanza con noi? (no, non)
2. Pensavate che Alberto e io avessimo avuto qualche problema? (sì)
3. Pensavate che fossero partiti? (no, non)
4. Credevi che io avessi letto quel romanzo? (no, non)
5. Pensavi che io avessi già letto il giornale? (sì)

2. Fill in the blank with either the imperfect or past perfect subjunctive of the verb in parentheses.

1. Pensavo che (tu dare) _______ il regalo a Franca il mese scorso.
2. Credevo che Dina (imparare) _______ a nuotare quando aveva tre anni.
3. Il professore immaginava che (noi finire) _______ la ricerca la settimana scorsa.

4. Federico e Silvana credevano che il meccanico (aggiustare) _______ la macchina due giorni fa.
5. Quando Giulio rientrò a casa sperava che i bambini non (andare) _______ ancora _______ a letto.

D. Answer Key

1. 1. No, non credevo che lui fosse stato in vacanza con voi.
2. Sì, pensavamo che tu e Alberto aveste avuto qualche problema.
3. No, non pensavamo che fossero partiti.
4. No, non credevo che tu avessi letto quel romanzo.
5. Sì, pensavo che tu avessi già letto il giornale.

2. 1. avessi dato
2. avesse imparato
3. avessimo finito
4. avesse aggiustato
5. fossero [. . .] andati

The Present Conditional

A.

The Italian present conditional corresponds to the English form "would" plus another verb. It is used in polite requests,

Would you give me a hand?	*Mi daresti una mano?*

or to express the consequences of a given situation.

I would go to the movies if I had money.	*Andrei al cinema se avessi soldi.*

The present conditional is formed using the future stems and conditional endings: *-ei, -esti, -ebbe, -emmo, -este, -ebbero.* Therefore, the verbs that are irregular in the future tense are also irregular in the present conditional. Let's begin with *essere.*

I would be	*io sarei*
you would be	*tu saresti*
he would be	*lui sarebbe*
we would be	*noi saremmo*
you would be	*voi sareste*
they would be	*loro sarebbero*
I would be sad without you at the party.	*Sarei triste senza di te alla festa.*
We would be more than happy to see you.	*Noi saremmo più che contenti di vederti.*

Now let's conjugate *avere.*

I would have	*io avrei*
you would have	*tu avresti*
she would have	*lei avrebbe*
we would have	*noi avremmo*
you would have	*voi avreste*
they would have	*loro avrebbero*
Do you have a light?	*Avrebbe da accendere?*
Would you happen to have white wine?	*Avreste del vino bianco?*

Let's practice some more verbs in the present conditional, both regular and irregular.

I would gladly talk to him.	*Parlerei volentieri con lui.*
He would write all day long.	*Scriverebbe tutto il giorno.*
We would leave earlier, but it isn't possible.	*Partiremmo più presto, ma non è possibile.*
I would drink water if I had some.	*Berrei un po' d'acqua se ne avessi.*
What time would you leave?	*A che ora andresti via?*
He should leave earlier.	*Dovrebbe partire prima.*
Couldn't they go out?	*Non potrebbero uscire?*
Would you like to come?	*Vorreste venire?*
You would see much better with glasses.	*Vedresti molto meglio con gli occhiali.*
I would come, too.	*Verrei anch'io.*

B.

Read the dialogue.

Federico: *Verresti con me a fare benzina?*
Livia: *Sì, certo.*
Federico: *Sapresti dove si trova un distributore di benzina?*
Livia: *Dovrebbe essere a cinque minuti da qui.*

Now let's go through it again.

Would you come with me to get gas?	*Verresti con me a fare benzina?*
Yes, of course.	*Sì, certo.*
Would you know where a gas station is?	*Sapresti dove si trova un distributore di benzina?*
It should be five minutes from here.	*Dovrebbe essere a cinque minuti da qui.*

C.

1. Answer the following questions.

1. Andresti a comprare il giornale? (no, non)
2. A che ora partirebbe Anna? (alle otto di sera)
3. Verresti anche tu? (sì)
4. Andreste in vacanza con loro? (no, non)
5. Vorresti venire a cena da noi domani sera? (Certo che . . .)

2. Fill in the blanks using the present conditional.

1. Muoio di fame! (mangiare) _______ una pizza enorme.
2. Come sono stanco! (dormire) _______ per dieci ore di fila.
3. Beppe (volere) _______ andare al mare, ma deve lavorare.
4. Anche loro (andare) _______ in Italia, ma non hanno abbastanza soldi.
5. Ovviamente in Italia (io imparare) _______ a parlare italiano molto più velocemente.

D. Answer Key

1. 1. No, non andrei a comprare il giornale.
2. Partirebbe alle otto di sera.
3. Sì, verrei anch'io.
4. No, non andremmo in vacanza con loro.
5. Certo che vorrei venire a cena da voi domani sera!

2. 1. mangerei
2. dormirei
3. vorrebbe
4. andrebbero
5. imparerei

The Past Conditional

A.

In an independent clause, the past conditional expresses an opinion or a doubt about the past.

You shouldn't have done it.	*Non avresti dovuto farlo.*

In a dependent clause, it expresses an action that could or should have occurred in the past, simultaneously or prior to the event in the main clause.

He said he would have left.	*Ha detto che sarebbe partito.*

The past conditional is formed with the present conditional of *essere* or *avere* and the past participle of the main verb. Let's practice with some example sentences containing various verb forms.

I would have been happier with Livia.	*Sarei stato più contento con Livia.*
With them we would have had many problems.	*Con loro avremmo avuto molti problemi.*
Would you have talked about that topic?	*Avreste parlato voi di quell'argomento?*
We would have left this morning, but it was raining.	*Saremmo partiti questa mattina, ma pioveva.*
They would gladly have drunk a cup of tea.	*Avrebbero bevuto volentieri una tazza di tè.*
I would have read that book, but I lost it.	*Avrei letto quel libro, ma l'ho perso.*
You wouldn't have done anything without their help.	*Non avresti fatto nulla senza il loro aiuto.*

B.

Read the dialogue.

Ann: *Avrei dovuto domandare le direzioni per il museo.*
Vincenzo: *Se avessi domandato, saresti già arrivata da mezz'ora.*
Ann: *Lo so, ma non parlo bene l'italiano.*
Vincenzo: *Non sarebbe stato un problema.*

Now let's look at the dialogue again more closely.

I should have asked for directions to the museum.	*Avrei dovuto domandare le direzioni per il museo.*
If you had asked, you would have been here half an hour ago.	*Se avessi domandato, saresti già arrivata da mezz'ora.*
I know, but I don't speak Italian well.	*Lo so, ma non parlo bene l'italiano.*
It wouldn't have been a problem.	*Non sarebbe stato un problema.*

C.

1. Answer the questions using the cues provided.

1. Avresti letto quel libro? (no)
2. Sareste venuti anche voi? (sì)
3. Avrebbero parlato di quell'argomento? (no)

4. Signor Ranieri, avrebbe bevuto un cappuccino? (no)
5. Avresti mangiato il pesce surgelato? (no, non . . . mai)

2. Change the verbs in the infinitive form into the conditional past.

1. Ha detto che (arrivare) _______ in dieci minuti.
2. Daniele (venire) _______ volentieri a trovarci, ma aveva la febbre alta.
3. (Dovere, io) _______ farlo la settimana scorsa.
4. Renato (mangiare) _______ molto di più, ma era a dieta.
5. (Smettere, io) _______ di lavorare molti anni fa, ma dovevo finire di pagare la casa.

D. Answer Key

1. 1. No, non avrei letto quel libro.
2. Sì, saremmo venuti anche noi.
3. No, non avrebbero/avremmo parlato di quell'argomento.
4. No, non avrei bevuto un cappuccino.
5. No, non avrei mai mangiato il pesce surgelato.

2. 1. sarebbe arrivato
2. sarebbe venuto
3. Avrei dovuto
4. avrebbe mangiato
5. Avrei smesso

The Subjunctive and the Conditional with "If" Clauses

A.

The subjunctive and the conditional often appear together. The conditional can be found in the main clause of a sentence, while the subjunctive appears in the "if" clause, which expresses a highly improbable condition. When a sentence of this type refers to the present, use the present conditional in the main clause and the imperfect subjunctive in the dependent, or "if" clause.

If it were warm, I would go swimming.	*Se facesse caldo, andrei a nuotare.*

When, on the other hand, the sentence refers to the past, use the past conditional and the past perfect subjunctive instead.

If it had been warm, I would have gone swimming.	*Se avesse fatto caldo, sarei andata a nuotare.*

Compare the usage in the following series of examples.

If it were snowing, I wouldn't go out.	*Se nevicasse, non uscirei.*
If it had snowed, I wouldn't have gone out.	*Se fosse nevicato, non sarei uscita.*
If you were to come, you would have fun.	*Se venissi, ti divertiresti.*
If you had come, you would have had fun.	*Se fossi venuto, ti saresti divertito.*
If I had more time, I would read that book.	*Se avessi più tempo, leggerei quel libro.*
If I had had more time, I would have read that book.	*Se avessi avuto più tempo, avrei letto quel libro.*

B.

Read the following conversation.

Graziana: *Se fosse stato più caldo, sarei andata al mare.*
Antonio: *Anch'io, se sapessi nuotare.*
Graziana: *Se fossi in te, imparerei a nuotare.*
Antonio: *Se avessi più tempo, lo farei.*

Read it once more, with the translation.

If it had been warmer, I would have gone to the shore.	*Se fosse stato più caldo, sarei andata al mare.*
Me too, if I knew how to swim.	*Anch'io, se sapessi nuotare.*
If I were you, I would learn how to swim.	*Se fossi in te, imparerei a nuotare.*
If I had more time, I would do it.	*Se avessi più tempo, lo farei.*

C.

1. In the following exercises, if a sentence refers to the present, change it to the past; if, on the other hand, it refers to the past, change it to the present. For example:

Se avesse fatto freddo, non sarei uscito.
Se facesse freddo, non uscirei.

Now it's your turn.

1. Se fosse piovuto, non sarebbero venuti.
2. Se tu partissi, sarebbe triste.
3. Se avessero più tempo, verrebbero più spesso
4. Se veniste, vi divertireste.
5. Se avessi avuto la penna, avrei scritto una nota per lui.

Verbs in Action

2. **Conjugate the verbs in parentheses according to the tense of the other verb.**
   1. Se io fossi ricco, (comprare) _______ una casa al mare.
   2. Se (tu prendere) _______ la metropolitana, saresti arrivato puntuale.
   3. Se Daria mangiasse meno, (dimagrire) _______.
   4. Se (bere, io) _______ meno caffè, sarei meno nervoso.
   5. Se loro avessero avuto i soldi, (pagare) _______ la cena per tutti.

D. Answer Key

1. 1. Se piovesse, non verrebbero.
2. Se tu fossi partito, sarebbe stato triste.
3. Se avessero avuto più tempo, sarebbero venuti più spesso.
4. Se foste venuti, vi sareste divertiti.
5. Se avessi la penna, scriverei una nota per lui.

2. 1. comprerei
2. avessi preso
3. dimagrirebbe
4. bevessi
5. avrebbero pagato

The Imperative Mood

A.

The imperative mood expresses commands, suggestions, invitations, or prohibitions. It exists in all but the first person singular form. The third persons singular and plural use their present subjunctive forms. The others use their present indicative forms. The only exception is the second person singular of *-are* verbs, which is formed by dropping the *-are* ending and replacing it with *-a*. Let's see how it works. First an *-are* verb: *parlare.*

the *tu* form:	*Parla!* (Speak!)
the *Lei* form:	*Parli!* (Speak!)
the *noi* form:	*Parliamo!* (Let's talk!)
the *voi* form:	*Parlate!* (Speak!)
and the *loro* form:	*Parlino!* (Let them speak! or Speak!)

Now let's do an *-ere* verb: *scrivere,* "to write." Only the Italian forms will be given, following the same order as above.

Scrivi!
Scriva!
Scriviamo!
Scrivete!
Scrivano!

And now an *-ire* verb: *sentire*, "to listen."

Senti!
Senta!
Sentiamo!
Sentite!
Sentano!

Let's see it in context.

Speak more loudly!	*Parla più ad alta voce!*
Let's write a postcard!	*Scriviamo una cartolina!*
Listen, are you all ready?	*Sentite, siete pronti?*

Now let's try *essere*. The forms will again follow this order: *tu, Lei, noi, voi, loro.*

Sii!
Sia!
Siamo!
Siate!
Siano!

And now *avere.*

Abbi!
Abbia!
Abbiamo!
Abbiate!
Abbiano!

Here are a few more examples.

Be nice!	*Sii gentile!*
Have patience!	*Abbiate pazienza!*
Give your sister a hand!	*Da' una mano a tua sorella!*
Let's do all the exercises!	*Facciamo tutti gli esercizi!*
Stay quiet!	*State fermi!*

The verbs *dare, dire, fare, andare,* and *stare,* in the *tu* form, contract, taking an apostrophe:

Da'!
Di'!
Fa'
Va'!
Sta'

To form the negative imperative, simply add *non* before the verb.

Don't talk!	*Non parlate!*
Sir, don't open the door, please!	*Signore, non apra la porta, per favore!*
Let's not start!	*Non cominciamo!*

The *tu* form changes to the infinitive in the negative.

Don't listen!	*Non sentire!*
Don't be afraid!	*Non avere paura!*

In order to be more polite when making a request, the conditional should be used instead of the imperative.

Would you give me the pen, please?	*Mi darebbe la penna, per favore?*

All the pronouns are attached as suffixes to the second person singular, and first and second persons plural, but they precede the third person singular and plural forms.

Write it!	*Scrivilo!*
Write him a letter!	*Scrivigli una lettera!*
Write it, Miss!	*Lo scriva, signorina!*
Let's write it!	*Scriviamolo!*
Take them!	*Prendili!*
You all write it!	*Scrivetelo!*
Let them write it!	*Lo scrivano!*
Wash your hands!	*Lavatevi le mani!*

The forms *da', di', fa', va', sta'* will contract, doubling the consonant of the attached pronoun (except with *gli*).

Give me the ball!	*Dammi la palla!*
Shave!	*Fatti la barba!*
Give her a hand!	*Dalle una mano!*
Tell me!	*Dimmi!*
Stay close to him!	*Stagli vicino!*
Go to see them!	*Valli a vedere!*

B.

Read the following dialogue.

Gianni:	*Per favore, portami il libro che è sul tavolo.*
Marianna:	*Sì, subito. Leggi attentamente.*
Gianni:	*Mi spiegheresti, per favore, il secondo capitolo?*
Marianna:	*Volentieri, ma dammi un po' di tempo!*

Now let's take a closer look.

Please bring me the book that's on the table.	*Per favore, portami il libro che è sul tavolo.*
Yes, right away.	*Sì, subito.*
Read carefully.	*Leggi attentamente.*
Would you please explain the second chapter to me?	*Mi spiegheresti, per favore, il secondo capitolo?*
Gladly, but give me a little time!	*Volentieri, ma dammi un po' di tempo!*

C.

1. Change the following sentences from affirmative to negative, or from negative to affirmative. For example:

Non parlare con loro. Parla con loro.

Now it's your turn.

1. Scrivetelo subito
2. Vieni a casa stasera.
3. Non essere sempre gentile.
4. Non andare a piedi.
5. Mangiate in fretta!

2. Tell Paolino (a bad little boy) to do or not to do the following activities.

1. (Non mettersi) _______ le dita nel naso.
2. (Andare) _______ a scuola.
3. (Fare) _______ i compiti.
4. (Non sputare) _______ per terra.
5. (Smettere) _______ di urlare.

D. Answer Key

1.
1. Non scrivetelo subito.
2. Non venire a casa stasera.
3. Sii sempre gentile.
4. Va' a piedi.
5. Non mangiate in fretta!

2.
1. Non metterti
2. Va'
3. Fa'
4. Non sputare
5. Smetti

Verbs in Action

APPENDIXES

COMMON VERBS TAKING THE PREPOSITIONS *A* OR *DI*

Verb + *a* + verb in infinitive form

abituarsi a	to get used to
aiutare a	to help
andare a	to go
cominciare a	to begin
continuare a	to continue
imparare a	to learn
insegnare a	to teach
invitare a	to invite
mandare a	to send
mettersi a	to begin, to start
provare a	to try
rinunciare a	to give up
riuscire a	to succeed in
sbrigarsi a	to hurry
stare a	to stay
venire a	to come

Verb + *a* + noun

abituarsi a	to get used to
assistere a	to attend
assomigliare a	to resemble, to look like
credere a	to believe in
dare da mangiare a	to feed
dare fastidio a	to bother
dare un calcio a	to kick
fare attenzione a	to pay attention to
fare piacere a	to please
giocare a	to play
interessare a	to be interesting to
partecipare a	to participate in
pensare a	to think about
ricordare a	to remind
stare bene/male a	to look good/bad on
volere bene a	to love someone

Verb + *di* + verb in infinitive form

accettare di	to accept
avere bisogno di	to need
avere fretta di	to be in a hurry
avere intenzione di	to intend
avere paura di	to be afraid
avere voglia di	to feel like
cercare di	to try
credere di	to believe
decidere di	to decide

dire di	to tell
fingere di	to pretend
finire di	to finish
pensare di	to think
proibire di	to forbid
promettere di	to promise
proporre di	to propose
ricordarsi di	to remember
smettere di	to quit
sperare di	to hope

Verb + *di* + noun or disjunctive pronoun

avere bisogno di	to need
avere paura di	to be afraid
avere voglia di	have a craving for
dimenticarsi di	to forget
fare a meno di	to do without
fidarsi di	to trust
innamorarsi di	to fall in love with
preoccuparsi di	to worry about
ridere di	to laugh at
soffrire di	to suffer from
stupirsi di	to be amazed by

COMMON VERBS FOLLOWED BY THE INFINITIVE

dovere	to have to, must
potere	to be able, can
sapere	to know how
volere	to want
desiderare	to wish
lasciare	to let
piacere	to like
preferire	to prefer

VERBS REQUIRING THE SUBJUNCTIVE

In general the subjunctive is used in the dependent clause when the main verb expresses opinion, supposition, uncertainty, order, wish, hope, wait, fear, doubt, necessity, probability or improbability, possibility or impossibility.

The verbs in the list below are followed by the conjunction *che* and the subjunctive of the verb that follows it, as long as the subjects of the two verbs are different from each other.

avere bisogno	to need
aspettare	to wait
aspettarsi	to expect
avere paura	to be afraid
capire	to understand
chiedersi	to wonder
credere	to believe
desiderare	to wish
dispiacere	to be sorry
dubitare	to doubt
essere contento	to be happy
immaginare	to imagine
insistere	to insist
lasciare	to let
sapere	to know
ordinare	to order
pensare	to think
permettere	to allow
piacere	to like
preferire	to prefer
pregare	to beg
pretendere	to demand
proibire	to forbid
proporre	to propose
suggerire	to suggest
supporre	to suppose
temere	to fear
volere	to want

The following impersonal expressions also require the subjunctive:

è bene	it is good
è male	it is bad
è facile	it is easy
è probabile	it is probable
è difficile	it is difficult
è giusto	it is right
è importante	it is important
è incredibile	it is incredible
è meglio	it is better
è naturale	it is natural
è necessario	it is necessary
è normale	it is normal

è possibile / impossibile	it is possible / impossible
è strano	it is strange
è utile /inutile	it is useful / useless
è vergognoso	it is shameful
basta	it suffices
bisogna	it is necessary, you have to
occorre	it is necessary
pare	it seems
può darsi	it is possible
sembra	it seems

The subjunctive is also used in conjunction with the following:

Certain indefinite pronouns:

qualunque cosa / qualsiasi cosa . . .	anything . . .
chiunque	whoever . . .
quandunque	whenever . . .
ovunque	wherever

Certain conjunctions, adverbs, and other expressions:

benché / sebbene / checché / per quanto / malgrado	even though
prima che	before
come se	as if
comunque / in qualsiasi modo	however
più di quanto	more than
meno di quanto	less than
qualora / nel caso che	in case
a patto che	on condition that
affinché	so that
purché	on condition that

VERBS TAKING *ESSERE* IN THE COMPOUND TENSES

Following are some of the most common verbs that use *essere* as the auxiliary in compound tenses. We have divided them into themed groups to help you remember them more easily.

A. Verbs expressing "locomotion" or "staying":

andare	to go
arrivare	to arrive
entrare	to go in
fuggire	to flee
partire	to leave, to depart
passare	to stop by
restare	to stay
rimanere	to remain
ritornare	to return, to go back
salire	to go up
scappare	to escape
scendere	to go down
stare	to stay
uscire	to go out, to leave
venire	to come

B. Verbs expressing change, appearance and disappearance, shifts of some sort or their opposites:

arrossire	to blush
cadere	to fall
cambiare	to change
comparire	to appear
crescere	to grow
dimagrire	to lose weight
diventare	to become
durare	to last
impazzire	to go crazy
ingrassare	to gain weight
morire	to die
nascere	to be born
scomparire	to disappear
succedere	to happen

C. Certain verbs used with indirect object pronouns:

piacere	to like (to be pleasing to)
mancare	to lack, to miss (to be missing to)
sembrare	to seem (to seem to)

D. All reflexive verbs.

E. The verb *essere*.

GRAMMAR SUMMARY

Subject Pronouns

SINGULAR		PLURAL	
io	I	*noi*	we
tu	you (infml.)	*voi*	you (infml. or fml.)
lui, lei	he, she	*loro*	they
Lei	you (fml.)	*Loro*	you (fml.)

Disjunctive Pronouns

SINGULAR		PLURAL	
me	me, myself	*noi*	us
te	you (infml.), yourself	*voi*	you (infml. or fml.)
lui	him	*loro*	them
lei	her		
Lei	you (fml.)	*Loro*	you (fml.)

Reflexive Pronouns

SINGULAR		PLURAL	
mi	myself	*ci*	ourselves
ti	yourself (infml.)	*vi*	yourselves
si	him, her, it, oneself	*si*	themselves
Si	yourself (fml.)	*Si*	yourselves (fml.)

Direct Object Pronouns

SINGULAR		PLURAL	
mi	me	*ci*	us
ti	you (infml.)	*vi*	you (infml. and fml.)
lo	him, it (m.n.)	*li*	them (m.)
la	her, it (f.n.)	*le*	them (f.)
La	you (fml.)	*Li*	you (fml. m.)
		Le	you (fml. f.)

Indirect Object Pronouns

SINGULAR		PLURAL	
mi	to me	*ci*	to us
ti	to you (infml.)	*vi*	to you (infml. or fml.)
gli	to him, it (m.n.)	*gli*	to them
le	to her, it (f.n.)		
Le	to you (fml.)	*Gli*	to you (fml.)

Double Object Pronouns

Ind. Obj.	*+lo*	*+la*	*+li*	*+le*	*+ne*
mi	*me lo*	*me la*	*me li*	*me le*	*me ne*
ti	*te lo*	*te la*	*te li*	*te le*	*te ne*
gli/le/Le	*glielo*	*gliela*	*glieli*	*gliele*	*gliene*
ci	*ce lo*	*ce la*	*ce li*	*ce le*	*ce ne*
vi	*ve lo*	*ve la*	*ve li*	*ve le*	*ve ne*
gli	*glielo*	*gliela*	*glieli*	*gliele*	*gliene*
loro	*lo . . . loro*	*la . . . loro*	*li . . . loro*	*le . . . loro*	*ne . . . loro*

Plural of Nouns and Adjectives

GENDER	SINGULAR	PLURAL
MASCULINE	*-o*	*-i*
MASC./FEM.	*-e*	*-i*
FEMININE	*-a*	*-e*

Indefinite Articles:

	MASCULINE	FEMININE
before a consonant	*un*	*una*
before s+consonant, z, gn and y	*uno*	*una*
before a vowel	*un*	*un'*

Definite Articles

GENDER before nouns beginning with a . . .	SINGULAR	PLURAL
MASCULINE consonant	*il*	*i*
MASCULINE s+consonant, z, gn and y	*lo*	*gli*
MASCULINE vowel	*l'*	*gli*
FEMININE consonant	*la*	*le*
FEMININE vowel	*l'*	*le*

Prepositions + Definite Articles

PREPOS.	*+lo*	*+l'*	*+gli*	*+il*	*+i*	*+la*	*+le*
di	*dello*	*dell'*	*degli*	*del*	*dei*	*della*	*delle*
a	*allo*	*all'*	*agli*	*al*	*ai*	*alla*	*alle*
da	*dallo*	*dall'*	*dagli*	*dal*	*dai*	*dalla*	*dalle*
in	*nello*	*nell'*	*negli*	*nel*	*nei*	*nella*	*nelle*
su	*sullo*	*sull'*	*sugli*	*sul*	*sui*	*sulla*	*sulle*
con				*col*	*coi*		

Possessive Adjectives

	MASCULINE SINGULAR	MASCULINE PLURAL	FEMININE SINGULAR	FEMININE PLURAL
my	*il mio*	*i miei*	*la mia*	*le mie*
your (infml.)	*il tuo*	*i tuoi*	*la tua*	*le tue*
his, her, its	*il suo*	*i suoi*	*la sua*	*le sue*
your (fml.)	*il Suo*	*i Suoi*	*la Sua*	*le Sue*
our	*il nostro*	*i nostri*	*la nostra*	*le nostre*
your (infml./fml.)	*il vostro*	*i vostri*	*la vostra*	*le vostre*
their	*il loro*	*i loro*	*la loro*	*le loro*
your (fml.)	*il Loro*	*i Loro*	*la Loro*	*le Loro*

The Demonstrative Adjective "This"

	MASCULINE	FEMININE
SINGULAR	*questo*	*questa*
SING. BEFORE VOWEL	*quest'*	*quest'*
PLURAL	*questi*	*queste*

The Demonstrative Adjective "That"

	SINGULAR	PLURAL
MASCULINE:		
before consonants	*quel*	*quei*
before s + consonant, z, gn, or y	*quello*	*quegli*
before vowels	*quell'*	*quegli*
FEMININE:		
before consonants	*quella*	*quelle*
before vowels	*quell'*	*quelle*

Demonstrative Pronouns

	THIS MASCULINE	FEMININE	THAT MASCULINE	FEMININE
SINGULAR	*questo*	*questa*	*quello*	*quella*
PLURAL	*questi*	*queste*	*quelli*	*quelle*

Comparatives

più . . . di/che	less . . . than
meno . . . di/che	as . . . as
così . . . come	more . . . than
tanto . . . quanto	as much . . . as

Irregular Comparatives and Superlatives

ADJECTIVE	COMPARATIVE	RELATIVE SUPERLATIVE	ABSOLUTE SUPERLATIVE
buono (good)	*migliore* (better)	*il migliore* (the best)	*ottimo* (very good)
cattivo (bad)	*peggiore* (worse)	*il peggiore* (the worst)	*pessimo* (very bad)
grande (big)	*maggiore* (bigger, greater)	*il maggiore* (the biggest, the greatest)	*massimo* (very big, great)
piccolo (small)	*minore* (smaller)	*il minore* (smallest)	*minimo* (very small)

The Irregular Adjective: *Bello* (beautiful)

GENDER	SINGULAR	PLURAL
before nouns beginning with . . .		
MASCULINE	*bel*	*bei*
a consonant		
MASCULINE	*bello*	*begli*
s+consonant, z, gn, or y		
MASCULINE	*bell'*	*begli*
a vowel		
FEMININE	*bella*	*belle*
a consonant		
FEMININE	*bell'*	*belle*
a vowel		

When *bello* follows a noun for emphasis, it has the following four forms:

	SINGULAR	PLURAL
MASCULINE	*bello*	*belli*
FEMININE	*bella*	*belle*

The Adjective: *Buono* (good)

When buono follows the noun it modifies, it has the following four forms:

	SINGULAR	PLURAL
MASCULINE	*buono*	*buoni*
FEMININE	*buona*	*buone*

When it precedes the noun it modifies, the singular forms of buono resemble those of the indefinite articles and follow the same rules:

MASCULINE	FEMININE
buon before most nouns	*buona* before nouns beginning with a consonant
buono before nouns beginning with s + consonant or z	*buon'* before nouns beginning with a vowel

The Adjective: *Grande* (big)

Grande may precede or follow the noun it modifies. When it follows the noun, it has two forms: *grande* (m.,f. singular) and *grandi* (m.,f. plural). When it precedes the noun, however, there are several possibilities:

SINGULAR	PLURAL
gran or *grande* before masculine and feminine nouns beginning with a consonant	*grandi* for all masculine and feminine nouns
grand' or *grande* before masculine and feminine nouns beginning with a vowel	

Relative Pronouns

RELATIVE PRONOUN	RULES OF USAGE
che	invariable, replaces subject or direct object, never used with a preposition
cui	invariable, replaces object of a preposition
il quale, la quale, i quali, le quali	may replace subject, direct object, or object of a preposition (in which case both preposition and definite article must be used); agrees with person, animal, or thing to which it refers.

Abbreviations of Titles

ABBREVIATION	TITLE	TRANSLATION
sig.	*signore*	Mr.
sig.a	*signora*	Mrs.
sig.na	*signorina*	Miss
prof.	*professore*	Prof. (m.)
prof.essa	*professoressa*	Prof. (f.)
dott.	*dottore*	Dr. (m.)
dott.essa	*dottoressa*	Dr. (f.)
ing.	*ingegnere*	engineer
avv.	*avvocato*	lawyer

Double Negatives

non . . . più	no more, no longer
non . . . ancora	not yet
non . . . affatto	not at all
non . . . niente/nulla	nothing
non . . . nessuno	none, nothing
non . . . mai	never
non . . . né . . . né	neither . . . nor

ENGLISH—ITALIAN GLOSSARY OF 2,000+ ITALIAN VERBS

In this glossary, you'll find more than 2,000 English verbs with their Italian equivalents. The number following an Italian entry points to the verb conjugation chart, where the verb itself or its model verb is fully conjugated. All Italian verbs provided as translations are those listed in the List of 2,000+ Essential Italian Verbs. You can go back to this list for additional information on the verb you're interested in.

A

		CHART NUMBER
abandon	**abbandonare**	1
abolish	abolire	37
abort	abortire	37
absolve	assolvere—pp. assolto	61
absorb	assorbire	26, 37
abstain	**astenersi**	22
abuse	abusare	12
accent	accentare	12
accentuate	accentuare	12
accept	**accettare**	6
accept with pleasure	gradire	37
acclaim	acclamare	12
accompany	**accompagnare**	7
accuse	accusare	12
	incolpare	12
accustom	**abituarsi**	4
achieve	compire	26
acknowledge	**riconoscere**	186
	ammettere	125
acquire	acquisire	37
acquit	assolvere—pp. assolto	61
act	agire	37
	recitare	177
activate	attivare	12
adapt	adattare	12
add	aggiungere—pp. aggiunto	70
add up	addizionare	12
address	indirizzare	12
	rivolgere—pp. rivolto	70
adhere	aderire	37
adjourn	rinviare	27
adjust	aggiustare	12
administer	amministrare	12
	somministrare	12
admire	ammirare	12
admit	ammettere—pp. ammesso	125
adopt	adottare	12
adore	adorare	12
adorn	adornare	12
adulate	adulare	12
adulterate	adulterare	12
advance	avanzare	12
advantage	avvantaggiare	121
advise	consigliare	204
advise against	sconsigliare	204
affect	impressionare	12
affirm	affermare	12
	asserire	37
afflict	affliggere—pp. afflitto	61
	travagliare	204
	angosciare	28
age	stagionare	12
agitate	agitare	12
agonize	agonizzare	12
agree	acconsentire	26
agree upon	concordare	12
aim	mirare	12
	puntare	12
air	aerare	12
	arieggiare	121
alarm	**allarmare**	10
alienate	alienare	12
align	allineare	12
allow	**permettere**	147
allure	imbonire	37
	allettare	12
alter	alterare	12
	falsare	12
alternate	alternare	12
amass	accumulare	12
	ammassare	12

		CHART NUMBER
amaze	stupire	37
	sbalordire	37
amount	ammontare	12
amplify	amplificare	50
amuse	divertire	26
	trastullare	12
amuse o.s.	svagarsi (r.v.)*	159
anaesthetize	anestetizzare	12
analyze	analizzare	12
anchor	ancorare	12
anguish	angosciare	28
announce	annunciare	28
annoy	infastidire	37
	scocciare	28
	seccare	50
answer	**rispondere**	196
anticipate	anticipare	12
appear	**comparire**	46
appease one's hunger	sfamare	12
apply	applicare	50
appreciate	apprezzare	12
approve of	approvare	12
approximate	approssimare	12
arbitrate	arbitrare	12
arm	armare	12
aromatize	aromatizzare	12
arrange	arrangiare	121
	sistemare	12
arrest	arrestare	12
arrive	**arrivare**	16
	giungere—pp. giunto	70
	sopraggiungere—pp. sopraggiunto	70
articulate	articolare	12
ascertain	accertare	12
ask	**chiedere**	42
	domandare	77
asphalt	asfaltare	12
aspire	aspirare	12
assail	assalire	37
assault	aggredire	37
assemble	montare	12

		CHART NUMBER
assign	assegnare	12
assimilate	assimilare	12
assist	**assistere**	20
associate	**associare**	21
associate with	**frequentare**	90
assume	assumere—pp. assunto	61
assume an attitude	atteggiarsi (r.v.)	121
assure	assicurare	12
astonish	**meravigliare**	124
	stupefare—pp. stupefatto	84
	sbalordire	37
atrophy	atrofizzare	12
attach	**attaccare**	23
attack	**attaccare**	23
	aggredire	37
attain	raggiungere—pp. raggiunto	70
attempt	cimentarsi	8
attend	**assistere**	20
	frequentare	90
attenuate	attenuare	12
attract	**attrarre**	24
	attirare	12
attribute	attribuire	37
authenticate	autenticare	50
authenticate	vidimare	12
	autorizzare	12
avoid	**evitare**	83
	scansare	12
	aggirare	12
awaken	destare	12
	risvegliare	204
award	aggiudicare	50
award a prize	premiare	34

B

baffle	sventare	12
balance	bilanciare	28
	equilibrare	12
bandage	fasciare	28
	bendare	12

* r.v. = reflexive version, n.r.v. = nonreflexive version

		CHART NUMBER
banish	bandire	37
baptize	battezzare	12
bark	abbaiare	34
barter	barattare	12
base o.s.	basarsi	8
be	**essere**	82
be able	**potere**	156
be afraid of	**temere**	232
be amazed	strabiliare	34
be anxious	trepidare	12
be ashamed	vergognarsi	8
be below	sottostare	225
be born	**nascere**	129
be crazy about so.	stravedere—pp. stravisto	242
be curious	curiosare	12
be distant	distare	12
be dismayed	allibire	37
be enough	**bastare**	30
be in love with so.	**amare**	12
be in excess	sovrabbondare	12
be lacking	scarseggiare	121
be late	tardare	12
be left	avanzare	12
be missing	**mancare**	119
be more advantageous	**convenire**	57
be necessary	**occorrere**	134
	bisognare	12
be of use	**servire**	216
	giovare	12
be on fire	ardere—pp. arso	160
be one's turn	spettare	12
be out of tune	stonare	12
be over	superare	12
be pleased with sth.	compiacersi (r.v.)	151
be redundant	ridondare	12
be reflected	specchiarsi (r.v.)	8, 126
be restless	smaniare	34
be silent	tacere	62
be sorry	dispiacere	151
be struck dumb	ammutolire	37
be unfaithful	tradire	37
be willing	**volere**	250
bear	sopportare	12
	reggere—pp. retto	117
beat	battere	61
	picchiare	126
beat about the bush	tergiversare	12
beautify	abbellire	37
become	**diventare**	75
become animated	animarsi	8
become cloudy	rannuvolarsi	8
become fond of	affezionarsi	8
become proud	inorgoglirsi (r.v.)	37
become restless	inquietarsi	8
become sad	rattristarsi	8
beg	accattare	12
	mendicare	50
begin	**cominciare**	46
	incominciare	28
	iniziare	34
behave	comportarsi	8
believe	**credere**	61
belong	**appartenere**	14
bend	curvare	12
	piegare	159
bend down	chinarsi	8
benefit	usufruire	37
benumb	assiderare	12
besiege	assediare	12
bet	scommettere—pp. scommesso	125
betray	tradire	37
bewitch	stregare	159
bind	rilegare	159
	vincolare	12
bite	addentare	12
	morsicare	50
blacken	annerire	37
bleed	sanguinare	12
bless	benedire	71
blind	accecare	50

		CHART NUMBER
block	bloccare	50
	sbarrare	12
bloom	fiorire	37
	sbocciare	28
blow	soffiare	34
blurt out	spifferare	12
blush	arrossire	37
boast	**vantarsi**	241
boil	bollire	37
bomb	bombardare	12
bone	disossare	12
border	confinare	12
bore	stufare	12
bother	scocciare	28
bottle	imbottigliare	204
bounce	rimbalzare	12
bounce back	respingere—pp. respinto	70
bow	inchinarsi	8
box	imballare	12
boycott	boicottare	12
brag	**vantarsi**	241
brake	frenare	12
break	**rompere**	199
	spaccare	50
	spezzare	12
break in	domare	12
break in small pieces	spezzettare	12
break loose	scatenarsi	8
break off	stroncare	50
break through the bottom	sfondare	12
breathe	**respirare**	180
breathe in	aspirare	12
breed	allevare	12
bring	**portare**	155
bring near	avvicinare	12
bring up to date	aggiornare	12
bring up	allevare	12
broadcast	trasmettere—pp. trasmesso	125
broaden	allargare	159
browse (Internet)	navigare	159

		CHART NUMBER
brush	pennellare	12
	spazzolare	12
build	**costruire**	60
bump	urtare	12
burden	affibbiare	34
burn	**bruciare**	32
	scottare	12
	ardere—pp. arso	160
burst	scoppiare	34
burst forth	scatenarsi	8
burst out	sprigionare	12
bury	seppellire	37
	sotterrare	12
bustle about	affaccendarsi	8
busy oneself	affannarsi	8
butcher	macellare	12
button up	abbottonare	12
buy	**comprare**	49
	acquistare	12
buzz	ronzare	12

C

calculate	calcolare	12
calibrate	calibrare	12
call	**chiamare**	40
call back	richiamare	12
calm	calmare	12
camouflage	camuffare	12
camp	accamparsi	8
	campeggiare	121
can	**potere**	156
cancel	cancellare	12
	disdire—pp. disdetto	71
	annullare	12
cane	bastonare	12
capitalize	capitalizzare	12
capture	catturare	12
carbonize	carbonizzare	12
caress	**accarezzare**	5
carry	**portare**	155
	trasportare	12
carry out	eseguire	37
carve	scolpire	37
cash	**incassare**	102
	riscuotere—pp. riscosso	61

		CHART NUMBER
cast	**gettare**	93
	sorteggiare	121
castrate	castrare	12
catalogue	catalogare	159
catalyze	catalizzare	12
catch	**prendere**	160
	acchiappare	12
catch a cold	raffreddarsi	8
cause	causare	12
	provocare	50
cause anxiety	impensierire	37
cease	desistere—pp. desistito	61
cease doing sth.	cessare	12
celebrate	celebrare	12
	festeggiare	121
censor	censurare	12
center	centrare	12
centralize	centralizzare	12
certify	certificare	50
challenge	sfidare	12
change	**cambiare**	34
	mutare	12
chap	screpolare	12
characterize	caratterizzare	12
charge	accusare	12
	caricare	50
charm	affascinare	12
	incantare	12
chastise	castigare	159
chatter	chiacchierare	12
cheat	imbrogliare	204
	abbindolare	12
	fregare	159
	truffare	12
cheer up	rasserenarsi	8
	rallegrarsi	8
chew	masticare	50
chip	scheggiare	121
chisel	cesellare	12
choose	**scegliere**	205
choreograph	coreografare	12
circulate	circolare	12
circumcise	circoncidere—pp. circonciso	66

		CHART NUMBER
circumnavigate	circumnavigare	159
civilize	civilizzare	12
claim	pretendere—pp. preteso	160
clarify	**chiarire**	41
clash	scontrarsi	8
	stridere	61
clasp	stringere—pp. stretto	70
classify	classificare	50
clean	**pulire**	171
cleanse	detergere—pp. deterso	70
clear	sgombrare	12
clear the table	sparecchiare	126
clear up	rasserenarsi	8
climb	arrampicarsi (r.v.)	50
	scalare	12
climb over	scavalcare	50
cling	appigliarsi (r.v.)	204
close	**chiudere**	43
cloud	appannare	12
clutch	afferrare	12
coincide	coincidere—pp. coinciso	66
collaborate	collaborare	12
collapse	crollare	12
collapse	stramazzare	12
collect	collezionare	12
collide	scontrarsi	8
collide with	investire	26
colonize	colonizzare	12
color	colorare	12
comb o.s.	**pettinarsi**	150
combat	combattere	61
combine	combinare	12
come	**venire**	244
	provenire	244
come to an agreement	accordarsi	8
come to blows	accapigliarsi (r.v.)	204
come down	**scendere**	206
come to know of	apprendere—pp.appreso	160
come out	**uscire**	240
come to terms	patteggiare	121
come true	avverarsi	8

		CHART NUMBER
comfort	confortare	12
command	comandare	12
commemorate	commemorare	12
comment	commentare	12
commit	commettere—pp. commesso	125
	impegnarsi	8
commit suicide	suicidarsi	8
communicate	**comunicare**	50
compare	paragonare	12
compel	costringere—pp. costretto	70
compensate	compensare	12
compete	competere	61
	concorrere—pp. concorso	61
compile	compilare	12
complain	**protestare**	169
	reclamare	12
	lamentarsi	8
complete	completare	12
	compire	26
complicate	complicare	50
compliment	complimentare	12
compose	**comporre**	48
compromise	compromettere—pp. compromesso	125
conceal	celare	12
concede	concedere	61
conceive	concepire	37
	ideare	12
conceive a passion for	appassionarsi	8
concentrate	concentrare	12
conclude	concludere—pp. concluso	160
condemn	condannare	12
condense	condensare	12
condescend	degnarsi	8
condition	condizionare	12
conduct	**condurre**	52
confess	confessare	12
confide	confidare	12
confine	confinare	12
confirm	confermare	12
	convalidare	12

		CHART NUMBER
confiscate	confiscare	50
	sequestrare	12
conform	attenersi (r.v.)	233
conform o.s.	adeguarsi	8
confront	affrontare	12
confuse	**confondere**	53
	scombussolare	12
confute	ribattere	61
congratulate	congratularsi	8
	rallegrarsi	8
conjugate	coniugare	159
connect	collegare	159
conquer	conquistare	12
consecrate	consacrare	12
consent	acconsentire	26
consider	considerare	12
consider thoroughly	vagliare	204
console	consolare	12
consolidate	consolidare	12
consult	consultare	12
consume	consumare	12
contain	contenere	233
contaminate	contaminare	12
contemplate	contemplare	12
content	accontentare	12
contest	contestare	12
continue	**continuare**	56
	proseguire	26
contract	contrarre	24
contradict	contraddire	71
contrast	contrastare	12
contribute	contribuire	37
control	controllare	12
converse	dialogare	159
convince	convincere—pp. convinto	247
cook	**cucinare**	63
cool down	sbollire	37
cool	raffreddare	12
coordinate	coordinare	12
copy	**copiare**	58
coquet	civettare	12
cork	tappare	12
correct	correggere—pp. corretto	61

		CHART NUMBER
correspond	corrispondere—pp. corrisposto	160
corrupt	corrompere—pp. corrotto	199
cost	**costare**	59
cough	tossire	37
count	**contare**	55
couple	accoppiare	34
court	corteggiare	121
cover	coprire—pp. coperto	26
	percorrere—pp. percorso	61
	rivestire	26
cover with bread crumbs	impanare	12
crash	pestare	12
crawl	gattonare	12
create	creare	12
credit	accreditare	12
creep	strisciare	28
cripple	storpiare	34
criticize	criticare	50
cross	attraversare	12
crouch down	accovacciarsi (r.v.)	28
crowd	affollare	12
crumble	sbriciolare	12
	sgretolare	12
crumple	spiegazzare	12
crumple up	accartocciare	28
crush	stritolare	12
	schiacciare	28
cry	**piangere**	152
crystallize	cristallizzare	12
cultivate	coltivare	12
curdle	quagliare	204
cure	**curare**	64
	trattare	12
curl	arricciare	28
curry	strigliare	204
curse	imprecare	50
	maledire	71
	bestemmiare	34
cut	**tagliare**	230
cut in half	smezzare	12
cut out	ritagliare	204

D

		CHART NUMBER
damage	guastare	12
	danneggiare	121
damn	dannare	12
dance	**ballare**	29
	danzare	12
dangle	ciondolare	12
dare	osare	12
dawdle	cincischiare	12
dawn	albeggiare	121
daydream	fantasticare	50
daze	stordire	37
dazzle	abbagliare	204
deafen	assordare	12
deal with	trattare	12
debit	addebitare	12
decay	decadere	33
deceive	ingannare	12
	illudere—pp. illuso	160
decide	**decidere**	66
decimate	decimare	12
declare	affermare	12
	dichiarare	12
decline	declinare	12
decorate	addobbare	12
	decorare	12
	ornare	12
decrease	decrescere	62
dedicate	dedicare	50
deduce	dedurre	52
deduct	detrarre—pp. detratto	24
deepen	approfondire	37
defeat	sconfiggere—pp. sconfitto	117
defend	difendere—pp. difeso	160
defer	posporre	48
define	definire	37
deflate	sgonfiare	34
deflect	deflettere—pp. deflesso	61, 125
deform	deformare	12
defraud	defraudare	12
degenerate	degenerare	12
degrade	degradare	12
delay	ritardare	12
delegate	delegare	159

		CHART NUMBER
delimitate	delimitare	12
deliver	consegnare	12
	recapitare	12
demand	esigere—pp. esatto	61
	pretendere—pp. preteso	160
demolish	abbattere	61
	demolire	37
demonstrate	dimostrare	12
denigrate	denigrare	12
denounce	**denunciare**	68
dent	ammaccare	50
deny	negare	159
	smentire	37
depart	**partire**	143
depend	dipendere—pp. dipeso	160
deport	deportare	12
deposit	depositare	12
depress	deprimere—pp. depresso	61
deprive	privare	12
derive	derivare	12
derogate	derogare	159
descend	**discendere**	72
	calare	12
describe	descrivere—pp. descritto	210
deserve	meritare	12
design	disegnare	12
designate	designare	12
despise	disprezzare	12
destine	destinare	12
destroy	distruggere—pp. distrutto	117
detach	staccare	50
deteriorate	deteriorare	12
determine	determinare	12
detest	detestare	12
devalue	svalutare	12
devastate	devastare	12
develop	sviluppare	12
deviate	deviare	27
devise	architettare	12
devote o.s.	dedicarsi (r.v.)	50
devour	divorare	12

		CHART NUMBER
diagnose	diagnosticare	50
dictate	dettare	12
die	**morire**	127
differentiate	distinguere—pp. distinto	61
diffuse	diffondere—pp. diffuso	61
dig up	sterrare	12
dig	scavare	12
digest	digerire	37
digress	divagare	159
dilute	diluire	37
dim	smorzare	12
diminish	diminuire	37
diminish gradually	sfumare	12
direct	dirigere—pp. diretto	61
dirty	**sporcare**	222
disappear	sparire	37
	scomparire	37
	svanire	37
disappoint	**deludere**	67
disapprove	disapprovare	12
disarm	disarmare	12
disassemble	smontare	12
disburse	sborsare	12
disclose	rivelare	12
discolor	scolorire	37
discount	scontare	12
discourage	scoraggiare	121
discover	**scoprire**	209
discredit	screditare	12
discriminate	discriminare	12
discuss	**discutere**	73
	ragionare	12
disenchant	spoetizzare	12
disfigure	deturpare	12
disguise	travestire	26
disgust	disgustare	12
disinfect	disinfettare	12
dislocate	slogarsi (r.v.)	159
dislodge	sloggiare	121
dismiss	licenziare	34
disobey	disubbidire	37
disorient	disorientare	12
displace	smuovere—pp. smosso	61

		CHART NUMBER
disqualify	squalificare	50
dissipate	dissipare	12
dissociate	dissociare	28
dissolve	dissolvere—pp. dissolto	61
	sciogliere—pp. sciolto	44
dissuade	dissuadere—pp. dissuaso	160
distinguish o.s.	distinguersi—pp. distinto (r.v.)	61
distort	distorcere—pp. distorto	61
distract	**distrarre**	74
distress	addolorare	12
distribute	distribuire	37
disturb	disturbare	12
dive	tuffarsi	8
divert	svagarsi (r.v.)	159
divide	dividere—pp. diviso	160
divide up	compartire	26, 37
divorce	divorziare	34
divulge	diffondere—pp. diffuso	61
do	**fare**	84
do again	rifare—pp. rifatto	84
do all one can	prodigarsi (r.v.)	159
do the best one can	arrangiarsi (r.v.)	121
do wrong	**sbagliare**	204
dock	attraccare	50
dodge	schivare	12
domesticate	addomesticare	50
dominate	dominare	12
	sovrastare	12
domineer	spadroneggiare	121
dose	dosare	2
double	raddoppiare	34
doubt	dubitare	12
download	scaricare	50
doze off	assopirsi (r.v.)	37
drag	trascinare	12
	strisciare	28
	strascicare	50
drain	vuotare	12
draw	prelevare	12
	disegnare	12
	pareggiare	121
draw back	indietreggiare	121
draw out	cavare	12
draw toward	avviarsi (r.v.)	8, 27
dream	**sognare**	220
drench	inzuppare	12
dress up	agghindarsi	8
dribble	dribblare	12
drill	trapanare	12
drink	**bere**	31
drip	gocciolare	12
drive	**guidare**	98
drizzle	piovigginare	12
drop	sganciare	28
drown	affogare	159
	annegare	159
drug	drogare	159
dry	asciugare	159
dry up	seccare	50
dub	doppiare	34
dust	spolverare	12

E

earn	guadagnare	12
	cattivarsi	8
eat	**mangiare**	121
economize	economizzare	12
educate	educare	50
eject	espellere—pp. espulso	61
elaborate	elaborare	12
elect	eleggere—pp. eletto	117
eliminate	eliminare	12
emancipate	emancipare	12
embalm	imbalsamare	12
embarrass	imbarazzare	12
embellish	abbellire	37
embody	incarnare	12
embrace	**abbracciare**	2
embroider	ricamare	12
employ	assumere—pp. assunto	61
	impiegare	159
empty	vuotare	12
enamel	smaltare	12
enclose	accludere—pp. accluso	160
	allegare	159
encourage	incoraggiare	121
end up	**finire**	87

		CHART NUMBER
end	concludere—pp. concluso	160
	terminare	12
endeavor	adoperarsi	8
enfeeble	affievolire	37
engrave	incidere—pp. inciso	66
enjoy	**gustare**	99
	godersi (r.v.)	61
enlarge	ampliare	34
	ingrandire	37
enliven	vivificare	50
enrich	arricchire	37
enroll	iscrivere—pp. iscritto	210
entangle	aggrovigliare	204
enter	**entrare**	81
entertain	intrattenere	233
enthrall	avvincere—pp. avvinto	247
entitle	abilitare	12
entrap	circuire	37
entrench o.s.	trincerarsi	8
entrust	affidare	12
	incaricare	50
envy	**invidiare**	111
equal	uguagliare	204
equip	attrezzare	12
erase	cancellare	12
erect	rizzare	12
erupt	eruttare	12
escape	scampare	12
	sfuggire	26
	scappare	12
escort	scortare	12
establish	stabilire	37
esteem	stimare	12
estimate	valutare	12
evict	sfrattare	12
evoke	evocare	50
evolve	evolvere—pp. evoluto	61
exacerbate	esacerbare	12
exaggerate	esagerare	12
examine	esaminare	12
exasperate	esasperare	12
excavate	scavare	12
exceed	eccedere	61
	superare	12

		CHART NUMBER
excel	eccellere—pp. eccelso	61
exchange	scambiare	34
excite	eccitare	12
exclaim	esclamare	12
exclude	escludere—pp. escluso	160
excommunicate	scomunicare	50
excuse	**scusare**	211
execute	eseguire	37
exhibit	esibire	37
exile	esiliare	12
exist	esistere—pp. esistito	61
exorcize	esorcizzare	12
expand	espandere—pp. espanso	61
expect	aspettarsi	8
	prevedere—pp. previsto	242
expel	cacciare	28
	scacciare	28
experiment	sperimentare	12
expiate	espiare	27
expire	scadere	61
explain	spiegare	159
explode	esplodere—pp. esploso	61
	scoppiare	34
exploit	sfruttare	12
explore	esplorare	12
export	esportare	12
express	esprimere—pp. espresso	61
exterminate	sterminare	12
extinguish	**spegnere**	221
extract	estrarre	24
exude	essudare	12
exult	esultare	12
eye	adocchiare	126

F

face	affrontare	12
facilitate	agevolare	12
	facilitare	12
fade	sbiadire	37
fail	fallire	37
faint	svenire—pp. svenuto	244
fall	**cadere**	33
fall asleep	**addormentarsi**	8

		CHART NUMBER
fall in love	innamorarsi	8
fascinate	affascinare	12
fast	digiunare	12
favor	**favorire**	85
feed on (sth.)	cibarsi	8
feel	**stare**	225
	sentire	214
	sentirsi (r.v.)	214
feel by touch	tastare	12
feel hurt	adombrarsi	8
feel up to	sentirsi (r.v.)	214
fence	schermare	12
ferry	traghettare	12
fidget	dimenarsi	8
file	archiviare	34
fill	**riempire**	189
fill out	compilare	12
fill up	colmare	12
film	filmare	12
filter	filtrare	12
finalize	finalizzare	12
finance	finanziare	34
find	**trovare**	238
find out	**scoprire**	209
fine	multare	12
finish	**finire**	87
	rifinire	37
	terminare	12
finish off	sbrigare	159
fire	licenziare	34
	sparare	12
fish	pescare	50
fix	fissare	12
	aggiustare	12
	riparare	193
	accomodare	12
flank	fiancheggiare	121
flash the lights	lampeggiare	121
flatten	appiattire	37
flatter	lusingare	159
flaunt	sfoggiare	121
flavor	assaporare	12
flee	fuggire	26
	scappare	12

		CHART NUMBER
flex	flettere—pp. flesso	61
flirt	civettare	12
float	galleggiare	121
flood	allagare	159
flour	infarinare	12
flow	fluire	37
	scorrere—pp. scorso	61
flow into	sboccare	50
flower	fiorire	37
fluctuate	fluttuare	12
fly	volare	12
fly about	svolazzare	12
focus	concentrarsi	8
fog	annebbiare	34
fold	piegare	159
fold up	ripiegare	159
follow	seguire	26
fondle	coccolare	12
forbid	proibire	37
	vietare	12
force	costringere—pp. costretto	70
	forzare	12
force open	scassinare	12
forecast	prevedere—pp. previsto	242
foretaste	pregustare	12
foretell	predire	71
forget	**dimenticare**	69
forgive	perdonare	12
form	formare	12
form a coalition	coalizzarsi	8
forsake	**abbandonare**	12
forward	inoltrare	12
found	fondare	12
fracture	fratturare	12
frame	incorniciare	28
free	liberare	12
freeze	surgelare	12
	congelare	12
frequent	bazzicare	50
frighten	impaurire	37
	spaventare	12
frown	accigliarsi (r.v.)	204
frustrate	frustrare	12

		CHART NUMBER
fry	friggere—pp. fritto	117
fulfill	esaudire	37
function	**funzionare**	92
furnish	ammobiliare	34
	arredare	12
fuse	fondere—pp. fuso	61

G

gain weight	ingrassare	12
gasp	boccheggiare	121
gather	raccogliere—pp. raccolto	44
gather grapes	vendemmiare	34
gaze	sfiorare	12
gaze at	rimirare	12
generalize	generalizzare	12
generate	generare	12
gesture	gesticolare	12
get	procurare	12
get a degree	diplomarsi	8
get acclimatized	acclimatarsi	8
get acquainted with	**conoscere**	54
get angry	arrabbiarsi	8
	stizzirsi (r.v.)	37
get ashore	approdare	12
get bewildered	imbambolarsi	8
get bored	annoiarsi (r.v.)	34
get caught	impigliarsi (r.v.)	204
get curious	incuriosire	37
get dark	imbrunire	37
get dressed	**vestirsi**	245
get drunk	ubriacarsi (r.v.)	8, 50
get engaged	fidanzarsi	8
get enraged	adirarsi	8
get excited	**emozionarsi**	80
get injured	infortunarsi	8
get irritated	crucciarsi (r.v.)	28
	sdegnarsi	8
get married	**sposarsi**	223
get moldy	ammuffire	37
get near	avvicinarsi	8
get nervous	innervosirsi (r.v.)	37

		CHART NUMBER
get on so.'s nerves	innervosire	37
get out of the habit of	disabituarsi	8
get over	smaltire	37
get pleasure from	godersi (r.v.)	61
get ready	prepararsi	8
get sick	ammalarsi	8
get strained	affaticarsi	8
get tanned	abbronzarsi	8
get up	**alzarsi**	11
get used to a place	ambientarsi	8
get used to	**abituarsi**	4
get worked up	scalmanarsi	8
get worse	peggiorare	12
give	**dare**	65
	porgere—pp. porto	70
give a membership card	tesserare	12
give back	**restituire**	182
	rendere	179
give birth	partorire	37
give concrete form	concretizzare	12
give hospitality	**ospitare**	138
give notice	avvisare	12
give rise to	suscitare	12
give the finishing touch to	rifinire	37
give up	**abbandonare**	12
gladden	allietare	12
glance	adocchiare	126
glance through the pages of	sfogliare	204
glitter	luccicare	50
glue	incollare	12
go	**andare**	13
	recarsi (r.v.)	50
go along	percorrere—pp. percorso	61
go back	**tornare**	235
go back home	rincasare	12

		CHART NUMBER
go to bed	coricarsi (r.v.)	50
go beyond	oltrepassare	12
go by	**passare**	144
go down	**scendere**	206
go in line	accodarsi	8
go into sth.	addentrarsi	8
go mad	ammattire	37
	impazzire	37
go out	**uscire**	240
go around	aggirare	12
gobble up	sbafare	12
gossip	pettegolare	12
	spettegolare	12
govern	governare	12
graduate (master's)	**laurearsi**	114
grant	concedere	61
grasp	afferrare	12
grate	grattare	12
gratify	gratificare	50
grease	ungere—pp. unto	70
greet	**salutare**	201
grind	macinare	12
group	raggruppare	12
grow	**crescere**	62
grow acute	acutizzarsi	8
grow old	invecchiare	126
guarantee	garantire	37
guard	custodire	37
guess	indovinare	12
	imbroccare	50
guide	**guidare**	98
gulp down	tracannare	12
	trangugiare	121
gush	fiottare	12
	scaturire	37

H

		CHART NUMBER
hail	grandinare	12
half-close	socchiudere—pp. socchiuso	43
hamper	ostacolare	12
hand	porgere—pp. porto	70
hand feed	imboccare	50
hand on	tramandare	12
handle	maneggiare	121
hang	appendere—pp. appeso	160
hang down	pendere	61
hang up	riattaccare	50
happen	accadere	61
happen	**succedere**	227
	avvenire	244
	capitare	12
harass	assillare	12
harmonize	armonizzare	12
	concertare	12
harpoon	fiocinare	12
hate	odiare	34
haul	trainare	12
have	**avere**	25
have access	accedere	61
have difficulty	stentare	12
have dinner	**cenare**	38
have fun	**divertirsi**	76
	scialarsi	8
have lunch	**pranzare**	157
have to	**dovere**	79
hazard	azzardare	12
heal	**guarire**	97
	cicatrizzarsi	8
heap up	accumulare	12
hear	udire	37
	sentire	214
heat	riscaldare	12
	scaldare	12
heighten	rialzare	12
help	**aiutare**	9
	soccorrere—pp. soccorso	61
hesitate	esitare	12
	tentennare	12
hiccup	singhiozzare	12
hide	**nascondere**	130
hinder	insabbiare	34
hire	**noleggiare**	132
hit	**colpire**	45
	picchiare	126
	battere	61
	imbroccare	50

		CHART NUMBER
hoe	zappare	12
hold	reggere—pp. retto	117
	tenere	233
hold back	trattenere—pp. trattenuto	233
honor	onorare	12
hook	agganciare	28
hop	saltellare	12
hope	sperare	12
horrify	inorridire	37
	raccapricciarsi (r.v.)	28
hospitalize	ricoverare	12
howl	ululare	12
hug	**abbracciare**	2
humiliate	avvilire	37
	umiliare	34
hunt	cacciare	28
hurry up	affrettarsi	8
	spicciarsi (r.v.)	28
	sbrigarsi (r.v.)	159
hush	ammutolire	37
hypnotize	ipnotizzare	12

I

		CHART NUMBER
identify	identificare	50
identify o.s. with so.	immedesimarsi	8
idle	**poltrire**	154
	oziare	34
idolize	idoleggiare	121
ignore	ignorare	12
ill-treat	strapazzare	12
	maltrattare	12
illustrate	illustrare	12
imagine	**immaginare**	100
imitate	imitare	12
immerse	immergere—pp. immerso	70
immigrate	immigrare	12
immobilize	immobilizzare	12
immunize	immunizzare	12
implore	supplicare	50
import	importare	12
impose	imporre	48
impress	impressionare	12
imprison	imprigionare	12
improve	migliorare	12
	progredire	37
	perfezionare	12
improvise	improvvisare	12
inaugurate	inaugurare	12
incinerate	incenerire	37
include	includere—pp. incluso	67
	comprendere—pp. compreso	160
increase	accrescere	62
	aumentare	12
	incrementare	12
incriminate	incriminare	12
indemnify	risarcire	37
indicate	indicare	50
induce	indurre	52
indulge	indulgere—pp. indulto	70
infect	infettare	12
	contagiare	121
inflate	gonfiare	34
influence	influenzare	12
	suggestionare	12
inform	**informare**	105
infringe	trasgredire	37
ingest	ingerire	37
inhale	aspirare	12
inherit	ereditare	12
inhibit	inibire	37
inject	iniettare	12
innovate	innovare	12
insert	inserire	37
insist	**insistere**	107
inspire	ispirare	12
install	installare	12
institute	istituire	37
instruct	istruire	37
insult	**insultare**	108
insure	assicurare	12
integrate	integrare	12
intend	**intendere**	109
	volere	250
intensify	intensificare	50
interact	interagire	37

		CHART NUMBER
interest	interessare	12
interfere	immischiarsi (r.v.)	8
interpret	interpretare	12
interrogate	interrogare	159
interrupt	interrompere—pp. interrotto	199
intervene	intervenire	244
interview	intervistare	12
intimidate	intimorire	37
introduce	introdurre	52
	presentare	163
intrude	intrudersi—pp. intruso (r.v.)	67
invade	invadere—pp. invaso	66
invent	inventare	12
invest	investire	26
investigate	**indagare**	104
invite	**invitare**	112
invoice	fatturare	12
irritate	irritare	12
	urtare	12
isolate	isolare	12

J

jeopardize	pregiudicare	50
join	collegare	159
joke	**scherzare**	207
jolt	sobbalzare	12
judge	giudicare	50
jump	balzare	12
jump	saltare	12
justify	giustificare	50

K

keep vigil	vegliare	204
keep	**tenere**	233
	trattenere—pp. trattenuto	233
	conservare	12
kidnap	rapire	37
kill	ammazzare	12
	uccidere—pp. ucciso	66
kiss	**baciare**	28
kneel	inginocchiarsi	8
knock	bussare	12
knock down	abbattere	61
know by intuition	intuire	37
know	**conoscere**	54
	sapere	203

L

lacerate	straziare	34
land	atterrare	12
	sbarcare	50
last	durare	12
laugh	**ridere**	188
laugh scornfully	sghignazzare	12
launch	lanciare	28
lay	imbandire	37
lay down	coricarsi (r.v.)	50
lay on	sovrapporre	48
lay out	stendere—pp. steso	160
lay out plans for	architettare	12
lead	**condurre**	52
	guidare	98
leak	**perdere**	146
lean	appoggiare	121
lean on	poggiare	121
lean out	affacciarsi (r.v.)	28
	sporgere—pp. sporto	70
leap	saltare	12
learn	**imparare**	101
	apprendere—pp. appreso	160
lease	affittare	12
leave	**lasciare**	113
leave out	tralasciare	28
leave out of consideration	prescindere—pp. presciso	160
legitimize	legittimare	12
lend	**prestare**	164
lengthen	allungare	59
let	**permettere**	147
let go	mollare	12
let in	ammettere—pp. ammesso	125
level	spianare	12
lick	leccare	50
lie	mentire	26, 37

		CHART NUMBER
lie down	distendersi—pp. disteso (r.v.)	160
	sdraiarsi	8
lift	alzare	12
	sollevare	12
light up	illuminare	12
light	accendere—pp. acceso	160
lighten	lampeggiare	121
like	**piacere**	151
limit	**limitare**	118
limp	zoppicare	50
line	rivestire	26
link together	abbinare	12
link	collegare	159
listen to	**ascoltare**	17
live	**vivere**	249
live in	**abitare**	3
live together	coabitare	12
	convivere—pp. convissuto	249
load	caricare	50
locate	localizzare	12
lodge	alloggiare	121
long	anelare	12
look after	badare	12
look at	**guardare**	96
look at o.s. in the mirror	specchiarsi (r.v.)	8, 126
look for	**cercare**	39
look like	**sembrare**	213
loosen	allentare	12
	snodare	12
lose	smarrire	37
	perdere	146
lose one's temper	infuriarsi	8
	scattare	12
lose weight	dimagrire	37
love	**amare**	12
lower	abbassare	12
lubricate	lubrificare	50
lure	adescare	50

M

		CHART NUMBER
mail	spedire	37
maintain	**mantenere**	122
make	**fare**	84
make a mess	pasticciare	28
make a mistake	**sbagliare**	204
make a note of	annotare	12
make a present	**regalare**	178
make a profit	ricavare	12
make better	migliorare	12
make cold	raffreddare	12
make easy	agevolare	12
make fun of	canzonare	12
make heavy	appesantire	37
make one's debut	debuttare	12
make o.s. comfortable	accomodarsi	8
make perfect	perfezionare	12
make quicker	sveltire	37
make sure	sincerarsi	8
make thin	assottigliare	204
manage	gestire	37
	destreggiarsi (r.v.)	121
maneuver	manovrare	12
manifest	manifestare	12
manufacture	fabbricare	50
march	marciare	28
mark	marcare	50
	segnare	12
mark out	tracciare	28
mash	spappolare	12
mask	mascherare	12
massacre	massacrare	12
massage	massaggiare	121
match	abbinare	12
mature	maturare	12
may	**potere**	156
mean	**significare**	218
	intendere	109
measure	misurare	12
meddle	immischiarsi (r.v.)	8
meditate	**meditare**	123
meet	**incontrare**	103
	adunarsi	8
	riunirsi (r.v.)	37

		CHART NUMBER
meet again	rivedere—pp. rivisto	242
meet so. for the first time	**conoscere**	54
melt	squagliare	204
	sciogliere—pp. sciolto	44
memorize	memorizzare	12
mend	rattoppare	12
mention	menzionare	12
	citare	12
	accennare	12
mess up	pasticciare	28
	disordinare	12
mime	mimare	12
mince	tritare	12
mine	minare	12
minimize	minimizzare	12
misunderstand	fraintendere—pp. frainteso	160
misinterpret	travisare	12
mislead	fuorviare	27
mystify	mistificare	50
misuse	abusare	12
mitigate	attutire	37
mix	**mischiare**	126
	mescolare	12
moan	gemere	61
mobilize	mobilitare	12
model	modellare	12
moderate	moderare	12
modernize	modernizzare	12
	rimodernare	12
modify	modificare	50
mold	plasmare	12
molest	molestare	12
moor	ormeggiare	121
motivate	motivare	12
mount	montare	12
mourn	rimpiangere—pp. rimpianto	152
move	muovere—pp. mosso	61
	commuovere—pp. commosso	61
move away	allontanare	12
move from one place to another	traslocare	50
move sth.	**spostare**	224

		CHART NUMBER
mow	falciare	28
multiply	moltiplicare	50
murder	assassinare	12
must	**dovere**	79
mutilate	mutilare	12
mutiny	ammutinarsi	8
mutter	borbottare	12
	parlottare	12

N

narrate	narrare	12
narrow	restringere—pp. ristretto	70
navigate	navigare	159
neglect	trascurare	12
negotiate	negoziare	34
neutralize	neutralizzare	12
nod	annuire	37
	accennare	12
notice	notare	12
number	numerare	12
nurse	allattare	12

O

obey	ubbidire	37
object	obiettare	12
oblige	obbligare	159
observe	osservare	12
obsess	ossessionare	12
obstruct	ostruire	37
obstruct	sbarrare	12
obtain	ottenere	233
occupy	occupare	12
occur	accadere	61
	svolgersi—pp. svolto (r.v.)	70
offend	offendere—pp. offeso	160
offer	**offrire**	135
officiate	officiare	28
oil	oliare	34
	ungere—pp. unto	70
omit	omettere	125
open	**aprire**	15
open one's heart	confidarsi	8
open wide	spalancare	50

		CHART NUMBER
operate	azionare	12
oppose	opporre	48
orchestrate	orchestrare	12
order	**ordinare**	136
organize	**organizzare**	137
orient	orientare	12
originate	provenire	244
outline	delineare	12
outwit	abbindolare	12
overlap	accavallare	12
overburden	aggravare	12
overcrowd	sovraffollare	12
overdo	strafare—pp. strafatto	84
overflow	traboccare	50
	sovrabbondare	12
overhaul	revisionare	12
overheat	surriscaldare	12
overload	sovraccaricare	50
overrate	sopravvalutare	12
oversee	sorvegliare	204
overtake	sorpassare	12
overthrow	sovvertire	26
overturn	ribaltarsi	8
overwhelm	sopraffare—pp. sopraffatto	84
owe	**dovere**	79
own	possedere (n.r.v.)	212

P

pad	tamponare	12
paddle	remare	12
pain	addolorare	12
paint	**dipingere**	70
	pitturare	12
pair	accoppiare	34
pair up	appaiare	34
palm off	appioppare	12
pant	sbuffare	12
parade	sfilare	12
paralyze	paralizzare	12
parcel out	ripartire	26
park	**parcheggiare**	140
	posteggiare	121
parody	parodiare	34
participate	**partecipare**	142
pass away	spirare	12
		CHART NUMBER
pass	**passare**	144
paste	incollare	12
patch up	rattoppare	12
patent	brevettare	12
patrol	perlustrare	12
pay	**pagare**	139
pay one's respects	ossequiare	34
peck	beccare	50
pedal	pedalare	12
peel	pelare	12
	sbucciare	28
perceive	percepire	37
perforate	bucare	50
perform	**rappresentare**	174
perfume	profumare	12
perish	perire	37
permeate	permeare	12
perpetuate	perpetuare	12
persevere	**perseverare**	148
persist	persistere—pp. persistito	61
perspire	traspirare	12
persuade	**persuadere**	149
pet	**accarezzare**	5
photograph	fotografare	12
pick up	**cogliere**	44
	ritirare	12
	raccogliere—pp. raccolto	44
pick-pocket	borseggiare	121
pierce through	trafiggere—pp. trafitto	117
pile up	ammucchiare	126
	accatastare	12
pilot	pilotare	12
pinch	pizzicare	50
piss	pisciare	28
pity	compatire	37
place	anteporre	48
	posare	12
	collocare	50
	piazzare	12
place in the archives	archiviare	34
place side by side	affiancare	50

		CHART NUMBER
plagiarize	plagiare	121
plan	**progettare**	166
plant	piantare	12
plaster	stuccare	50
play	**giocare**	94
play music	**suonare**	228
please	accontentare	12
plot	complottare	12
	tramare	12
	architettare	12
plough	arare	12
	solcare	50
pluck	spennare	12
plumb	piombare	12
pocket	intascare	50
poeticize	poetizzare	12
point at	additare	12
poison	avvelenare	12
poke	stuzzicare	50
polish	lucidare	12
pollute	inquinare	12
ponder	ponderare	12
populate	popolare	12
pose	posare	12
possess	possedere (n.r.v.)	212
post	imbucare	50
postmark	timbrare	12
postpone	posporre	48
	rimandare	12
	posticipare	12
pound	pestare	12
pour off	travasare	12
pour out	riversare	12
pour	versare	12
practice	praticare	50
	esercitarsi	8
praise	elogiare	121
	lodare	12
prank	burlare	12
pray	**pregare**	159
preach	predicare	50
prearrange	predisporre	48
precede	precedere	61
precipitate	precipitare	12

		CHART NUMBER
predestine	predestinare	2
predict	predire	71
predispose	predisporre	48
predominate	predominare	12
prefer	**preferire**	158
premeditate	premeditare	12
prepare	**preparare**	162
	allestire	37
prescribe	prescrivere—pp. prescritto	210
present	**presentare**	163
preserve	preservare	12
	conservare	12
preside	presiedere	61
press	premere	61
	stirare	12
press down	calcare	50
presume	presumere—pp. presunto	61
pretend	fingere—pp. finto	70
prevent	prevenire	244
	impedire	37
prick	pungere—pp. punto	70
print	stampare	12
privilege	privilegiare	121
proceed	procedere	61
procrastinate	procrastinare	12
procure	procurare	12
produce	**produrre**	165
profane	profanare	12
profess	professare	12
program	**programmare**	167
project	proiettare	12
promise	promettere—pp. promesso	125
promote	promuovere—pp. promosso	61
pronounce	pronunciare	28
propitiate	propiziare	34
propose	**proporre**	168
prosper	prosperare	12
protect	proteggere—pp. protetto	117
	tutelare	12
protect o.s.	ripararsi	8
protest	**protestare**	169

		CHART NUMBER
prove	**provare**	170
provide	provvedere—pp. provvisto	242
provoke	provocare	50
publish	pubblicare	50
puff	sbuffare	12
pull	**tirare**	234
pull back	arretrare	12
pull down	abbassare	12
pull off	staccare	50
pulverize	polverizzare	12
pump	pompare	12
punch	cazzottare	12
punish	punire	37
purchase	acquistare	12
purify	purificare	50
push	spingere—pp. spinto	70
push back	ricacciare	28
put	**mettere**	125
put make-up on	truccarsi (r.v.)	50
put off	rinviare	27
put on	mettersi (r.v.)	125
put sth. off	soprassedere (n.r.v.)	212

Q

qualify	qualificare	50
quarrel	litigare	159
quench	dissetare	12
question	contestare	12
quiet down	chetarsi	8
	quietarsi	8
quit	smettere—pp. smesso	125
quiver	fremere	61

R

		CHART NUMBER
rack	rastrellare	12
rack one's brain	scervellarsi	8
radio-control	telecomandare	12
rain	**piovere**	153
raise enthusiasm	entusiasmare	12
raise the price	rincarare	12
raise	rizzare	12
ransom	riscattare	12
rape	violentare	12
ration	razionare	12
rave	delirare	12
	vaneggiare	121
reach	raggiungere—pp. raggiunto	70
react	**reagire**	176
read	**leggere**	117
realize	realizzare	12
reason	ragionare	12
reassure	**rassicurare**	175
rebel	ribellarsi	8
	rivoltarsi	8
rebound	rimbalzare	12
rebuke	richiamare	12
recapitulate	riepilogare	159
receive	**ricevere**	183
reciprocate	reciprocare	50
	ricambiare	34
	contraccambiare	34
recite	declamare	12
	recitare	177
recognize	**riconoscere**	186
recommend	raccomandare	12
reconcile	riconciliarsi (r.v.)	34
	rappacificare	50
	conciliare	34
record	registrare	12
recover	rimettersi—pp. rimesso (r.v.)	125
	riprendersi (r.v.)	160
recriminate	recriminare	12
recruit	assoldare	12
recur	ricorrere—pp. ricorso	61
redeem	redimere—pp. redento	61
reduce	ridurre	52
reestablish	ripristinare	12
refer to	alludere—pp. alluso	160
refer	riferire	37
refine	affinare	12
reflect	riflettere	61
refrain	**astenersi**	22
refresh	rinfrescare	50
refrigerate	refrigerare	12

		CHART NUMBER
refuse	rifiutare	12
refuse	respingere—pp. respinto	70
regenerate	rigenerare	12
register	iscrivere—pp. iscritto	210
regret	rimpiangere—pp. rimpianto	152
regulate	regolare	12
rehearse	**provare**	170
rehire	riassumere—pp. riassunto	61
reign	regnare	12
reimburse	rimborsare	12
reinforce	rafforzare	12
reinvigorate	rinvigorire	37
reject	bocciare	28
rejoice	gioire	37
rejuvenate	ringiovanire	37
relax	**rilassarsi**	190
	distendersi—disteso (r.v.)	160
release	svincolare	12
relieve	sfogarsi (r.v.)	159
remain	**rimanere**	191
	restare	181
remedy	rimediare	34
remember	**ricordarsi**	187
	rammentare	12
remove	togliere—pp. tolto	44
	asportare	12
remove stains	smacchiare	12
remunerate	remunerare	12
	retribuire	37
render	**rendere**	179
renew	rinnovare	12
renounce	rinunziare	12
rent	affittare	12
repair	**riparare**	193
	aggiustare	12
	accomodare	12
repatriate	rimpatriare	28
repeat	**ripetere**	194
	replicare	50
repent	pentirsi	76
replace	rimpiazzare	12
reply	replicare	50
report	riferire	37
represent	**rappresentare**	174
	raffigurare	12
repress	reprimere—pp. represso	61
reproach	rimproverare	12
reproduce	riprodurre	52
repudiate	ripudiare	34
repulse	repellere—pp. repulso	61
require	richiedere—pp. richiesto	42
research	ricercare	50
resemble	assomigliare	204
resent	risentirsi	76
reserve	riservare	12
reside	risiedere	61
	abitare	3
resign	dimettersi—pp. dimesso (r.v.)	125
resign o.s.	rassegnarsi	8
resist	resistere—pp. resistito	61
resound	risuonare	12
	rimbombare	12
respect	rispettare	12
	riverire	37
respond	**rispondere**	196
rest	**riposare**	195
restore	restaurare	12
	ristabilire	37
result	risultare	12
resume	riprendere—pp. ripreso	160
retain	ritenere	233
	trattenere—pp. trattenuto	233
retake	riprendere—pp. ripreso	160
return	**tornare**	235
	ritornare	197
	rientrare	12
reunite	riunire	37
reveal	rivelare	12
revenge	vendicare	50
revere	riverire	37
review	ripassare	12
revise	rivedere—pp. rivisto	242

		CHART NUMBER
revive	ravvivare	12
	rianimare	12
revoke	revocare	50
revolt	rivoltarsi	8
revolutionize	rivoluzionare	12
reward	**ricompensare**	185
rhyme	rimare	12
ride on horseback	cavalcare	50
rinse	sciacquare	12
rip up	squarciare	28
ripen	maturare	12
risk	rischiare	126
	azzardare	12
roam	vagare	159
roast	arrostire	37
rob	derubare	12
	rapinare	12
	svaligiare	121
roll	rotolare	12
roll by	scorrere—pp. scorso	61
roll up	arrotolare	12
rotate	ruotare	12
	rotare	12
round	arrotondare	12
round off	smussare	12
rouse	eccitare	12
row	remare	12
rub	strisciare	28
	strofinare	12
	fregare	159
ruffle	arruffare	12
ruffle so.'s hair	spettinare	12
ruin	rovinare	12
rummage	frugare	159
run	correre—pp. corso	61
run about	scorazzare	12
run after	rincorrere—pp. rincorso	61
	inseguire	26
run into so. or sth.	incappare	12
rush	precipitarsi	8
rust	arrugginire	37

S

		CHART NUMBER
sabotage	sabotare	12
sack	saccheggiare	159
sacrifice	sacrificare	50
sacrifice o.s.	immolarsi	8
sadden	rattristare	12
sail	veleggiare	121
	navigare	159
salt	salare	12
satisfy	soddisfare	12
	appagare	159
saturate	saturare	12
sauté	rosolare	12
	soffriggere—pp. soffritto	61
save	risparmiare	34
	salvare	202
saw	segare	159
say hello/good-bye	**salutare**	201
say	**dire**	71
satiate	saziare	34
scandalize	scandalizzare	12
scatter	spargere—pp. sparso	70
scold	**sgridare**	217
	rimproverare	12
scrape	raschiare	126
scratch hurtfully	graffiare	34
scratch	grattare	12
scream	strillare	12
screech	stridere	61
screw	avvitare	12
scribble	scarabocchiare	12
scrounge	scroccare	50
scuffle	accapigliarsi (r.v.)	204
sculpture	scolpire	37
seal	sigillare	12
search	perquisire	37
season	**condire**	51
	stagionare	12
seclude o.s.	appartarsi	8
seduce	sedurre	52
see	**vedere**	242
see again	rivedere—pp. rivisto	242
seem	**sembrare**	213
seize	aggrappare	12

		CHART NUMBER
select	selezionare	12
sell	**vendere**	243
sell illegal goods	spacciare	28
send	**mandare**	120
	inviare	110
	spedire	37
send back	rimandare	12
separate	**separare**	215
sequestrate	sequestrare	12
serve	**servire**	216
set	tramontare	12
set aside	accantonare	12
set free (from prison)	scarcerare	12
set going	incamminarsi	8
set in motion	**avviare**	27
set music	musicare	50
set off	avviarsi (r.v.)	8, 27
set out in the sea	salpare	12
set the table	apparecchiare 34	
settle	concludere—pp. concluso	160
settle down	sistemarsi	8
sew	cucire	37
shade	ombreggiare	121
	sfumare	12
shake	scuotere—pp. scosso	61
shame	svergognare	12
share out	spartire	37
sharpen	affilare	12
	temperare	12
shatter	sfasciare	28
shave	radere—pp. raso	66
shed tears	lacrimare	12
shelter o.s.	ripararsi	8
shelter	ricoverare	12
shield	parare	12
shift	**spostare**	224
shine	brillare	12
	splendere	61
shine through	trasparire	37
ship	spedire	37
shiver	rabbrividire	37
shoot	sparare	12

		CHART NUMBER
shorten	accorciare	28
	abbreviare	34
shout	**gridare**	95
	urlare	12
shovel away	spalare	12
show	**mostrare**	128
	esporre	48
shriek	strillare	12
shudder	rabbrividire	37
shuffle	stropicciare	28
side	**stare**	225
sideslip	sbandare	12
sigh	sospirare	12
sign	**firmare**	88
signal	segnalare	12
silence	zittire	37
simplify	semplificare	50
simulate	simulare	12
sing	**cantare**	36
sink	affondare	12
	sprofondare	12
sip	sorseggiare	121
sit	**sedersi**	212
skate	pattinare	12
skid	slittare	12
skim	sfogliare	204
skin	spellare	12
sky	**sciare**	208
slam	sbattere	61
sleep	**dormire**	78
slice	affettare	12
slide	scivolare	12
	slittare	12
slip	scivolare	12
slip in	infilare	12
slip off	sfilare	12
slope down	digradare	12
slow down	**rallentare**	173
smell	odorare	12
	fiutare	12
smile	sorridere—pp. sorriso	66
smoke	**fumare**	91
smoke-cure	affumicare	50
smooth	lisciare	28
snap	spezzare	12

		CHART NUMBER
snap at	addentare	12
sneeze	starnutire	37
sniff	fiutare	12
snow	**nevicare**	131
soak	inzuppare	12
	bagnare	12
soap	insaponare	12
soften	ammorbidire	37
soil	**sporcare**	222
	imbrattare	12
solicit	sollecitare	12
solve	risolvere—pp. risolto	61
soothe	lenire	37
sound	**suonare**	228
sow	seminare	12
spank	sculacciare	28
sparkle	scintillare	12
spatter	schizzare	12
speak badly about so.	sparlare	12
speak	**parlare**	141
specialize	specializzarsi	8
specify	precisare	12
specify	specificare	50
speculate	speculare	12
speed up	accelerare	12
spend	spendere—pp. speso	160
spend time with so.	**passare**	144
	trascorrere—pp. trascorso	61
spill	versare	12
	rovesciare	28
spit	sputare	12
spite	indispettire	37
splash	schizzare	12
split hair	sottilizzare	12
split one's sides with laughter	sbellicarsi (r.v.)	50
split	spaccare	50
spoil	viziare	34
	guastare	12
sponsor	patrocinare	12
spout	zampillare	12
spread	spalmare	12
	spargere—pp. sparso	70
spring	balzare	12
	scattare	12
sprinkle	spruzzare	12
sprint	scattare	12
spurt	sprizzare	12
spy	spiare	27
squander	sperperare	12
	scialacquare	12
squash	schiacciare	28
	spiaccicare	50
squat	accoccolarsi	8
squeeze	spremere	61
	strizzare	12
	stringere—pp. stretto	70
stab	accoltellare	12
	pugnalare	12
stagger	traballare	12
	barcollare	12
stagnate	stagnare	12
stain	macchiare	34
stamp	timbrare	12
	stampare	12
	vidimare	12
start	**cominciare**	46
	mettersi (r.v.)	125
start again	**ricominciare**	184
	riprendere—pp. ripreso	160
start an engine	**avviare**	27
startle	sussultare	12
	trasalire	37
stay	**stare**	225
	restare	181
stay overnight	pernottare	12
steal	**rubare**	200
step over	scavalcare	50
sterilize	sterilizzare	12
stew	stufare	12
stick	appiccicare	50
stick out	sporgere—pp. sporto	70
stimulate	stimolare	12
sting	pungere—pp. punto	70
stink	puzzare	12

		CHART NUMBER
stipulate	stipulare	12
stir up	attizzare	12
stop	**fermare**	86
	fermarsi (r.v.)	86
	smettere—pp. smesso	125
stop raining	spiovere	61
storm	tempestare	12
straighten	raddrizzare	12
strain	scolare	12
	tendere—pp. teso	160
strangle	strangolare	12
	strozzare	12
stream	grondare	12
strengthen	rinforzare	12
	potenziare	34
stress	accentare	12
stretch	stirare	12
strike	scioperare	12
strip	denudarsi	8
strive	adoperarsi	8
	sforzarsi	8
stroll	passeggiare	121
strum	strimpellare	12
study	**studiare**	226
stuff	imbottire	37
stuff o.s.	rimpinzarsi	8
stun	stordire	37
	tramortire	37
stutter	balbettare	12
	tartagliare	204
subdue	sottomettere—pp. sottomesso	125
sublet	subaffittare	12
submerge	sommergere—pp. sommerso	61
submit	sottomettere—pp. sottomesso	125
subscribe	abbonarsi	8
subside	adagiarsi (r.v.)	121
subsidize	sovvenzionare	12
substitute	sostituire	37
subtract	sottrarre	24
suck	succhiare	12
sue	**denunciare**	68
suffer	**soffrire**	219
	tribolare	12
suffocate	soffocare	50
sugar	zuccherare	12
suggest	suggerire	37
suit	**convenire**	57
sum up	sommare	12
	addizionare	12
summarize	riassumere—pp. riassunto	61
supply	**fornire**	89
	rifornire	37
support	patrocinare	12
	sostenere	233
	mantenere	122
suppose	supporre	48
suppress	sopprimere—pp. soppresso	61
surface	affiorare	12
surmount	sormontare	12
surpass	superare	12
surprise	sorprendere—pp. sorpreso	160
surrender	arrendersi—pp. arreso (r.v.)	160
	cedere	61
surround	circondare	12
survive	sopravvivere—pp. sopravvissuto	249
suspect	sospettare	12
suspend	sospendere—pp. sospeso	160
sustain	sostenere	233
swallow	inghiottire	37
swarm	brulicare	50
swear	giurare	12
swear falsely	spergiurare	12
sweat	sudare	12
sweep	scopare	12
	spazzare	12
sweep away	travolgere—pp. travolto	70
sweeten	addolcire	37
	zuccherare	12
swell	gonfiarsi (r.v.)	34
swim	**nuotare**	133
swindle	truffare	12
symbolize	simboleggiare	121
	rappresentare	174

		CHART NUMBER
sympathize	simpatizzare	12
synchronize	sincronizzare	12
synthesize	sintetizzare	12

T

		CHART NUMBER
taint	marcire	37
take	**prendere**	160
	portare	155
	pigliare	204
take a seat	accomodarsi	8
take advantage	approfittare	12
take away	asportare	12
take back	ritirare	12
take care of o.s.	riguardarsi	8
take leave	accomiatarsi	8
take long	tardare	12
take off	togliere—pp. tolto	44
	levare	12
	decollare	12
take on board	imbarcare	50
take out of the oven	sfornare	12
take place	svolgersi—pp. svolto (r.v.)	70
take possession of	impadronirsi	76
	appropriarsi (r.v.)	34
take precautions	cautelarsi	8
take shelter	rifugiarsi (r.v.)	121
take the flesh off	spolpare	12
take upon o.s.	sobbarcarsi	8
talk	**parlare**	141
talk idly	cianciare	28
talk nonsense	sragionare	12
talk o.s. hoarse	spolmonarsi	8
tame	ammaestrare	12
	domare	12
taste	**assaggiare**	19
	degustare	12
taste of	**sapere**	203
tattoo	tatuare	12
tax	tassare	12
teach	**insegnare**	106
tear	lacerare	12
	stracciare	28
tear up	strappare	12
tease	stuzzicare	50
telegraph	telegrafare	12
telephone	**telefonare**	231
televise	teletrasmettere—pp. trasmesso	125
tell	**raccontare**	172
	dire	71
tempt	tentare	12
tend	tendere—pp. teso	160
terrify	atterrire	37
terrorize	terrorizzare	12
test	collaudare	12
testify	testimoniare	34
thank	**ringraziare**	192
theorize	teorizzare	12
think	**pensare**	145
thread	infilare	12
threaten	minacciare	28
throw	**tirare**	234
throw away	buttare	12
throw o.s.	avventarsi	8
throw off balance	squilibrare	12
	sbilanciare	28
thrust	ficcare	50
thunder	tuonare	12
tick	ticchettare	12
tickle	solleticare	50
tidy up	**ordinare**	136
	riordinare	12
tie	allacciare	28
	pareggiare	121
tie up	legare	159
tighten	stringere—pp. stretto	70
	restringere—pp. ristretto	70
tire	stancare	50
tire out	stremare	12
titillate	vellicare	50

		CHART NUMBER
toast	abbrustolire	37
	tostare	12
	brindare	12
toil	tribolare	12
tolerate	tollerare	12
	sopportare	12
tone down	smorzare	12
tone up	tonificare	50
torment	tormentare	12
torture	torturare	12
touch	toccare	50
touch up	ritoccare	50
tow	rimorchiare	126
track	rintracciare	28
trade	commerciare	28
	trafficare	50
train	addestrare	12
	allenare	12
	ammaestrare	12
trample on	calpestare	12
tranquilize	tranquillizzare	12
transcend	trascendere—pp. trasceso	160
transcribe	trascrivere—pp. trascritto	210
transfer	trasferire	37
transform	trasformare	12
	tramutare	12
transgress	trasgredire	37
transit	transitare	12
translate	**tradurre**	236
transmit	trasmettere—pp. trasmesso	125
transplant	trapiantare	12
transport	trasportare	12
transude	trasudare	12
travel	**viaggiare**	246
treat	trattare	12
tremble	**tremare**	237
trespass	sconfinare	12
trill	trillare	12
trip	inciampare	12
triplicate	triplicare	50
triumph	trionfare	12
trot	trottare	12
trudge	arrancare	50
trust	fidarsi	8
try	**provare**	170
	cercare	39
	tentare	12
try on	misurarsi	8
try hard	sforzarsi	8
tuck	rimboccare	50
tune	accordare	12
turn	girare	12
	svoltare	12
	voltare	12
turn to account	valorizzare	12
turn ice	agghiacciare	28
turn inside out	**rivoltare**	198
turn into verse	verseggiare	121
turn off	**spegnere**	221
turn on	accendere—pp. acceso	160
turn out	**venire**	244
turn over in one's mind	rimuginare	12
turn pale	impallidire	37
turn upside down	capovolgere—pp. capovolto	61
	rovesciare	28
turn to	rivolgere—pp. rivolto	70
twine	attorcigliare	204
twinkle	scintillare	12
twist	torcere—pp. torto	247
	storcere—pp. storto	247
	attorcigliare	204
typewrite	dattilografare	12

U

ulcerate	piagare	159
umpire	arbitrare	12
unbalance	sbilanciare	28
unblock	sbloccare	50
unbutton	sbottonare	12
uncork	stappare	12
uncover	**scoprire**	209
underline	sottolineare	12

		CHART NUMBER
undermine	pregiudicare	50
undersell	svendere	61
understand	**capire**	37
	comprendere—pp. compreso	160
	intendere	109
undertake	intraprendere	160
underwrite	sottoscrivere—pp. sottoscritto	210
undo	disfare—pp. disfatto	84
undress	spogliarsi (r.v.)	204
	denudarsi	8
unfold	spiegare	159
unhook	sganciare	28
unhorse	smontare	12
unify	unificare	50
unite	unire	37
universalize	universalizzare	12
unlace	slacciare	28
unload	scaricare	50
unmask	smascherare	12
unscrew	svitare	12
untie	slegare	159
	sciogliere—pp. sciolto	44
	snodare	12
unwrap	svolgere—pp. svolto	70
upholster	tappezzare	12
upset	sconvolgere—pp. sconvolto	70
	turbare	12
	scombussolare	12
urge	sollecitare	12
urinate	pisciare	28
use	**usare**	239
	adoperare	12
usurp	usurpare	12
utilize	utilizzare	12

V

vanish	dileguarsi	8
varnish	verniciare	28
vary	variare	34
veer	virare	12
vegetate	vegetare	12
veil	velare	12

		CHART NUMBER
vent one's feelings	sfogarsi (r.v.)	159
ventilate	ventilare	12
	aerare	12
venture	avventurarsi	8
verbalize	verbalizzare	12
verify	verificare	50
	accertare	12
vex	vessare	12
vibrate	vibrare	12
violate	violare	12
visit	**visitare**	248
vomit	vomitare	12
vote	votare	12

W

waddle	ancheggiare	121
wag	dimenare	12
wait for	**aspettare**	18
	attendere—pp. atteso	160
wake up	**svegliarsi**	229
walk	**camminare**	35
wallow	sguazzare	12
wander	divagare	159
	vagabondare	12
wander about	aggirarsi	8
want	**volere**	250
warm up	riscaldare	12
warn	**avvertire**	26
	ammonire	37
wash	lavare	12
wash o.s.	**lavarsi**	115
waste	sprecare	50
	sciupare	12
watch	**guardare**	96
watch over	vigilare	12
water (plants)	annaffiare	34
waterproof	impermeabilizzare	12
weaken	indebolire	37
	debilitare	12
wean	svezzare	12
wear	indossare	12
wear off	logorare	12

		CHART NUMBER
weary	tediare	34
weave	tessere	61
weep	**piangere**	152
weigh	pesare	12
welcome	accogliere	44
wet	bagnare	12
whine	piagnucolare	12
whirl	turbinare	12
whisper	sussurrare	12
whistle	fischiare	126
whitewash	imbiancare	50
win	**vincere**	247
wish	desiderare	12
	augurare	12
whisper	bisbigliare	204
wither	appassire	37
	sfiorire	37
withstand	contrariare	34
witness	testimoniare	34
wobble	vacillare	12
work	**lavorare**	116
	funzionare	92
work hard	sgobbare	12
	faticare	50
worry	**preoccuparsi**	161
worship	venerare	12
wound	ferire	37
wrap	avvolgere—pp. avvolto	61
wrap up	involgere—pp. involto	70
wreck	naufragare	159
wrestle	lottare	12
wring	torcere—pp. torto	247
write	**scrivere**	210

Y

		CHART NUMBER
yawn	sbadigliare	12
yearn for	vagheggiare	121
yearn	anelare	12
	smaniare	34
yield	**rendere**	179